Bretagne

Vom Mont-Saint-Michel bis Saint-Nazaire

Michael Will

Laden Sie die HKF-Outdoor-App

Alle Informationen unter:
www.swisstravelcenter.ch/digital

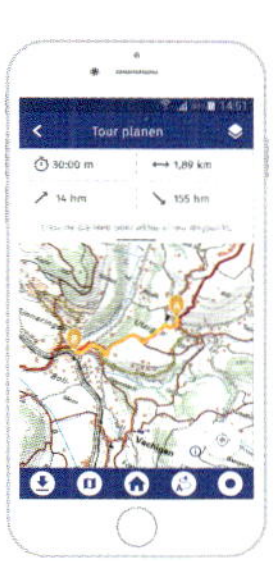

 *GPX-Daten zum Download*

www.swisstravelcenter.ch/gpx

Kostenloser Download der GPX-Daten der im Wanderführer enthaltenen Wandertouren.

AUTOR

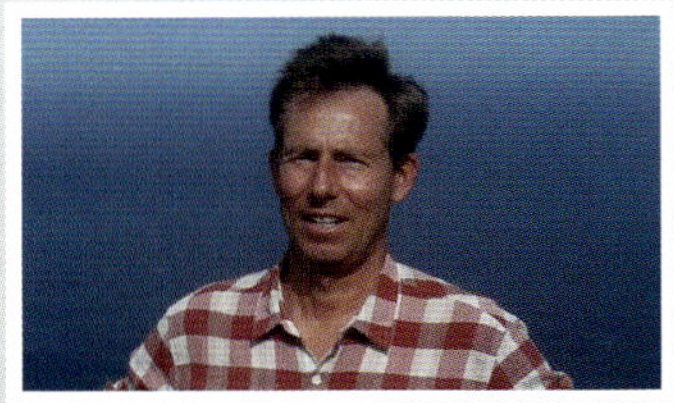

Michael Will lebte 25 Jahre im Alpenrosenweg in Hamburg, bis es ihm nach dem Flugzeugbaustudium nach München zog, um seiner Affinität dem Wandern und Skifahren nachzugehen. Bereits 2002 fing er an, besondere Touren zu dokumentieren und neue Wanderwege auszuarbeiten. Daraus entstand ein erstes Projekt mit einem online Variantenabfahrtenführer (http://www.gpstrackfinder.com) mit 60 Skitouren in Norditalien.
2012, nach genau weiteren 25 Jahren, zog er nach Kalifornien an der Ostsee.

Seit über 30 Jahren reist er immer wieder an die französische Atlantikküste. Durch seine starke Naturverbundenheit und langjährige Erfahrung vermittelt er in seinen Wandervorschlägen den einzigartigen Reiz und die extreme Mannigfaltigkeit der Bretagne. Bei der Tourenplanung legt er Wert auf eine ausgewogene Kombination aus Wanderurlaub und Badeurlaub in Kombination mit dem Erleben von Sehenswürdigkeiten. Er hat einen hohen Anspruch an individuelle Übernachtungsmöglichkeiten und einmaligen Restaurants.

Sein Treibstoff ist, neue Wege zu gehen, damit sie entstehen.

VORWORT

Für die römischen Kolonisten war das Department Finistère in der Bretagne – Finis terrae – das Ende der Welt. Namhafte Künstler wie Paul Gauguin kamen in die Bretagne, um sich von der besonderen Vielfalt und der Einzigartigkeit der Bretagne inspirieren zu lassen. In dieser Region als Wanderer auf Entdeckungstour zu gehen, durch diese besondere Naturlandschaft und Kulturlandschaft mit allen Sinnen diese Impressionen aufzusaugen, ist ein nachhaltiges Erlebnis.

Die in diesem Wanderführer beschriebenen Wege reichen vom weltberühmten Klosterberg Mont-Saint-Michel im Norden, quer durch das Land unter fliegenden Wolken, bis hinunter zur Saint-Nazaire-Brücke. Viele Streckenabschnitte führen entlang des legendären Zöllnerpfads, dort, wo Zöllner entlang der Küste patrouillierten, um Schmuggler in kleinen Buchten abzufangen. Hinter jedem Streckenabschnitt und hinter jeder Weggabelung trifft der Wanderer auf eine andere spektakuläre Naturlandschaft. Den Abenteurer erwarten andauernde Fernblicke auf das türkisblaue Meer, Dünen entlang kilometerlanger und geschützter Sandstrände, versteckte und tiefeingeschnittene Sandbuchten, hohe Felsklippen steile Felsvorsprünge – an denen sich schäumend die Wellen brechen –, geschützte Häfen, hinter meterhohem und sattgrünem Farn sind kontrastreich inszeniert gelber

Ginster und lila Heidekraut. Das Landesinnere ist urwüchsiger als die Küste und reizt mit seiner naturnahen Landschaft, dem typischen Acker- und Grünland, das durch die charakteristischen Hecken und Steinmauern aufgeteilt wurde sowie Täler mit Flüssen, Seenlandschaften und moorige Gebiete. Naturliebhaber finden hier, was sie suchen.

Das historische Erbe der Bretagne mit seltenen Kulturschätzen, zerfallenen Abteien, monumentalen Kirchenbauten, einzigartigen Pfarrbezirken, bestehend aus einer Kirche, einer Mauer, einem Triumphbogen und einem Kalvarienberg – die sogenannten umfriedeten Pfarrbezirke -, stolzen Leuchttürmen und weiteren architektonischen Meisterwerken aus verschiedenen Epochen, laden allerorten zum Besichtigen und Bestaunen ein.

Aber die Bretagne wäre nicht die Bretagne, denn gleichzeitig macht man eine kulinarische Entdeckungsreise. Die bretonische Küche ist so facettenreich, wie sie kulturell und landschaftlich abwechslungsreich ist. Der Einfluss des Meeres und das ganzjährig milde Klima sind die Rezeptur zum erhöhten Wohlbefinden der Wanderer, sie wirken wie Balsam für Seele und Körper. Der Charme der vom Meer geprägten Menschen und die lockere Lebensart ergänzen den Wohlfühlfaktor.

Erwandern Sie sie selbst! Die Bretagne ist immer noch ein Geheimtipp!

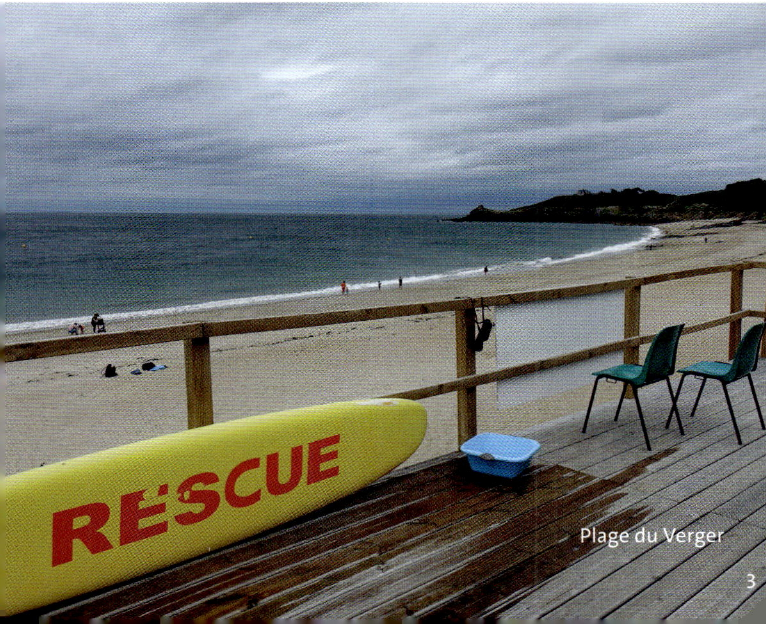

Plage du Verger

INHALT UND TOURENÜBERSICHT

AUFTAKT

ANHANG

km	h	hm	hm	P							
11	3:45	156	156	✓			✓				✓
7,7	2:40	106	106	✓			✓				
11,8	4:0	0	0	✓	✓		✓			✓	
12	4:0	105	105	✓						✓	
4,6	2:20	60	60	✓	✓		✓		✓	✓	
5,3	2:25	40	40	✓	✓		✓		✓	✓	
8,4	2:50	73	73	✓						✓	
9,5	2:50	137	137	✓			✓			✓	
10	3:20	0	0	✓						✓	
9,3	3:10	56	56	✓	✓		✓			✓	
12,7	4:20	77	77	✓	✓		✓				✓
10	3:20	37	37	✓							✓
8,8	3:00	122	122	✓	✓		✓			✓	
12,5	4:15	92	92	✓	✓		✓				✓
16	5:25	257	257	✓	✓				✓	✓	✓
15,2	5:10	237	237	✓	✓		✓		✓	✓	✓
14,9	5:00	0	0	✓			✓			✓	✓
10,9	3:45	136	136	✓						✓	✓
8,5	2:50	99	99	✓			✓			✓	✓
7,2	2:25	87	87	✓	✓					✓	

INHALT UND TOURENÜBERSICHT

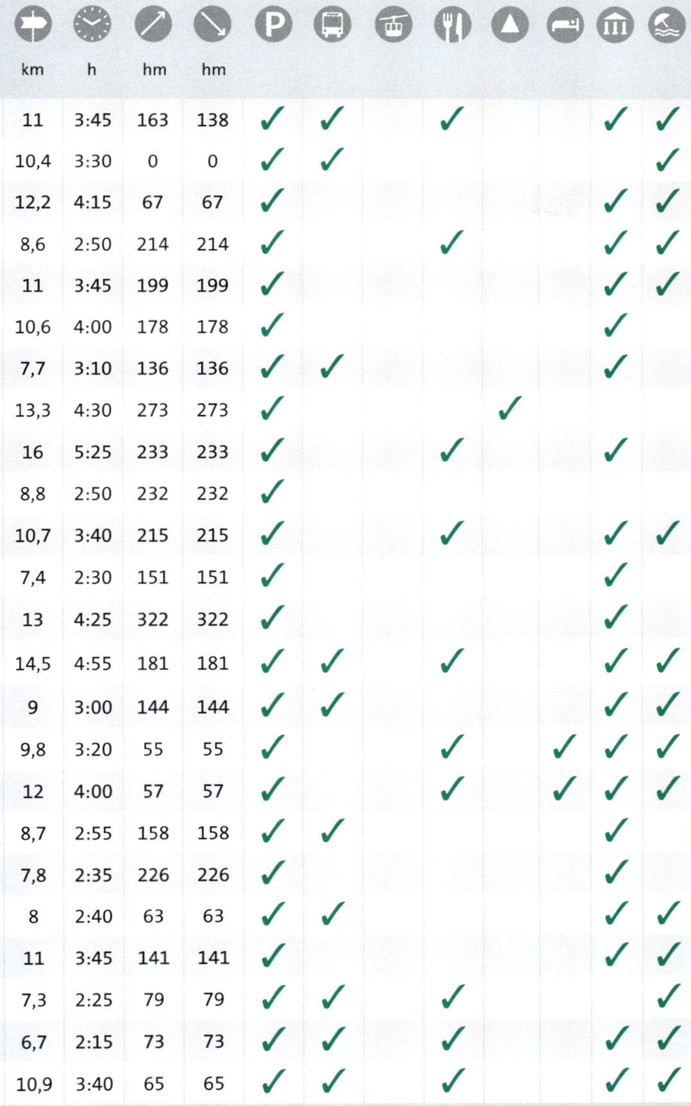

km	h	hm	hm	P							
11	3:45	163	138	✓	✓		✓			✓	✓
10,4	3:30	0	0	✓	✓						✓
12,2	4:15	67	67	✓						✓	✓
8,6	2:50	214	214	✓			✓			✓	✓
11	3:45	199	199	✓						✓	✓
10,6	4:00	178	178	✓						✓	
7,7	3:10	136	136	✓	✓					✓	
13,3	4:30	273	273	✓				✓			
16	5:25	233	233	✓			✓			✓	
8,8	2:50	232	232	✓							
10,7	3:40	215	215	✓			✓			✓	✓
7,4	2:30	151	151	✓						✓	
13	4:25	322	322	✓						✓	
14,5	4:55	181	181	✓	✓		✓			✓	✓
9	3:00	144	144	✓	✓					✓	✓
9,8	3:20	55	55	✓			✓		✓	✓	✓
12	4:00	57	57	✓			✓		✓	✓	✓
8,7	2:55	158	158	✓	✓					✓	
7,8	2:35	226	226	✓						✓	
8	2:40	63	63	✓	✓					✓	✓
11	3:45	141	141	✓						✓	✓
7,3	2:25	79	79	✓	✓		✓				✓
6,7	2:15	73	73	✓	✓		✓			✓	✓
10,9	3:40	65	65	✓	✓		✓			✓	✓

INHALT UND TOURENÜBERSICHT

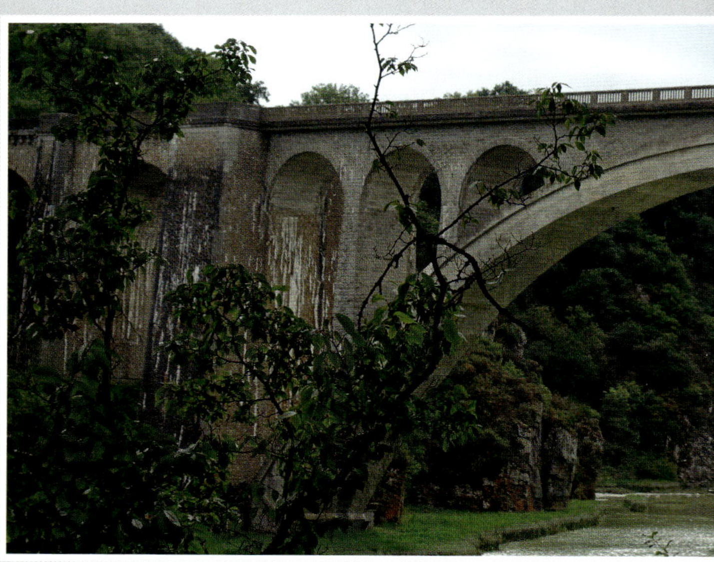

km	h	hm	hm	P							
13,8	4:40	49	49	✓			✓			✓	✓
5,3	1:45	151	151	✓						✓	✓
8	2:25	164	164	✓	✓		✓			✓	
14,9	5:05	259	259	✓						✓	✓
10,5	3:35	170	170	✓			✓			✓	✓
7,4	2:30	91	91	✓							✓
8,5	2:55	171	171	✓	✓		✓			✓	✓
14,2	4:50	287	287	✓	✓		✓			✓	
7,5	2:30	127	127	✓	✓		✓				✓
14	4:45	221	221	✓	✓		✓			✓	✓
11	3:45	166	166	✓	✓		✓			✓	✓

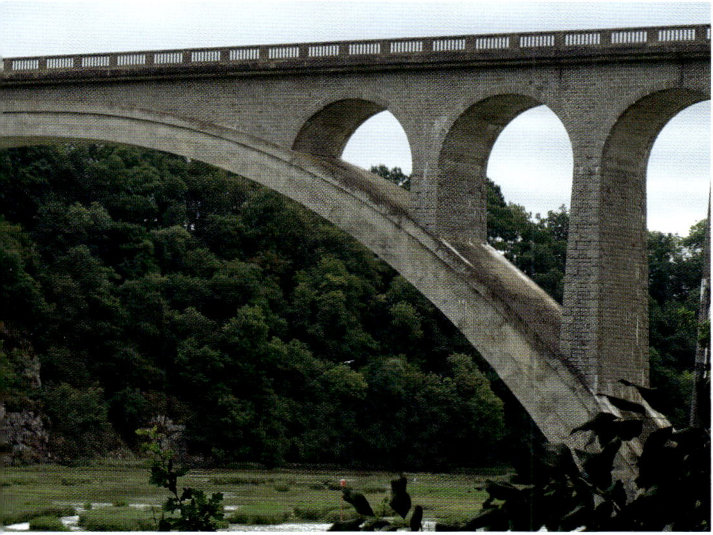

GEBIETSÜBERSICHTSKARTE

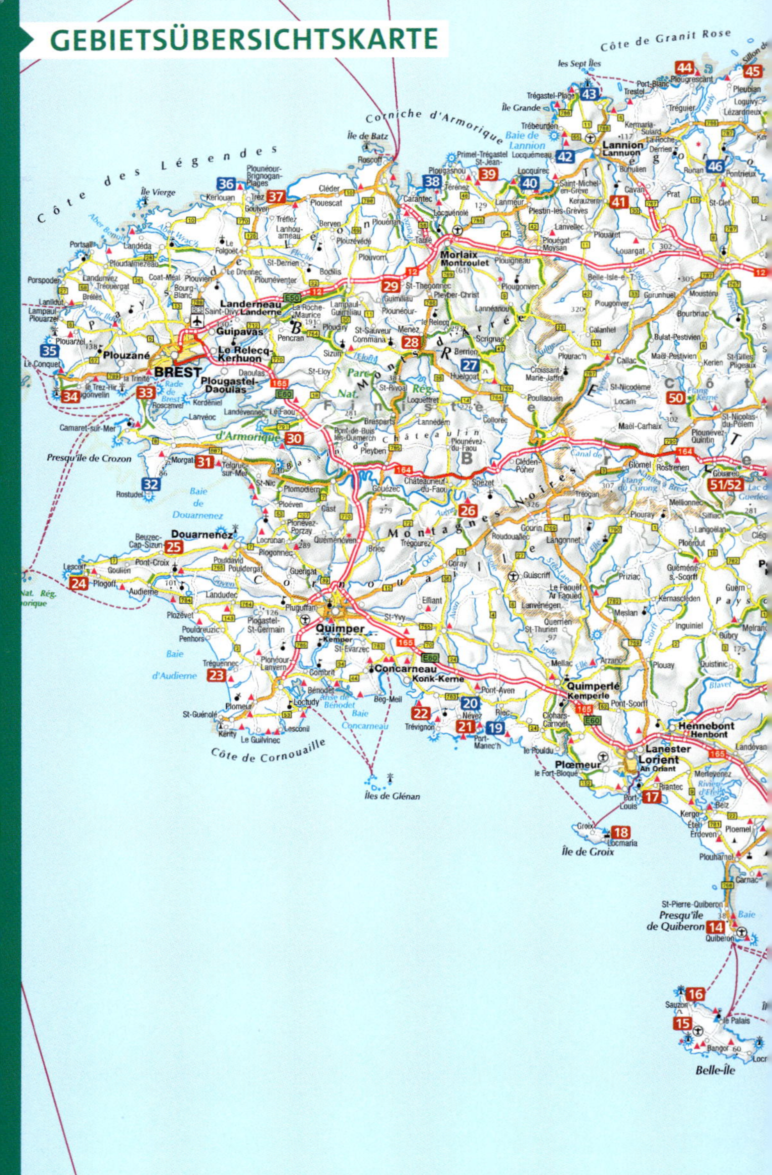

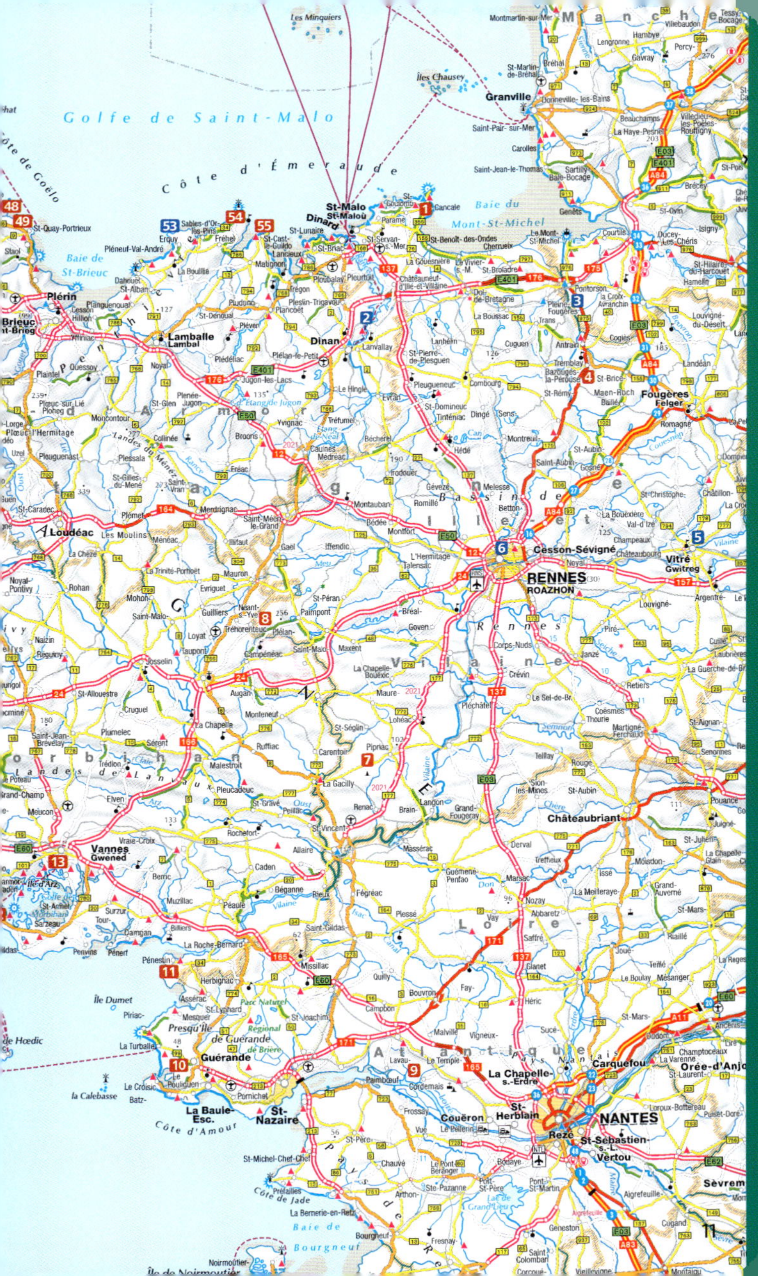

Les Minquiers
Golfe de Saint-Malo
Côte de Goëlo
Côte d'Émeraude
Îles Chausey
Granville
Manche
Montmartin-sur-Mer
St-Martin-de-Bréhal
Bréhal
Donneville-les-Bains
Saint-Pair-sur-Mer
Carolles
Saint-Jean-le-Thomas
Sartilly
Bacilly
Genêts
La Haye-Pesnel
Villedieu-les-Poêles-Rouffigny
Beauchamps
Lengronne
Hambye
Gavray
Percy
Brécey
St-Ovin
Ducey-Les-Chéris
Isigny
St-Hilaire-du-Harcouët
Hamelin
Louvigné-du-Désert
Landéan
Fougères
Felger
Romagné
Baie du Mont-St-Michel
Le Mont-St-Michel
Courtils
Pontorson
Pleine-Fougères
Trans
Antrain
Cogles
Tremblay
Bazouges-la-Pérouse
St-Brice
St-Rémy
Maen-Roch
Baillé
Cancale
St-Coulomb
St-Malo
St-Maloù
Dinard
Paramé
St-Servan-s.-Mer
St-Benoît-des-Ondes
Cherrueix
La Gouesnière
Le Vivier-s.-M.
St-Broladre
Châteauneuf-d'Ille-et-Vilaine
Dol-de-Bretagne
La Boussac
Cuguen
Combourg
Lanhélin
St-Pierre-de-Plesguen
Pleugueneuc
St-Domineuc
Tinténiac
Dingé
Sens
Hédé
Montreuil
St-Aubin
Saint-Aubin
Gosné
St-Christophe
Châtillon
La Bouëxière
Val-d'Izé
Champeaux
Châteaubourg
Vitré
Gwitreg
Argentré
Louvigné
Cesson-Sévigné
Noyal
RENNES
ROAZHON
Bassin de Ille-et-Vilaine
Melesse
Betton
Gévezé
Romillé
Montauban
Bédée
Montfort
L'Hermitage
Talensac
Iffendic
Bréal
Goven
Paimpont
St-Péran
Plélan
Maxent
Saint-Malo
Corps-Nuds
Janzé
Piré
Cuillé
Laubrières
La Guerche-de-Br.
Retiers
Coësmes
Thourie
Martigné-Ferchaud
Crévin
Le Sel-de-Br.
Pléchâtel
La Chapelle-Bouëxic
Maure
Lohéac
St-Séglin
Carentoir
Pipriac
Renac
Brain
Langon
Grand-Fougeray
Teillay
Rouge
Sion-les-Mines
St-Aubin
Châteaubriant
Pouancé
Juigné
St-Julien
Moisdon
La Chapelle-Glain
Issé
Grand-Auverné
La Meilleraye
Derval
Treffieux
Marsac
Nozay
Abbaretz
Saffré
Riaillé
Joué
Teillé
Le Boulay
Mésanger
St-Mars
Ancenis
Oudon
Champtoceaux
La Varenne
Orée-d'Anjou
St-Laurent
Carquefou
La Chapelle-s.-Erdre
Sucé
Héric
Glanet
Vigneux
Malville
Le Temple
Fay
Bouvron
Quilly
Campbon
Plessé
Guémené-Penfao
Vay
Massérac
St-Vincent
Fégréac
Saint-Gildas
Missillac
St-Joachim
Herbignac
Assérac
Mesquer
Piriac
La Turballe
Guérande
Presqu'île de Guérande
Parc Naturel Régional de Brière
Le Croisic
Batz
Le Pouliguen
Pornichet
La Baule-Esc.
St-Nazaire
Côte d'Amour
la Calebasse
Île Dumet
de Hoëdic
Lavau
Cordemais
Paimbœuf
Frossay
Couëron
Le Pellerin
St-Herblain
NANTES
Rezé
St-Sébastien-s.-L.
Vertou
Bouaye
Le Pont-Béranger
St-Père
Chauvé
Vue
St-Michel-Chef-Chef
Préfailles
Côte de Jade
Arthon
Ste-Pazanne
Port-St-Père
Lac de Grand Lieu
Pont-St-Martin
Aigrefeuille
Geneston
La Bernerie-en-Retz
Baie de Bourgneuf
Bourgneuf
Fresnay
St-Colombin
Corcoué
Vieillevigne
Montaigu
Cugand
Sèvremoine
Noirmoutier
Île de Noirmoutier
Pays de Retz
Atlantique
Loire
Vilaine
Vannes
Gwened
Golfe du Morbihan
Île d'Arz
St-Armel
Sarzeau
Surzur
Tour-du-Parc
Damgan
Penvins
Pénerf
Billiers
La Roche-Bernard
Pénestin
Muzillac
Péaule
Béganne
Rieux
Berric
Caden
Allaire
Rochefort
St-Gravé
Peillac
Pleucadeuc
Malestroit
Ruffiac
Elven
Meucon
Grand-Champ
Landes de Lanvaux
Trédion
Sérent
Plumelec
Saint-Jean-Brévelay
Cruguel
La Chapelle
St-Allouestre
Josselin
Réguiny
Naizin
Augan
Monteneuf
Campénéac
Loyat
Taupont
Tréhorenteuc
Néant-s.-Yvel
Guilliers
Mohon
Evriguet
Mauron
La Trinité-Porhoët
Gaël
Illifaut
Ménéac
Les Moulins
Loudéac
La Chèze
Rohan
Noyal-Pontivy
St-Caradec
Plémet
Merdrignac
Saint-Méen-le-Grand
Trémorel
Saint-Vran
Laurenan
Les Gilles-du-Mené
Plessala
Collinée
Landes du Mené
Moncontour
Plouguenast
Plœuc-L'Hermitage
Plœuc-sur-Lié
Quessoy
Plaintel
Hillion
Yffiniac
St-Brieuc
Pléneuf-Val-André
Erquy
Sables-d'Or-les-Pins
Fréhel
St-Cast-le-Guildo
Lancieux
St-Lunaire
St-Briac
Matignon
Ploubalay
Pleurtuit
Trégon
Pleslin-Trigavou
Plancoët
Pluduno
St-Denoual
Pléven
Plédéliac
Lamballe
Lambal
Noyal
Plénée-Jugon
Jugon-les-Lacs
Étang de Jugon
Plélan-le-Petit
Dinan
Lanvallay
Le Hinglé
Evran
Tréfumel
Bécherel
Yvignac
Broons
Caulnes
Médréac
Irodouër
St-Glen
Dahouët
St-Alban
Planguenoual
Pléneuf
Plérin
Baie de St-Brieuc
St-Quay-Portrieux
Étables
Penthièvre
Armor
Morbihan
Rennes Vilaine
Pays Nantais
11

Die Destination
Weit hinaus in den Atlantik erstreckt sich Frankreichs Bretagne: Land des Meeres und der Legenden. Côtes d'Armor ist das französische Départment mit der Ordnungsnummer 22. Die 250 km lange Küstenlinie grenzt an den Ärmelkanal, im Westen grenzt es an das Départment Finistère, im Süden an das Department Morbihan und im Osten an das Départment Ille-et-Vilaine. 19 Wanderungen aus diesem Wanderführer befinden sich in diesem Départment. Zu den TOP 11 gehören die Wanderungen 29: Saint-Thégonnec – Guimiliau, Wanderung 38: Cairn de Barnenez, Wanderung 41: Château de Tonquédec – Château De Kergrist, Wanderung 43: Ploumanac'h – Perros-Guirec, Wanderung 44: La Maison Entre Deux Rochers, Wanderung 46: Château la Roche-Jagu, Wanderung 50: Toul Goulic, Wanderung 52: Gorges du Daoulas, Wanderung 53: Plages Sauvages Deux, Wanderung 54: Fort la Latte – Cap Fréhel und Wanderung 55: La Presqu'île Saint-Cast-Le-Guildo.
Finistère ist das französische Départment mit der Ordnungsnummer 29. Es ist das westlichste Départment Frankreichs, wird nach Westen hin vom Atlantischen Ozean begrenzt und im Osten liegen die Départments Côtes d'Armor und Ille-et-Vilaine. 18 Wanderungen aus diesem Wanderführer befinden sich in dem Department Finistère. Zu den TOP 11 gehören die Wanderungen 19: Fleuve Bélon, Wanderung 20: Bois D'amour Pont-Aven, Wanderung 23: Les Plages à Saint-Jean-Trolimon, Wanderung 24: Pointe du Raz, Wanderung 25: Beuzec Cap Sizum, Wanderung 27: Huelgoat, Wanderung 31: Sauvage Plages Un, Wanderung 34: Pointe Saint-Mathieu, Wanderung 35: La Pointe de Corsen, Wanderung 36: Meneham und Wanderung 37: Plages de Keremma.
Ille-et-Vilaine ist das französische Départment mit der Ordnungsnummer 35. Das Department hat einen schmalen Küstenstreifen zum Ärmelkanal, grenzt im Nordosten an die Region Normandie, nach Westen hat es eine Grenze mit dem Department Côtes d'Armor, nach Südwesten mit dem Department Morbihan und nach Osten mit der Region Pays de la Loire. Morbihan ist das französische Department mit der Ordnungsnummer 56. Nach Nordosten grenzt es an das Department Ille-et-Vilaine, nach Norden an das Department Côtes d'Armor, im Westen an das Department Finistère, im Süden hat es eine lange Küstenlinie mit dem Atlantischen Ozean und im Osten befindet sich die Region Pays-De-La-Loire. 18 Wanderungen aus diesem Wanderführer befinden sich in diesen beiden Départments. Zu den TOP 11 gehören die Wanderungen 2: La Rance, Wanderung 3: Pontorson-Le Mont-Saint-Michel, Wanderung 6: Rennes, Wanderung 7: Megalithes De Saint Just, Wanderung 8: Paimpont-Brocéliande, Wanderung 10: Guérande, Wanderung 11: Pénestin, Wanderung 14: Côte Sauvage, Wanderung 15: Belle-Île – Un, Wanderung 16: Belle-Île – Deux und Wanderung 17: La Petite Mer de Gâvres.
Insgesamt trifft der wandernde Betrachter auf 161 Sehenswürdigkeiten und erhält 58 zusätzliche Tipps zu weiteren Sehenswürdigkeiten in der Nähe des Wandergebiets.

Geschichte

5000 – 1800 v. Chr.– entwickelt sich in der Bretagne die Megalithkultur

4500 v. Chr. – der Cairn De Barnenez wird gebaut

6. Jahrhundert v. Chr. – 1. Besiedlungen, Kelten gründen Armorika

2. Jahrhundert v. Chr. – keltische Stämme besiedeln die bretonische Halbinsel

56 v. – Römer vergeben den Namen lateinisch Britannia Minor = Klein Britannien

56 v. Chr. – 300 n. Chr. – stabile Herrschaft der Römer

409 – die Römer werden vertrieben und es wird die Unabhängigkeit erklärt

450 – es erfolgt eine Einwanderungswelle, in der christianisierte Waliser fliehen

497 – unterwarfen sich die Bretonen dem fränkischen Merowinger-König Chlodwig I.

600 – gründeten die Bretonen ein Königreich, das 200 Jahre Bestand hatte

799 – wurde das Königreich durch den fränkischen Karl den Großen zerschlagen

845 – besiegte der bretonische Graf Nominoë die Franken, die Herrschaft ist beendet

900 – die Bretagne wird von einfallende Normannen heimgesucht

952 – die Bretagne muss die Oberhoheit der normannischen Herzöge anerkennen

1300 – über einen langen Zeitraum hatten Adelsgeschlechter den Herzogtitel inne

1341 – beginnt ein erbitterter bretonischer Erbfolgekrieg nach dem Tod des Herzogs

1364 – Englands Favorit Montfort errang die Herrschaft als Herzog der Bretagne

1365-1500 – Wirtschaftswachstums bescherte der Region Wohlstand

1514 – verstirbt Anne de Bretagne, die letzte unabhängige Herrscherin der Bretagne

1532 – Vereinigung des Herzogtums Bretagne mit Frankreich

1554 – das 1. Mal trat das Parlament in Rennes zusammen

1600 – 1700 – die Bretagne erlangt ihren größten Wohlstand

1631 – Brest wird der am stärksten befestigte Kriegshafen Frankreichs

1675 – Armut im inneren Festland der Bretagne führte zur Stempelpapierrevolte

1789 – 1799 Französische Revolution, Aufteilung der Bretagne in 5 Départments

1794 – konterrevolutionäre Guerilla kämpfen gegen die Zentralregierung in Paris

1799 – wird Napoleon Bonaparte 1. Konsul der Französischen Republik

1814 – wird Napoleon Bonaparte Kaiser der Franzosen

1846 – Eröffnung der Bahnstrecke nach Rennes, Schriftsteller und Künstler kamen

1898 – Gründung der Union Régionaliste mit dem Ziel einer unabhängigen Bretagne

1914-1918 – im 1. Weltkrieg fielen 250.000 bretonische Soldaten

1940-1944 – deutsche Besatzung während des Zweiten Weltkriegs

1940-1944 – Stationierung der deutschen U-Boot Flotte in Brest, Lorient und St. Naziere

August–September 1944 – Schlacht um die Bretagne während des Zweiten Weltkriegs

1944 – nach der Kapitulation der Deutschen sahen die Bretoner eine weitere Chance, ihre Unabhängigkeit durchzusetzen

1960 – Gebietsreform: Neueinrichtung der Region Bretagne in den derzeitigen Grenzen

1980 – Bretagne wird zu einer der wichtigsten Fremdenverkehrsregionen Frankreichs

DAS GEBIET

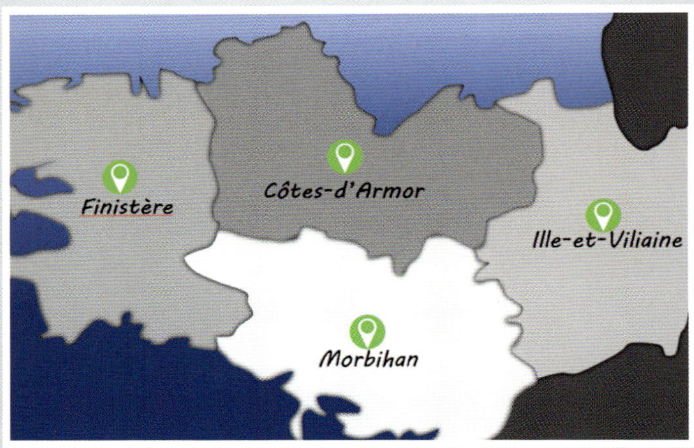

Die geografische Lage der vier Départments in der Bretagne

Geografie

Die Bretagne ist Frankreichs westliche Region und umfasst 27.200 km². Die größte Halbinsel Frankreichs grenzt an der Süd- und Westküste an den Atlantik, an der Nordküste an den Ärmelkanal, ist in ostwestlicher Richtung 250 km lang, von Nord nach Süd misst sie maximal 150 km. Die Bretagne hat sagenhafte 1700 km Küstenlinie. Sie umfasst die Départments Côtes d'Armor (22), Finistère (29), Ille-et-Vilaine (35) und Morbihan (56). Im Norden grenzt die Basse-Normandie mit dem Départment Manche an die Bretagne, im Osten wird sie von dem französischen Départment Pays de la Loire begrenzt. Bis 1964 gehörte das Départment Loire-Atlantique mit der Hauptstadt Nantes zur Bretagne, heutzutage ist es der Region Pays de la Loire zugeordnet. Die Bretagne ist die neuntgrößte Region Frankreichs.

Geologie

Die Halbinsel Bretagne ist Bestandteil des Armorikanischen Massivs. Der Name leitet sich von Aremorica ab, der Bezeichnung der alten Römer für die damals keltisch besiedelte Landmasse zwischen den Flüssen Loire und Seine. Armorika heißt Land am Meer. Entstehungsgeschichtlich faltete sich die Region im Karbon auf, vor 358,9 Millionen Jahren, und endete vor 298,9 Millionen Jahren. Die Landmasse ruht in weiten Teilen auf sehr altem und hartem Gestein. Eine besondere Sehenswürdigkeit in der Bretagne ist die sogenannte Côte de Granit Rose, sie bildete sich vor ca. 300 Millionen Jahren im Oberkarbon, infolge der Kollision der Urkontinente Gondwana und Laurussia. Erosion führte zur Bildung der eindrucksvollen Felsformationen. Diese lassen sich am besten auf dem Wanderweg von Perros-Guirec nach Ploumanac'h be-

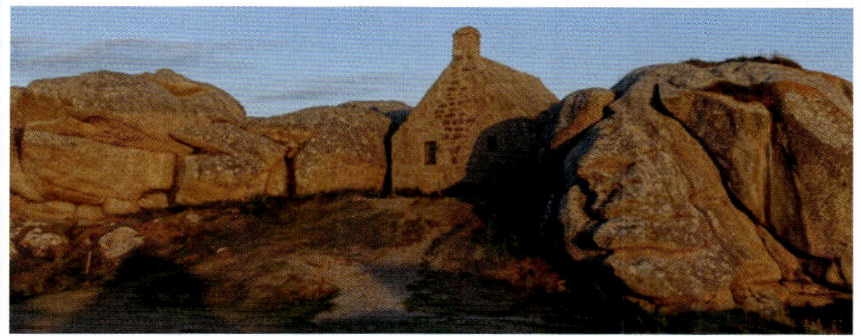

Das Wachhaus zwischen den Felsen bei Meneham

wundern. Die Bretagne besitzt eine zerklüftete Steilküstenlandschaft mit großen Buchten und fjordartigen Einschnitten, mit Hunderten großer und kleiner vorgelagerten Inseln. Am Cap Fréhel, nahe der alten Festung des Fort la Latte, erheben sich die Granitklippen über 70 Meter aus dem Atlantik. Zwei Bergrücken trennen die Küstenlandschaft vom hügeligen Landesinneren, hohe Berge gibt es nicht. Die höchste Erhebung ist der 385 m hohe Roc'h Ruz, im Höhenzug der Monts d'Arrée. In diesen Höhenzügen entspringen die meisten Wasserläufe, von denen keiner sehr lang ist. Bis zur Mündung ins Meer wandeln sie sich vom Bach in Flüsse, mit weiten und gezeitenabhängigen Mündungen.

Fauna

Fauna – in terra

Bei einer Bevölkerungsdichte von 100 Einwohner pro Quadratkilometer findet man nur wenig freilebende Hirsche und Rehe in der Natur. Der Parc Aquanature du Stérou erstreckt sich über 80 ha, umfasst 6 Täler und ist das einzig verbliebene Refugium für ca. 140 Tiere Hochwild. Weit verbreitet sind Raubwild wie Dachs, Fuchs, Marder, Waschbär und der Marderhund. Kröten, Frösche und andere Amphibien befinden sich vor allem in den Feuchtgebieten und Binnengewässern. Mauer und Smaragdeidechsen bevölkern in großer Zahl die sonnigen und warmen Regionen der Bretagne.

Fauna – ut aqua

Der Atlantische Ozean und die Seen- und Flusslandschaften sind extrem fischreich. Es werden Barsch, Seeaal, Makrele, Rochen, Seebarbe, Steinbutt, Thunfisch, Sardine, Seezunge und Goldbrasse von den Küstenfischern aus dem Ozean gefischt.

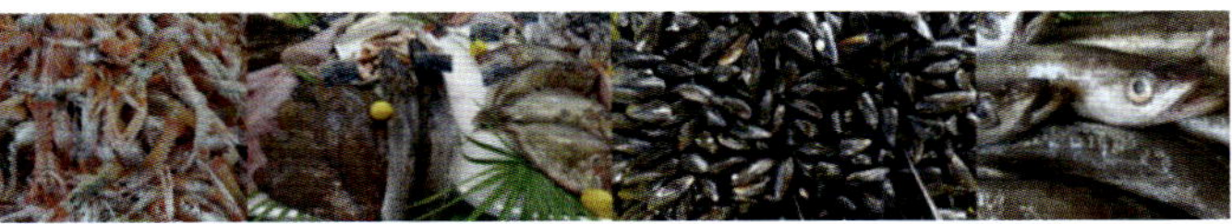

Die Auswahl an Meeresfrüchten ist riesig

Krebse, große und kleine Krabben, bretonische Hummer und Langusten werden von Schleppfischern in die kleinen Fischereihäfen gebracht. Austern, Muscheln und Schnecken werden entlang der gesamten Küste in Aquakulturen gezüchtet. In den Flüssen und Seen kann man Forelle, Lachs, Aal, Hecht, Zander, Barber, Brasse und Grünling angeln. Auf den vorgelagerten Inseln räkeln sich Graurobben, Kegelrobben in der Bucht von Morlaix und mit Glück kann man Delfine in der Bucht von Cancale beobachten.

Flora

Die Gärten und Parks der Bretagne zählen zu den TOP-Sehenswüdigkeiten der Region. Das milde Meeresklima lässt hier Pflanzen gedeihen, die man in diesen Breiten sonst nicht sieht. Auf dem nachfolgenden Bild zum Beispiel Eukalyptusbäume, Oleander, Agaven, Zypressen, Tamarisken, Persische Schirmakazie, Bananenpflanzen, Palmen und Feigenbäume. Eingeläutet wird das Gartenjahr bereits im Winter durch die Pracht der Mimosen, gefolgt vom Blütenmeer der Kamelien im Frühjahr, bis dann die allgegenwärtigen und vielgestaltigen, ja unbändigen, Hortensien die Bretagne überschwemmen. Sie prägen das Erscheinungsbild der Bretagne ebenso wie die atemberaubenden Küstenlandschaften oder die romantischen alten Steinhäuser. Unterstützung erhalten Letztere von den in der Bretagne prächtig gedeihenden Rosen und Agapanthie zusammen mit Rosmarin, Lavendel, Lorbeer, Feigen und anderen mediterranen Kräutern, Sträuchern und Bäumen. Von den einst flächendeckenden Wäldern, die die Bretagne überzogen sind nur noch der Forêt de Huelgoat, die Wälder im Parc naturel régional d'Armorique und der Forêt de Paimpont übrig. Der Holzbedarf der Schiffsbauer und die Urbarmachung hat den einst dichten Eichen- und Buchenwald auf weniger als 5 % der Gesamtfläche reduziert.

Seit dem Mittelalter wurden nach der Rodung der Felder zur Grenzmarkierung Erd-, Stein- oder Torfwälle künstlich errichtet. Diese wurden im Weiteren mit Bäumen und Hecken bepflanzt, daraus entstand ein landschaftsprägendes Element der Kulturlandschaft Bretagne. Diese sogenannten Bocages sind mit den norddeutschen Knicks vergleichbar. Heutzutage, nach vielen Jahrhunderten, führen wunderschön angelegte Hohlwege entlang dieser Felder.

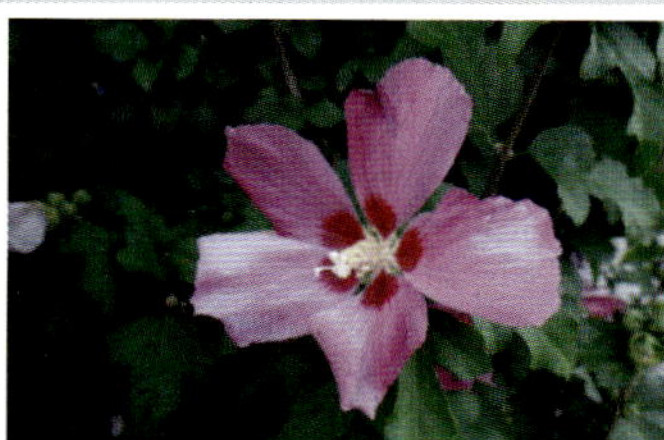
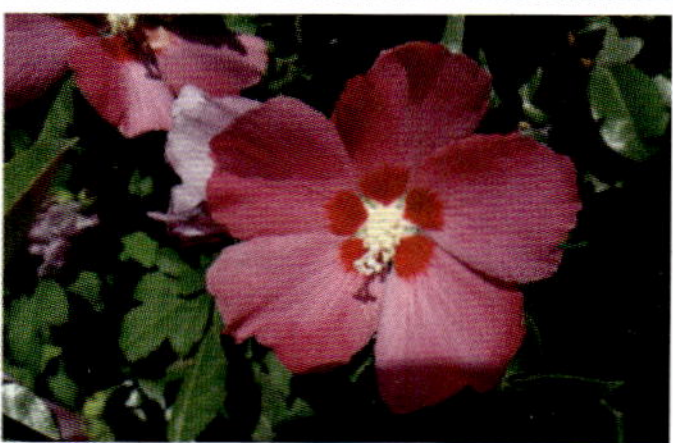

Weithin landschaftsprägend sind die Hibiskus

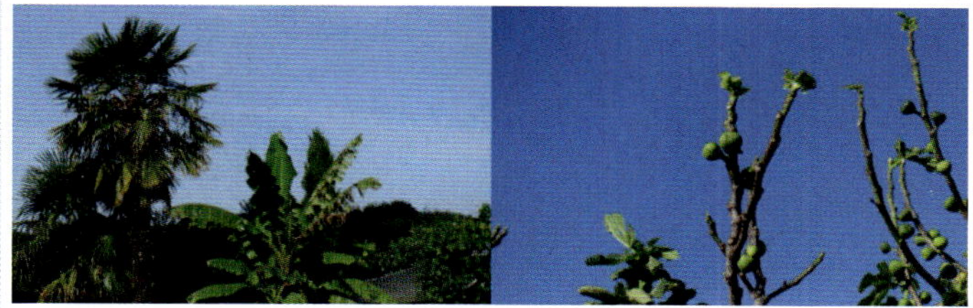

Bananenpflanzen, Palmen und Feigenbäume

Windzugewandte Küsten sind geprägt von großflächigen Strauch- und Heidelandschaften mit Erica, Besen- und Stechen-Ginster, Farnen, Wacholder und Brombeeren. Am kargsten ist die Region um den höchsten Berg der Bretagne, dem Monts d'Arrée. Nackt ragen von Wind und Wetter erodiert erheben sich Sandstein- und spitzkantige Schieferblöcke aus Moos, Heide, Ginster und Farn.

Wandern in der Bretagen

Wandern in der Bretagne ist ganzjährig möglich. Da es keine nennenswerten Berge gibt, der 385 m hohe Roc'h ruz ist die höchste Erhebung in der Bretagne, nur wenige Wanderwege richtig anstrengend. Dem, der die Bretagne auf zu Schusters Rappen erkundet, erwarten in den Küstenregionen einsame Sandstrände, atemberaubende Klippen, zerklüftete Steilküsten, gewaltige Landspitzen und spektakuläre Leuchttürme. Im Landesinneren trifft der naturverbundene Wanderer auf seichten Hügelketten, die verwunschenen Monts d'Arrée, tiefgrüne Wiesen und Weiden, die Artus-Sagen-Wälder von Huelgoat und Paimpont und malerische Flussläufe durch urige und dichte Wälder. Überall findet der individuelle Wanderer Pfade abseits des Massentourismus.

Neben unvergesslichen Natureindrücken bietet die Bretagne viele Genusswanderungen. Das Sprichwort – Leben wie Gott in Frankreich – wird mit prall gefüllten Meeresfrüchteplatten zum Programm, ja zur kulinarischen Entdeckungsreise. Kulturwanderungen führen an Sehenswürdigkeiten, Monumenten und historischen Bauwerken vorbei, an Schauplätzen der Geschichte klären Informationstafeln auf, Burgen und Schlösser, die steinzeitlichen Zeugnisse, Kirchen und Klöster, malerische Fachwerkstädte wie in Rennes und Brest oder das berühmte Künstlerdorf Pont-Aven. Eine unerschöpfliche Fundgrube an Sehenswürdigkeiten und Erlebnissen erwarten den Besucher.

Viele Wanderwege führen seit eh und je über Privatgrundstücke, deren Besitzer eigentlich verpflichtet sind, die Wanderer passieren zu lassen. Im Gegenzug kümmern sich die Kommunen darum, dass Büsche geschnitten und Äste weggeräumt werden. Aufgrund des stark zugenommenen Massentourismus weichen einige Privatgrundbesitzer von dieser Regel ab und kennzeichnen von heute auf morgen einen Wanderweg als privat. Diese Reaktion birgt Konfliktpotenzial und der Wanderer weiß nicht, wie er sich richtig zu verhalten hat. Im Zweifelsfalle, wenn dieses denn möglich ist, sollte man einen Umweg gehen, aber dies ist nicht immer möglich. Einige Grundstückseigentümer bauten sogar eingezäunte Wege über ihr Grundstück, um die Situation zu entschärfen. Auf der Recherche-Reise für diesen Wanderführer wichen 8 Wanderungen von den offiziellen Karteneinträgen ab! Die Streckenführung wurde dementsprechend geändert, oder es wurde Rücksprache mit den Tourismusvereinen gehalten, um die Situation zu erfragen. Diese Informationen sind alle in den Wanderführer eingeflossen. Trotzdem wird es in Zukunft weitere Änderungen geben, der Verlag und ich würden uns sehr über Rückmeldungen freuen.

Mögliche Gefahren bei Wanderungen in der Bretagne

Gemäß Statistik ergeben sich die meisten Wanderunfälle aufgrund einer Überschätzung der eigenen Fähigkeiten. Da es in der Bretagne keine nennenswerten Höhenunterschiede gibt sowie keine in diesem Wanderführer beschriebene Wanderung als schwierig klassifiziert ist – uns erwarten Genusswanderungen – ist es eher unwahrscheinlich, seine eigenen Fähigkeiten zu unterschätzen.

Bei Wanderungen kann unerwartet dichter Nebel aufkommen, aber meistens sind die Wanderwege markiert und man wandert niemals durch eine Landschaft, in der man sich nicht orientieren kann. Mitte August bis Mitte September, bei ruhigem Herbstwetter, kann es zu Nebelperioden kommen. Gewitter kündigen sich durch die hoch aufschießenden Kumuluswolken an. Schutz kann man jederzeit in Gebäuden finden. Sollte dies nicht der Fall sein: Wählen Sie möglichst einen niedrigen Punkt, beispielsweise eine Senke auf dem freien Gelände. Am sichersten ist es, wenn Sie sich dort hinhocken – die Füße möglichst nah beieinander – und damit den Kontaktbereich zum Boden so gering wie möglich halten. Entgegen der landläufigen Meinung sollten Sie sich nicht auf den Boden legen. Auch breitbeiniges Stehen gilt es zu vermeiden, empfehlen die Gewitterforscher.

Wie auch in unseren Breitengraden sollte man sich nach Wanderungen

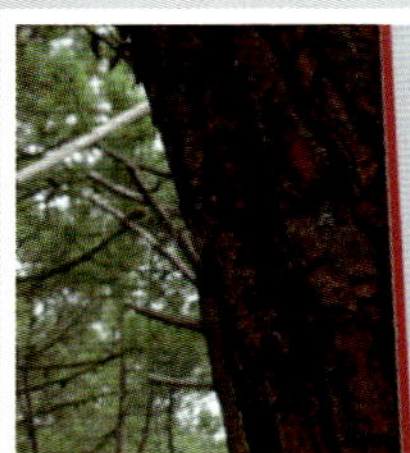
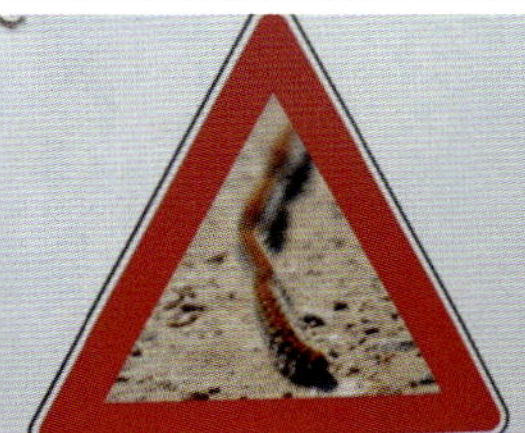
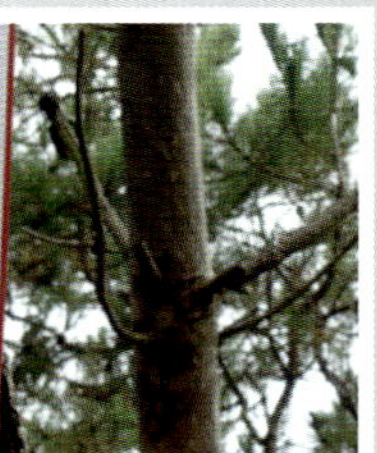

Warnschild

durch Waldgebiete und Sträucher auf Zecken absuchen. Durch einen Zeckenstich können der FSME-Virus und Bakterien der Borreliose auf den Menschen übertragen werden. Die einzige giftige und nicht ungefährliche Schlange in der Bretagne ist die Kreuzotter, die man nur selten zu sehen bekommt.

Besondere Aufmerksamkeit gilt den Prozessionsspinnern, die haarige Plage bevorzugt die warmen und trockenen Pinienwälder in den Küstenregionen der Bretagne. Die Raupen werden bis zu 50 mm lang und sind mit Haaren besetzt. Diese sehr feinen Brennhaare der Raupe enthalten ein Gift, das beim Menschen eine Dermatitis auslösen kann, in Kombination mit starken Hautreizungen, Allergien und Asthma. Sie machen sich nachts auf Futtersuche und wandern hintereinander in Prozessionen, sind aber auch tagsüber auf den Wanderwegen zu entdecken. Erste Hilfeempfehlung sollte man mit den Haaren in Kontakt gekommen sein: Sofort duschen und Haare waschen, beim Abtrocknen nur tupfen und nicht reiben, um nicht weitere eventuell noch verbliebene Nesselhaare zu zerbrechen. Betroffene Hautpartien können mit Antihistamingel aus der Apotheke behandelt werden. Bei stärkerem Juckreiz oder auffälligeren Hautsymptomen einen Dermatologen aufsuchen, der, falls nötig, andere Fachärzte heranzieht. Bei heftigen allergischen Schockreaktionen ist sofort der Notarzt zu rufen!

Klima

Das bretonische Klima ist maßgeblich durch den Golfstrom geprägt. Das dadurch resultierende gemäßigte ozeanische Klima zeichnet sich durch milde Winter aus, sodass im Winter Schnee eine seltene Ausnahme ist, die Januartemperaturen sind höher als am Mittelmeer. Die weitverbreitete Meinung, die Bretagne sei ein sturmreiches Schlechtwetterrevier ist nicht richtig. Richtig ist, im Winter, von November bis Februar, ist es überwiegend windig und verregnet. Von April bis Oktober wechseln Hochdrucklagen, hier gelangt die Bretagne in den Einflussbereich eines Keils des Azorenhochs, mit Einflüssen nordatlantischer Tiefs, die meist über England, seltener direkt über die Bretagne, hinwegziehen. Im Sommer ist das Klima auch dann noch sehr angenehm, wenn uns in Deutschland oder in Südfrankreich Hitzewellen plagen. So liegen die Durchschnittstemperaturen bei 19 °C. Wie in der Grafschaft Cornwall, an der südwestlichen Spitze Englands, gedeihen auch in der Bretagne subtropische Pflanzen – so findet man viele Palmen und Oleander. Es weht ein beständiger Westwind und der führt eine hohe Luftfeuchtigkeit mit sich, sodass es in der Bretagne relativ häufig regnet. Die Regenmengen sind allerdings nicht besonders groß und verteilen sich sehr ungleichmäßig. Niederschläge und Temperaturen unterscheiden sich deutlich zwischen der Süd- und Nordküste und dem Inland. So ist er es an der Südküste etwas milder und regenärmer als an der Nordküste. Auch gibt es im Inland häufiger Regen als in den Küstengebieten. Die nachfolgend aufgeführten drei Messstationen zeigen diese Wetterunterschiede auf. St-Brieuc liegt in der Mitte der Nordküste der Bretagne und hat 776 mm Niederschlag an 30 Tagen, Brest steht für den westlichen Teil der Nordbretagne und hat 1210 mm Niederschlag an 159 Tagen und Lorient für die Südbretagne hat 951 mm Niederschlag an 132 Tagen. Daher ist auch der Blick in die Klimatabelle oder Wettervorhersage weiter erklärungsbedürftig. Wenn laut Klimatabelle an 16 Tagen im September Regen in der Bretagne fällt, so bleibt es bei uns in Deutschland an solch einem Regentag meist den ganzen Tag bedeckt und regnerisch, während in der Bretagne oft nur ein kleiner aber heftiger Schauer niederprasselt, gefolgt von strahlend blauem Himmel.

Die bretonische Atlantikküste gehört zu den Regionen mit den stärksten Gezeiten in Europa. Der Unterschied zwischen Ebbe und Flut kann an der Nordküste bis zu 12 Metern ausmachen – an einigen Stellen sogar bis zu sagenhaften 14 Metern! Besonders große Unterschiede zwischen Hochwasser und Niedrigwasser gibt es im Frühjahr und Herbst. Dabei strömt das Wasser nicht die ganze Zeit gleichmäßig ein oder aus. Direkt zum Umkehrpunkt von Ebbe zur Flut kommt kurzfristig Stillstand auf. Zwischen Hochwasser und Niedrigwasser liegen in der Regel 6 Stunden, die Tide verschiebt sich täglich um 20–30 Minuten nach hinten. Ein täglich wiederkehrendes besonderes Naturschauspiel, das für die meisten Besucher außergewöhnlich ist. Auf der nachfolgend aufgeführten Webseite befindet sich ein Tidenkalender: http://www.gezeitenfisch.com/fr/bretagne-atlantique/brest.

Der herbe Reiz der Landschaft ist geprägt von schnell wechselndem Wetter – sodass man die 4 Jahreszeiten an einem Tag erleben kann–, im Herbst die Zeit der zahlreichen gewaltigen Stürme mit Orkanstärke oder den windstillen Nebeltagen im November. Im Zusammenspiel der vorbeiziehenden Wolken und den immer wieder verändernden Lichtsituationen ergibt sich ein wunderschönes Farbenspiel, das die Landschaft verzaubert, nicht ohne Grund zog es Maler wie Gauguin magisch an.
Eine der schönsten Reisezeiten ist von Mitte April bis Ende Mai, die Winterstürme sind bereits vorüber, aber die Touristenmassen noch nicht in den

	Januar	Februar	März	April	Mai
Tages-temperatur	8,6	8,8	11,6	13	15,4
Nacht-temperatur	3,7	3,3	4,7	5,7	8
Sonnen-stunden	2,3	3,4	4,6	6,6	7,6
Regentage pro Monat	22	16	15	15	14
Wasser-temperatur	10	10	10	10	12

Sommerurlaub aufgebrochen. Mit zunehmender Kraft der Sonne steigen die Temperaturen jeden Tag ein bisschen höher. Für Wanderungen gehören der April und Mai zur besten Urlaubszeit. Für einen Badeurlaub ist die Bretagne von Juni bis September geeignet. Dabei kommen die Wassertemperaturen aber nicht über einen Durchschnittswert von 15 °C hinaus. Auch der Herbst überzeugt durch sein außergewöhnliches Farbenspiel der goldgelb gefärbten Wälder. Ab September gibt es nur noch wenige Touristen und der Atlantische Ozean ist erwärmt. Selbst im Oktober sind die Tagestemperaturen noch angenehm und die Sonne lässt sich regelmäßig blicken – eine ideale Zeit für Küstenwanderungen und romantische Strandspaziergänge. Zusammenfassend lässt sich sagen: Die Bretagne ist zu jeder Jahreszeit ein lohnendes Reiseziel.

Den besten Wetterbericht erhält man auf der Webseite: http://www.meteo.bzh/

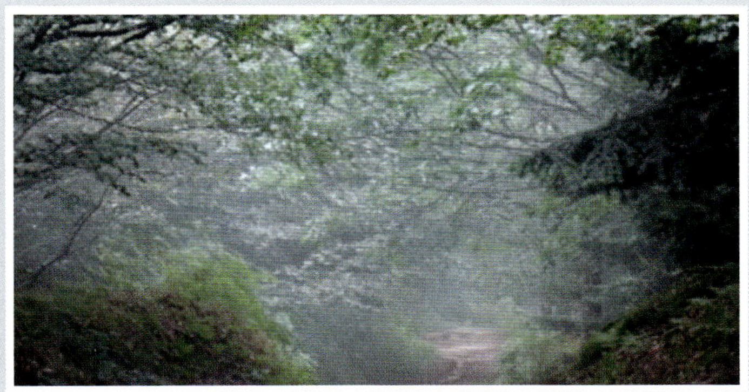

Ein Hohlweg führt durch eine Nebelbank

Juni	Juli	August	September	Oktober	November	Dezember
18,1	19,4	19,7	18,2	15,2	11,5	9,4
10,5	12	12,4	11,3	8,7	6,3	4,3
7,3	7,1	6,8	5,4	4	2,4	1,9
13	14	15	16	19	20	22
14	15	16	15	14	13	11

ALLGEMEINE TOURENHINWEISE

SCHWIERIGKEITSGRADE

■ LEICHT

Spaziergänge oder einfache Wanderungen auf breiten und auf gut begehbaren Wegen oder Pfaden. Es gibt dabei keine besonderen Gefahrenstellen. Kräftige Steigungen, steinige oder rutschige Abschnitte sind jedoch möglich. Beschilderungen bestehen nicht überall und so kann es an Weggabelungen zu Orientierungsproblemen kommen.

■ MITTEL

Diese Touren führen in unwegsame und abgelegene Küstenstreifen oder Berggebiete. Einzelne Passagen können felsig und abschüssig sein. Diese erfordern dann Trittsicherheit, Schwindelfreiheit und die nötige Wandererfahrung. Manche dieser Strecken setzen guten Orientierungssinn voraus.

■ SCHWER

Schwarze Routen sind anspruchsvoll und/oder lang. Sie erfordern sehr gutes Orientierungsvermögen. Rechnen Sie mit schmalen, steilen oder abschüssigen und rutschigen Abschnitten. Diese Bereiche setzen absolute Trittsicherheit, Schwindelfreiheit und teilweise erste Klettererfahrungen voraus. Diese Routen befinden sich in entlegenen Gebieten und somit ist keine rasche Hilfe zu erwarten.

AUSRÜSTUNG

Da es keine nennenswerten Berge in der Bretagne gibt, sind leichte Wanderstiefel mit einer festen Profilgummisohle völlig ausreichend. Ein Turnschuh eignet sich nur auf den als leicht klassifizierten Touren. Auf Wegen mit rutschigen Untergrund sind Wanderstöcke zur weiteren Unterstützung hilfreich. Gute Schuhe geben uns Sicherheit und sind daher sehr wichtig.

Aufgrund der regelmäßig auftretenden Regenschauer empfiehlt sich rasch trockene Funktionskleidung, ein warmer Pullover sowie eine windfeste oder wasserfeste Jacke. Bitte beachten Sie, dass alle Lagen, die sie übereinander tragen, aus Funktionsmaterial bestehen sollten. Nur so wird gewährleistet, dass die Feuchtigkeit von der Haut weg nach außen transportiert wird. Regenponchos sind in der Bretagne nicht sehr geeignet, da der ständig wehende Wind sich darunter setzen kann. Das gleiche Problem hat man mit einem Regenschirm. Gute Regenbekleidung kann sogar eine Regenwanderung zu einem besonderen Erlebnis machen.

Obligatorisch sind in den Sommermonaten – dann kann es sehr heiß in der Bretagne werden – Sonnencreme sowie ein passender Strohhut. Ein wichtiges Utensil auf den meisten Küstenwanderungen ist Badebekleidung und ein kleines Handtuch, denn immer wieder ergeben sich Möglichkeiten, sich im Atlantischen Ozean zu erfrischen. Eine kleine Reiseapotheke, im Speziellen Desinfektionsspray bei kleinen Verletzungen, eine Zeckenzange, Blasen-Pflaster und eine Trillerpfeife für den Notfall gehören zur Standardausrüstung im Rucksack. Ein eingeschaltetes Handy ist empfehlenswert, aber nicht nötig, da man sich nie weit von der nächsten Siedlung entfernt. Da es nicht auf allen Touren eine Einkehrmöglichkeit gibt, sollte noch dementsprechende Tourenverpflegung mit eingeplant werden.

ORIENTIERUNG UND MARKIERUNG

Wandern ist in der Bretagne sehr beliebt. Unglaubliche 2.500 km Wanderwege sind markiert. Alleine im Départment Finistère gibt es 300 km markierte Wanderwege. Die Markierung und Beschilderung von Wanderwegen wird durch eine offizielle Charta geregelt. Die Abkürzungen GR, GRP und PR sind eingetragene Marken des französischen Wandervereins Fédération française de la randonnée pédestre. Die Organisation ist ein öffentlich anerkannter Verband aller Vereine, welche die Wanderwege errichten und unterhalten. Sie erstellt auch Wanderführer für diese Wanderwege.

Wie die durch Frankreich verlaufenden Fernwanderwege GR – Grande Randonnée -, der GR 20 zum Beispiel – der Korsika von Norden nach Süden durchquert – oder der GR 10 – der vom Mittelmeer über die Pyrenäen zum Atlantik führt – ist der Zöllnerpfad entlang der Küsten der Bretagne, der GR 34, mit weißen und roten überlagerten Rechtecken markiert. Die Auswahl, Benennung, Verwaltung und Pflege von Landwegen liegt oft in der Verantwortung der lokalen Regierungen.

Die regionalen Fernwanderwege GRP-Länder sind gekennzeichnet durch zwei überlagerte Rechtecke in gelb und roter Farbe. Grande Randonnée de Pays enthüllen das historische und architektonische Erbe der Region.

Ein PR-Petites Randonnées gekennzeichneter Wanderweg wird von einem Verein oder einer Gemeinde gepflegt und normalerweise mit einem gelben Rechteck gekennzeichnet. In der Regel beschreibt er eine Tageswanderung, die als Rundweg ausgelegt ist und vom örtlichen Verband genehmigt wird.

GEFÜHRTE TOUREN

Das größte Angebot geführter Wanderungen in der Bretagne bietet der deutsche Reise-Veranstalter, Wikinger Reisen GmbH an: https://www.wikinger-reisen.de/wandern/frankreich/bretagne.php.

WANDERKARTEN

Wanderkarten gibt es von IGN (Institut Geographique National). Jede Wanderkarte ist im Maßstab 1:25000.

Wanderkarten Bretagne von Brest nach Süden bis St-Nazaire

Brest – Pointe de Saint-Mathieu 0417ET
Landerneau/Landisvisiau 0516OT
Plougastel-Daoulas, Le Faou 0517OT
Camaret – Halbinsel von Crozon 0418ET
Huelgoat, Monts d'Arrée, Regionaler Naturpark Armorique 0617OT
Châteaulin Douarnenez 0518OT
Audierne, Pointe du Raz, Île de Sein 0419ET
Pont-l'Abbé, Pointe de Penmarc'h 0519OT
Quimper, Concarneau, Glénan-Inseln 0519ET
Quimperlé, Pont-Aven 0620ET
Lorient, Île de Groix 0720ET
Halbinsel von Quiberon, Auray, Carnac 0821OT
Belle-Ile, Iles d'Houat et d'Hoedic 0822OT
Vannes, Golf von Morbihan 0921OT
La Baule 1023OT
Saint-Nazaire, Pornic, Jadeküste 1022ET

ALLGEMEINE TOURENHINWEISE

Wanderkarten Bretagne von Brest nach Osten bis zum Mont-St-Michel
Brest – Pointe de Saint-Mathieu 0417ET
Île d'Ouessant, Le Conquet 0317OT
Plouguerneau, Les Abers 0416ET
St-Pol-de-Léon, Roscoff, Île de Batz 0515ET
Huelgoat, Monts d'Arrée, Regionaler Naturpark Armorique 0617OT
Morlaix, Plestin-les-Grèves, Carantec 0615ET
Lannion, Trébeurden 0715O
Lannion, Perros-Guirec, Les Sept Îles, Rosa Granitküste 0714OT
Paimpol, Tréguier, Île de Bréhat 0814OT
Paimpol, Pontrieux 0815O
St-Brieuc 0916OT
Erquy, Le Val André, Lamballe 0916ET
St-Cast-Le-Guildo, Cap Fréhel 1016ET
Saint-Malo, Dinard, Dinan 1116ET
Le Mont-St-Michel, Dol-de-Bretagne 1215OT

WEITERE WANDERWEGE

Extrem reich ist das Angebot an Wanderwegen in der Bretagne, ja ein wahres Wanderparadies, mit einem nahezu unerschöpflichen Potenzial an Möglichkeiten. Es folgt die Zusammenfassung der wichtigsten Fernwanderwege:

Der GR34 | Ein Weg mit Geschichte | 82 Tage | 1800 km |

Der sogenannte Zöllnerpfad ist einer der bekanntesten französischen Fernwanderwege. Der 1791 angelegte Pfad umfasst die gesamte Küste der Bretagne. Sinn und Zweck war die Überwachung durch Zollbeamte, um den lebhaften Schmuggel einzudämmen. In den sechziger Jahren wurden dann zur eindeutigen Wegfindung rot-weiße Markierungen ergänzt. Auch wer nur Teilstücke des GR34 geht, er gewinnt unvergleichliche Eindrücke von der Bretagne. Von den verschlafenen Dörfern im Landesinneren bis hin zu den quirligen Küstenstädten. Felsige Landspitzen, wilde Küsten, Sümpfe, Dünenlandschaften, nicht endenwollende Strände, kleine versteckte Buchten, eine vielfältige Flora und Fauna, ja und dann ist da noch das reiche historische Erbe der Bretagne.
https://cms.ffrandonnee.fr/data/CR05/images/itin%C3%A9raires/carte-gr-34bis.jpg

Der GR34 | Rosa Granitküste | 3 bis 4 Tage | 60 km |

Von Lannion geht es an den Ufern des Flusses Léguer bis zur Rosa-Granitküste mit ihren imposanten farbigen, außergewöhnlich geformten Felsen! Das Ziel ist der Hafen von Perros-Guirec. Diese Strecke kann in beide Richtungen gegangen werden.
https://www.cotesdarmor.com/Planifier/Sports-loisirs/Randonnees/Les-grands-itineraires/Le-GR-R-34-ou-sentier-des-douaniers

Der GR34 | Entlang der Küste von Goelo | 4 Tage | 72 km |

Mit dieser Strecke entdecken Sie den westlichen Teil der Bucht von Saint-Brieuc. Ihr Weg führt vorbei an Stränden, Badeorten, Häfen, felsigen Landspitzen und Klippen.
https://www.cotesdarmor.com/Planifier/Sports-loisirs/Randonnees/Les-grands-itineraires/Le-GR-R-34-ou-sentier-des-douaniers

Der GR340 | Umrundung der Belle-Île-en-Mer | 4 Tage | 69 km |

http://www.gr-infos.com/en/gr340.htm

Der GR37 | Von West nach Ost | 25 Tage | 556 km |
Vitré à Médréac 122 km http://www.gr-infos.com/gr37a.htm
Médréac à Josselin 135 km http://www.gr-infos.com/gr37b.htm
Josselin à Glomel 148 km http://www.gr-infos.com/gr37c.htm
Glomel à Saint-Rivoal 91 km http://www.gr-infos.com/gr37d.htm
Saint-Rivoal à Pentrez-Plage 60 km http://www.gr-infos.com/gr37e.htm

Der GR38 | Von Ost nach West | 16 Tage | 346 km |
Douarnenez à Châteauneuf-du-Faou 79 km http://www.gr-infos.com/gr38a.htm
Châteauneuf-du-Faou à de Baud 132 km http://www.gr-infos.com/gr38b.htm
De Baud à Redon 135 km http://www.gr-infos.com/gr38c.htm

Der GR39 | Von Norden nach Süden | 16 Tage | 351 km |
Mont St Michel à Chartres-de-Bretagne 117 km http://www.gr-infos.com/gr39a.htm
Chartres-de-Bretagne à Redon 125 km http://www.gr-infos.com/gr39b.htm
Redon à Guérande 109 km http://www.gr-infos.com/gr39c.htm

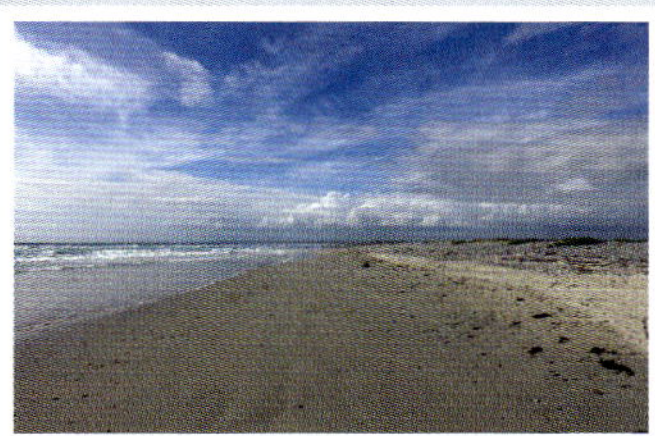

Plage Saint-Jean-Trolimon

Es folgt eine Auswahl von Webseiten, auf denen weitere Wanderungen aufgeführt sind:

Ille-et-Vilaine
https://www.france-voyage.com/balades/ille-et-vilaine-Départment.htm

Morbihan
http://de.labaule-guerande.com/carte-interactive.html
https://www.france-voyage.com/balades/morbihan-Départment.htm

https://www.visitsouthbrittany.com/walking-and-hiking

Finistère
https://www.france-voyage.com/balades/finistere-Départment.htm
http://www.tregunctourisme.com/decouvrir/randonnees-et-visites-guidees/
http://www.finistere-rando.com/de/node/130
http://www.haute-cornouaille.fr/Tourisme/Decouvrir-la-Haute-Cornouaille/20-randonnees-en-Haute-Cornouaille

Côtes d'Armor
https://www.france-voyage.com/balades/pointe-bec-vir-landmark-30053.htm
http://www.destination-rando.com/guerledan

Bretagne
http://www.gr-infos.com/gr-fr.htm
http://www.randogps.net/randonnee-pedestre-gps-finistere-29.php

Reiseinformationen

Botschaften / Konsulate
Honorarkonsul der Bundesrepublik Deutschland | Honoraire de la République fédérale d'Allemagne | 50, Esplanade de la Fraternité, 29200 Brest | +33681081479 | brest@hk-diplo.de |

Honorarkonsulin der Bundesrepublik Deutschland | Consul Honoraire de la République fédérale d'Allemagne | CCI de Rennes, 2, avenue de la Préfecture CS 64204, 35042 Rennes | +33299336695 | rennes@hk-diplo.de |

Direkt in der Bretagne gibt es kein Österreichisches Konsulat, daher muss man sich an die **Österreichische Botschaft** in Paris wenden. | 6, rue Fabert, 75007 Paris | +33140633063, Fax +34922023371 | https://www.bmeia.gv.at/oeb-paris/ | info@consuladoaustriatenerife.com | Öffnungszeiten: Montag-Freitag 9:00-12:00, telefonische Auskünfte 14:00-17:00 |

Direkt in der Bretagne gibt es keine Vertretung der Schweizer Eidgenössischen, daher muss man die **Botschaft in Paris** kontaktieren. | Ambassade de Suisse 142, rue de Grenelle, 75007 Paris | +33149556700 | http://www.eda.admin.ch/paris | paris@eda.admin.ch | Öffnungszeiten: Montag-Freitag 9:00-12:00 |

Busverbindungen
BreizhGo.com ist ein Informationsdienst verschiedener Verkehrsmittel für den öffentlichen Verkehr in der Bretagne, der vom Regionalrat der Bretagne in Zusammenarbeit mit lokalen Behörden in der Region, dem französischen Staat und der Europäischen Union betrieben wird. Auf der Webseite http://mobibreizh.bzh/en/# findet man alle Fahrpläne der öffentlichen Verkehrsmittel – egal ob Zug, Bus, Bahn oder Schiff. In einigen ländlichen Regionen gibt es eine Besonderheit, denn der Bus muss vorbestellt werden. Bei Fahrten bis 10:00 Uhr morgens muss der Bus am Vortag bis 17:30 bestellt worden sein. Bei Fahrten ab 10:00 muss der Bus 1 Stunde im Voraus bestellt werden, unter der folgenden Telefonnummer +33298605555. Diese Ausnahme ist bei den jeweiligen Wanderungen hervorgehoben.

Elektrizität
Die Stromspannung in der Bretagne beträgt 230 Volt AC bei einer Frequenz von 50 Hz. In Frankreich werden Steckdosen des Typs E verwendet. Der Stecker besitzt zwei runde Kontaktstifte für den spannungsführenden Leiter und für den Neutralleiter. Diese sind

normalerweise dicker als die Kontaktstifte des Eurosteckers, es sind jedoch auch Varianten mit dünnen Kontaktstiften (4 mm) zu finden. Leicht versetzt in der Mitte befindet sich eine Kontaktöffnung, die den Kontaktstift der Steckdose für den Schutzleiter aufnimmt. Bitte beachten Sie, dass der Stecker F (Schuko) nur benutzt werden kann in Steckdosen des Typs E, wenn es ein Extra-Loch für den mittleren Kontaktstift hat.

Freikörperkultur
FKK ist in der Bretagne nicht verboten und wird toleriert, ausgewiesene FKK-Bereiche findet man auf der Webseite https://www.reisefuehrer-fkk.de/de/fkk-urlaub/r26/fkk-strande/bretagne.html. Die FKK-Strände in der Bretagne sind ausgeschildert und gut besucht, es wird allgemein von Badenden und Rettungsschwimmern auf die Einhaltung der FKK- und Textilstrandabschnitte geachtet. Das Durchlaufen von FKK-Stränden durch bekleidete Personen wird generell nicht geschätzt. In nicht ausgewiesenen FKK-Bereichen, versteckt liegenden Buchten mit herrlichem Strand lassen Urlauber gern einmal die Hüllen fallen und genießen das herrliche Baden im Meer und Sonnen ohne Kleidung. Rücksichtnahme ist dennoch geboten! Daher ist es ratsam, zumindest eine Badehose oder einen Bikini beim Strandbesuch dabeizuhaben.

Feier- und Festtage
1. Januar – Neujahr
Ostermontag
Karfreitag nur im Elsass und in einigen Teilen Lothringens
1. Mai – Tag der Arbeit
8. Mai – Tag des Waffenstillstandes 1945
Christi Himmelfahrt
Pfingstmontag
14. Juli – Nationalfeiertag Frankreich
15. August – Maria Himmelfahrt
1. November – Allerheiligen
11. November – Tag des Waffenstillstandes 1918
25. Dezember – 1. Weihnachtsfeiertag
26. Dezember – 2. Weihnachtsfeiertag nur im Elsass und in einigen Teilen Lothringens

Die Schulferien in Frankreich sind in die nachfolgenden 3 Zonen aufgeteilt. Sie erstrecken sich über den Zeitraum von Mitte Juli bis Ende August. Die unterschiedlichen Zeiten der Ferientermine dienen dazu, den Reiseverkehr auf den Autobahnen und den Zulauf auf die Urlaubsregionen besser steuern zu können. Zone A: Besançon, Bordeaux, Clermont-Ferrand, Dijon, Grenoble, Limoges, Lyon, Poitiers. Zone B: Aix-Marseille, Amiens, Caen, Lille, Nancy-Metz, Nantes, Nizza, Orléans-Tours, Reims, Rennes, Rouen, Straßburg. Zone C: Créteil, Montpellier, Paris, Toulouse, Versailles.

Öffnungszeiten
Die Geschäfte in der Bretagne haben Montag bis Samstag von 9:00–19:00 geöffnet. In kleineren Orten ist die Öffnungszeit von 9:00–12:00 und 15:00–19:00 Uhr. Große Supermärkte haben Montag bis Samstag von 9:00–21:00 geöffnet. Die Banken in Frankreich haben Montag bis Freitag von 9:00–12:00 und von 14:00–16:00 geöffnet. Viele Banken haben jedoch auch samstags geöffnet und dafür am Montag geschlossen.

Fremdenverkehrsämter
Die offizielle Webseite für Tourismus in der Bretagne heißt http://www.bretagne-reisen.de. Dort kann man Reiseziele entdecken, Sehenswürdigkeiten erklärt bekommen, sich inspirieren lassen, Unterkünfte vermittelt bekommen, von der Geschichte bis zur Natur die Bretagne kennenlernen, beim Services nützliche Hintergrundinformationen erhalten, auf dieser Seite findet man alle nötigen Informationen zur Urlaubsplanung – ein Rundum-Sorglos-Paket.

Informationen vor Ort:
Die Bretagne ist organisatorisch extrem stark aufgestellt, es gibt 230 unabhängig voneinander agierende Fremdenverkehrsverbände. Die Webseite www.bretagne-reisen.de ist die offizielle Seite des Tourismusverbands der Bretagne mit vielen Angeboten, Tipps und Informationen für die Urlaubsplanung. Unter dem Register http://www.bretagne-reisen.de/service/tourist-informationen findet man die Kontaktinformationen zu all diesen Tourismusbüros.

Briefmarken und Briefkästen
Nach einem Beschluss des Europäischen Parlaments wurde das Postmonopol in Frankreich und fast allen EU-Ländern für Briefe abgeschafft. Die Mitgliedsstaaten haben sich verpflichtet, die Existenz eines Universaldienstes sicherzustellen, der eine flächendeckende Versorgung ermöglicht. Briefmarken erhalten Sie bei der Post und in Tabak- und Zeitschriftenläden. Das Porto des Briefes hängt von Gewicht und Zieladresse ab. Alle Preise finden Sie auf der Internetseite der französischen Post https://www.laposte.fr/particulier. Die gelben Briefkästen finden Sie am Straßenrand und vor jeder Postfiliale. Die Leerungszeiten sind jeweils darauf vermerkt. Die französische Post arbeitet äußerst effektiv: Rechnen Sie für Briefe innerhalb Frank-

reichs mit 24 bis 48 Stunden; von Frankreich ins Ausland mit 1 bis 5 Tagen.

Krafstoff sparen dank Tankstellen-Apps
Während in Frankreich die Benzinpreise schon lange in einer Datenbank gesammelt werden, befand sich ein solches System in Deutschland lange in der Planung. Auch hierzulande wird inzwischen ein Großteil der Tankstellenpreise in einer Datenbank zusammengeführt, sodass die Tankstellen-Apps eine zuverlässige Anbindung mit ständig aktualisierten Preisen besitzen. Sie geben anhand der Postleitzahl oder direkt über das GPS-Signal des Smartphones die aktuellen Spritpreise in der Umgebung aus. Der Platzhirsch für Deutschland ist die App Clever-Tanken: Einfache Such- und Filterfunktionen zeigen alle wichtigen Infos auf den ersten Blick. Aber wenn es um Frankreich geht, zeigt Ihnen nur die App Billig-Tanken die aktuellsten und billigsten Kraftstoffpreise an. Billig Tanken bietet Features wie Farbcodierung der Preise und der Datenqualität, Favoriten, Suche an beliebigen Adressen, exakte Anfahrtszeiten, Kartendarstellung und Navigation. Einfach günstig, schnell und clever tanken!

Internetauftritte
Offizielle Website für Tourismus in der Bretagne.
http://www.bretagne-reisen.de/
Information über die Gezeiten
https://gezeitenfisch.com/fr
Infos aus erster Hand und Ferienhäuser als Mittelpunkte des Erlebens.
https://www.bretagne-tip.de
Sehr interessanter Artikel von Hans-Ingo Radatz: Wie keltisch ist die Bretagne?
https://d-nb.info/1058656325/34
Reiseveranstalter mit dem Besonderen.
https://www.france-ecotours.com/

Zeitschriften
Le Télégramme ist die am weitesten verbreitete französischsprachige Tageszeitung in der Bretagne.

Literatur
Bretonische Brandung bis Bretonischer Stolz: Die 7 Fälle des Kommissar Dupin von Jean-Luc Bannalec.
Bretonisches Kochbuch: Kommissar Dupins Lieblingsgerichte.
In bretonisches Kochbuch geht es erneut um Kommissar Dupin – wenn auch indirekt. Eingefleischte Fans kennen auch Dupins

Stammlokal LÀmiral in Concarneau, das dort tatsächlich existiert. In seinem neuen Werk stellt der Autor gemeinsam mit Catherine und Arnaud Lebossé, den Inhaber des Restaurants, die Lieblingsgerichte des Krimikommissars vor. Todsicher ein kulinarisches Leseerlebnis. Der Klassiker unter den Reiseführern ist der Baedeker Bretagne.

Ärzte und Krankenhäuser
In der Bretagne ist aufgrund der hohen Bevölkerungsdichte eine perfekte medizinische Versorgung gewährleistet. Innerhalb der Europäischen Union (EU) existiert das Sozialversicherungsabkommen. Hier fahren Sie mit der Europäischen Gesundheitskarte ganz beruhigt in die Bretagne. Sie erhalten damit in allen Staaten der EU medizinische Hilfe beim Arzt oder im Krankenhaus. Einen Auslandskrankenschein brauchen Sie innerhalb der EU nicht. Trotzdem gibt es viele Ärzte, die privat abrechnen und die Bezahlung dann in bar erfolgt. Für eine sichere Rückerstattung der möglichen Arztkosten bei Ihrer Krankenversicherung sollten Sie sich die Rechnung detailliert vom Arzt oder vom Personal ausstellen lassen.

Nicht alle Ansprüche aus ihrer gesetzlichen Versicherung decken die Krankheitskosten bei einem Auslandsaufenthalt ab. Hier gehören zum Beispiel Kosten für einen Rücktransport nach Deutschland, in Frankreich übliche Zuzahlungen, Behandlungen durch private Leistungserbringer. Daher empfehlen wir dringend den Abschluss einer privaten Auslandsreise-Krankenversicherung. Von den französischen Ärzten sprechen viele zumindest eine Fremdsprache. Medikamente sind etwas billiger als in Deutschland.

Bei der Arztsuche sind ihnen die Touristeninformationszentren, Hotels, Campingplätze oder Gendarmerie gerne behilflich. In den Ferienhäusern legen die Vermieter Infomappen aus, meist auch die Adressen der wichtigsten und nächstgelegenen Ärzte: Ärzte und Gesundheitseinrichtungen finden Sie aufgelistet nach Spezialisierung und Ort auf der Webseite https://www.ameli.fr. Hier ist auch aufgeführt, ob der Arzt ein Vertragsarzt ist (conventionné) und seine Tarife nach der gesetzlichen Versicherung festgesetzt sind, oder ob es sich um einen Arzt mit freiem Honorar handelt.

Apotheken – Pharmacie- erkennt man in Frankreich an einem grünen Kreuz. Die Öffnungszeiten entsprechen den normalen Ladenöffnungszeiten also 9:00–19:00. In allen Apotheken hängt generell die Adresse der nächstgelegenen Notfallapotheke aus. Wie in Deutschland auch sind einige Medikamente rezeptpflichtig, sodass man vorher auf jeden Fall den Arzt besuchen muss.

Die Wege zu den Krankenhäusern sind gut ausgeschildert. Die größeren haben sehr gut ausgebaute Notaufnahmen und Ambulanzen. Die Häuser in Brest und Rennes sind Universitätskrankenhäuser.

Impfungen sind für eine Reise in die Bretagne nicht erforderlich. Ein ausreichender Schutz gegen Polio und Tetanus ist selbstverständlich.

MEINE LIEBLINGSTOUR

In der Bretagne ist die Geschichte allgegenwärtig. So beginnt die Erlebnisrunde – Fort la Latte – Cap Fréhel – gleich mit einem Höhepunkt: Wir haben die Gelegenheit, die 600 Jahre Festungsanlage Fort la Latte zu besichtigen. Dann folgt die Wanderung durch eine der beeindruckendsten Regionen der Bretagne. Wie verzaubert wandeln wir oberhalb der Steilküste – deren Felsspitzen an Festungsmauern erinnern – und entlang lila schillernder Heideflächen. Gleich 3 Leuchttürme am Cap Fréhel, das ist einmalig in der Bretagne. Nach der Exkursion durch das Hinterland gibt es eine astreine Bademöglichkeit bei einem versteckten TOP-Strand, bevor wir die Runde beenden und wieder am Fort ankommen (Tour 54).

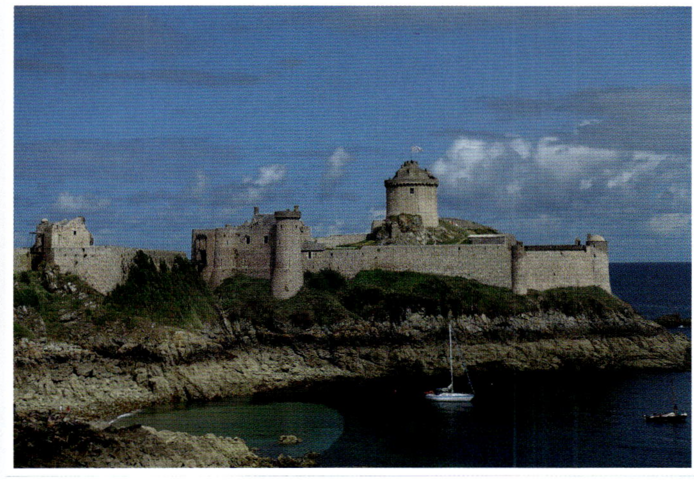

MEINE HIGHLIGHTS

1

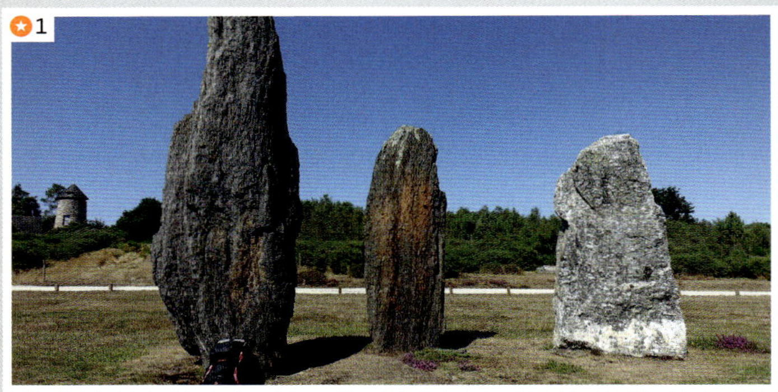

1: Megalithes de Saint Just
Fernab des Massentourismus, ohne Barriere und Zäune, wandert man durch Heidelandschaft entlang der zweitgrößten Megalithenfundstätte der Bretagne. Aber nicht nur kulturell hat die Wanderung einiges zu bieten, denn der Wanderweg führt durch landschaftlich außerordentlich schöne Abschnitte mit einem Stausee, einem ursprünglichen Wald und einer Schlucht.
→ Tour 7, Seite 59

2: Belle-Île – Un | Eine der schönsten Wanderung im Départment Morbihan führt entlang von spektakulären Felspyramiden, am Rande von bis zu 42 m hohen Klippen, bis zu 425 m langen Buchten und Traumstränden, wie man sie nur in der Karibik findet.
→ Tour 15 , Seite 91

3: Huelgoat | Diese Wanderung verbindet alle TOP-Sehenswürdigkeiten in einer der schönsten Regionen in der zentralen Bretagne, ein eindrückliches und nachhaltiges Naturspektakel. Aber wir durchstreifen auch eine Gegend rätselhafter Sagen und jahrhundertealter Legenden.
→ Tour 27, Seite 138

4: La Point de Corsen | Diese Küstenwanderung beim Pointe du Corsen gehört mit zu den schönsten der westlichen Bretagne. Die Tour führt vorbei an sieben Strandabschnitten, eine faszinierende Strandschau. Möchte man an einem Strand verweilen, so ist die Wahl die schwierigste Aufgabe des Tages.
→ Tour 35, Seite 170

5: Château de Tonquédec – Château de Kergrist | In der totalen Abgeschiedenheit, im Herzen eines wunderschönen Waldes, entlang einem der schönsten Flüsse der Bretagne, entdecken wir zwei Schlösser und drei Kapellen, die alle als historische Denkmäler klassifiziert sind. Mehr Programm ist an einem Wandertag nicht unterzubringen. → Tour 41, Seite 194

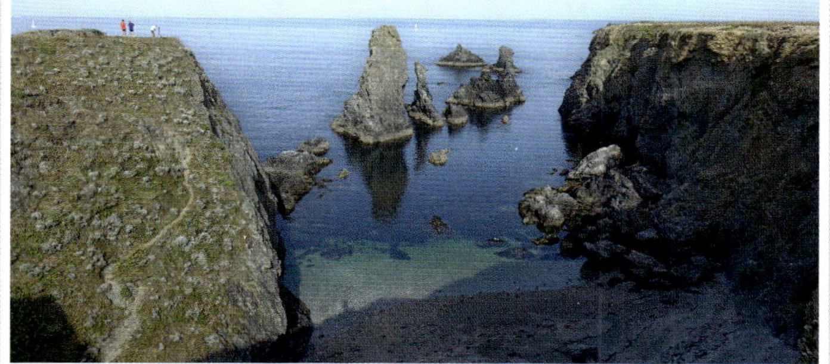
2

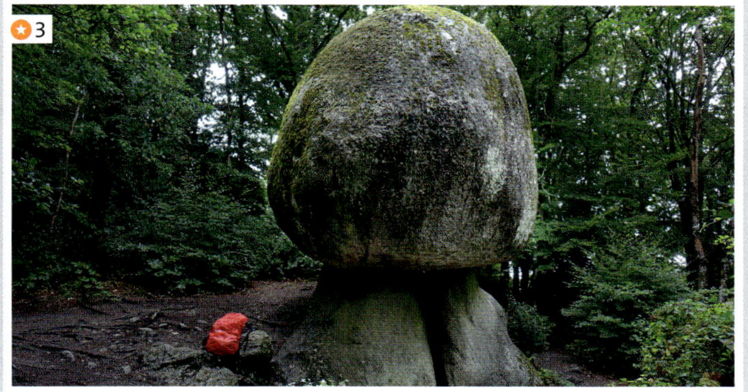
3

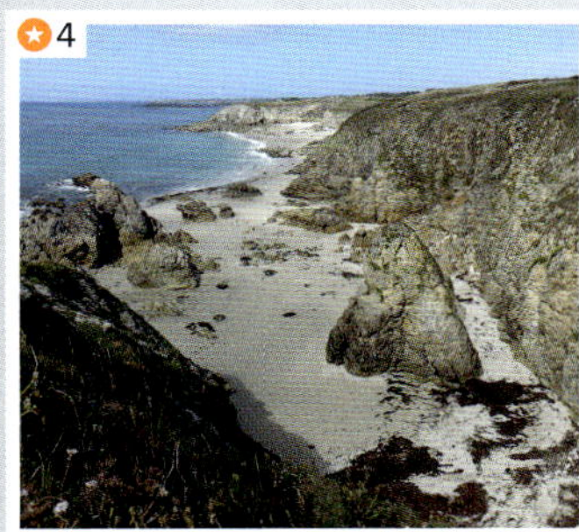
4

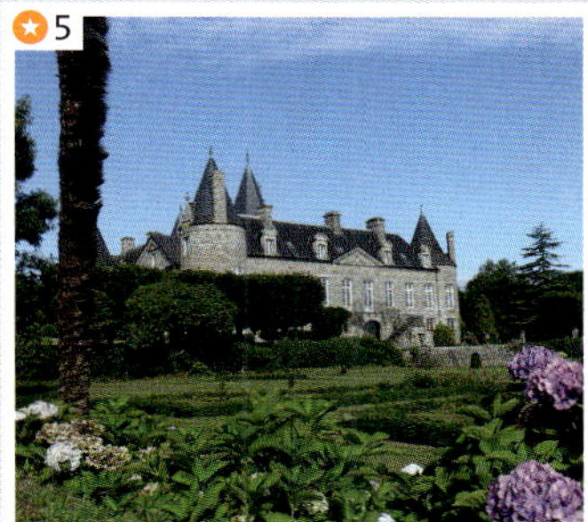
5

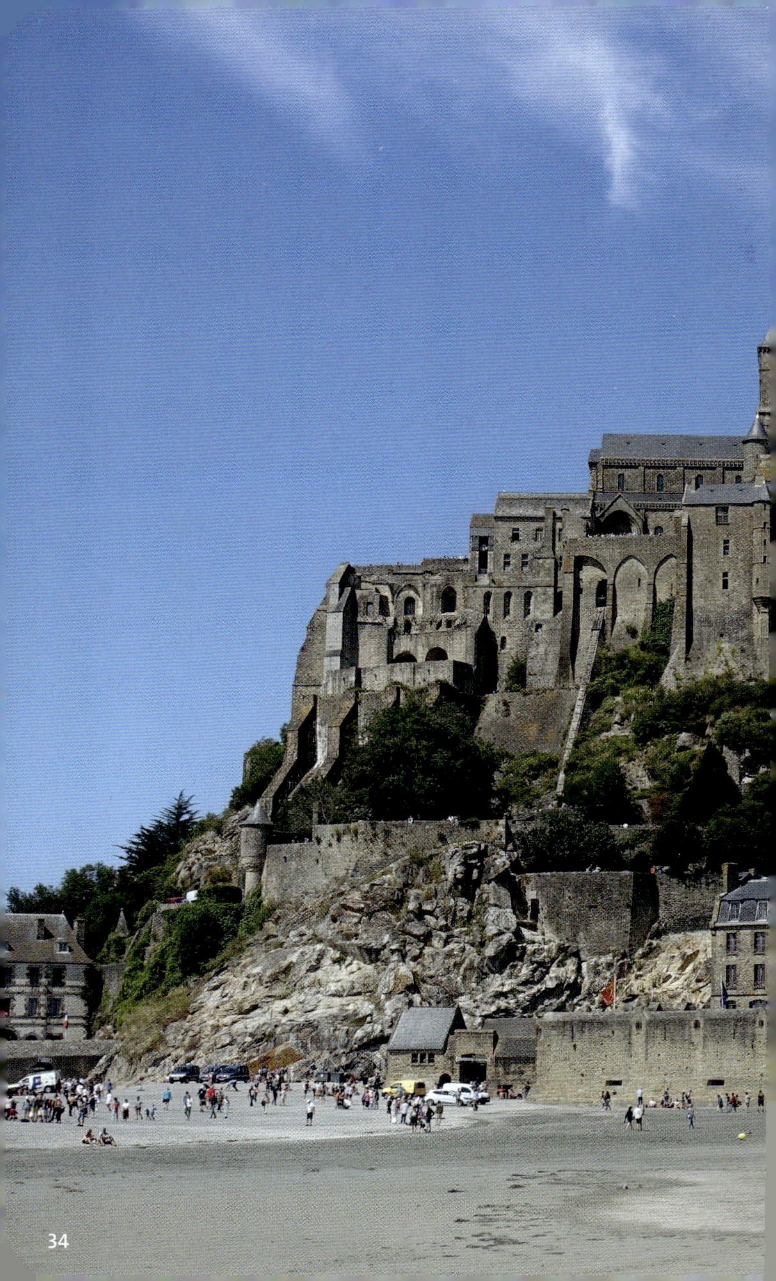

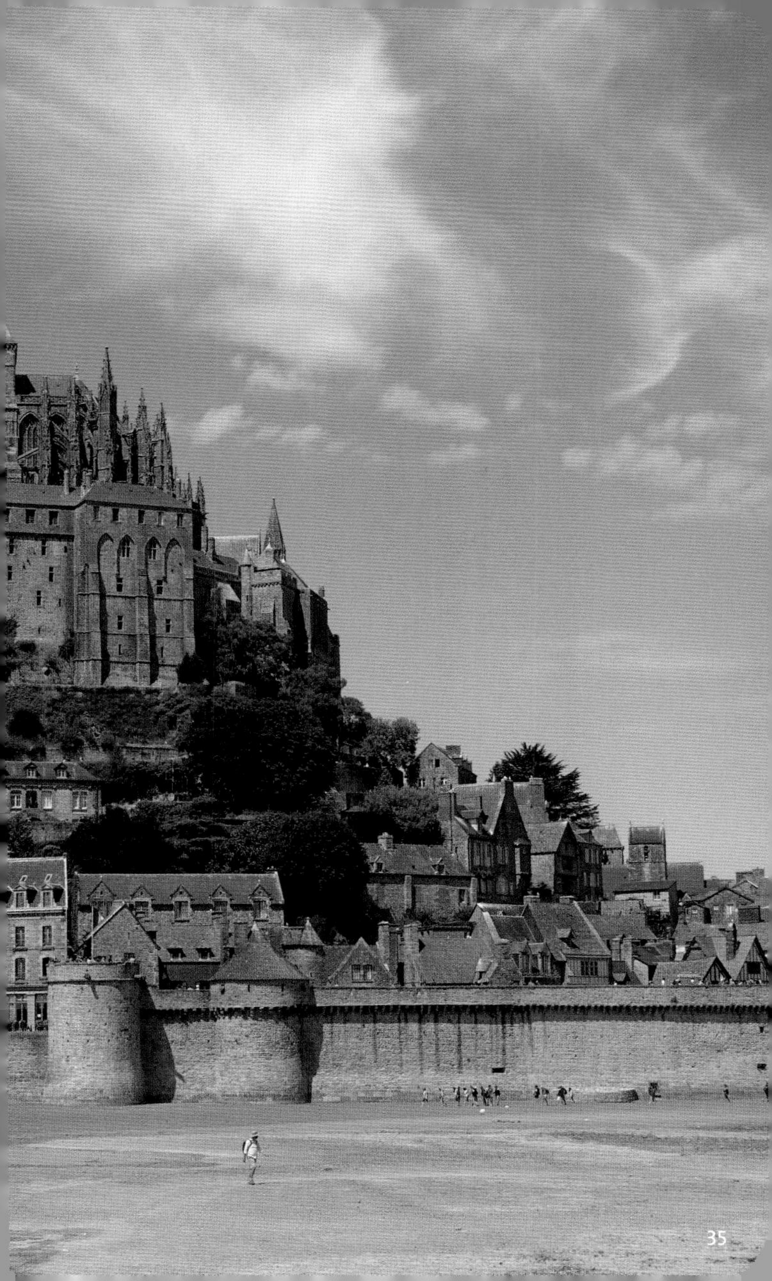

LA POINTE DU GROUIN

Entlang schroffer Felsen und bizarrer Klippen

 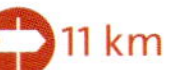

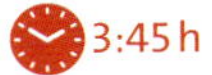

START | Öffentliche Verkehrsmittel: keine.
Pkw-Anfahrt: Die Wanderung befindet sich im Département Ille-et-Vilaine östlich von der Stadt Saint-Malo auf einem Picknickplatz an der D201. Die geografischen Koordinaten zum Start sind: [GPS: N48° 41,725980 O1° 51,079800].
CHARAKTER | Mittelschwere Wanderung und einfache Wegfindung.

Die Landspitze La Pointe du Grouin begrenzt Richtung Westen die Bucht, in der sich die weltbekannte Abtei Le Mont-Saint-Michel aus dem Meer erhebt – die man bei guter Sicht ausmachen kann. In direkter Nachbarschaft der Landspitze, auch in östlicher Richtung, sieht man die Ile des Landes, ein Vogel- und Pflanzenschutzgebiet. In 32 km Entfernung lässt sich in westlicher Richtung das Cap Fréhel mit dem vorgelagerten Fort la Latte erkennen. Auf dieser herrlichen Wanderung entlang der vom Wind verwehten Landschaft geht es entlang typischer bretonischer Küstenorte und Traumstränden. Nichts senkt den Stresslevel zuverlässiger als der Aufenthalt am Meer.

▶ Vom **Picknickplatz** und **Parkplatz** 01 (45 m) queren wir die D201 in östliche Richtung, um auf der nachfolgenden Schotterpiste geradeaus weiterzugehen. Nach-

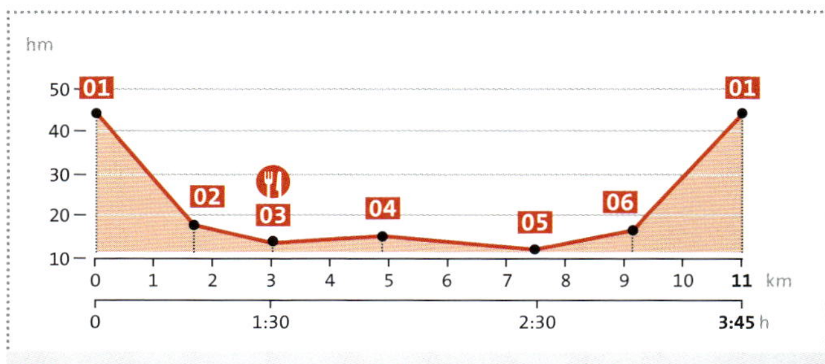

01 Picknickplatz/Parkplatz 45 m; 02 Port Picain 13 m; 03 Plage de Port Mer 7 m; 04 La Pointe du Grouin 34 m; 05 Plage du Saussaye 12 m; 06 Plage du Verger 7 m

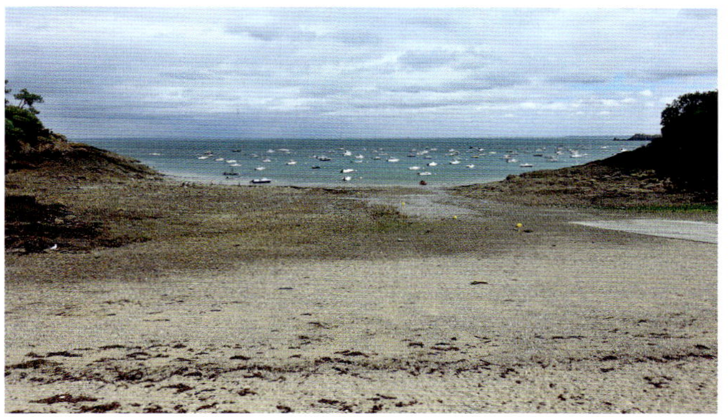

Port Picain

dem die Piste eine Linkskehre gemacht hat, geht es auf asphaltierten Untergrund weiter. Bei der Weggabelung direkt hinter den Teichen halten wir uns halb links und passieren auf einem Weg ein Privatgrundstück. Nach Rücksprache mit dem Eigentümer hat er kein Problem damit. Am Ende der Straße gehen wir rechts und sofort links, in die 30-km/h-Zone. Abermals am Ende der Straße, auffallend sind hier die vielen Briefkästen, gehen wir links und hinter dem Haus sofort rechts. In dem darauffolgenden Waldstück gabelt sich der Pfad, wir gehen links hoch, überqueren die Hauptstraße nach halb links, um über einen kostenpflichtigen Parkplatz den **Port Picain** 02 (13 m) zu erreichen. Der weiterführende Pfad befindet sich links oberhalb des Strandabschnitts. Sobald wir die Landspitze auf dem Küstenpfad umrundet haben, ergibt sich ein wunderschöner Ausblick auf die Bucht und den Strand von **Plage**

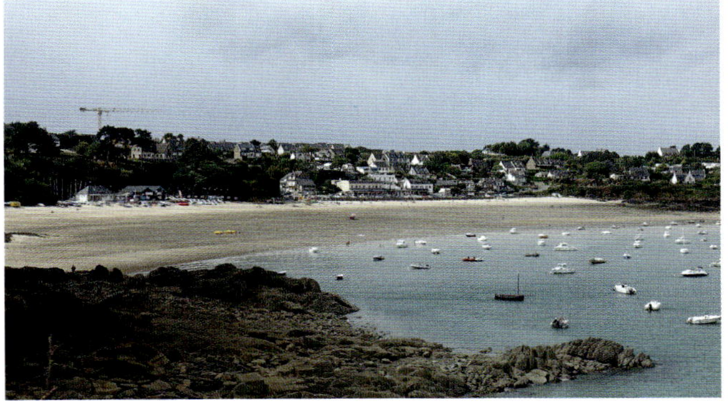

Plage Port

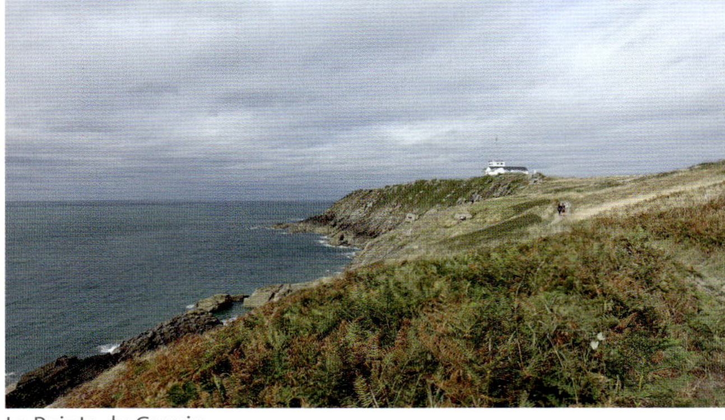

La Pointe du Grouin

de Port Mer 03 (7 m). In dem Ort gibt es noch weitere Einkehrmöglichkeiten entlang der Promenade. Am Ende der Bucht und der Parkmöglichkeiten treffen wir auf den GR34. Im Weiteren wird eine kleine Bucht unterhalb eines Campingplatzes umlaufen. Sobald wir uns dem Wirrwarr zahlreicher Pfade der Landspitze **Pointe du Grouin** 04 (34 m) nähern, treffen wir auf viele Besucher, da man mit dem Pkw und Bus, bis weit auf die Landspitze fahren kann. Von der Landspitze eröffnet sich ein atemberaubender Panoramablick in östliche Richtung, über die Bucht, bis zum 25 km entfernten Mont-Saint-Michel, das wie ein riesiger Brandungsfelsen aus dem Meer heraussticht. Mit etwas Glück kann man Delfine ausmachen. Direkt am Anfang des Parkplatzes zweigt nach halb rechts der weiterführende Wanderweg ab. Im weiteren Verlauf führt der Pfad durch eine beeindruckende Küstenlandschaft. Bei der Ponte de la Roche Froide gibt es einen weiteren schönen Aussichtspunkt. Kurzfristig führt der Pfad parallel zur Straße. Angekommen bei der kleinen Bucht des **Plage du Saussaye** 05 folgen wir der Ausschilderung Anse du Verger. Nachdem wir die Pointe de la Mouliére hinter uns gelassen haben erreichen wir den schönsten Strand auf der heutigen Wanderung, den **Plage du Verger** 06 (7 m). Ein 700 langer und bei Ebbe 150 m breiter feiner Sandstrand. Nachdem wir auf dem Küstenpfad den Strand hinter uns gelassen haben erreichen wir einen Parkplatz und setzen unsere Wanderung auf der nachfolgenden Straße bis zur Chapelle du Verger fort. Wir gehen rechts an der Kapelle vorbei und danach rechts auf einem Wirtschaftsweg. Wir laufen direkt auf ein Haus zu, aber kurz vor dem Haus halten wir uns rechts. Sobald wir zu einer etwas oberhalb liegenden Piste parallel gehen, machen wir eine 180°-Kehrtwendung und folgen nun dieser Piste, im weiteren Verlauf durch eine Senke und durch eine Linkskehre und eine Rechtskehre. Auf der Straße gehen wir bis zu deren Ende, gerade über die Straße und auf den weiterführenden Pfad. An dessen Ende gehen wir rechts und erreichen den Ausgangspunkt.

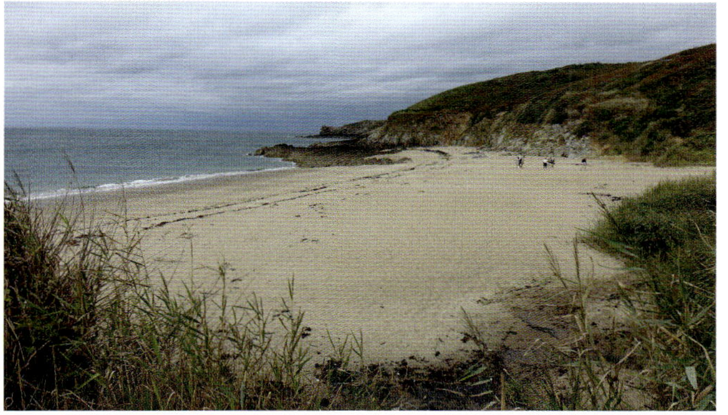
Plage du Saussaye

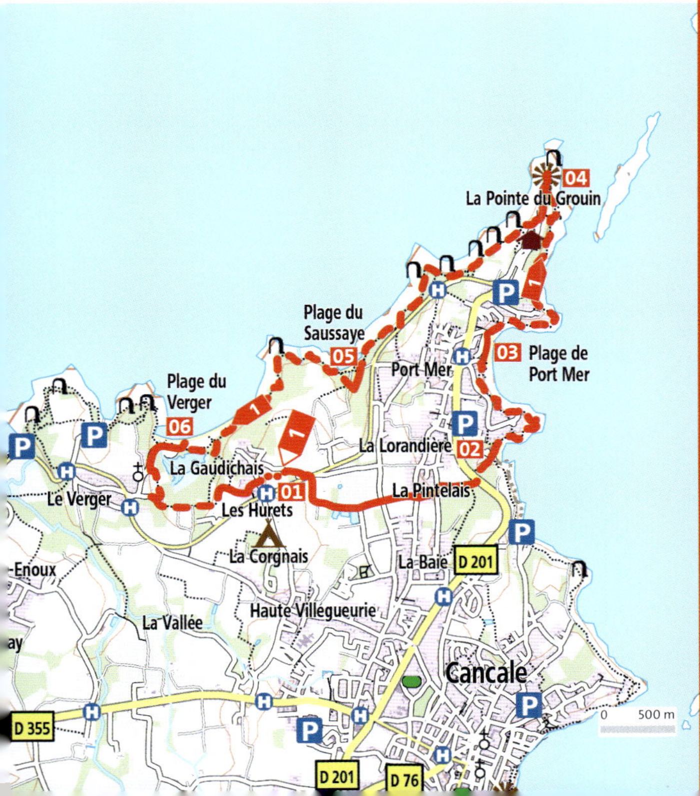

2

LA RANCE

Entlang der Ufer eines besonderen bretonischen Küstenflusses

 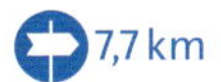 7,7 km 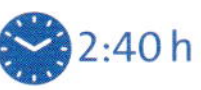 2:40 h 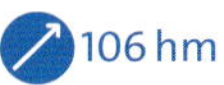 106 hm 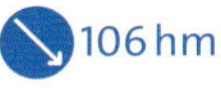 106 hm

START | Öffentliche Verkehrsmittel: keine.
Pkw-Anfahrt: Die Wanderung befindet sich im Départment Ille-et-Vilaine südlich der Stadt Saint-Malo, kurz vor der Kreuzung der D12 und der D57, vor dem Dorf La Hisse. Auf der rechten Seite der D12 befindet sich eine Zufahrt zu einem Baugelände, davor befindet sich eine Parkbucht. Die geografischen Koordinaten zum Start sind: [GPS: N48° 29,857080 O2° 0,099780].
CHARAKTER | Einfache Wanderung auf gut angelegten und teilweise ausgeschilderten Pfaden.

Der La Rance ist ein Fluss und entspringt in der Nähe von Collinée im Département Côtes-d'Armor und mündet nach 103 Kilometern zwischen Dinard und Saint-Malo im Département Ille-et-Vilaine in den Ärmelkanal. Ein liebevoll hergerichteter und selten begangener Wanderweg mit Treppen, Brücken und Geländern führt vorbei an hübschen kleinen Dörfern, einem Château und einem Herrenhaus, entlang der romantischen Ufer des Flusses La Rance. Dabei ergeben sich immer wieder herrliche Ausblicke auf die reizvolle Landschaft. Eine perfekte Wanderung für Naturliebhaber.

▶ Von der Parkbucht an der D12, dem **Start und Ziel** 01 (44 m) überqueren wir die D12 und gehen auf

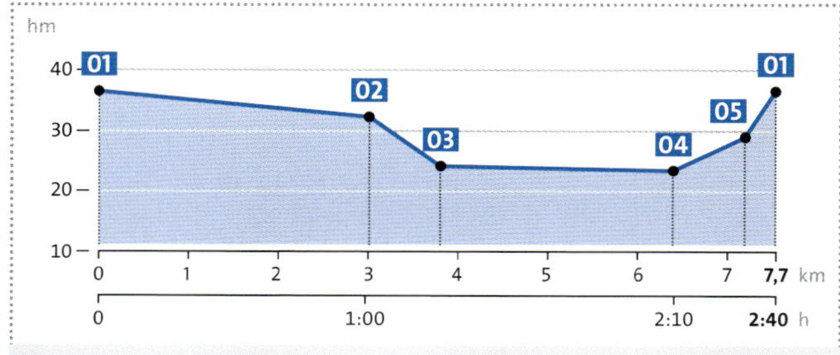

01 Start und Ziel 44 m; 02 Le Château de Péhou 30 m; 03 der Küstenfluss La Rance 8 m; 04 Moulin de Rochefort 22 m; 05 Eisenbahnbrücke 30 m

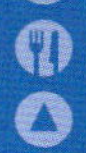
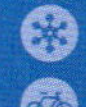
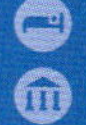

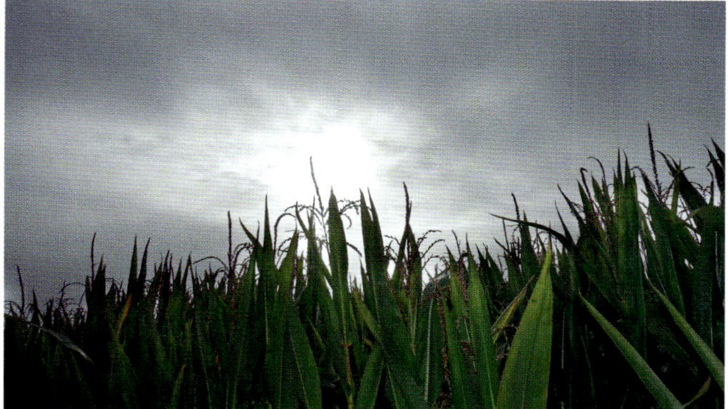

Die Sonne scheint durch die Wolken hindurch

dem Pfad entlang der Straße Richtung Norden. Nach der rechts abbiegenden Straße zu einem Herrenhaus geht es direkt entlang der Straße. Nachdem wir eine Senke durchlaufen haben verlassen wir die Hauptstraße nach halb rechts. Bei einigen Häusern macht die Straße eine Linkskehre. Dort wo die Straße endet, rechts geht es in eine Sackgasse, gehen wir links und bei der nächsten Möglichkeit rechts. Rechts am Straßenrand befindet sich auch ein Heiligenschrein. Nach 160 m, hinter einem Steinhaus mit hellblauen Fensterläden, zweigt links, zwischen 2 Häuser hindurch, ein auf die Felder führender Weg ab. Wir überqueren eine Straße und gehen dort geradeaus an einer Reithalle vorbei. Der Weg mündet in eine rechts abzweigende Grundstückseinfahrt und wir gehen direkt auf ein Haus zu, an dem wir rechts auf dem weiterführenden Pfad

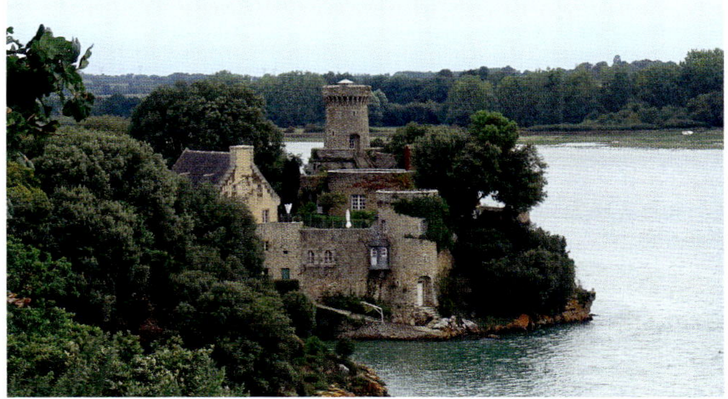

Le Château de Péhou

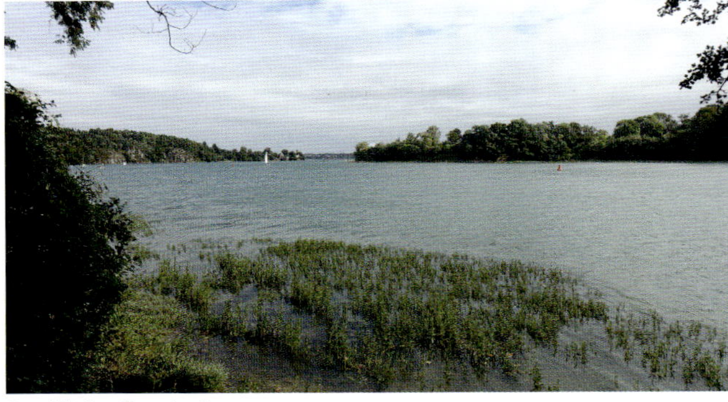

Der Küstenfluss La Rance

weiterwandern. Im Waldstück erreichen wir eine Weggabelung, rechts befindet sich ein grünes Gatter, hier gehen wir rechts, leicht bergauf an einem Zaun entlang. Ein rechter Abzweiger wird ignoriert. An der nachfolgenden Weggabelung, von dort kann man eine Hochbrücke ausmachen, gehen wir rechts, bis der Pfad endet. Dort gehen wir nicht links, sondern rechts bergauf und nun direkt über das private Anwesen des **Le Château de Péhou** 02 (30 m). Der Durchgang ist nicht verboten! Der Wanderweg wird durch Ketten begrenzt, Verbotsschilder nach rechts und links weisen auf das Privatgrundstück hin. Man gelangt an einen Aussichtspunkt, von dem man das Schloss an der Flussmündung des **La Rance** ausmachen kann. Nach kurzem Abstieg gehen wir am Ufer des Küstenflusses **La Rance** 03 (8 m). Im Weiteren kommen wir an einer Quelle vorbei und überqueren über eine Brücke eine Steinmauer. Wir erreichen eine Straße, geht man links hinunter, erreicht man eine kleine Slipanlage für Boote. Für den weiteren Weg gehen wir auf der Straße bergauf, um dann hinter der kleinen Parkbucht über Treppen wieder an die Ufer des Flusses zu gelangen. Die meisten rechten Abzweiger ignorieren wir, bis auf den Wegweiser Richtung Circuit du Vieux Lavoir, dort gehen wir halb rechts. Bei dem nachfolgenden Holzgatter gehen wir dann wieder halb links. Nachdem wir an einem Feld entlang gegangen sind und den nachfolgenden Abstieg über Treppen, führt der Weg rechts bergauf, um dann nach leichtem Aufstieg, links zu gehen, parallel zu einer Allee. Im Weiteren überqueren wir auf einer Holzbrücke einen Bachlauf, auch wenn nach rechts ein Wegweiser Richtung Circuit du Vieux Lavoir deutet! Zwischen Absperrgittern queren wir eine private Grundstückszufahrt, überqueren auf einer Brücke einen Bachlauf, bis der Weg dann wieder ansteigt. Sobald wir vier Holzbalken erreicht haben, kann man links einen wenig begangenen Pfad hinuntergehen und so die alte Mühle **Moulin de Rochefort** 04 (22 m) sehen. Sonst gehen wir geradeaus weiter. Nach kurzem Aufstieg queren wir unterhalb des Manoir du Châtelier-Guitrel à Saint-Sam-

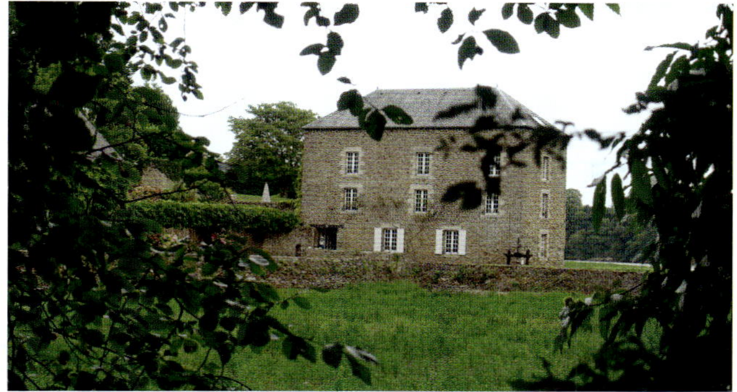

Moulin de Rochefort

son-sur-Rance, leider gibt es keine Stelle, an der man das Herrenhaus sehen kann. Wir gehen auf die große **Eisenbahnbrücke** 05 (30 m) zu, vor der wir rechts gehen, entlang des Bahndarms bis zur D12, um dort rechts zu gehen und so zum Parkplatz zu gelangen.

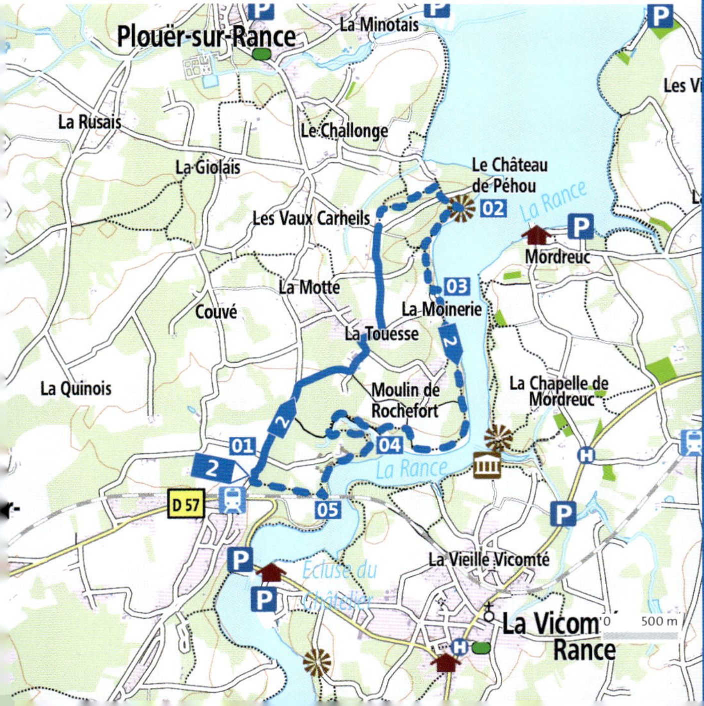

PONTORSON – LE MONT-SAINT-MICHEL

Bedächtliche und respektvolle Annäherung

 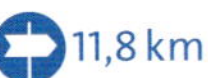 11,8 km  4:00 h 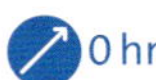 0 hm 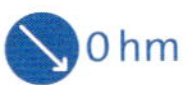 0 hm

START | Öffentliche Verkehrsmittel: Die Bahn fährt nach Pontorson. Pkw-Anfahrt: Die Wanderung befindet sich bereits in der Normandie und beginnt in der Stadt Pontorson. Folgt man der Ausschilderung zum Bahnhof, so kann man auf dessen Südseite auf einem großen Parkplatz bequem parken. Rückfahrt mit öffentlichen Verkehrsmitteln zum Start: Im Stundentakt fahren Busse von Le Mont-Saint-Michel bis zum Bahnhof Pontorson. Bitte informieren Sie sich vor Antritt der Wanderung über die genauen Abfahrtszeiten: http://www.bienvenueaumontsaintmichel.fr. Die geografischen Koordinaten zum Start sind: [GPS: N48° 33,126900 O1° 30,318420].
CHARAKTER | Einfacher Spaziergang für die ganze Familie.

Die Mont-Saint-Michel befindet sich bereits in der Normandie, aber die dazugehörige Bucht gehört zu zwei Drittel der Bretagne. Auf diesem ausgedehnten Spaziergang in frischer Seeluft folgen wir dem Fernwanderweg GR39 in umgekehrter Richtung zu einer der einzigartigsten Sehenswürdigkeiten Frankreichs, die die Jahrhunderte überdauert hat und seinen wohlverdienten Platz auf der Liste der Weltkulturerbe der UNESCO hat. Umgeben von einer einmaligen Wattlandschaft, taucht man tief in die Geschichte und Architektur der im Jahr 708 gegründeten Abtei ein. Einer der

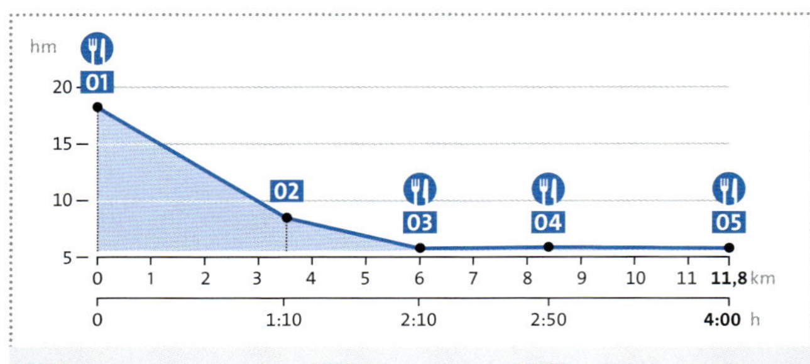

01 Le Mont Pontorson 17 m; 02 erste Brücke 1 m; 03 zweite Brücke 9 m; 04 dritte Brücke 7 m; 05 Bushaltestelle 7 m

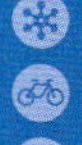
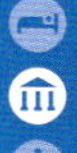

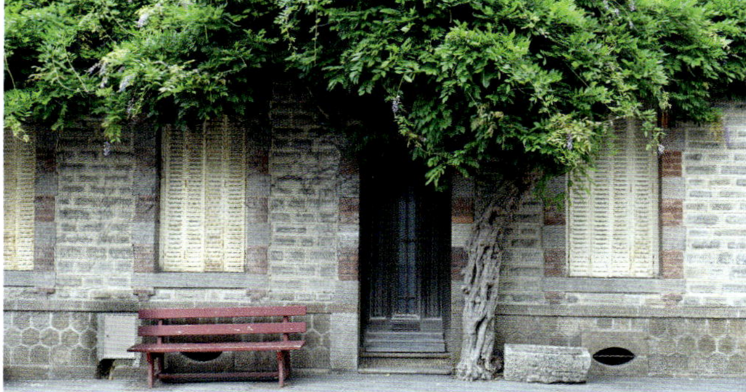

Pontorson

beeindruckendsten Bauplätze des Mittelalters. Mit dem Bus geht es zum Ausgangspunkt der Wanderung zurück.

▶ Vom Parkplatz bei der Bahnstation in **Le Mont Pontorson** 01 (17 m) queren wir die Bahngleise und gehen am Hotel vorbei in die Rue du Doctuer, die an der Hauptstraße endet. Dort gehen wir links in die Rue Couesnon, vorbei an Restaurants und kleinen Geschäften. Beim ersten Kreisverkehr mit dem Springbrunnen gehen wir fortan an der rechten Uferseite des Flusslaufes des **Le Couesnon,** auch ausgeschildert Richtung Le Mont-Saint-Michel. Es geht durch einen angelegten Garten mit exotischen Bäumen und vorbei an prachtvollen Villen. Die Wegführung ist immer eindeutig. Im Weiteren unterqueren wir die Bundesstraße und gelangen zur **ersten Brücke** 02 (1 m), in der Ferne kann man bereits die Kirchturmspitze der Abtei sehen. Wir überqueren den Flusslauf nicht und gehen geradeaus weiter, passieren dabei eine Trabrennbahn und bei Felder geht die Piste in eine asphaltierte Straße über. Wir erreichen die **zweite Brücke** 03 (9 m), überqueren diese und gelangen über einen Pfad auf die weiterführende Piste. Inzwischen ist die Silhouette der Abtei klar auszumachen, wir erreichen die **dritte Brücke** 04 (7 m) und Schleuse, die wir queren. Hinter Informationstafeln gliedern wir uns in den Menschenstrom ein. Ein breiter Fußgängerweg führt zur **Le Mont-Saint-Michel** 05. Optional kann man das verbleibende Teilstück mit dem kostenlosen Bus fahren oder wie die früheren Pilger mit einer Pferdekutsche reisen. Wir erreichen die mächtigen Befestigungsmauern, die zwischen dem 13. und 15. Jahrhundert erbaut worden. Bei einem Spaziergang durch die mittelal-

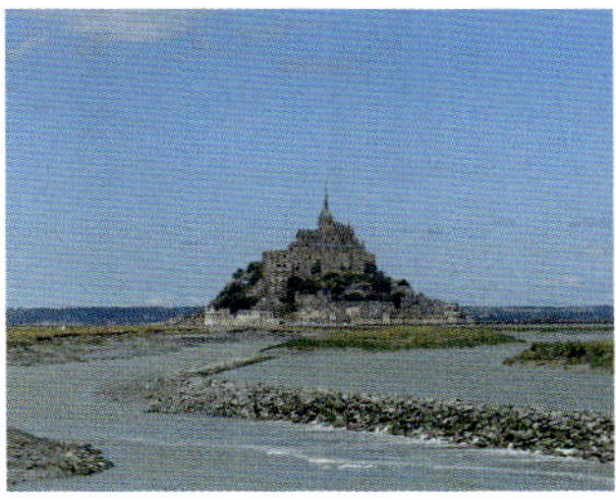

Blick von der dritten Brücke

terlichen Gassen taucht man tief in die Geschichte und Architektur dieses klösterlichen Bauwerks ein. Äußerst beeindruckend ist das Spiel der Gezeiten. Am Le Mont-Saint-Michel gibt es die höchste Tide des europäischen Kontinents, mit bis zu 13 Meter Unterschied zwischen Ebbe und Flut, nur dann ist die Gezeiteninsel völlig vom Wasser umgeben.

Für den Rückweg geht man gut 200 m auf der Brücke, um dann nicht den kostenlosen Bus zum Besucherparkplatz zu nehmen, sondern mit dem Linienbus 1 zum Bahnhof Pontorson zurückzufahren. Die **Bushaltestelle** (7 m) ist nicht markiert, daher die Angabe 200 m entfernt. Nach 15 Minuten Fahrt ist man wieder am Ausgangspunkt.

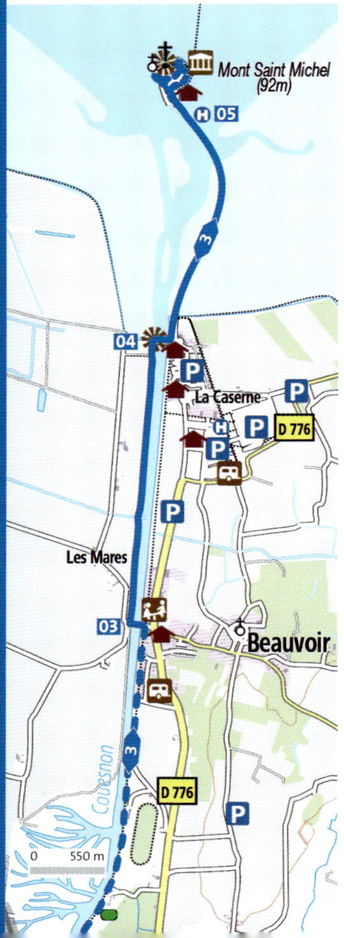

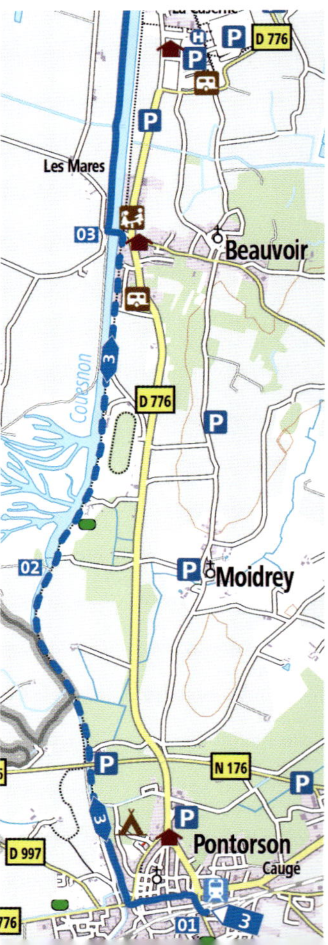

LE SENTIER DES SEMIS

4

Das reiche Erbe von Tremblay

 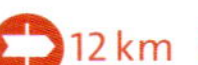 12 km 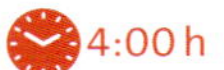 4:00 h 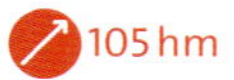 105 hm 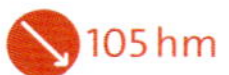 105 hm

START | Öffentliche Verkehrsmittel: keine.
Pkw-Anfahrt: Die Wanderung befindet sich im Département Ille-et-Vilaine südlich von der Stadt Pontorson.
Fährt man auf der D175 durch den Ort, so befindet sich auf der rechten Seite der ausgeschilderte Parkplatz. Die geografischen Koordinaten zum Start sind: [GPS: N48° 25,384980 O1° 28,427280].
CHARAKTER | Mittelschwere Wanderung mit erhöhtem Navigationsaufwand aufgrund der vielen Wegverzweigungen.

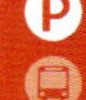
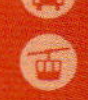

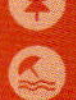

Diese faszinierende Wanderung verknüpft die kulturellen und landschaftlichen Höhepunkte um die Stadt Tremblay. Zum einen sind dort die äußerst beeindruckenden Hohlwege, ein Weg, der sich durch jahrhundertelange Nutzung tief in die umgebende Landschaft eingeschnitten hat und oft ein Dach aus Blättern hat. Wir schreiten immer wieder durch gut erhaltenen Baumbestand. Mit der katholischen Kirche St-Martin, dem Holzkreuz La Croix de la Dieuverrrie, einem Herrenhaus und der Büste von René-Louiches Fountains Tremblay erkunden wir die Kulturlandschaft.

Am nördlichen Ende des Parkplatzes gehen wir links durch das Gatter, queren den Kinderspiel-

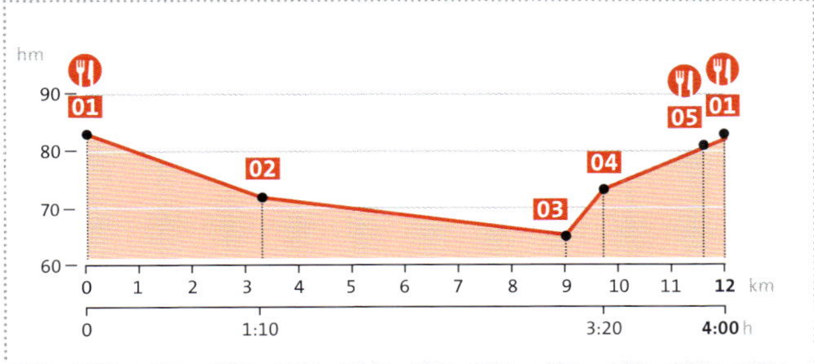

01 L'église Saint-Martin Tremblay 83 m; 02 La Croix de la Dieuverrrie 73 m; 03 ehemalige Bahnstation 57 m; 04 Le Manoir de la Coquillonnaie 69 m; 05 René-Louiches Fountains Tremblay 71 m

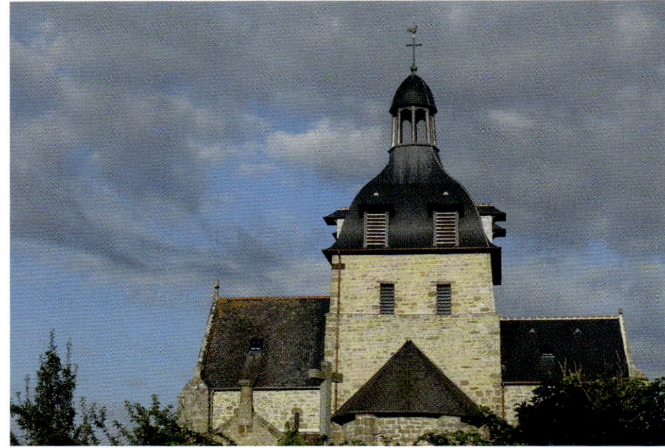

Die Léglise Saint-Martin Tremblay

platz nach halb links, um durch das zweite Gatter die **L'église Saint-Martin Tremblay** **01** (83 m) zu erreichen. Sie wurde ursprünglich im 11. Jahrhundert von der Benediktinerabtei Saint-Florent bei Saumur errichtet. Vom Kirchvorhof gehen wir vorbei am Restaurant und am Stoppschild rechts und bei der nächsten Möglichkeit sofort links. An deren Ende gehen wir gerade in die Sackgasse und vor dem nachfolgenden Tümpel gehen wir halb rechts. Der Pfad durch den Wald mündet in eine Zufahrtsstraße, aber bereits nach 50 m halten wir uns halb rechts, nun befinden wir uns wieder auf einem Waldpfad. Hinter einem steinernen Kreuz ignorieren wir den rechten Abzweiger. Wir gehen direkt an einem kleinen Anwesen vorbei, in einer Senke ignorieren wir den Abzweiger nach scharf rechts, sondern gehen halb links bergauf. Dort wo der Weg endet, gehen wir ein kurzes Stück links auf der Asphaltstraße, wo auch diese Straße endet, gehen wir rechts und bei der nächsten Möglichkeit wieder links – hier befindet sich ein Haus mit rotem Gartentor. Es folgt ein wunderschöner Hohlweg, bis es dann nach einer Straße, die wir überqueren, über Felder weitergeht. Hinter einer Linkskehre, gefolgt von einer Rechtskehre, ist die Wegführung nicht eindeutig, hier gehen wir direkt auf Häuser zu. Bei einem mit Efeu zugewachsenen Haus endet der Pfad, hier gehen wir links und an der nachfolgenden Straße vor bis zur Hauptstraße, an der wir links gehen, nach 200 m erreichen wir das **La Croix de la Dieuverrrie** **02** (73 m), eines der seltenen gut erhaltenen Holzkreuze im Département. Beachten Sie von oben nach unten eine Dornenkrone, eine Monstranz, einen Kelch, 31 Münzen, Symbol des Verrats des Judas. Vor dem Kreuz gehen wir rechts in die Straße, vorbei an einem gelben Haus, bis dann links ein Hohlweg von der Piste abzweigt. Im Weiteren queren wir die D 175, gehen auf der asphaltierten Straße 900 m geradeaus weiter, um dort links in den Wald abzuzweigen – hier zweigt auch ein Weg nach rechts in den Wald ab –, gehen bei der Weggabelung nach 200 m halb rechts auf dem Pfad weiter, queren eine Piste, an der nachfolgenden Straße gehen wir links, und nach 70 m rechts – nun am Feldrand entlang –, bei der nachfolgenden Schotterpiste gehen wir rechts und nach einigen Metern wieder sofort links, der unsrige Pfad mündet in die Linkskehre eines weiteren Pfades, und bei einer Weggabelung gehen wir halb rechts weiter, bei einem einzelnstehenden Haus endet unser Pfad, wir gehen links an dem Haus vorbei, an der Kreuzung bei dem Stoppschild rechts und nach wenigen Metern verlassen wir die Straße nach links hinter dem roten Hydranten. Es geht über einen Bachlauf, ein kurzes Stück durch diesen Bachlauf, überqueren eine Straße und hinter der Straßenbrücke erreichen wir die **ehemalige Bahnstation** 03 (57 m) – in der Vergangenheit war Tremblay an das staatliche Bahnnetz angeschlossen. Der damalige Bahnhof wurde in ein Wohnhaus umgestaltet. An dieser Stelle gehen wir links, wieder unter der Autobahnbrücke durch, nun nach dieser 180°-Kehrtwendung auf der anderen Seite des Tals. Nach bereits 20 m biegen wir halb rechts auf den ansteigenden Pfad in den Wald. Nachdem wir durch eine Buchenallee gegangen sind und einen See erreicht haben endet die Straße, links kann man unter Wahrung der Privatsphäre bis zum **Le Ma-**

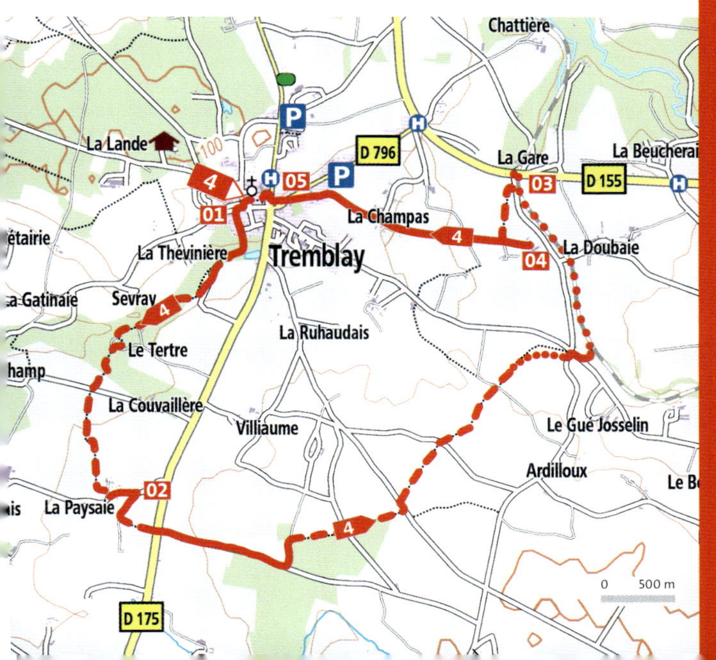

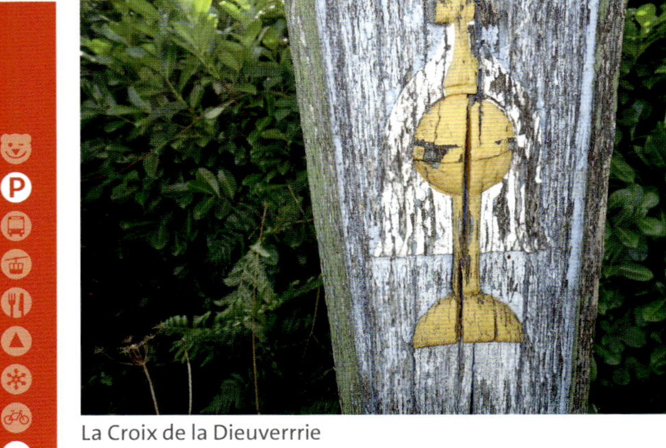
La Croix de la Dieuverrrie

noir de la Coquillonnaie 04 (69 m) vorgehen. Das Herrenhaus ist eines der wichtigsten Gebäude der Stadt Tremblay, kann aber nicht besichtigt werden. Wir gehen bis zur Stelle am See zurück und dann dort gerade aus weiter. Hinter einem weiteren Steinkreuz erreichen wir die ersten Häuser, gehen durch die Einbahnstraße, am Friedhof vorbei und gehen direkt auf die Büste von **René-Louiches Fountains Tremblay** 05 (71 m) zu, der in der Nähe von Tremblay geboren wurde. Er lebte von 1750–1833, war passionierter Botaniker und Mitglied der französischen Akademie der Wissenschaften und Medizin. Gehen wir in der eingeschlagenen Richtung weiter, so erreichen wir die Hauptstraße – rechts befindet sich der Parkplatz.

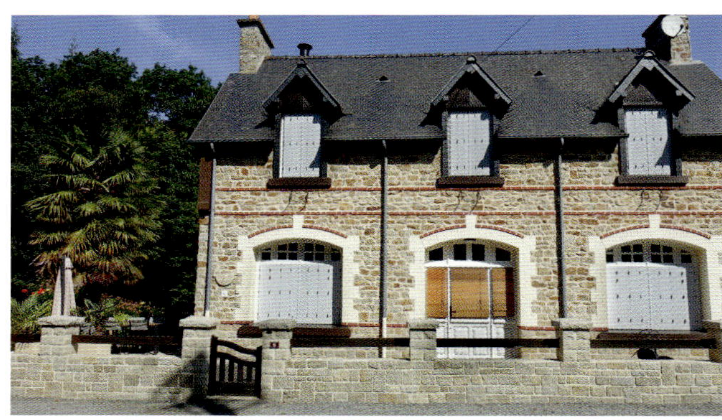
Ehemalige Bahnstation

VITRÉ

Spaziergang durch eine stimmungsvolle Altstadt

 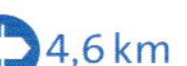 4,6 km 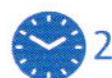 2:20 h  60 hm 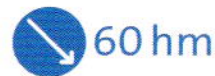 60 hm

START | Öffentliche Verkehrsmittel: Vitré hat eine Zugverbindung nach Rennes. Pkw-Anfahrt: Die Wanderung befindet sich im Département Départment Ille-et-Vilaine östlich von Rennes. Im Stadtkern befinden sich mehrere Parkplätze. Die geografischen Koordinaten zum Start sind: [GPS: N48° 7,472880 O1° 12,528180].
CHARAKTER | Einfacher Stadtbummel für die ganze Familie.

Ein absolutes „Muss ich gesehen haben" ist die mittelalterliche Stadt Vitré, eine der am besten erhaltenen Festungsstädte der Bretagne. Sie fasziniert mit ihrem mittelalterlichen Schloss und kunstvoll renovierten Fachwerkhäusern. Aber nicht immer waren die Zeiten so friedlich, denn das alles überragende, im 11. Jahrhundert erbaute Schloss erinnert an die Verteidigungsaufgaben der Stadt; an der Passage in die Bretagne. Im 15. Jahrhundert machte der Tuchhandel die Grenzfestung zu einer reichen Handels- und Handwerkerstadt. Der Spaziergang führt uns durch verwinkelte Gassen, vorbei an den wichtigsten Sehenswürdigkeiten und durch ein romantisches Tal mit einem Bachlauf wieder zurück zum Ausgangspunkt.

▶ Vom **Start und Ziel** **01** (102 m) verlassen wir den Place de la République in nördliche Richtung, um vor dem Restaurant Le Coligny links in die Rue Notre-Dame zu biegen. Nach wenigen Metern

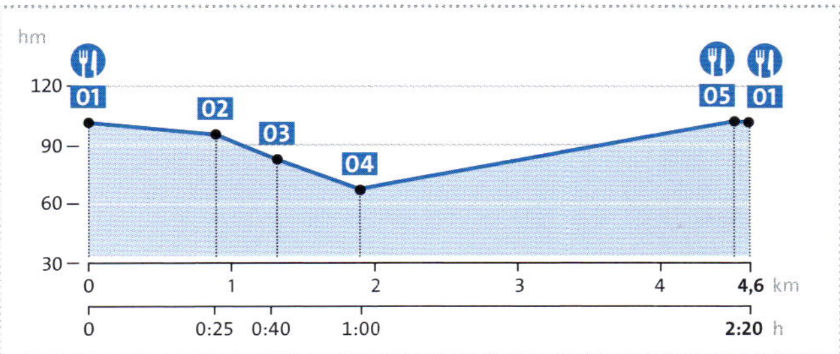

01 Start und Ziel 102 m; **02** Fachwerkhäuser 96 m; **03** Château de Vitré 99 m; **04** La Vilaine 64 m; **05** Restaurant Le Petit Pressoir 101 m

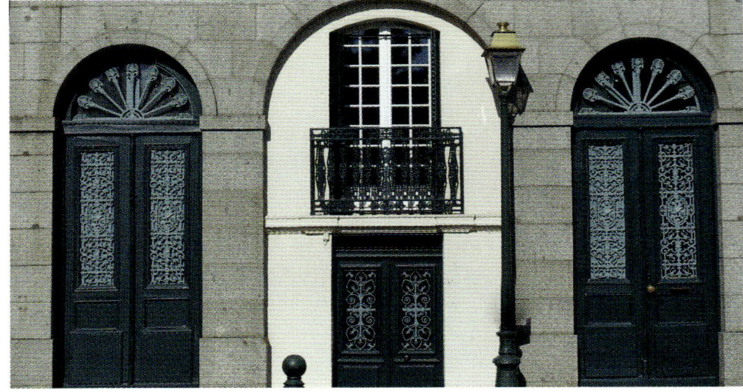
Schöne Fenster

biegen wir rechts durch die roten Tore in die Promenade du Val und gehen bis zum Ende der Fußgängerzone, um dort links oberhalb eines kleinen Talkessels – unser weiterer Weg nach der Besichtigung des Schlosses – auf der Straße weiterzugehen. Nach 250 m zweigt links ein alter gepflasterter Weg ab, dieser führt durch das Poterne Saint-Pierre, eines der mittelalterlichen Tore von Vitré. Wir erreichen den Vorplatz der zwischen dem 14. und 15. Jahrhundert aus grauem Vitréser-Stein erbauten Église Notre-Dame de Vitré. Auf der Rue Notre-Dame gehen wir rechts an der Kirche vorbei, um dann vor einem Parkplatz auf der linken Seite rechts in die Rue Duguesclin zu biegen und bei der nächsten Möglichkeit rechts in die Querstraße zu biegen. Diese gabelt sich nach einigen Metern, wir gehen halb rechts durch die Rue de la Poterie, wohl die schönste Straße der Stadt. Die **Fachwerkhäuser** 02 im Altstadtkern (96 m) berichten vom vergangenen Reichtum der Stadt. An einer der Querstraßen befindet sich auf der linken Seite das

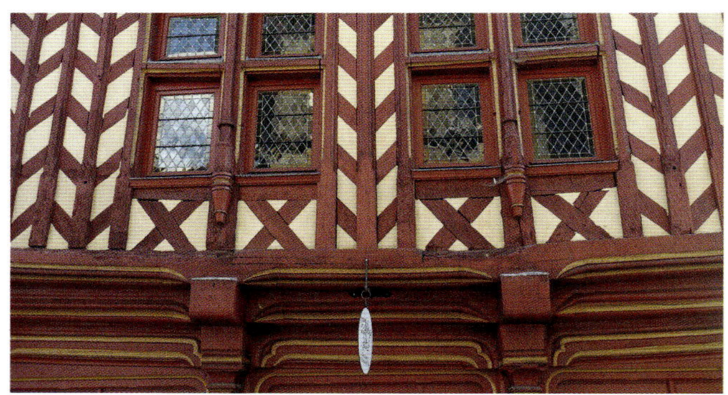
Fachwerkhäuser im Altstadtkern

Le Minotel, hier kann man noch einige Meter weiter geradeaus gehen, um weitere architektonische Sehenswürdikeiten zu betrachten. Sonst gehen wir an dieser Stelle rechts und biegen bei der nächsten Möglichkeit in die Rue du Château, um nach wenigen Metern über die Zugbrücke das **Château de Vitré** **03** (99 m) zu bewundern, eine Festung, die den Weg in die Bretagne verteidigen sollte – ein sehr schönes Vorbild für die Militärarchitektur des Mittelalters. Halb links gehen wir über den großen Platz vor dem Schloss in die Rue Notre-Dame und vor der Église Notre-Dame de Vitré links durch das vom Hinweg bekannte Poterne Saint-Pierre verlassen wir den Stadtkern. Wir gehen nun 125 m links, um eine 180°-Kehrtwendung zu machen und die kleine Parkanlage zu queren. Der weitere Wegabschnitt führt nun entlang des Baches **La Vilaine** **04** (64 m). Auf dem fortlaufenden Weg überqueren wir zuerst eine kleine, später eine große Brücke, um vor dem nachfolgenden Treppenaufstieg halb links auf dem bergaufführenden und asphaltierten Pfad zu gehen. Vor einem Parkplatz gehen wir halb links in die Sackgasse, durch eine Kleingartenkolonie, vor einem Zaun scharf links, nun wieder direkt auf einem Pfad neben dem Flusslauf. Ein kleiner Tümpel wird in einer Rechtskehre an seinem Uferrand umlaufen. Bei einem Stromkasten endet unser Ausflug ins Grüne auf einer Piste, kurz später auf einer Straße erreichen wir die Rue d'Ernée, auf der wir 450 m rechts gehen, bis diese endet. Wir queren die Rue de

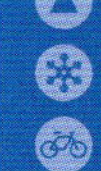

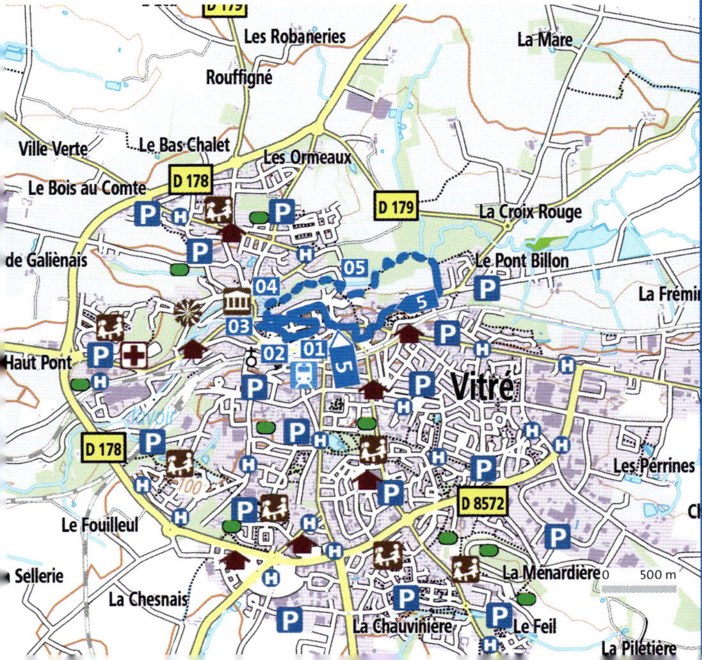

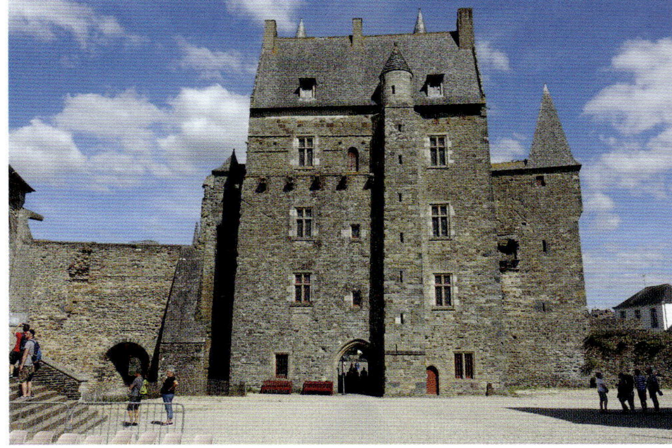

Château de Vitré

Paris nach rechts und biegen bei der nächsten Möglichkeit links in die Gasse Ruelle Saint-Martin und treffen auf die 1895 im Neoromanik-Stil fertiggestellte katholische Église Saint-Martin de Vitré. In westlicher Richtung, 20 m hinter dem Eingang zur Kirche, befindet sich auf der rechten Seite in der Steinmauer ein Zugang, so erreicht man einen oberhalb liegenden Parkplatz und kurz später endet die Straße an der Rue de Paris. Nach wenigen Metern links befindet sich auf der linken Seite das sehr empfehlenswerte **Restaurant Le Petit Pressoir** 05 (101 m). Nach weiteren 50 m erreichen wir den Ausgangspunkt der Stadterkundung.

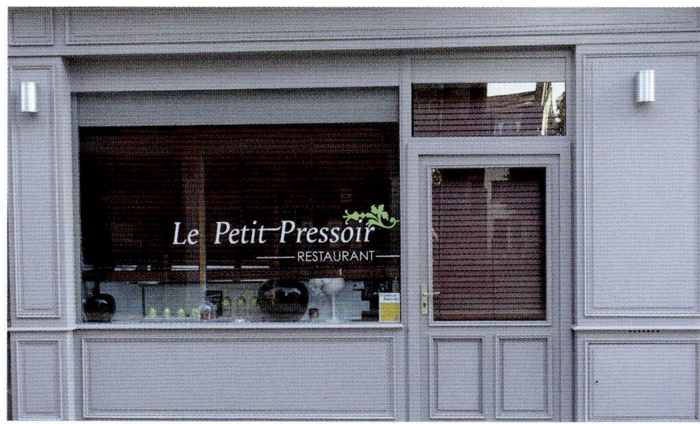

Restaurant Le Petit Pressoir

RENNES

The Big Five – das Erbe und die Vielfalt der kulturellen Schätze

  5,3 km  2:25 h  40 hm  40 hm 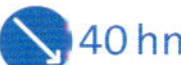

START | Öffentliche Verkehrsmittel: Rennes erreicht man mit dem Zug und dem Bus. Pkw Anfahrt: Der Stadtrundgang befindet sich im Département Ille-et-Vilaine in der Stadt Rennes. Im Stadtkern befindet sich an der Durchgangsstraße Quai Duguay Trouin ein großer und sehr zentraler Parkplatz. Die geografischen Koordinaten zum Start sind: [GPS: N47° 56,192280 O1° 24,177960].
CHARAKTER | Einfacher und informativer Spaziergang für die ganze Familie.

Rennes ist die Hauptstadt der Bretagne und präsentiert sich als moderne Stadt. Dort wo die Flüsse L'Ille und La Vilaine sich vereinigen, erwarten dem Besucher geradlinig angelegte Straßenzüge und neoklassizistische Gebäude. Sie ist bekannt für seine mittelalterlichen Fachwerkhäuser, einladenden Crêperien, süßen Souvenirläden und die prächtige Kathedrale. Auf diesem Rundgang entdecken wir die kulturellen Schätze und den ganz besonderen Charme dieser Stadt.

Vom Start und Ziel verlassen wir den 4-reihigen Parkplatz, queren die Quai Duguay Trouin und biegen rechts in die Rue Bou-

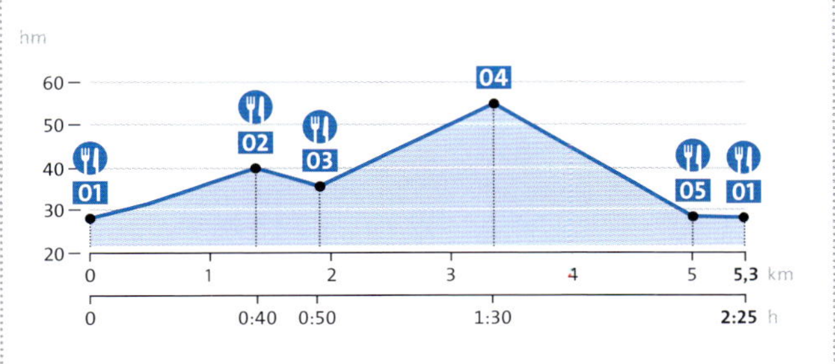

01 Cathédrale Saint-Pierre de Rennes 39 m; 02 Fachwerkhäuser 44 m; 04 Parlement der Bretagne 37 m; 04 Parc du Thabor 54 m; 05 Bistro Léon Le Cochon 35 m

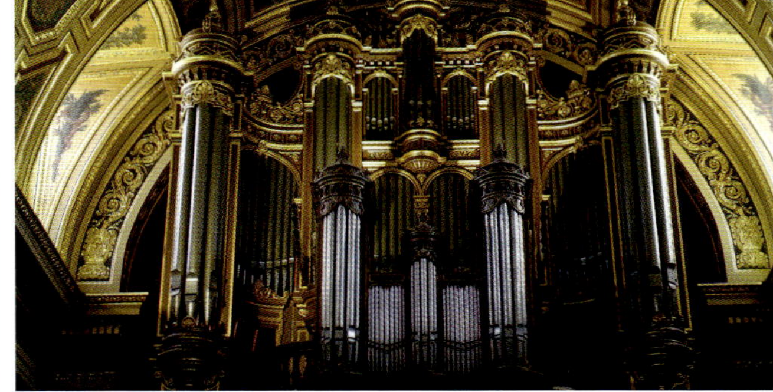
Cathédrale Saint-Pierre de Rennes

teiller – nach wenigen Schritten befinden wir uns bereits in Altstadt. Öffentliche Verkehrsmittel: Rennes erreicht man mit dem Zug und dem Bus. Pkw-Anfahrt: Der Stadtrundgang befindet sich im Départment Ille-et-Vilaine in der Stadt Rennes. Im Stadtkern befindet sich an der Durchgangsstraße Quai Duguay Trouin ein großer und sehr zentraler Parkplatz. Die geografischen Koordinaten in Dezimalgrad zum Start sind 48.109917 -1.682900. An der Ecke der Rue Saint-Yves und der Rue Bouteiller befindet sich die ehemalige Chapelle Saint-Yves, die der römisch-katholischen Kirche gewidmete Kapelle. Von ihrem Westtor mit dem markanten Spitzbogen gehen wir an der Wegekreuzung links, in die Rue des Dames, und erreichen die **Cathédrale Saint-Pierre de Rennes** 01 (39 m), eine der neun historischen Kirchen in der Bretagne. Der heutige Standort der Kathedrale wurde seit dem 6. Jahrhundert als Sitz eines Bistums genutzt. Es ist wahrscheinlich, dass es anstelle

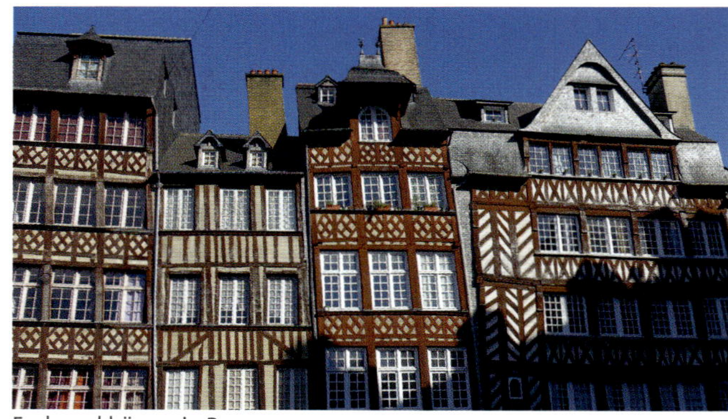
Fachwerkhäuser in Rennes

eines älteren Heiligtums gebaut wurde. Gegenüber des Haupteingangs zur Kathedrale biegen wir in eine weitere Fußgängerzone und erreichen das Torhaus Portes Mordelaises aus dem 3. Jahrhundert, die spärlichen Überreste der Stadtmauer von Rennes. Es diente als Haupteingang zur Stadt Rennes und seine Zugbrücke ermöglichte einen doppelten Schutz gegen Angriffe. Nach einer Rechtskehre und architektonisch interessanten Fachwerkhäusern biegen wir links in die Rue de Juillet und gleich hinter den Markthallen rechts auf die Straße Place des Lices. Dieses französische Wort bezeichnet den Schlagbaum, der die Ritter während der Turniere voneinander trennte. Außerhalb der Stadtmauern trugen an dieser Stelle die Ritter ihre Kämpfe aus. Jeden Samstagmorgen findet heutzutage in den Hallen ein Markt statt. In einer 180°-Kehrtwendung queren wir den Place des Lices, biegen links in die Place de la Trinite, links in die Ru de la Monnaie und gehen sofort rechts durch die dunkle Gasse der Rue Saint-Guillaume – vorbei an einem Nebenausgang der Kathedrale – und bei der Straßengabelung halb links in die Rue Saint-Sauveur, an deren Ende sich die gleichnamige Kirche befindet. An dieser Stelle gehen wir links, um dann rechts in die Rue de Toulouse zu biegen. An der Stelle wo sie in die Rue La Fayette übergeht, befinden sich in der linken Seitenstraße bei einem Parkplatz besonders schöne **Fachwerkhäuser** **02** (44 m). Wir gehen wieder zurück bis zur Rue de Toulouse, um dann links durch die Einkaufsmeile der Rue La Fayette zu schlendern, entlang von Boutiquen, Crêperien und Souvenirläden. An der Kreuzung zur Rue Nationale empfiehlt sich ein Abstecher nach rechts zum repräsentativen Place de la Marie – auf der rechten Seite befindet sich das Rathaus, auf der linken Seite die Oper. Wir gehen ein kurzes Stück zurück, um dann am Ende der Rue Nationale das **Parlement de Bretagne** **03** (37 m)

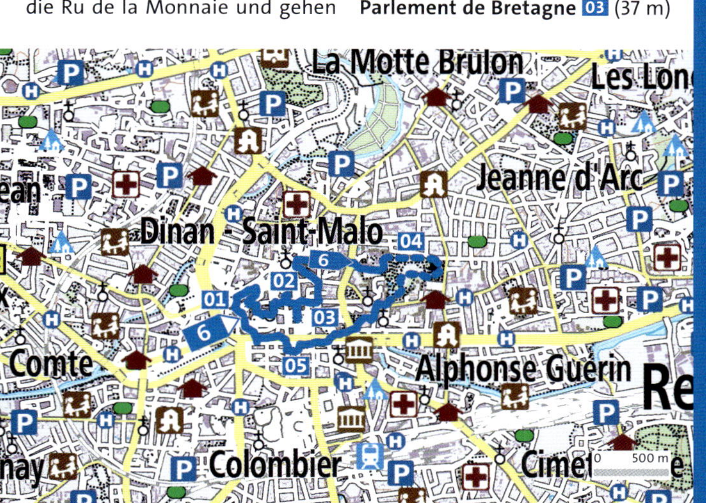

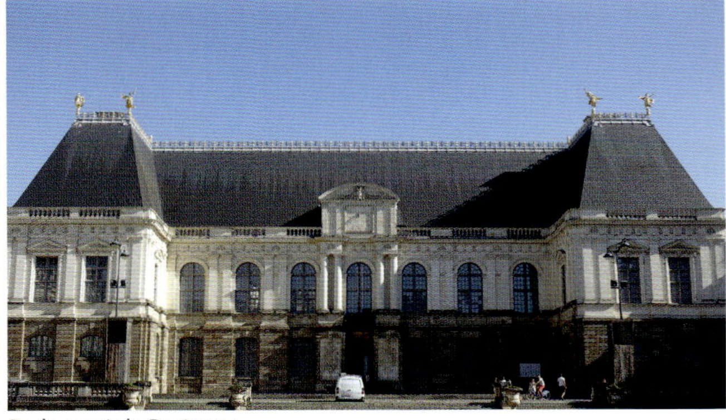

Parlement de Bretagne

zu bestaunen. Direkt hinter dem Parlament gehen wir links, an der nachfolgenden Kreuzung abermals links, um dann halb rechts in die Fußgängerzone der Rue de la Visitation zu gelangen. Weitere Fachwerkhäuser lassen uns staunen. An an deren Ende gehen wir rechts und sofort wieder rechts in die Einbahnstraße der Rue Saint Melaine. Vorbei kommen wir an einem großen Platz auf der linken Seite und gehen nun direkt auf die Kirche Notre-Dame Saint Melaine zu, um dann rechts neben der Kirche auf das Parkgelände zu gelangen. Neben einer Vielzahl an Museen und Kultureinrichtungen gibt es auch den wunderschönen **Parc du Thabor** 04 (54 m). Auf Höhe einer rechts stehenden Skulptur gehen wir links und bei der nächsten Möglichkeit rechts, es geht es dann direkt an der Orangerie und Springbrunnen vorbei. Im hinteren Bereich des botanischen Garten befinden sich ein künstlerisch angelegter Spiralgarten mit weiteren exotischen Pflanzen. Auf den verschiedenen Wegen gehen wir in einer großen 180°-Kehre an das südlichwestliche Ende des Parks, um dort bei Wasserfällen das Gelände zu verlassen, rechts auf die Rue Martenot zu biegen und bei der nächsten Möglichkeit links in die Rue du Sergent Guihard abzuzweigen. Achtung! Zwischen dem grauen Türeingang und dem grünen Zufahrtstor biegen wir rechts auf einen auf einem schmalen Pfad ab. Auf dem Schotterweg angekommen gehen wir links bis zur Straße herunter, dort rechts noch ein Stück am Zaun entlang und überqueren die Hauptstraße in die Rue des France Bourgeois. An deren Ende laufen wir bis zum Fluss und bei der nachfolgenden Fußgängerbrücke erreichen wir die andere Uferseite. Bei dem Palais du Commerce, das Gebäude hinter dem Busbahnhof, gehen wir durch das Haupttor und erreichen die dahinterliegende Rue du Pré Botté, in der sich das ausgezeichnete Restaurant und **Bistro Léon Le Cochon** 05 (35 m) befindet. Setzen wir unseren eingeschlagenen Weg fort und biegen bei der nächsten Stichstraße rechts ab, erreichen wir den Ausgangspunkt.

MEGALITHES DE SAINT JUST

Die zweitgrößte Megalithenfundstätte der Bretagne

 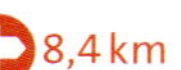 8,4 km  2:50 h 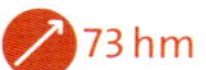 73 hm  73 hm

START | Öffentliche Verkehrsmittel: keine.
Pkw-Anfahrt: Die Wanderung befindet sich im Département Ille-et-Vilaine in der Stadt Saint-Just, zwischen Rennes und Nantes. Vor dem großen Kirchplatz befindet sich eine große Parkfläche. Die geografischen Koordinaten zum Start sind: [GPS: N47° 45,905940 O1° 57,669240].
CHARAKTER | Mittelschwere Wanderung auf gut angelegten Pfaden und Wegen.

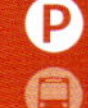
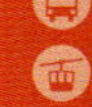
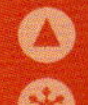

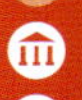

Als Megalith bezeichnet man einen großen Steinblock, der als Baustein für Grab- oder Kultanlagen benutzt wurde. Saint-Just galt in der Jungsteinzeit als heiliges Gelände, denn in dieser Heidelandschaft befindet sich eine in Europa einzigartige Megalithenansammlung. Bevor Sie sich zum Entdeckungsrundgang aufmachen, sollten Sie sich die Dauerausstellung des Hauses Nature et Mégalithes bei der Kirche anschauen. Aber nicht nur kulturell hat die Wanderung einiges zu bieten, denn der Wanderweg führt durch landschaftlich außerordentlich schöne Abschnitte mit einem Stausee, einem ursprünglichen Wald und eine Schlucht. Beeindruckende Momente und Monumente in großartiger Landschaft.

▶ Vom großen Parkplatz vor der Kirche in **Saint-Just** 01 (64 m) gehen wir auf der Anfahrtsstraße,

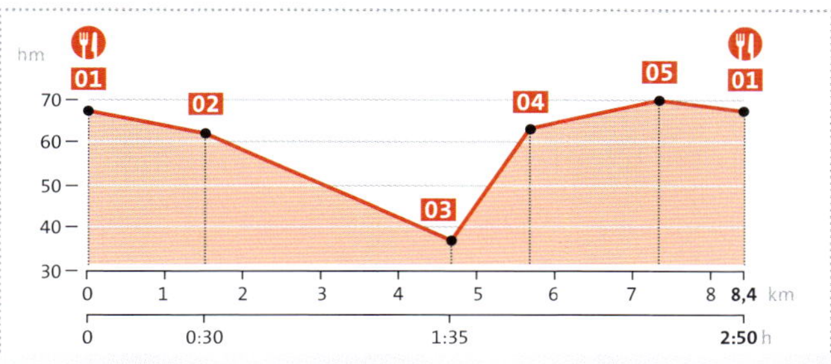

01 Saint-Just 64 m; 02 Waldweg 57 m; 03 Étang du Val 23 m; 04 Park de Megalithes un 60 m; 05 Park de Megalithes deux 69 m

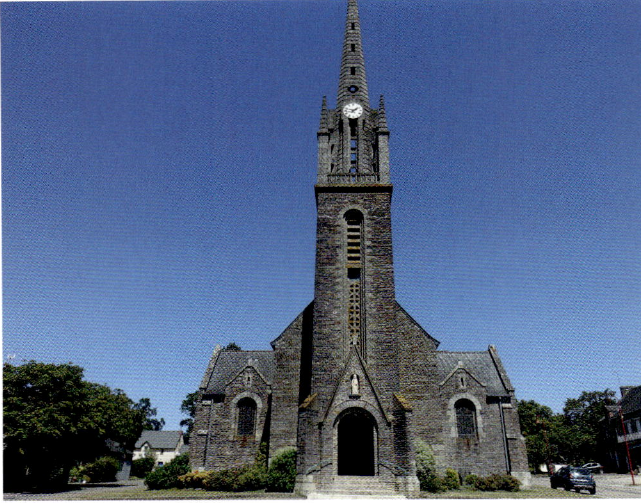
Saint-Just

der Rue de Bel-Air, 150 m zurück, um dort rechts in die Straße abzuzweigen und bei der nächsten Möglichkeit rechts in die Schotterpiste abzubiegen. Einen links abzweigenden Pfad ignorieren wir, aber bei dem nachfolgenden Wegweiser mit der Aufschrift GR 39 Village de Eavrain folgen wir der Ausschilderung – durch eine Heide- und Ginsterlandschaft, mit wenigen Maronenbäumen. Bei der ersten Weggabelung gehen wir halb rechts – leicht bergab –, vorbei an einer Skulptur und dann halb rechts in das Waldstück. Dort mündet von links ein Pfad in den Weg, auf den wir halb rechts auf

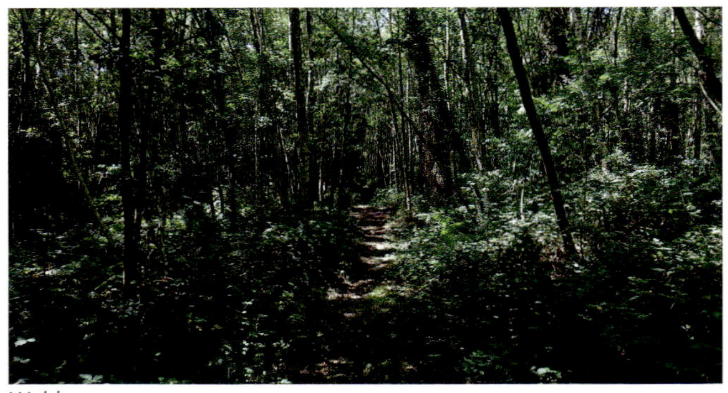
Waldweg

den unscheinbaren **Waldweg** 02 (57 m) abzweigen. Wir wandern nun durch das Le Val de Gremel, ein ursprünglicher Wald entlang eines romantischen Bachlaufs. Der Pfad mündet in eine Straße, am Ende dieser Straße überqueren wir die Hauptstraße. Nach einem kurzen Wegstück quert der weiterführende Pfad abermals eine Straße. Die nach rechts abzweigenden Pfade bei einer Parkbucht ignorieren wir und gehen ein kurzes Stück parallel zur Straße. Bei der nachfolgenden Weggabelung gehen wir nicht halb links über die Brücke, sondern halb rechts in den Wald hinein. Einen rechten Abzweiger sowie einen linken über die Brücke ignorieren wir. Links oberhalb vom Pfad kann man die Schutthalde eines Steinbruchs ausmachen. Wir ignorieren einen 2. und 3. linken Abzweiger über weitere Brücken. Auch den rechts aufsteigenden Reitweg lassen wir aus, wir erreichen die Ufer des Stausees **Étang du Val** 03 (23 m), an dessen südlichen Ende man durch den Blätterwald eine Wassermühle aus dem 19. Jahrhundert ausmachen kann. Es folgt ein besonders wildromantischer Wegverlauf, auf der linken Seite der Stausee, auf der rechten Seite bis zu 40 m hohe Felswände. Nur einmal gabelt sich der Pfad entlang des Ufers, hier gehen wir halb rechts bergauf, um Felsen auszuweichen. Sobald der Pfad den Stausee verlässt, gehen wir bei der darauffolgenden Weggabelung halb rechts und bei einem rechteckigen Holzklotz steigen

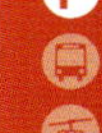

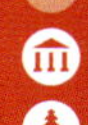

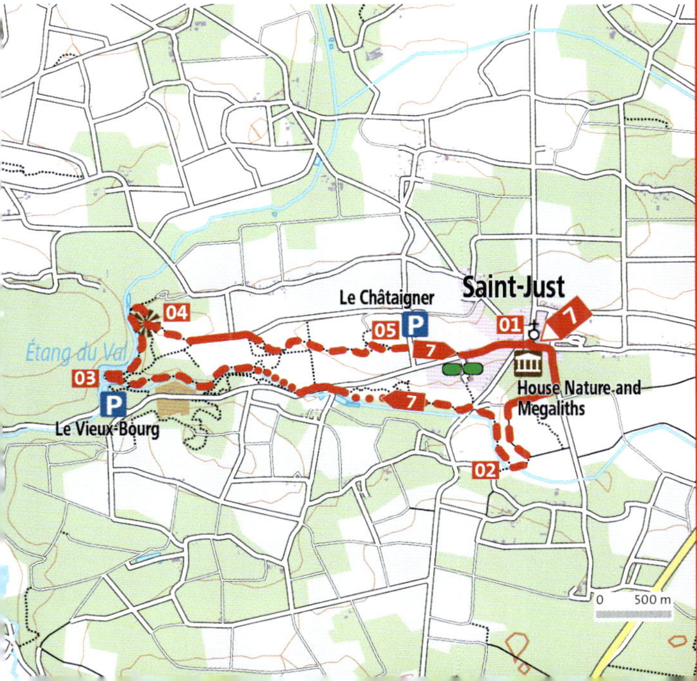

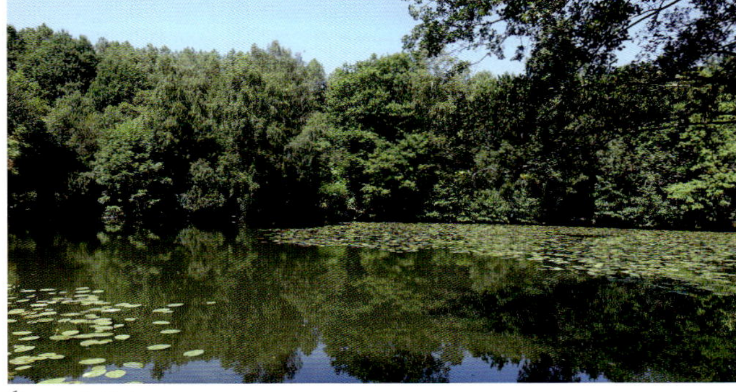

Étang du Val

wir rechts steil auf und erreichen einen wunderschönen Aussichtspunkt – man blickt majestätisch über den Stausee und auf das dahinterliegende Château du Val. Bei der Weggabelung gehen wir halb links, in südöstlicher Richtung, und treten ein in den **Park de Megalithes un** **04** (60 m), mit den wichtigsten prähistorischen Fundstätten der Bretagne. Auf der nachfolgenden Schotterpiste gehen wir zunächst geradeaus, um dann nach halb rechts, durch ein Holztor, auf einen weiteren Pfad zu gelangen – weitere Megalithen möchten erkundet werden. Erklärungstafeln bereichern die Besichtigung. Bei einer Kreuzung queren wir eine Piste und wir kommen an einem Steinhaus mit Turm vorbei. Der Höhepunkt sind mehrere aufrecht stehende und bis zu 3 m hohe Megalithen. Sobald wir eine Asphaltstraße überquert haben, verlassen wir den **Park de Megalithes deux** **05** (69 m) und gehen nun direkt auf die Kirchturmspitze am Ausgangspunkt zu.

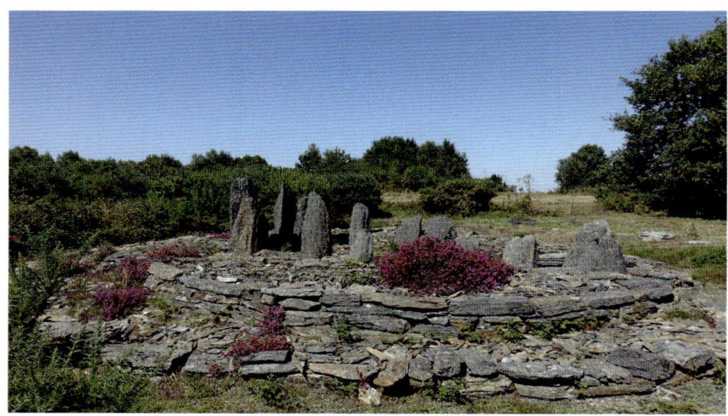

Megalithes de Saint Just un

PAIMPONT- BROCELIANDE

Im Reich der keltischen Legenden

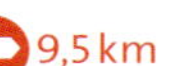

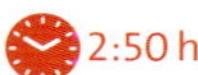

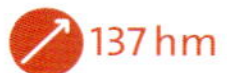

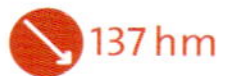

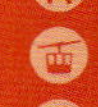

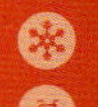

START | Öffentliche Verkehrsmittel: keine.
Pkw-Anfahrt: Die Wanderung befindet sich im Département Ille-et-Vilaine südwestlich von Rennes.
An der Stelle, wo die D312 in die D40 mündet, biegen wir links in die Stichstraße und fahren bis zu einem großen Parkplatz.
Die geografischen Koordinaten zum Start sind:
[GPS: N47° 59,691120 O2° 16,015020].
CHARAKTER | Mittelschwere Wanderung mit erhöhtem Navigationsaufwand aufgrund der vielen Wegverzweigungen.

Der Wald von Broceliande – dem größten verbliebenen der Bretagne – ist Schauplatz vieler Legenden. Die Tafelrunde des Königs Artus mit seinem Berater und übersinnlichen Zauberer Merlin, das Grab des Riesen, das Tal ohne Rückkehr und das Haus der Fee Viviane sind Wegpunkte auf der Entdeckungsreise der Mythologie um König Artus, der Artussage. Broceliande ist voll von Tümpeln, Seen und Bachläufen, Bäumen, deren dichte Blätter einen zweiten Himmel bilden, nicht nur in der Dämmerung, sondern auch bei Tageslicht verleiht das dem Wald einen mysteriösen Charakter. Wem all dies nicht interessiert, am besten erholt man sich bei einem guten alten Waldspaziergang, und mit etwas Glück kann man an den Ufern der Seen Graureiher oder Eisvögel beobachten.

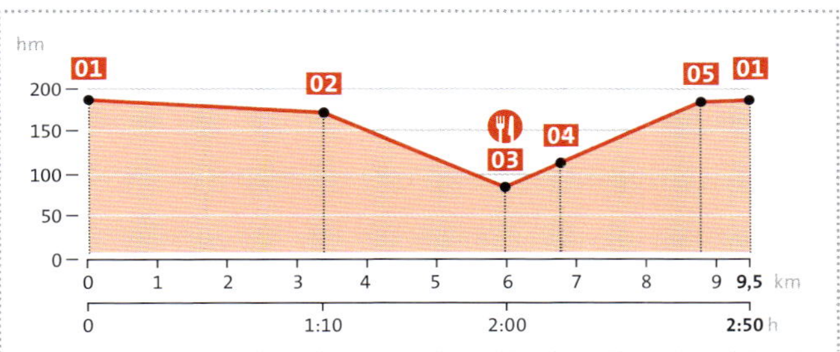

01 Tombeau du Géant 194 m; 02 Val sans Retour 152 m; 03 Kirche von Tréhorenteuc 92 m; 04 Arbre Ding 99 m; 05 Hotié de Viviane 187 m

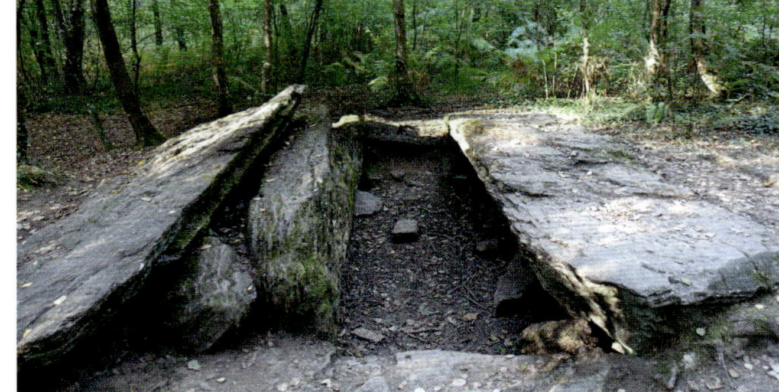

Tombeau du Géant

Vom Parkplatz gehen wir in westliche Richtung, in die Piste mit dem Hinweisschild Einfahrt verboten. Nach 400 m erreichen wir das alte Schieferkreuz La Croix Lucas Brocéliande. Das Kreuz erinnert an den Ort, an dem im Jahre 876 eine blutige Schlacht stattfand, zwischen dem Grafen Gurvant von Rennes und dem Grafen Pascweten von Vannes. Beide Herren waren Anwärter auf das Herzogtum Bretagne. An dieser Stelle gehen wir links und folgen bei der nächsten Abzweigung abermals links, der verfallenen Ausschilderung Richtung **Tombeau du Géant** 01 (194 m), eine Grabstätte aus der Bronzezeit, auch das Grab des Riesen genannt. Die Stätte wird mit der Artussage in Verbindung gebracht, weil es nach Überlieferungen ein Riese war, den Ritter der Tafelrunde besiegten. Eine Informationstafel bereichert die Besichtigung. Wir gehen auf dem weiterführenden Weg durch ein kleines Waldstück, bis der Weg bei einer Brandschneise endet. Wir gehen links auf dem Weg weiter, bis auch dieser endet. In der Ferne sehen wir bereits

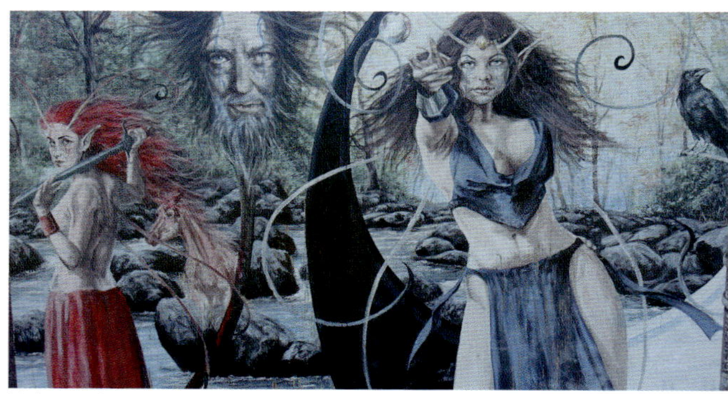

Val sans Retour

Häuser, wir gehen aber nach 70 m, bei einem Metallpfosten, rechts in den schon etwas zugewachsenen Pfad, bis dieser endet. Wir gehen links bis zur Straße vor, auf der Straße links, an der Straßengabelung rechts und verlassen die Straße nach halb links – direkt zwischen den Häusern hindurch! An der folgenden Weggabelung gehen wir halb rechts, nicht links auf die Felder. Es geht ein kurzes Stück auf einem Hohlweg, bis wir an der nachfolgenden Straße links gehen, um nach 175 m links in die Piste zu biegen – hier befindet sich auch ein gelber Wegweiser. Das Blätterdach der Bäume verdichtet sich, es wird zunehmend dunkler, wir steigen ab in das **Val sans Retour** 02 (152 m), übersetzt bedeutet das das Tal ohne Rückkehr – na, mal schauen ob wir da durchkommen. Abzweiger nach rechts und links ignorieren wir und gehen immer entlang des Bachlaufes. Im Talgrund, wo zwei Bachläufe zusammenlaufen, befindet sich eine Weggabelung, wir überqueren das Bachbett nach rechts und beginnen mit dem Aufstieg. Einen rechten Abzweiger mit zwei Holzpfosten ignorieren wir und wir erreichen bei einer Lichtung eine Anhöhe. Wir ignorieren den rechten Abzweiger, der in unseren Weg mündet und zwei linke Abzweiger. Der Weg schlängelt sich durch eine 180°-Kehre, führt bergab und nachdem wir an der Straße halb rechts gehen, erreichen wir die Ortschaft Tréhorenteuc. Geht man nach 200 m links in die Seitenstraße so erreicht man die **Kirche von Tréhorenteuc** 03 (92 m). Vorbei am Tourismusbüro gehen wir ortsauswärts und erreichen wieder die Hauptstraße, ge-

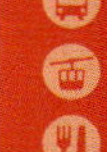

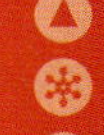

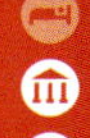

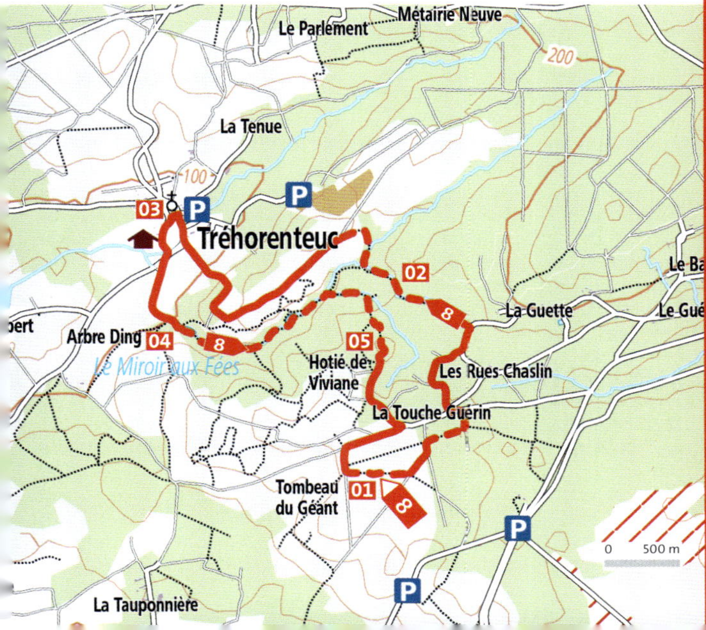

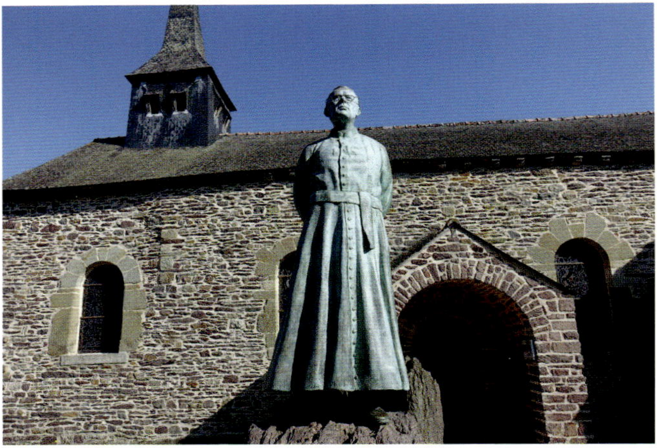

Kirche von Tréhorenteuc

hen dort ein kurzes Stück rechts, und queren den Parkplatz nach halb links in die weiterführende Straße. Hinter einer Schranke endet die Asphaltstraße, es geht auf einem Waldweg weiter. Links über einen künstlich angelegten Damm erreicht man den Goldenen Baum **Arbre Ding** 04 (99 m). Im September 1990 hat ein Feuer große Teile des Waldes zerstört. Nach der Wiederaufforstung präsentierte der Künstler François Davin dieses Kunstwerk, als Erinnerung an die Geschehnisse und an die Legende des Waldes zu erinnern. Direkt hinter dem Damm befindet sich der Teich **Le Miroir aux Fées,** übersetzt heißt es der Feenspiegel. Hat auf dem Seegrund die Sagenfigur Lancelot in einem Kristallpalast gelebt? Wir setzen unseren Weg fort, indem wir an dem Teich entlanggehen und in den unteren Teil des Tals ohne Rückkehr eintreten. Man läuft teilweise in einem Bachlauf, dessen Wasser merkwürdige Färbungen annimmt. In diesem Tal soll Morgan le Fay ihre Liebhaber gefangen gehalten haben. An der Stelle, wo sich der Bachlauf und der Pfad kreuzen, gehen wir rechts am Bachbett entlang. In einem dunklen Tal entlang eines Bachlaufes erreichen wir einen weiteren kleinen Stausee. Ein Abzweiger vor und einen Abzweiger nach dem Stausee ignorieren wir. Dort wo sich der Pfad gabelt, gehen wir halb rechts, nun leicht bergauf. Wegweiser Richtung Tombeau du Géant sind auch vorhanden. Auf einer freien Fläche im Wald folgen wir nicht links dem schmalen Pfad, sondern gehen rechts und folgen dem ansteigenden Pfad. Es folgt eine weitere Pfadgabelung, an der wir halb links gehen und nach kurzem Aufstieg erreichen wir die **Hotié de Viviane** 05 (187 m). Das Haus der Viviane ist eine Megalithanlage, die als Häuser der legendären Fee Viviane gelten. Nach kurzem Abstieg mündet der weiterführende Pfad in eine Schotterpiste, die bis zum Parkplatz führt.

LAVAU-SUR-LOIRE

Observatorium des Künstlers Tadashi Kawamata

 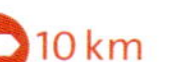 10 km 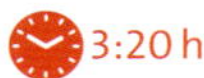 3:20 h 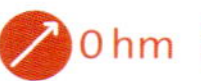 0 hm 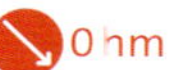 0 hm

START | Öffentliche Verkehrsmittel: keine.
Pkw-Anfahrt: Die Wanderung befindet sich im Département Pays de la Loire. Der Ort Lavau-Sur-Loire liegt zwischen Nantes und Saint Nazaire. Man verlässt die N171 und folgt der D3 in südliche Richtung, fährt durch den kleinen Ort bis zur Creperie, hinter der man bequem parken kann.
Die geografischen Koordinaten zum Start sind:
[GPS: N47° 18,342060 O1° 57,831900].
CHARAKTER | Mittelschwere Wanderung und einfache Orientierung.

Die ehemalige Hauptstadt der Bretagne, Nantes, gehört nicht mehr zur Bretagne, sondern zur Region Pays de Loire. Die enge historische Verwobenheit führt auch heute noch dazu, dass man in anderen Regionen Frankreichs Nantes auch weiterhin zur Bretagne zählt. Vom ungewöhnlichen Hafen von Lavau-sur-Loire starten wir unseren Streifzug durch abgelegene Weide- und Anbauflächen, kommen an einem tiefblauen See vorbei und erreichen die flutbaren Wiesen, am ungezähmten Fluss Loire mit seinen zahlreichen Strömungen, Inseln und Sandbänken. Hier entdecken wir ein außergewöhnlicheres Observatorium. Der ideale Ort, um eins zu werden, mit der Natur.

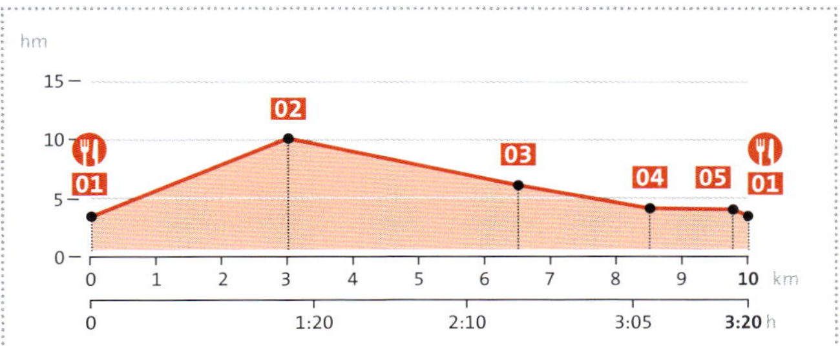

01 La Maison du Port 8 m; 02 Bundestraße D3 8 m; 03 Le Trou Bleu 0 m; 04 Observatorium 1 m; 05 Schleuse Lavau-Sur-Loire 5 m

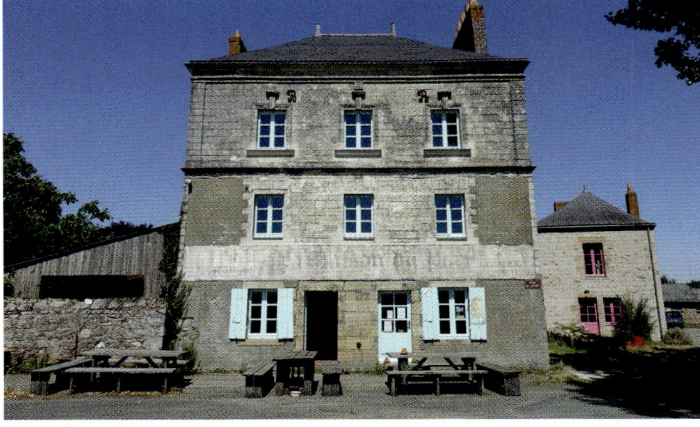

La Maison du Port

Lavau-sur-Loire war in seiner Blütezeit ein sehr lebendiger Hafen, Boote dienten dem Salztransport, der Fischerei sowie dem Import und Export von Holz, Sand und Wein. Einsetzende Vermoorung drängte den Flusslauf so weit zurück, dass keine Schifffahrt mehr möglich war, das Ende des Handels. Vom Parkplatz am Fußballplatz gehen wir an der Creperie **La Maison du Port** 01 (8 m) und der Kirche vorbei und biegen rechts in die Rue des Grands Courtils. Sobald die Straße eine Linkskehre macht, gehen wir rechts und bei der nächsten Möglichkeit links, geradeaus versperrt ein Tor das Weiterkommen. Auf der Schotterpiste passieren wir Weide- und Anbauflächen und queren eine Straße. Nachdem wir ein kurzes Stück neben einem wasserführenden Graben gegangen sind, gehen wir bei der nachfolgenden Weggabelung halb rechts, direkt auf eine Ruine zu. Wir erreichen Stallungen und einen Tümpel, bis der Weg in eine Piste mündet und kurz später in eine Straße, die an der **Bundestraße D3** 02 (8 m) endet. Diese überqueren wir, gehen links und biegen bei der nächsten Möglichkeit rechts in die Piste, direkt hinter dem Hof. Dort wo die Piste endet, gehen wir links, auch wenn Hinweisschilder in die andere Richtung weisen, und sofort bei der nächsten Möglichkeit rechts, hier stehen Ginsterbüsche und Eichen am Wegesrand. Nach einer Linkskurve der Piste gehen wir beim Strommast aus Metall links auf der Straße, um nach 250 m rechts in die La Pélarderie zu biegen. Hinter dem einzelnstehendem Haus geht es dann auf einem Feldweg weiter. Nachdem wir zwei linke Abzweiger passiert haben, gehen wir bei der Weggabelung halb links. Bei dem nachfolgenden linken Abzweiger geht es dann nicht Richtung der Stallungen, sondern geradeaus weiter. Kurz vor Höfen mündet der Weg in die Straße, auf der wir rechts gehen, die Kreuzung überqueren und die dahinterliegenden Seen **Le Trou Bleu** 03 (0 m) erreichen. Wir gehen in südwestlicher Richtung um den ersten und zweiten See. Sobald wir

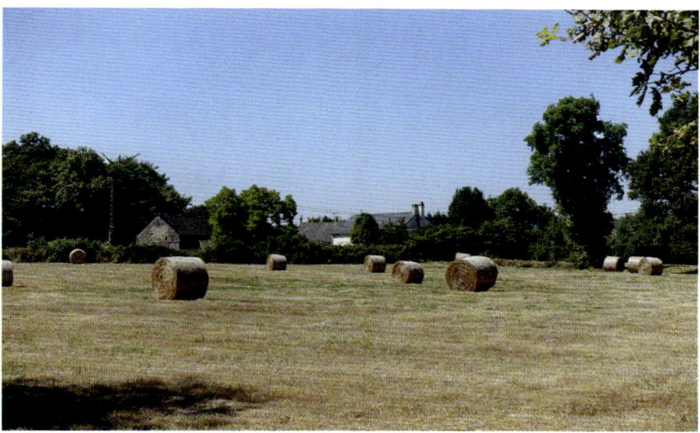

Heuballen auf einem Feld

einen Holzpfeiler und einen gelben Richtungspfeil sehen halten wir uns rechts und gehen auf diesem Weg, bis er endet. Der darauffolgende Weg führt durch ein Gebiet mit reicher Fauna und Flora. Ein Priel und Schleusen regulieren die Wasserzufuhr, Rinderherden grasen auf diesen Feuchtwiesen. Im Winter sind die grünen Ebenen

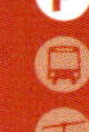

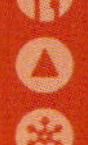

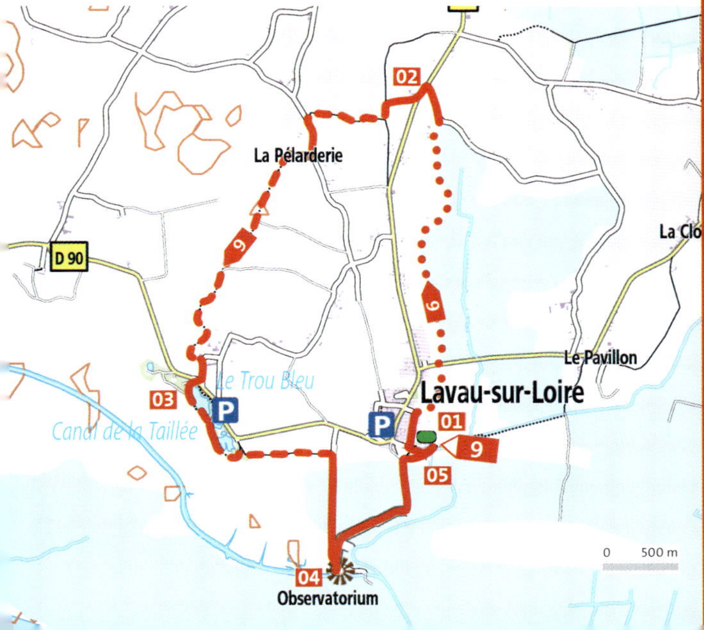

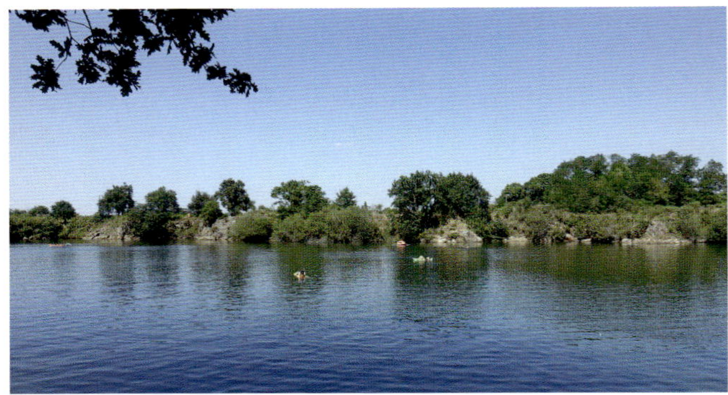

Le Trou Bleu

oft mit Wasser bedeckt. Zwischen Traum und Wirklichkeit benennt der Künstler Tadashi Kawamata sein **Observatorium** 04 (1 m), inmitten der flutbaren Wiesen, errichtet 2007 während der Biennale Estuaire Nantes Saint Nazaire. Es ergibt sich ein herrlicher Rundblick über das Moor, die Loire, die Schornsteine von Cordemais, die Brücke von St-Nazaire und das Dorf Lavau-sur-Loire. Auf dem Rückweg geht es dann auf einem 800 m langen, 40 cm über dem Boden gelegten Holzpfad Richtung Dorf. Wieder auf dem Festland angekommen, haben wir uns eine Pause im gemütlichen Hafenhaus verdient, die eine Crêperie in Verbindung mit einer Bücherei und einem Café beherbergt. Das im Jahr 1855 errichtete Hafenhaus fungierte in der Vergangenheit als ein Hotel und ein Café, als die Seeleute hier noch haltmachten. Hinter dem Parkplatz findet man die **Schleuse Lavau-sur-Loire** 05 (5 m).

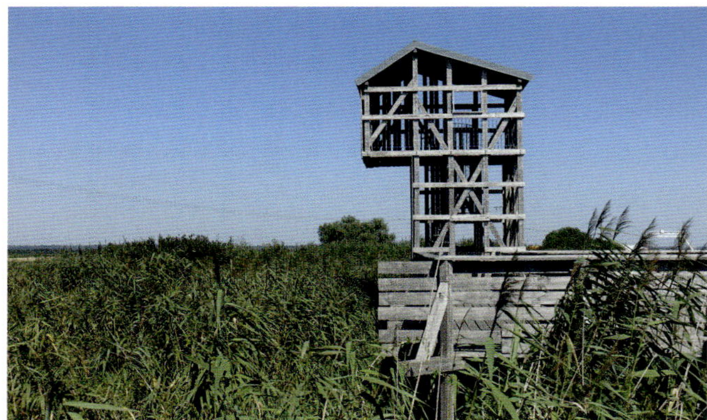

Tadashi Kawamata Observatorium

GUÉRANDE

Von der würzigen Stadt zu einem magischen glitzernden Ort

  9,3 km  3:10 h 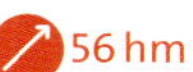 

START | Öffentliche Verkehrsmittel: Keine Bahnanbindung, aber verschiedene Buslinien verbinden Guérande mit dem Umland.
Pkw-Anfahrt: Die Wanderung befindet sich im Département Morbihan. Der Ort Guérande liegt zwischen Nantes und Vannes. Direkt an der nördlichen Festungsmauer befindet sich einer von vielen kostenpflichtigen Parkplätzen.
Die geografischen Koordinaten zum Start sind:
[GPS: N47° 19,800840 O2° 25,690380].
CHARAKTER | Mittelschwere Wanderung, die im Wirrwarr der Salzbecken einen guten Orientierungssinn voraussetzt.

Im 13. Jahrhundert wurde die sehr sehenswerte Stadt Guérande massiv befestigt. Die noch heute gut erhaltenen und mächtigen Stadtmauern berichten vom Reichtum durch Meersalzgewinnung – das bis heute in den Salzgärten zwischen Guérande und Atlantikküste gewonnen wird. Auf der Wanderung können wir das Prozedere in verschiedenen Becken beobachten, wie durch die Verdunstung des Wassers, die Salzkonzentration steigt. Durch Entfernung des Restwassers bilden sich Salzschichten, das Fleur de Sel, das Meersalz, das von den Salzbauern geerntet und in Haufen zwischengelagert wird. Ein Erlebnis für alle Sinne.

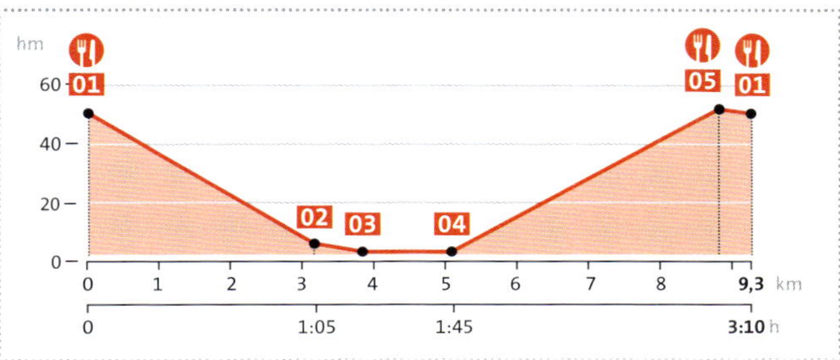

01 Porte Saint Michel 56 m; 02 Terre de Sel 6 m; 03 Salzbecken 8 m; 04 Schlüsselstelle 6 m; 05 Fußgängerzone 52 m

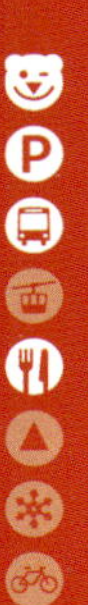

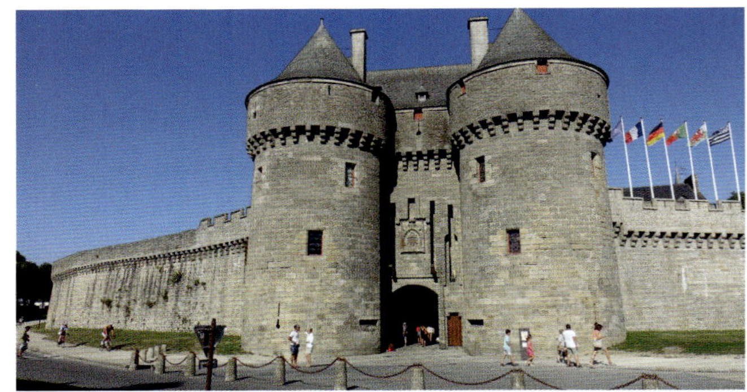

Porte Saint Michel Guérande

▶ Von dem Parkplatz, der östlich des Porte Vannetais liegt, überqueren wir den Boulevard du Nord und gehen in südliche Richtung entlang der Stadtmauer mit seinem Burggraben bis zum Haupttor, dem **Porte Saint Michel** 01 (56 m) – dem eindrucksvollsten der 4 Tore, in der 1,4 km langen Stadtmauer. Weiters gehen wir noch am Porte de Sailé und dem eher kleinen Porterne du Tricot vorbei, überqueren dann den Boulevard du Midi nach halb links, um hinter der Bäckerei links in die Chemin de la Tonnelle zu gehen. Den Kreisverkehr verlassen wir an der aus zweiten Ausfahrt, gehen also gerade aus weiter, um bei zwei grünen Toren rechts abzubiegen, in die Chemin du Parc de la Tonnelle. Durch ruhige Villenviertel erreichen wir ein hellblaues Gartentor, dort mündet unsere Straße in eine weitere, auf der wir gerade aus auf eine Piste gelangen, auf der wir bis zum Ende durchgehen. An der Straße gehen wir rechts bis zur Ortschaft Pradel, gehen bei der nächsten Möglichkeit links und abermals bei der nächsten Möglichkeit links, wir erreichen das Museum und den Souvenirladen **Terre de Sel** 02 (6 m). | Pradel, 44350 Guérande | +33240620880 | Öffnungszeiten Frühling 10:00–18:00, Sommer 9:30–19:30, Herbst 10:00–17:30 und Winter 10:00–12:30, 14:00–17:00. Auf der D92 – die leider befahren ist, also bitte Vorsicht – erreichen wir nach 430 m, genau vor einer Brücke mit einer halbhohen Steinmauer, den rechten Abzweiger von der Hauptstraße. Wir tauchen ein in das Labyrinth aus **Salzbecken** 03 (8 m), Wegen und Pfaden. Sich zu verirren ist gar nicht einfach! Also aufgepasst, immerhin gibt es auf dem ganzen Areal sagenhafte 7000 Becken. Wir kommen vorbei an vielen weißen Salzbergen, die interessanterweise von jungen Leuten bearbeitet werden. Dabei verwenden sie die traditionellen Herstellungsverfahren mit einem Holzschieber wird geerntet. Wir bleiben auf dem Hauptweg und queren eine betonierte Brücke. Wir treffen auf die ersten Weggabelung, links befindet sich eine kleine Holzbrücke, hier gehen wir halb rechts und bei der darauffolgenden Weggabelung halb links. Dieser Weg endet und wir gehen auf dem aufgeschütteten Wall, teilweise weglos, bis wir wieder eine Fahrspur erreichen. Hier gehen wir rechts, verlassen diese aber bereits nach 50 m, in der Linkskehre gehen wir geradeaus weiter, auf einem Pfad zwischen den Salzbecken. Nachdem der Pfad eine 90°-Rechtskurve gemacht hat, erreichen wir die **Schlüsselstelle** 04 (8 m). Nur durch die Überquerung dieser Brücke ist es möglich, eine Rundwanderung zu machen. Hinter der Brücke gehen wir links, und bei der darauffolgenden Weggabelung rechts, wir erreichen wieder eine Piste, auf der wir links Richtung der Häuser gehen. Bei dem Stoppschild überqueren wir die Straße und gehen auf der Rue de Kerignon bis zur Gabelung mit dem Kreuz aus Stein, hier orientieren wir uns nach rechts, um am Ende der Straße mit der grauen

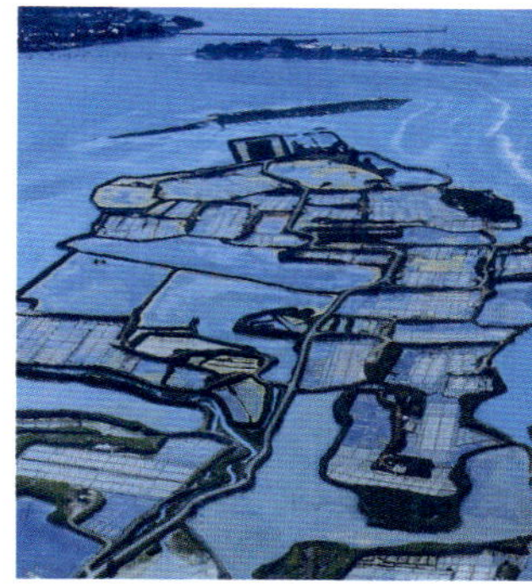

Terre de Sel

Mauer, links zu gehen, und dann sofort wieder rechts in die Sackgasse. Nach 250 m auf der Piste gehen wir links, entlang der Reste einer Mauer. Bei der nachfolgenden Parkbucht und einer Steinmauer biegen wir halb rechts auf

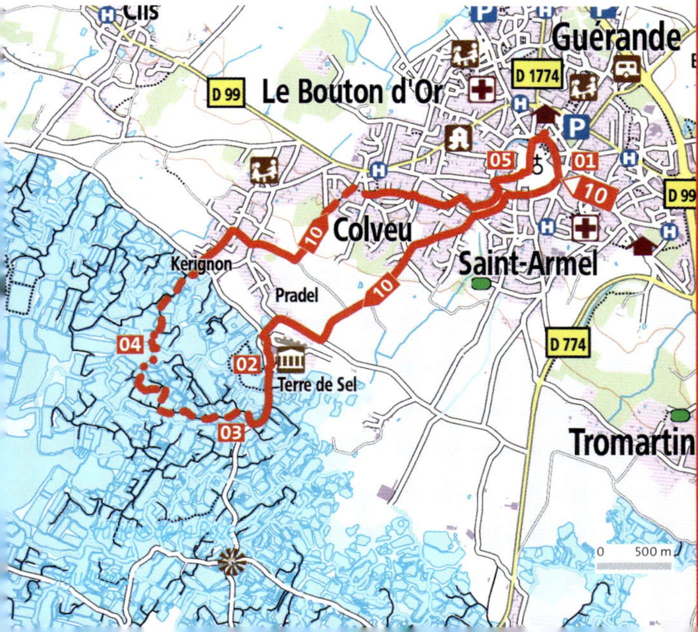

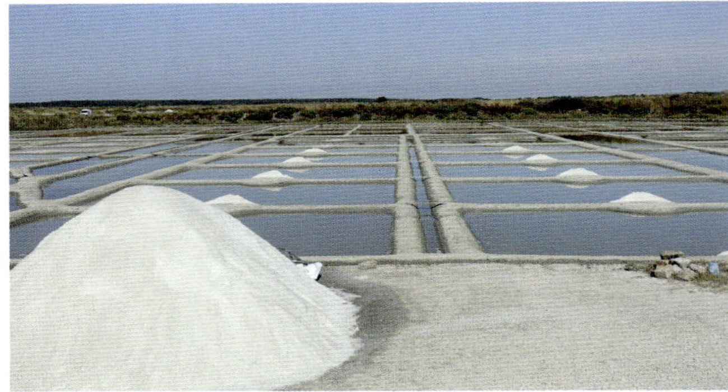
Salzbecken

den weiterführenden Pfad. Bei zwei großen auf der Straße liegenden Felsen endet der Pfad, wir gehen rechts weiter und gelangen auf die Allée des Salorges. Wo die Straße endet, gehen wir links und sofort wieder rechts, an den Glascontainern vorbei. Es geht nun auf der Rue Frére Robert bis sie endet, dort rechts bis zum Kreisverkehr vor und dort links, ein Stück auf dem bekannten Hinweg zurück. Wir erreichen die Stadtmauer und gehen nur wenige Meter links, um dann rechts durch das Stadttor Porte Bizienne in die Altstadt zu gelangen. Nach wenigen Metern erreichen wir die **Fußgängerzone** **05** (52 m), auf der linken Seite befindet sich die Chapelle Notre Dame La Blanche. Nachdem wir links abgebogen sind, befindet sich auf der rechten Seite die mächtige Kirche Collégiale Saint-Aubin. Durch den Porte Vannetaise verlassen wir das Dorf und gelangen zum Ausgangspunkt.

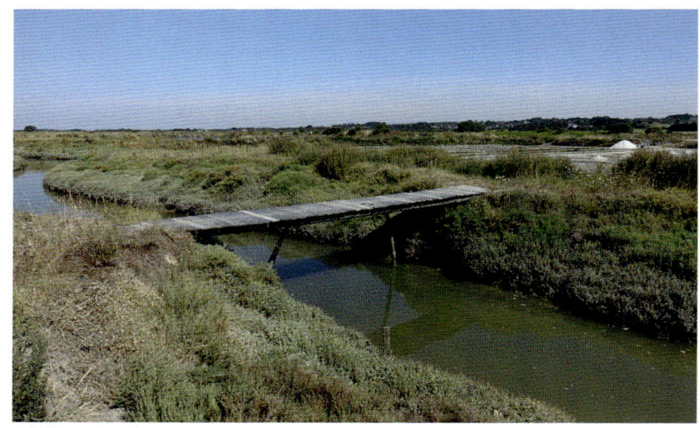
Schlüsselstelle

PÉNESTIN

Entlang der ockerfarbenen Klippen des herrlichen Mine d'Or-Strands

  12,7 km 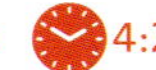 4:20 h   77 hm 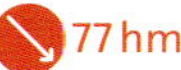 77 hm

START | Öffentliche Verkehrsmittel: Keine Bahnanbindung, aber verschiedene Buslinien fahren Pénestin an. Pkw-Anfahrt: Die Wanderung befindet sich im Département Morbihan. Der Ort Pénestin liegt zwischen Nantes und Vannes. Auf der D201 ankommend, vor dem zweiten Kreisverkehr in Pénestin kann man auf der rechten Seite beim Tourismusbüro oder auf der linken Seite bei der Polizei parken. Die geografischen Koordinaten zum Start sind: [GPS: N47° 28,995780 O2° 28,540800].
CHARAKTER | Mittelschwerer Schwierigkeitsgrad aufgrund der Entfernungskilometer.

Pénestin überzeugt mit zehn wunderschönen, feinen Sandstränden und 25 km Küste. Auf der heutigen Küstenwanderung werden wir acht dieser Traumstrände entdecken. Der Höhepunkt sind die ockerfarbenden und 20–25 m hohen Klippen, der insgesamt 1,8 km langen Sandstrände Plage de la Source und Plage de la Mine-d'Or. Mine-d'Or heißt übersetzt Goldmine, noch im 19. Jahrhundert wurde das Edelmetall hier abgebaut. Achtmal gibt es die Möglichkeit die Seele baumeln zu lassen und dem Spiel der endlosen Wellen, vom Horizont bis an den Strand, zu folgen.

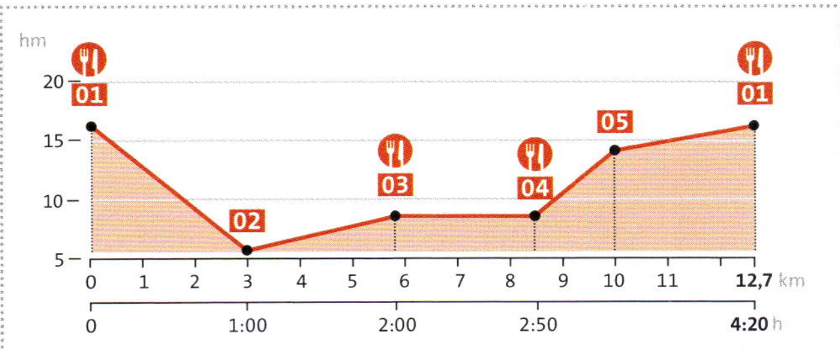

01 Parkplatz 12 m; 02 Plage de Camart 2 m; 03 Plage de la Mine d'Or 14 m; 04 Plage du Mareсlé 3 m; 05 Waldstück 10m

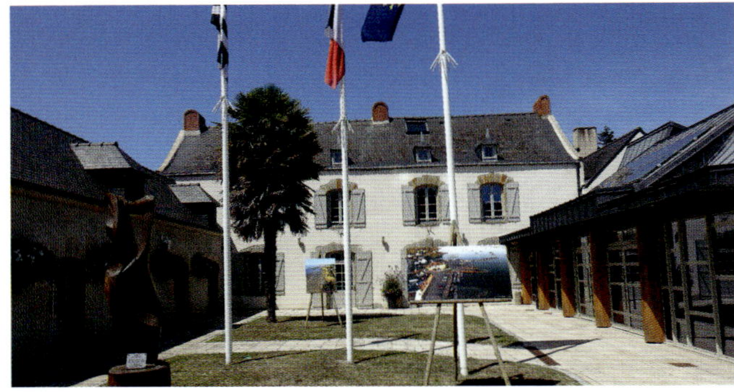

Innenhof

Parken wir bei der Gendarmerie, so gehen wir durch den Kreisverkehr am **Parkplatz** 01 (12 m) des Tourismusbüros vorbei und in die Einbahnstraße. An deren Ende gehen wir rechts in die Einbahnstraße, vorbei an Läden und Restaurants, bis die Straße sich gabelt, hier gehen wir halb links, auf Höhe des Friedhofs in die Rue de la Fontaine, abermals in eine Einbahnstraße. Bei der Kreuzung halten wir uns halb rechts und bei dem grauen Plastikzaun gehen wir dann links in die Sackgasse Rue Brambert. Bei einem gelben Wegweiser biegen wir halb rechts ab, vorbei an prächtigen Feigenbäumen und einigen Kiefern. Auf einem perfekt angelegten Wanderweg geht es über Sumpfwiesen und vorbei an einem Picknickplatz bis zum steinigen und nicht so schönen Plage de Men-Armor. Nach kurzem Anstieg führt der Pfad oberhalb der Klippen entlang. Hinter einem weiteren Parkplatz kann man bei Ebbe direkt am **Plage de Camart** 02 (2 m) entlangwandern, sonst umläuft man das Stück auf der Straße. Hinter einer Slipanlage für Boote erreichen wir eine einzelnstehen-

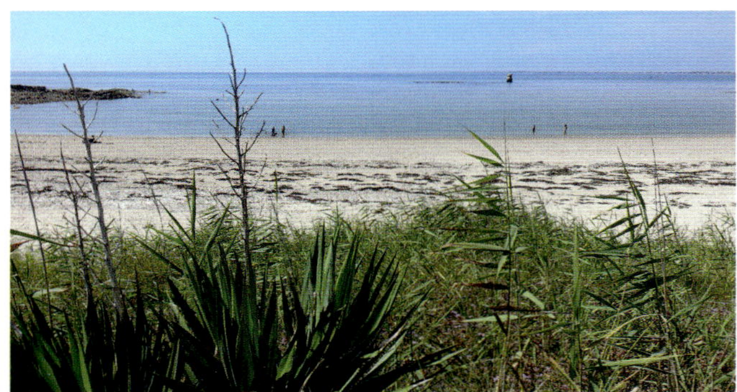

Plage de Camart

de Pinie am Ende eines schönen Strandabschnitts. Hier steigen wir kurz zum Küstenpfad auf und setzen unsere Wanderung fort, vorbei kommen wir am Plage du Loguy und dem Plage du Lomer. Über Holztreppen steigen wir zu einem weiteren Parkplatz ab. An dessen südlichen Ende setzen wir unseren Weg auf einer Schotterpiste fort, kurz später eröffnet sich ein atemberaubender Blick über die unendlich langen Strände **Plage de la Source** und **Plage de la Mine d'Or** 03 (14 m), die bei Ebbe ca. 150 m breit sind. Dahinter befinden sich 20–25 m hohe, ockerfarbene Klippen. Der schönste Anblick und Strandabschnitt auf der heutigen Wanderung. Zwischen schönen Villen und den Klippen geht es auf einem angelegten Pfad bis zu einem Privatgrundstück, hier ist der Pfad unterbrochen und wird über die Straße und einen Parkplatz umlaufen. Von den Klippen blicken wir auf den Plage de Poudrantais, bevor wir dann den **Plage du Mareslé** 04 (3 m) erreichen. Pénestin ist für seine köstlichen Miesmuscheln bekannt. Auf den schwarzen Pfählen, die sich etwas außerhalb der Bucht befinden, werden diese gezüchtet – bei Ebbe sind diese besonders gut zu sehen. Nach Holztreppen, mittig am Strand, gehen wir landeinwärts, überqueren einen Parkplatz und überqueren

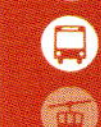

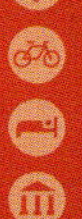

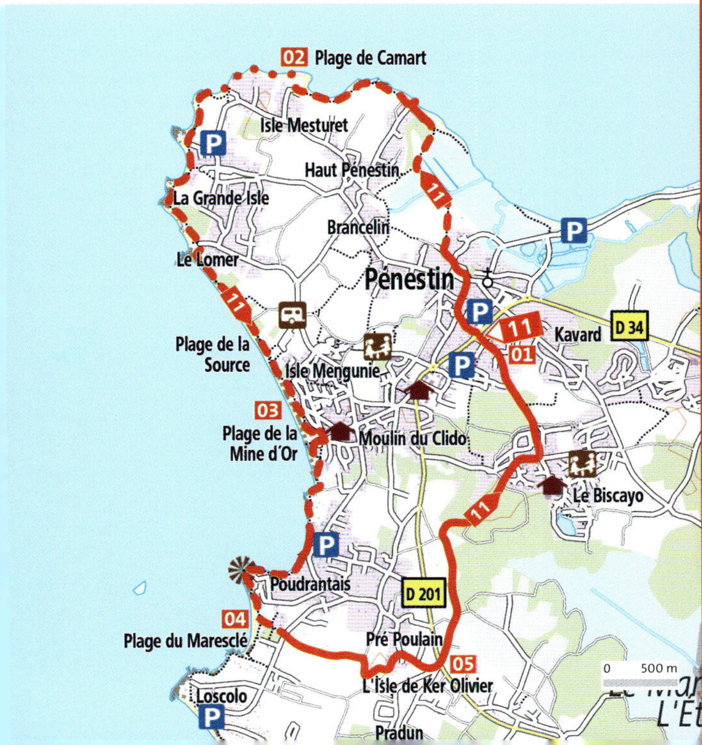

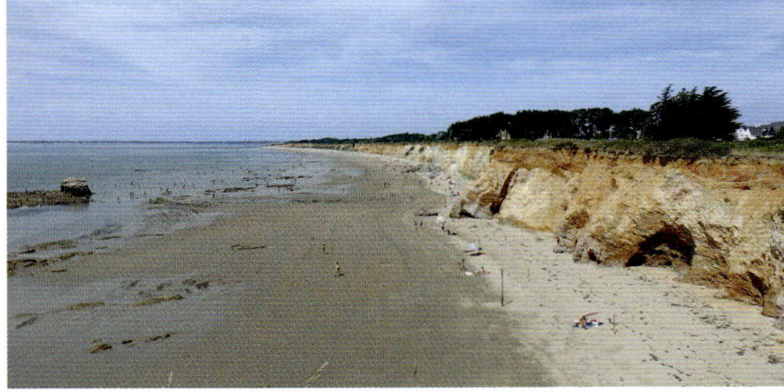
Plage de la Mine d'Or

die Straße. Wir folgen der Ausschilderung Richtung Le Bourg. Der Weg endet und wir folgen der Ausschilderung rechts Richtung Point du Bile, um dann aber diesem perfekt angelegten Radweg nach 100 m nach links auf einem Pfad zu verlassen. Dieser mündet in eine Piste, auf der wir durch ein kleines Waldstück gehen. Nun bereits wieder auf der Straße endet diese vor einem gelben Haus, an dem wir rechts gehen, auf der Straße weiter und bis zur Hauptstraße D201. Diese überqueren wir nach halb links, um dann auf der weiterführenden Piste in ein weiteres **Waldstück** 05 (10 m) zu gelangen. Wir ignorieren Abzweiger. Bei Holzpfeilern, die als Wegweiser fungieren, gehen wir halb rechts Richtung Centre. Eine weitere Piste mündet in unsrige und bei einer Wegekreuzung gehen wir geradeaus über die Grünfläche entlang der Kirschlorbeerhecke. An der Straße mit dem Verkehrsspiegel gehen wir rechts, um dann direkt hinter einem Zebrastreifen links in die Allée des Chenes einzubiegen. Hinter Felsen, die den Weg für Autofahrer versperren, geht es dann auf einem Fahrradweg weiter Richtung Centre. Wir gehen immer geradeaus und gelangen zum Ausgangspunkt.

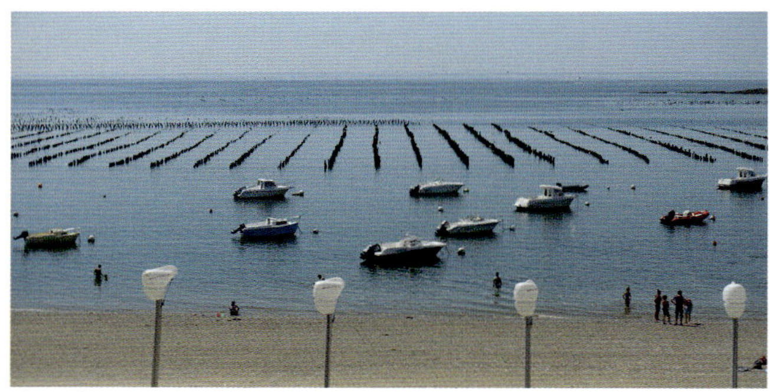
Plage du Mareslé

PRESQU'ÎLE DE RHUYS

Die Halbinsel Rhuys und ihre Naturschönheiten

 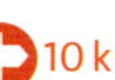 10 km  3:20 h  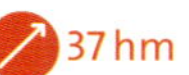 37 hm  37 hm

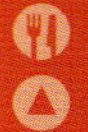

START | Öffentliche Verkehrsmittel: keine.
Pkw-Anfahrt: Die Wanderung befindet sich im Département Morbihan. Der Ort Arzon liegt südlich von Vannes und kann bequem über D780 erreicht werden. Der Parkplatz befindet sich bei der Kirche und dem Place de l'Église. Die geografischen Koordinaten zum Start sind: [GPS: N47° 32,983740 O2° 53,591880].
CHARAKTER | Mittelschwere Wanderung.

Die lang gestreckte Halbinsel Rhuys begrenzt den Golf von Morbihan Richtung Süden. Ihre Nordküste gliedert sich in kleine und flache Buchten – oft mit Austernbänken und Salzsümpfen. Entlang von vier dieser reizvollen Buchten und drei spektakulären Landzungen verläuft die Wanderung. In dieser stark von den Gezeiten abhängigen Bucht gibt es viel zu entdecken: Viele Inseln – Tupfer in der weiten Bucht, bunte Segelschiffe und Motorboote ziehen vorbei, malerische Buchten mit Sandstränden und Pinienwälder laden zum Verweilen ein. Zum Ende der Wanderung gibt es einen Dolmen zu bewundern. Ein Wandervergnügen der Extraklasse.

▶ Vom Start und Ziel bei der **Kirche** 01 (35 m) gehen wir in nördlicher Richtung in die Einbahnstraße Rue de Bernon. Bei der nächsten Weggabelung folgen wir weiterhin der Rue de Bernon. Beim Stoppschild überqueren wir

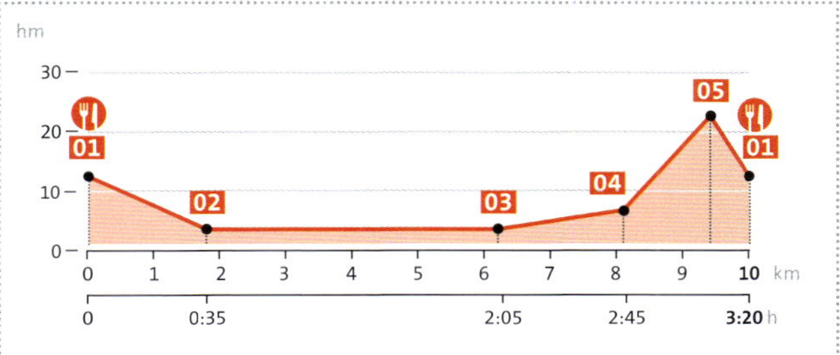

01 Kirche 35 m; 02 Plage des Trois Fontaines 4 m; 03 Pointe de Kerners 6 m; 04 die Bucht von Kerners 6 m; 05 Dolmen de Lannek-er-Men 21 m

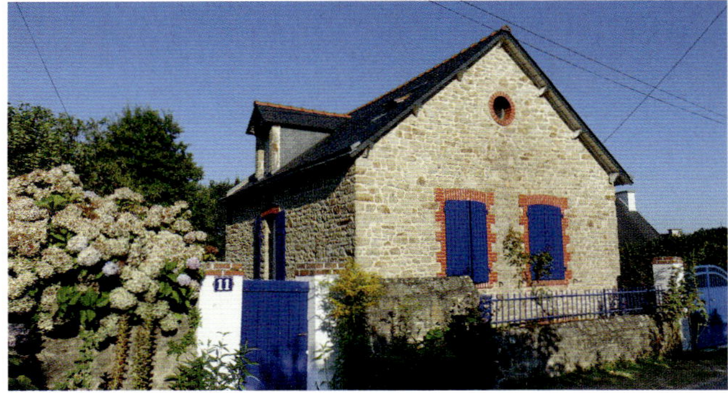

Landestypisches Haus bei Arzon

die Straße. Wo sie endet, gehen wir links in die Rue d'Armprique und weiter bis zum Stoppschild. Hier geht es rechts weiter auf der Rue des Ormeaux, bis wir bei zwei rund geschnittenen Thujen, die eine Autozufahrt zieren, rechts in die Sackgasse Chemin ar Toull Louaran abzweigen. Bei einzelnstehenden Häusern gehen wir zweimal rechts und erreichen so den **Plage des Trois Fontaines** 02 (4 m). Es ergibt sich ein wunderschöner Blick auf die Einbuchtungen des Golfs von Morbihan mit seinen vielen bunten Segelschiffen und Häusern auf dem dahinterliegenden Festland. Wir umrunden die **Pointe de Penbert** und laufen wieder landeinwärts. Bei der ersten Weggabelung befindet sich ein Betonklotz, hier halten wir uns halb links, praktisch durch die Vorgärten wunderschöner Villen. Hinter Treppen geht es über eine Grünfläche und auf der nachfolgenden Straße links. Hinter einem kleinen Parkplatz geht es dann auf dem Zöllnerpfad bis zur Ponte de la Palisse – die zweite Landspitze. Verweilt man hier einen kurzen Augenblick und beob-

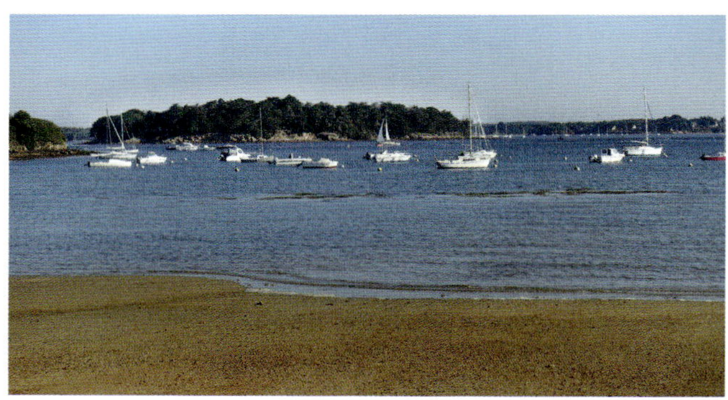

Plage des Trois Fontaines

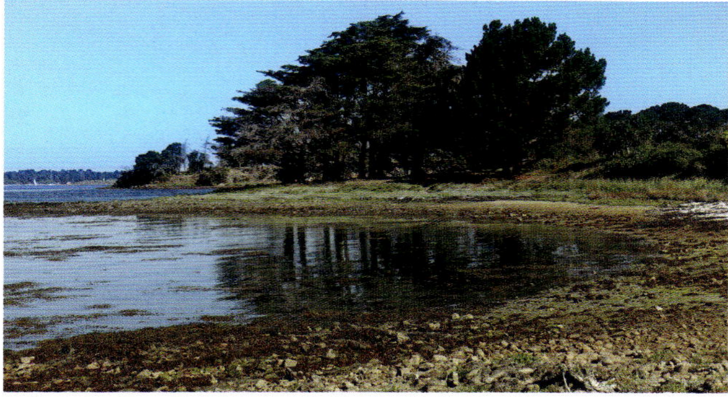

Pointe de Kerners

achtet das Spiel der beeindruckenden Gezeiten, so sieht man, dass das Wasser reißend und schnell wie Stromschnellen fließt, aufgrund des zu- oder ablaufenden Wassers – ein besonderes Naturschauspiel. Während wir Richtung Landesinnere gehen ignorieren wir einen rechten Abzweiger mit gelben Hinweisschildern. Bei ei-

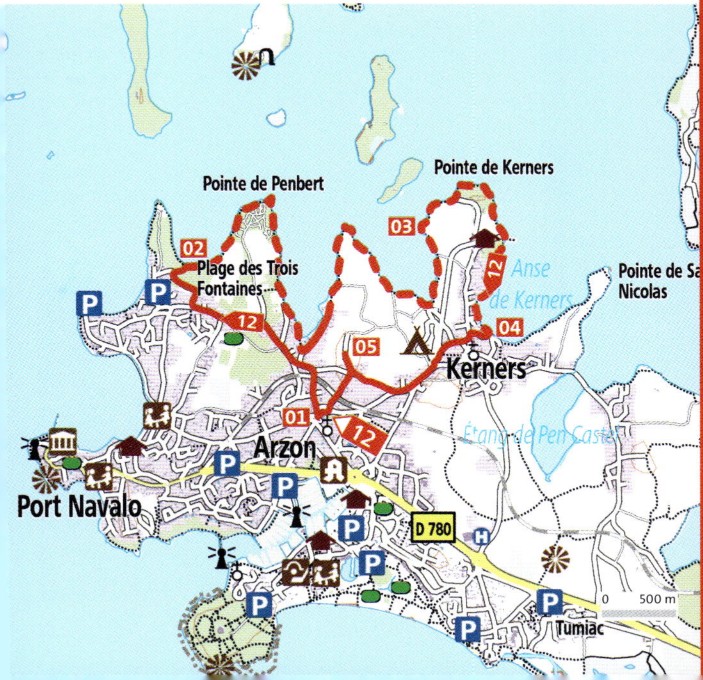

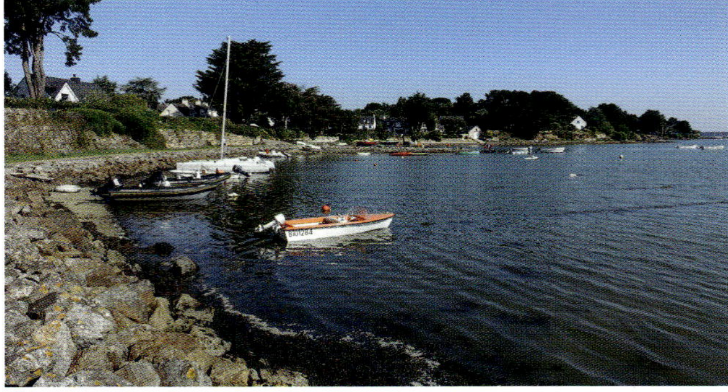
Die Bucht von Kerners

nem Campingplatz angekommen erreichen wir die dritte Bucht. Der weiterführende Pfad führt durch ein kleines Waldstück, bei Ebbe kann man ab hier auch über Schlick und kleine Steine direkt am Ufer gehen. Hinter weiteren großen Pinien erreichen wir die dritte Landspitze, die **Pointe de Kerners** 03 (6 m). Hinter einer kleinen Bucht geht es dann auf einem Holzbohlenweg durch ein kleines Waldstück. Zwischenzeitig steigen wir zu einer Slipanlage hinunter, wir kommen an Liegeplätzen von Segelschiffen und einem Campingplatz vorbei. Nach einem Mini-Strandabschnitt gehen wir weiter auf der nun vorhandenen Promenade. Wo diese in einer Asphaltstraße mündet, biegen wir rechts in die Rue des Vierges und verlassen die **die Bucht von Kerners** 04 (6 m). Die Gasse endet und wir gehen links, und bei der nächsten Möglichkeit rechts, entlang von Ferienhäusern. Die Einbahnstraße mündet in eine größere Straße und wir gehen rechts auf der Route de Kerners, um dann nach 350 m, bei einem Haus mit grünen Fensterläden, halb rechts in die Piste zu biegen. Sobald man eine Asphaltstraße erreicht, befindet sich rechts, nach 125 m der **Dolmen de Lannek-er-Men** 05 (21 m). Dolmen ist in Frankreich der Oberbegriff für Megalithanlagen aller Art. Der kleine Ost-West-orientierte 4 m lange und 1,5 m breite Dolmen, mit einem Zugang im Osten, besteht aus zwölf Steinen, von denen sechs seitliche die beiden Decksteine stützen und ein Stein neben der Anlage liegt. Wir gehen die 125 m zurück und an der Kreuzung geradeaus, links befindet sich der Hinweg. Bei der weithin sichtbaren **Kirche** 01 befindet sich der Parkplatz.

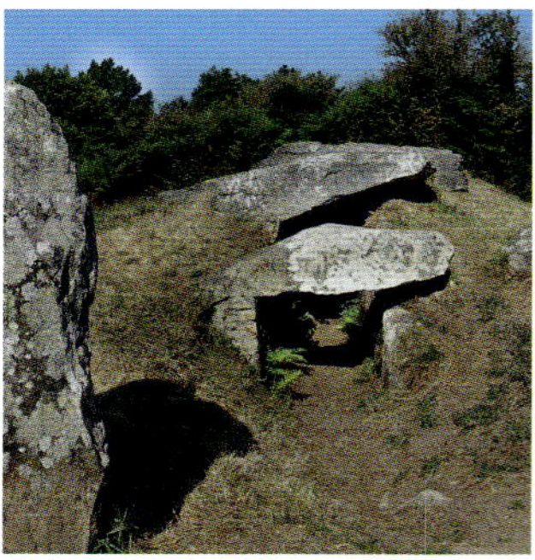
Dolmen de Lannek-er-Men

PRODUITS CULTURELS

Wir entdecken neun besondere Kulturgüter bei Saint-Avé

  8,8 km 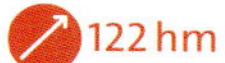 3:00 h 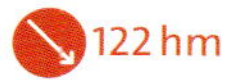 122 hm 122 hm

START | Öffentliche Verkehrsmittel: es gibt eine Busverbindung von Vannes. Pkw-Anfahrt: Die Wanderung befindet sich im Département Morbihan. Der Ort Saint Avé liegt nördlich von Vannes und kann bequem über D126 erreicht werden. Ein Parkplatz befindet sich direkt bei der Kirche und ein Parkplatz hinter der Kirche. Die geografischen Koordinaten zum Start sind: [GPS: N47° 41,392140 O2° 44,192760].
CHARAKTER | Mittlerer Schwierigkeitsgrad, Orientierung problemlos ohne Karte möglich.

Saint Avé befindet sich in unmittelbarer Nachbarschaft zur mittelalterlichen Stadt Vannes. Dabei hat Saint Avé über die Jahre seine eigene Kulturlandschaft mit Sehenswürdigkeiten entwickelt, die wir auf der heutigen Wanderung erkunden – all diese erzählen Geschichten über die Region. Die Strecke führt entlang der wild romantischen Bäche Lihanteu und Gornay, an denen noch bis zu den fünfziger Jahren Wassermühlen in Betrieb waren. Ursprüngliche Natur und kulturelle Highlights machen diese Runde zu einem besonderen Erlebnis.

▶ Vom Parkplatz gehen wir an der aus dem 15. Jahrhundert

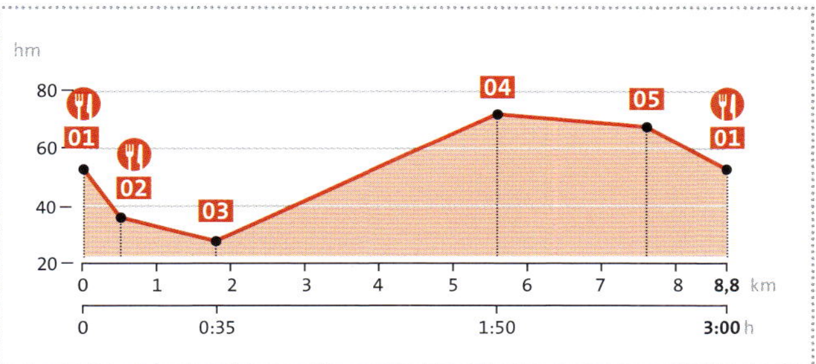

01 Eglise St Gervais-St Protais Saint-Avé 45 m; **02** Chapelle Notre Dame du Loc 33 m; **03** Moulin de Kerrat 14 m; **04** Croix de Fontenon 67 m; **05** Belvédère de Kerozer 63 m

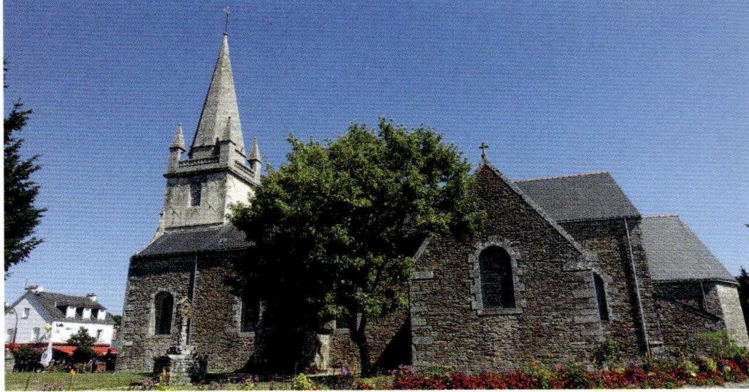

Eglise St Gervais-St Protais Saint-Avé

stammenden **Eglise St Gervais-St Protais Saint-Avé** 01 (45 m) vorbei bis zum großen Kreisverkehr. Auf Höhe des Wasserbrunnens befindet sich auf der gegenüberliegenden Straßenseite das aus dem 15. Jahrhundert stammende Manoir du Kreisker. An der rechten Ecke des Gebäudes befindet sich ein runder Turm, der einen Taubenschlag beherbergt. Auch befindet sich im Vorgarten ein Brunnen. Im 15. und 16. Jahrhundert hatten mehr als 40 Adelsfamilien in den Herrenhäusern und Schlössern im Umkreis von Saint Avé gewohnt. Wir setzen unseren Weg auf der Rue du Général de Gaulle fort und kommen an dem Zwillingskreuz Bourg d'en Bas Croix géminées vorbei. Eine Besonderheit, denn in der Bretagne gibt es nur wenige Zwillingskreuze, dieses ist aus dem 16. Jahrhundert und besteht aus Granit. Nach vielen prachtvollen Villen erreichen wir die 1494 fertiggestellte **Chapelle Notre Dame du Loc** 02 (33 m). Die Kapelle ist ein schönes Beispiel der extravaganten gotischen Architektur. Im Inneren ist ein Chorkreuz aus mehrfarbigem Holz, eine äußerst

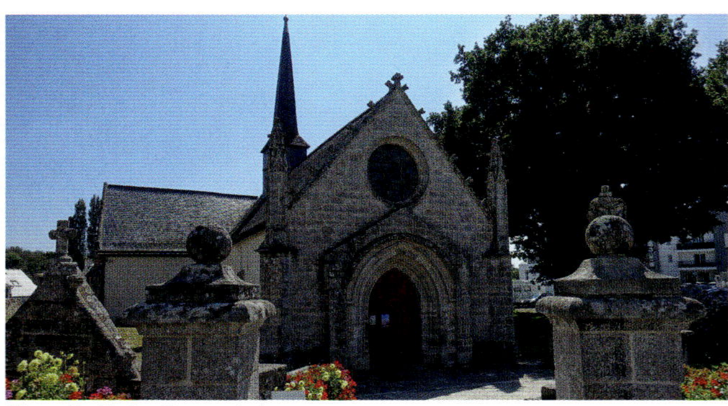

Chapelle Notre Dame du Loc

seltene Arbeit. Der Kalvarienberg zeigt die Kreuzigung auf der einen Seite und einer Madonna mit Kind auf der anderen Seite. Wie gehen über den großen Parkplatz rechts neben der Kirche und an dessen Ende folgen wir dem Pfad, der zum etwas unterhalb liegenden Kreisverkehr führt. Auf der rechten Seite, direkt vor den Kreisverkehr biegen wir rechts auf einen Pfad und folgen dem Bach Lihuanteu durch ein Feuchtgebiet. Die Straßengeräusche verhallen, es bleibt das Plätschern des Baches, den wir kurz später überqueren. Im Wald endet der Pfad und wir gehen links. Wir ignorieren Abzweiger, bis wir hinter einem Metallgatter auf eine asphaltierte Straße gelangen, auf der wir halb links weitergehen. Wir überqueren den Bach Gornay und erreichen die **Moulin de Kerrat** 03 (14 m). Außer dem schmalen Wasserkanal, den man vom Pfad aus sehen kann und in dem die Schöpfräder liefen, ist nichts von den historischen Wassermühle verblieben, sie sind einem modernem Wohnhaus gewichen. Hinter der Mühle an der Weggabelung gehen wir halb links. Wir erreichen eine Straße und gehen halb links, entlang der oberhalb liegenden Eisenbahntrasse des TGV. Wir überqueren bei dem Stoppschild die gering befahrene Straße, gehen also nicht rechts durch den Tunnel. Nachdem wir durch eine Linkskurve gegangen sind, erreichen wir die ehemalige Mühle von Lesnevé, sie beherbergt heute Ferienwohnungen. Direkt hinter deren Parkplatz verlässt nach links ein Pfad die Straße. Dieser führt entlang der langen Mauer des Château de Beauregard Saint-Avé, das man von keiner Position aus sehen kann. Es wurde im 18. und 19. Jahrhundert erbaut anstelle eines alten Herrenhauses aus dem

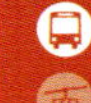

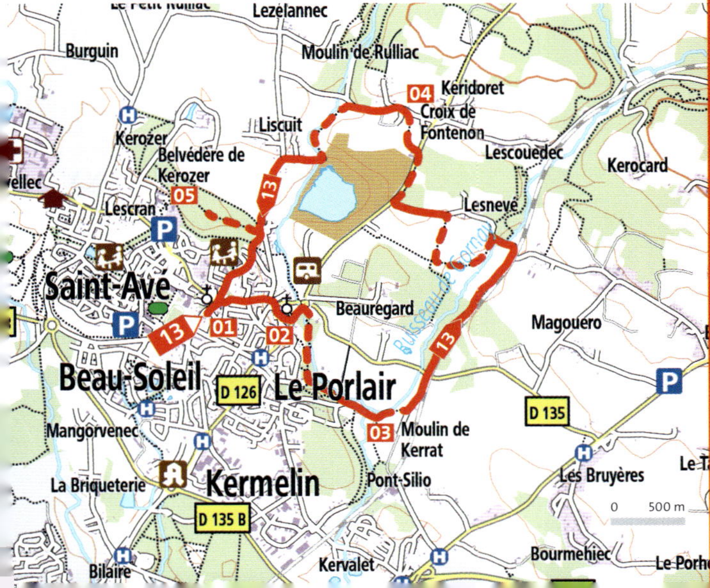

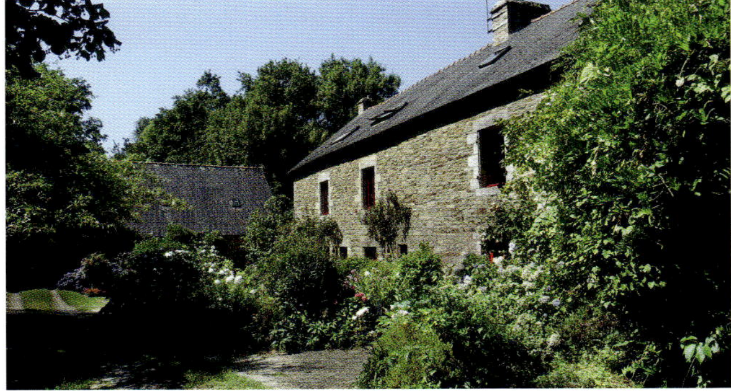

Moulin de Kerrat

15. Jahrhundert. Historisch interessant, denn am 14. Februar 1800 war es Ort der Unterzeichnung der Friedensverträge der Bretagne. Nach einem wunderschönen Hohlweg gelangen wir an eine Weggabelung, an der wir halb rechts gehen und kurz später wieder auf die Straße treffen, an der wir links gehen. Die Straße endet an der Hauptstraße, an der wir rechts auf dem Pfad, 333 m neben der Straße, um hinter einem Holztor die Straße zu queren, vorbei an den Häusern gehen und auf einem weiteren schönen Hohlweg gelangen. Wir erreichen die Quelle beim **Croix de Fontenon** **04** (67 m). Der Pfad mündet in die Rue de Fontenon, auf der wir 270 m gehen, um bei einem weiteren Markierungspfeiler aus Holz, die Straße nach halb links zu verlassen. Durch ein Waldgebiet gehen wir entlang des Bachs Lihuanteu und erreichen kurz hinter einer Straße einen Steinbruch mit See. Am Ende der Straße gehen wir links leicht bergab, bis wir bei dem Ortseingangsschild Saint Avé rechts über den Zebrastreifen gehen und auf einen Fußgängerweg parallel zur Straße gelangen. Bei einem Felsen, der auf dem Weg liegt, gehen wir rechts dem Pfad hoch, auf dem nachfolgenden Weg links, sofort rechts über die Holzbohlen und nun immer geradeaus durch den Wald von Belvédère, bis zum **Belvédère de Kerozer** **05** (63 m). Dort befindet sich eine alte Windmühle, die zum Gut Kerozer gehört. Wir gehen auf dem gleichen Weg bis zu den Holzbohlen zurück, dort rechts und bei der darauffolgenden Straße abermals rechts. Wir verbleiben nun immer auf der Rue d'Alésia und Rue du Lavoir, bis die Kirchenspitze den verbleibenden Weg weist.

Croix de Fontenon

CÔTE SAUVAGE

Unser Wegbegleiter ist der unaufhörliche Ansturm von Wind und Wellen

  12,5 km 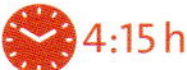  

START | Pkw-Anfahrt: Die Wanderung befindet sich im Département Morbihan auf der Halbinsel Saint-Pierre-Quiberon, die man über die D768 anfährt. Sobald man die Ortschaft Kerhostin erreicht hat, biegt man rechts von der Hauptstraße ab und gelangt so zu der gleichnamigen Bahnstation. Es gibt keinen großen Parkplatz, man muss sich eine Parkgelegenheit im Wohngebiet suchen.
Öffentliche Verkehrsmittel: Die Bahn fährt in den Sommermonaten Juli und August um 9:06, 10:52 und 12:40 Uhr von Kerhostin nach Quiberon. Bitte prüfen Sie die aktuellen Abfahrtszeiten der Züge auf der Webseite https://www.sncf.com/fr.
Die geografischen Koordinaten zur Bahnstation sind:
[GPS: N47° 32,173140 O3° 8,189820].
CHARAKTER | Mittlerer Schwierigkeitsgrad, Orientierung problemlos, auch ohne Karte möglich.

Die Halbinsel Quiberon ist nur über einen ca. 100 m breiten aufgeschütteten Dünenstreifen erreichbar und ist von zwei gegensätzlichen Landschaftsbildern geprägt. Die Ostküste, geschützt vor den kräftigen Nordwestwinden, öffnet sich zu einer großen Bucht. Die neun

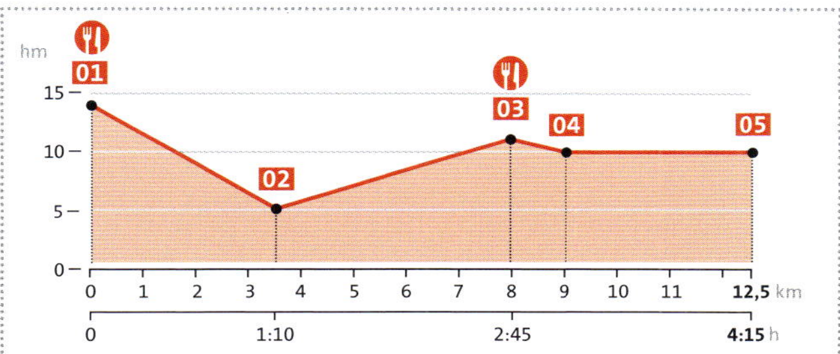

01 Quiberon; 02 Hafen von Quiberon 13 m; 03 Kap Beg er Goalennec 8 m; 04 Port Bara 8 m; 05 Felstor am Port Blanc 12 m; 06 Fort de Penthiévre 12 m; 07 Kerhostin12 m

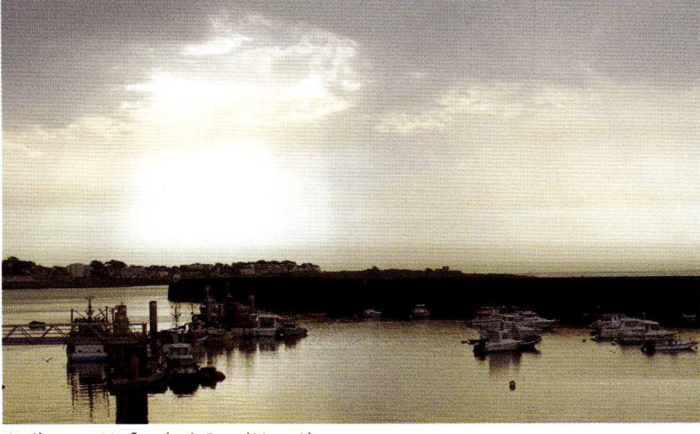
Quiberon Hafen bei Gewitterstimmung

km lange Westküste ist die Wetterseite, mit starken Wind und Wellen. Beschreibt das Wort Wetterseite normalerweise die schlechte Seite, trifft das hier definitiv nicht zu. Die Westküste überzeugt durch eine faszinierende Landschaft: Mit Höhlen, grandiosen Farbspielen des Meeres, zerklüfteten Felsen, einem riesigen Felstor und feinen goldgelben Sandbuchten. Dort innehalten, wo die Natur verzaubert.

▶ Nachdem wir das Fahrzeug im Umfeld der Bahnstation Kerhostin geparkt haben, fahren wir mit dem Zug nach **Quiberon** 01. Vom Bahnhofsvorplatz queren wir die Kreuzung und biegen halb links in die Rue de la Gare und folgen der Ausschilderung Gare Maritim. An der ersten Straßengabelung, links befindet sich eine Kirche, findet man nach 20 m links einen beeindruckenden Meeresfrüchteladen, mit einer riesigen Auswahl. Sonst gehen wir geradeaus weiter, auf der Rue de Verdun, einer lebhaften Einkaufsstraße. Hinter dem großen Platz sind es dann nur noch wenige Meter bis zum Stadtstrand – dieser ist jeden Morgen wie eine Skipiste geglättet und gereinigt. Wir gehen rechts und kommen am **Hafen von Quiberon** 02 (13 m) vorbei. Es geht entlang der Hafenmole, bis wir auf der Landzunge Pointe de Beg, das 1904 gebaute **Château Turpault** sehen. Es befindet sich im Privatbesitz und kann nur von außen bestaunt werden. Die Promenade endet und wir gehen nun auf einem ausgewiesenen Wanderweg, bis wir denersten atemberaubenden Aussichtspunkt erreichen, das **Kap Beg er Goalennec** 03 (8 m) – man schaut fast endlos in nördliche Richtung, entlang der zerklüfteten Küste. Hinter einer kleinen Hütte am Parkplatz beginnt der weiterführende Pfad. Auf einem Holzbohlenweg passieren wir eine nicht zu schöne Sandbucht. Kurz später endet der Pfad, wir gehen links und gelangen so wieder auf dem Pfad. Bei einem großen Stein erreichen wir den Aussichtspunkt Grote de Kerniscop und kurz später die erste schöne Sandbucht, den Port Guibello. Hinter einer Holzbrücke, ge-

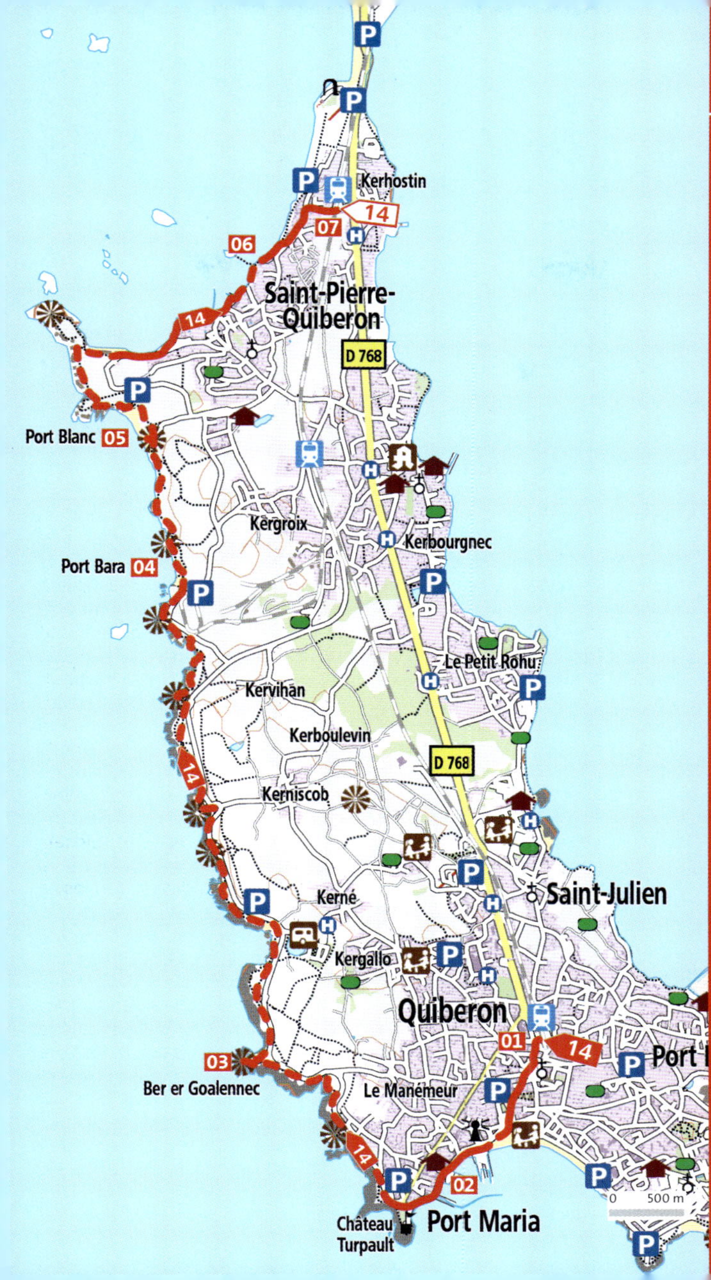

Kerhostin

Saint-Pierre-Quiberon

D 768

Port Blanc

Kergroix

Kerbourgnec

Port Bara

Le Petit Rohu

Kervihan

Kerboulevin

D 768

Kerniscob

Saint-Julien

Kerné

Kergallo

Quiberon

Port

Ber er Goalennec

Le Manémeur

Port Maria

Château Turpault

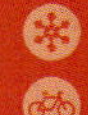

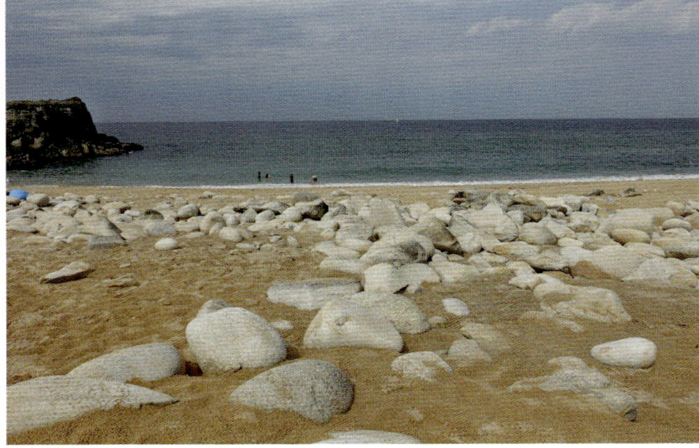
Port Bara

folgt von einem kurzen Aufstieg, erreichen wir den schönen Sandstrand vom **Port Goulom**, mit verwinkelten und kleinen versteckten Buchten. Besonders schön ist aber der nachfolgende **Port Bara** 04 (8 m) mit seinen riesigen rund geschliffenen Felsen. Er ist dank der Pointe du Percho besonders gut geschützt vor dem meist sehr kräftig wehenden Wind aus Nordwesten. Immer wieder führen Pfade auf Landzungen zu Aussichtspunkten. Die Wegführung ist stets eindeutig, es geht entlang der Küste. Einer der Höhepunkte der Wanderung ist dann das **Felstor am Port Blanc** 05 (12 m). Den darauffolgenden Abzweiger zum Pointe du Percho lassen wir aus (natürlich nur wer möchte), kurz vor der Landzunge queren wir nach rechts und gehen nun in östliche Richtung – an der nördlichen Spitze der Landzunge. Kurz vor einem Parkplatz gehen wir halb links und nun wieder direkt an der Küste entlang. Hinter einer lang gezogenen Hafenmauer in dem Dorf **Portivy** 05 (12 m) kommen wir an zwei weiteren Restaurants vorbei. Nachdem wir einem weiteren Parkplatz hinter uns gelassen haben führt der Pfad zwischen dem Atlantik und Villen entlang, in der Ferne sieht man die Festungsmauern des **Fort de Penthiévre**. Sobald der Weg über eine Treppe führt, gehen wir die wenigen Meter rechts bis zur Avenue de Groix vor, bei der Straßengabelung rechts in die Rue de Sombreuil, diese führt direkt zur Bahnstation **Kerhostin** 07.

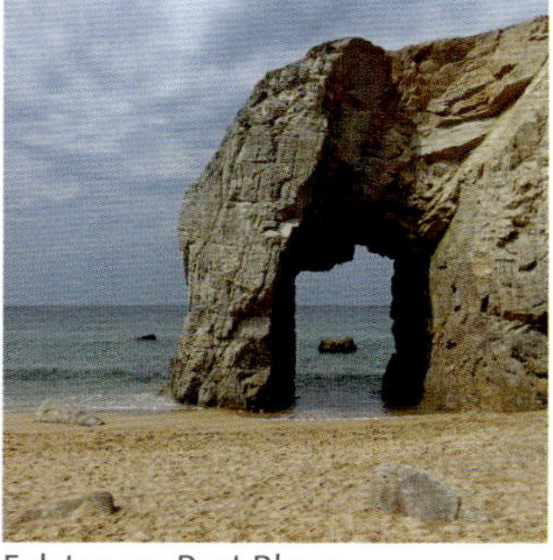
Felstor am Port Blanc

BELLE-ÎLE – UN

Zerklüftete Klippen und Traumbuchten wie in der Karibik

 16 km 5:25 h 257 hm 257 hm

START | Pkw Anfahrt: Die Fähre fährt vom Anleger, der sich ganz im Süden der Halbinsel in Quiberon befindet. Da es direkt dort keine Parkmöglichkeiten gibt, muss man auf einen kleinen Parkplatz ausweichen. Dieser befindet sich 450 m rechts vom Hafen, mit Blickrichtung aufs Meer. GPS-Koordinaten: [GPS: N47° 28,609020 O3° 7,588140]. Fähre zur Belle-Île: [GPS: N47° 28,683180 O3° 7,409160]. Hier finden Sie den Link zum Fahrplan der Fähre von Quiberon zur Belle-Ile-en-Mer: https://www.compagnie-oceane.fr/de/node/59. Wochentags fährt die Fähre um 7:45 und um 9:30, am Samstag um 8:15 und am Sonntag 8:00 und an beiden Wochenendtagen um 9:30 Uhr.
Die Überfahrt dauert 45 Minuten. Bus auf der BelleÎle: Hier finden Sie den Link zur Buslinie http://www.belle-ile. com/organiser/se-deplacer-sur-lile/en-bus auf der Insel. Von der Haltestelle Le Palais Gare routière – 8 Minuten zu Fuß vom Anleger entfernt [GPS: N47° 20,929320 O3° 9,601020] – fährt die Buslinie 2 zum Startpunkt bei der Haltestelle Port Coton. Die Abfahrten sind um 9:30 und 11:00. Die Fahrzeit beträgt 14 Minuten. Bitte informieren Sie sich vor der Wanderung über die aktuellen Fahrzeiten.
CHARAKTER | Mittelschwere Wanderung aufgrund der Entfernungskilometer. Keine Einkehrmöglichkeit

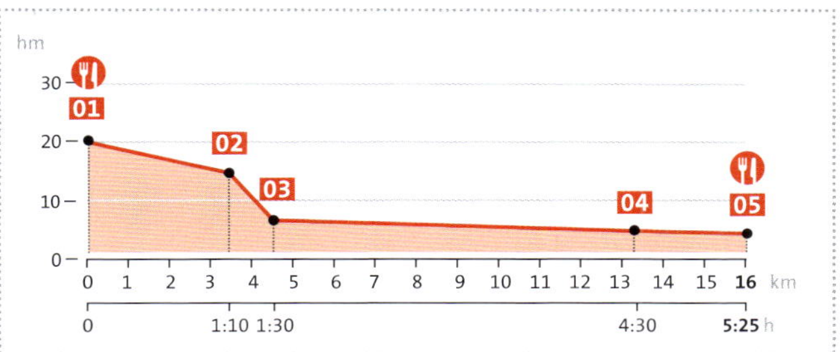

01 Port-Coton 27 m; **02** Plage de Vazen 6 m; **03** Plage de Port-Donnant 4 m; **04** Plage de Ster-Vraz 1 m; **05** Sarah Bernhardts Fort 23 m

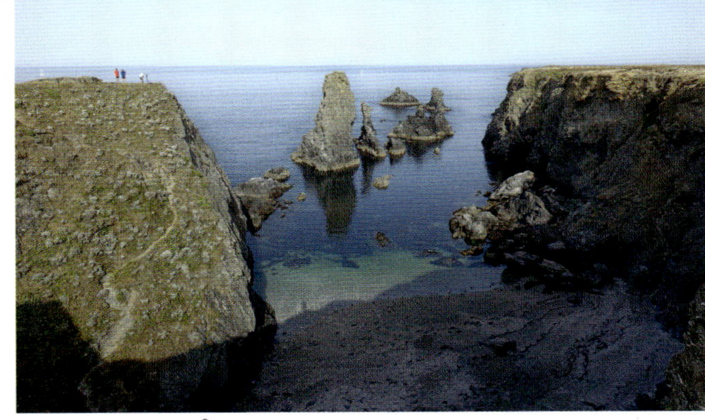

Port-Coton – Belle-Île

Die einzige Mehrtageswanderung dieses Wanderführers ist Teil des Fernwanderweges GR 340. Mit der Fähre erreichen wir die kleine Hauptstadt La Palais der bretonischen Insel Belle-Île – der Perle im Atlantik. Mildes Klima lässt Pflanzen des Südens in den Gärten an geschützten Buchten gedeihen. Mit dem Bus geht es weiter an die Westküste, hier beginnt die Wanderung. Belle-Île verfügt über etwa 60 schöne und wilde Strände. Eine der schönsten Wanderung im Département Morbihan führt entlang von spektakulären Felspyramiden, am Rande von bis zu 42 m hohen Klippen, bis zu 425 m langen Buchten und Traumstränden, wie man sie nur in der Karibik findet. Die schönsten Aussichtspunkte liefert oftmals die Natur selbst.

▶ Bei der Bushaltestelle und dem großen Parkplatz am **Port-Coton** 01 (27 m) beginnt der GR 340 in nördliche Richtung. Definitiv einer der schönsten Orte auf der Insel sind die bis zu 42 m hohen Felspyramiden, selbst für Claude Monet, der um 1886 auf der Insel lebte, waren sie ein beliebtes Motiv. Unterhalb befindet sich der von hohen Klippen umgebene Plage Kouar Huedé, leider etwas exponiert, da alle 5 Minuten ein Besucher hinunterschaut. Nachdem wir eine erste Bucht umlaufen, steigen wir ab in eine kleine Schlucht, in dem Wirrwarr der Wege orientieren wir uns nach halb links, Richtung der lang gezogenen Bucht. Nach kurzem Aufstieg erreichen wir eine Weggabelung, wir gehen geradeaus weiter, an dem weiß-rot markierten Wegweiser. Besonders beeindruckend ist die eingestürzte Höhle – hinter dem Zaun blickt man tief in sie hinein. In der Ferne kann man bereits den Leuchtturm ausmachen. Vorbei führt der Pfad an weiteren schönen, aber unerreichbaren Buchten, aufgrund der hohen Klippen. Wir erreichen den **Plage de Vazen** 02 (6 m), er befindet sich am Ende einer 425 m langen und 50 m schmalen Bucht. Ein besonderes Naturschauspiel. Hinter dieser fjordartigen Bucht

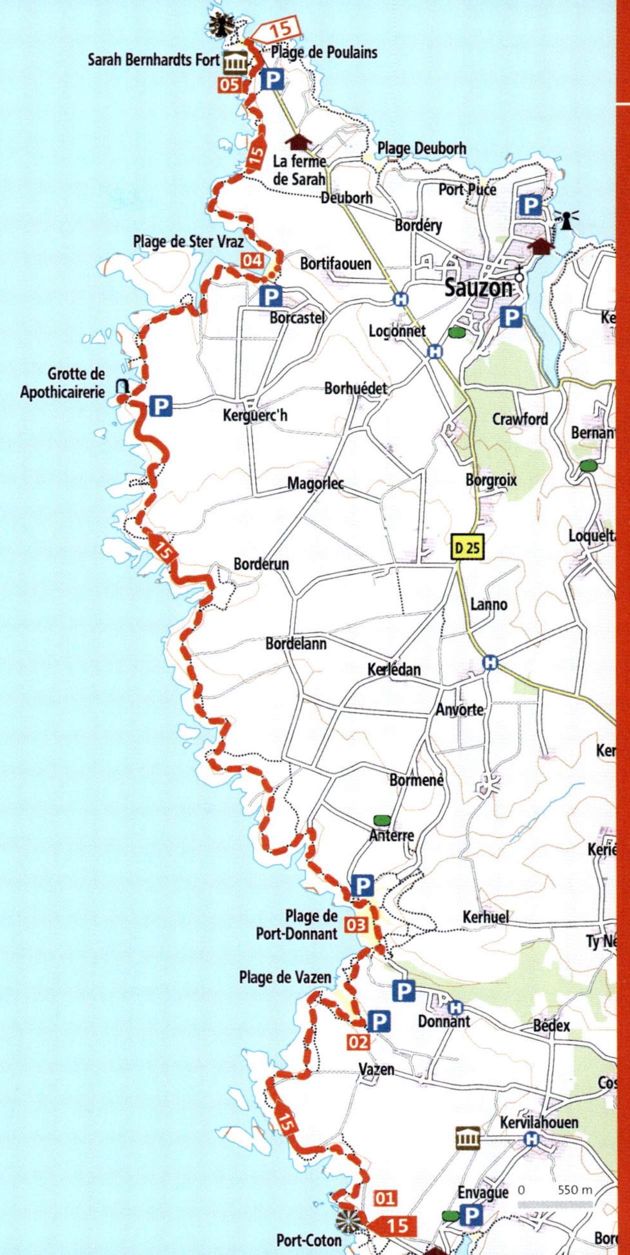
15
Sarah Bernhardts Fort
Plage de Poulains
05
15
La ferme de Sarah
Plage Deuborh
Port Puce
Deuborh
Bordéry
Plage de Ster Vraz
04
Bortifaouen
Sauzon
Borcastel
Loconnet
Grotte de Apothicairerie
Borhuédet
Kerguerc'h
Crawford
Bernan
Magorlec
Borgroix
15
Loquelt
D 25
Borderun
Lanno
Bordelann
Kerlédan
Anvorte
Ker
Bormené
Anterre
Kerié
Plage de Port-Donnant
03
Kerhuel
Ty Né
Plage de Vazen
Donnant
02
Bédex
Vazen
Cos
15
Kervilahouen
01
Envague
0
550 m
15
Port-Coton
Bor

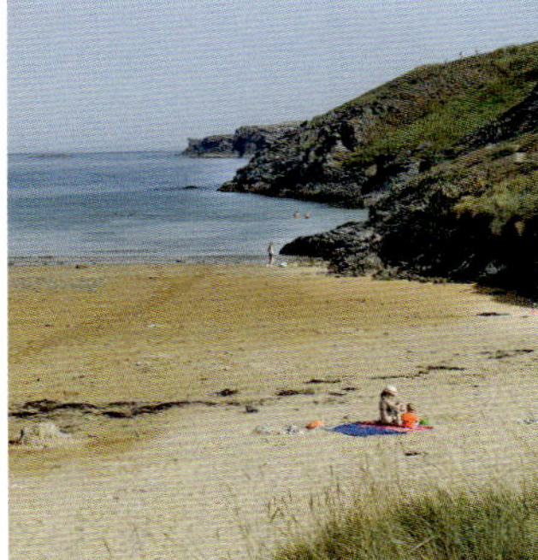
Plage de Vazen

blicken wir erhöht auf den 300 m langen und bis zu 100 m breiten **Plage de Port-Donnant** 03 (4 m), er wird in der Mitte von einem mächtigen Felsen getrennt, dem man nur bei Ebbe umlaufen kann. Nach kurzem Aufstieg lassen wir die wunderschöne Bucht hinter uns, folgen bei der Weggabelung dem linken Abzweiger, nun wieder direkt an der Küste entlang. Im Weiteren passieren eine Bucht mit Kieselsteinen sowie einer Autozufahrt und wir orientieren uns an der rot-weißen Wegmarkierung, die das nachfolgende Wegstück klar definiert. Sobald wir in 300 m Entfernung ein Waldstück ausmachen können, führt der Weg halb links in eine Schlucht und dann durch diese hindurch. Daraufhin folgt das ruhigste und abgelegenste Wegstück der Wanderung. An der Stelle wo der Pfad am Parkplatz endet, gehen wir links. Bei einer Wegekreuzung gehen wir geradeaus weiter, Richtung der 350 m entfernten Ruine. Immer wieder windet sich ein Pfad zu Aussichtspunkten auf Landzungen, die wir auslassen – wenn sie denn möchten – um Kilometer einzusparen. Der Pfad endet, rechts in 75 m Entfernung befindet sich ein Parkplatz, wir gehen links bis zur Landzunge. Wir befinden uns nun direkt über der **Grotte L'Apothicairerie**. Die sogenannte Apothekerhöhle erhielt ihren Namen von den Nestern der Kormorane, sie waren in den Felsspalten angelegt, wie Arzneimittelflaschen im Fenster eines Apothekers. Man soll über einen Pfad und in den Fels geschlagene Stufen absteigen können, diese Stelle habe ich bei der Recherche-Reise definitiv nicht gefunden – vielleicht sind sie glücklicher. Während der Wanderweg Richtung Landesinnere führt sieht man plötzlich die Spitzen von Segelmasten und kurz später auch die dazugehörigen Rümpfe der Segelschiffe. Wir haben den 440 m langen Port de Stér Ouen erreicht, der auch einen kleinen Strandabschnitt hat. Danach queren wir die Bucht des **Plage de Ster-Vraz** 04 (1 m). Schon lange können wir ihn aus der Ferne sehen und so langsam kommen wir ihn auch näher, die Rede ist von dem Leuchtturm an der nördlichsten Spitze der Insel. Der Weg führt nun entlang eines Golfplatzes und wir erreichen das **Sarah Bernhardts Fort** 05 (23 m). Es ist Teil der Festungsanlage, die Mitte des 19. Jahrhunderts zur Verteidigung der Nordküste errichtet wurde. Die Schauspielerin Sarah Bernhardt erwarb das Anwesen 1894, seit 2007 können Besucher es besichtigen. Nach Treppen bergauf erreicht man die Straße, links geht es Richtung Leuchtturm, rechts geht es zur Bushaltestelle und wenn man sich für die 2-Tagestour entschieden hat, so befindet sich dort auch die empfohlene Übernachtungsmöglichkeit.

BELLE-ÎLE – DEUX

Entlang der Nordküste der größten bretonischen Insel

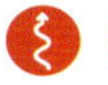  15,2 km  5:10 h 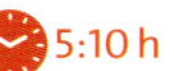 237 hm 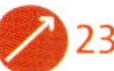  237 hm

START | Bei der Wanderung 15 finden Sie die Informationen zu der Pkw-Anfahrt sowie den öffentlichen Verkehrsmitteln wie Bus und Fähre. Möchte man die Wanderung als Tagestour gestalten, so fährt man von der Haltestelle Le Palais Gare routière – 8 Minuten zu Fuß vom Anleger entfernt [GPS: N47° 23,231580 O3° 14,973000] mit der Buslinie 1 zum Startpunkt bei der Haltestelle Poulains. Hier finden Sie den Link der Busverbindungen http://www.belle-ile.com/organiser/se-deplacer-sur-lile/en-bus auf der Insel. Bitte informieren Sie sich vor der Wanderung über die aktuellen Fahrzeiten. Die geografischen Koordinaten am Start der Wanderung sind: [GPS: N47° 23,245080 O3° 14,950260].
CHARAKTER | Mittelschwere Wanderung aufgrund der Entfernungskilometer.

Es folgt die Beschreibung des zweiten Wandertages der einzigen Mehrtageswanderung dieses Wanderführers entlang des Fernwanderweges GR 340. Im Gegensatz zum ersten Teil, wo es keine Einkehrmöglichkeiten gab, gibt es auf dieser Tour in dem romantischen Hafenort Sauzon ein exzellentes Restaurant. Auch am Ziel der Wanderung, im Fährhafen von Le Palais, gibt es ein besonderes Restaurant, das man nicht auslassen sollte. Auf der Wanderung tauchen wir ein in die exotische Landschaft der bretonischen Insel, versteckt

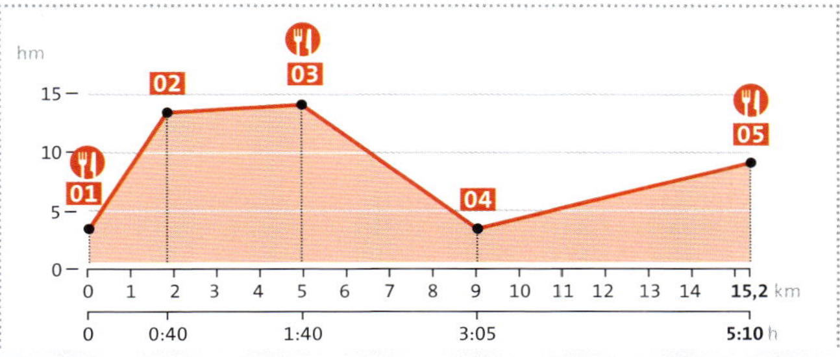

01 Plage des Poulains 8 m; 02 Plage de Deuborh 5 m; 03 Hafenort Sauzon 4 m; 04 Port Jean 1 m; 05 Le Palais 11 m

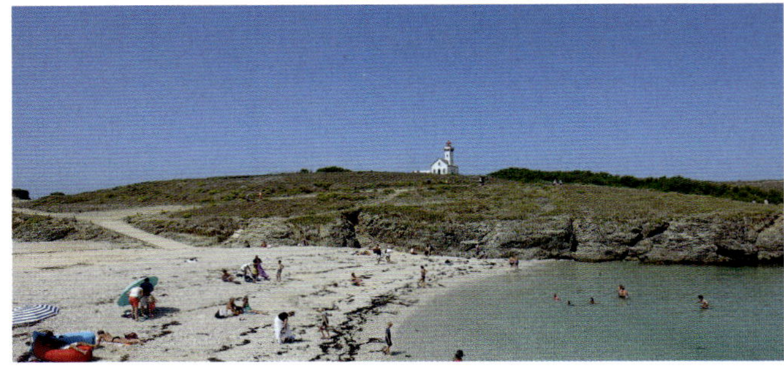

Plage des Poulains

liegende Badebuchten mit ihren weißen Sandstränden schmücken diese Perle im Atlantik. Die Natur in ihren schönsten Facetten.

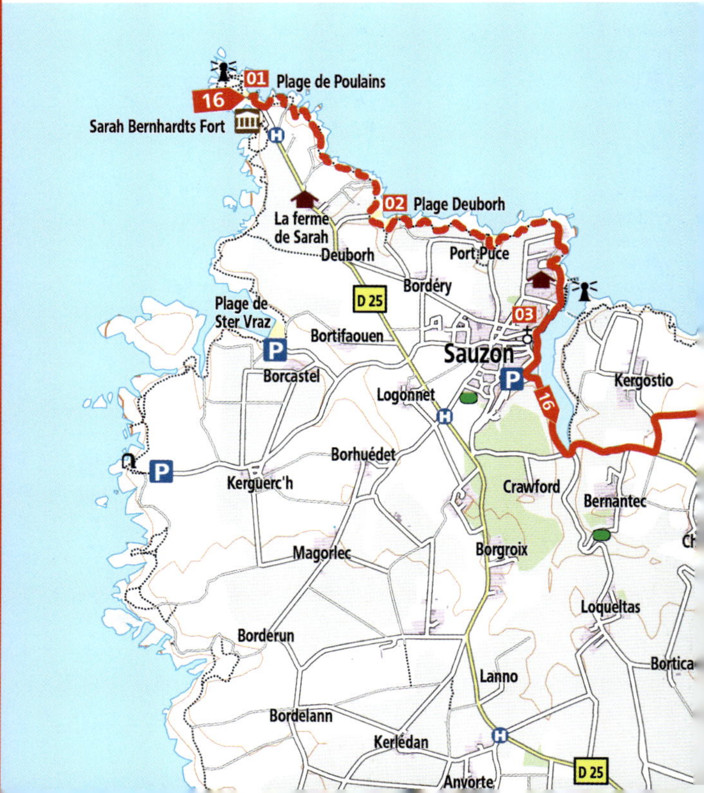

01 Plage de Poulains
16
Sarah Bernhardts Fort
02 Plage Deuborh
La ferme de Sarah
Deuborh
Port Puce
Bordéry
D 25
Plage de Ster Vraz
Bortifaouen
03
Sauzon
Borcastel
Logonnet
Kergostio
16
Borhuédet
Kerguerc'h
Crawford
Bernantec
Magorlec
Borgroix
Loqueltas
Borderun
Lanno
Bordelann
Kerlédan
Anvorte
D 25

▶ Von der Bushaltestelle, oder von der Übernachtungsmöglichkeit gehen wir auf der Straße in nördliche Richtung, sehen bald den Leuchtturm und gehen zum **Plage des Poulains** 01 (8 m) hinunter. Ein besonders schöner Doppelstrand aus Sand und Kies an einer Landenge. Schaut man Richtung Süden, sieht man die Festung von Sarah Bernhardts Anwesen. Von der kleinen Bucht gehen wir auf der Straße bergauf, bis wir dem ausgezeichneten Wanderweg GR340 nach links folgen. Ein Grundstück wird umlaufen, entlang von Windflüchtern, stumme Zeugen stürmischer Tage. Nach kurzem Abstieg wird eine wunderschöne versteckte Bucht umlaufen. Bei immer eindeutiger Wegführung auf dem Küstenweg erreichen wir einen kleinen Waldabschnitt und nach kurzem Abstieg den **Plage de Deuborh** 02 (5 m). Nachdem wir den Parkplatz gequert haben folgt ein kurzer Auf- und Abstieg und wir erreichen den Plage de Bordery, eine nur 35 m breite romantische Bucht. Bei Ebbe tauchen unterhalb der Klippen immer wieder schöne kleine Badebuchten aus dem Meer, die aber nur schwer zugänglich sind. Auf Höhe von Häusern erreichen wir den Plage de Port Puce. Sobald wir auf dem Meer eine grüne Tonne sehen ist der nächste Wegpunkt, der malerische **Hafenort Sauzon** 03 (4 m) nicht mehr weit – einem der häufigsten Motive für Maler und Fotografen auf der Belle-Île. Ein 1,2 km langer Fjord schneidet sich tief in die Landschaft, an dessen Ufern weiß und bunt getünchte Häuser stehen, mit Souvenirläden, Restaurants und einem Supermarkt. An der Promenade und der nachfolgenden Straße gehen wir bis zum südlichsten Ende des Fjords. Hinter der Brücke biegen wir aber nicht links auf den ausgezeichneten Zöllnerpfad, sondern gehen 700 m auf der Straße leicht bergauf, um in die erste Straße links abzuzweigen. Die nachfolgende Kreuzung überqueren wir und bei der darauf folgenden Kreuzung,

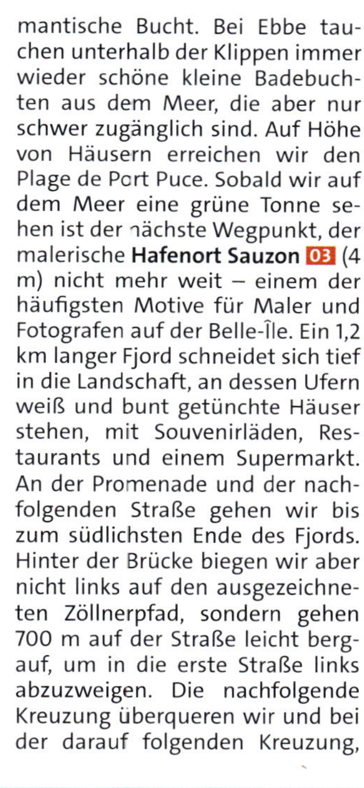

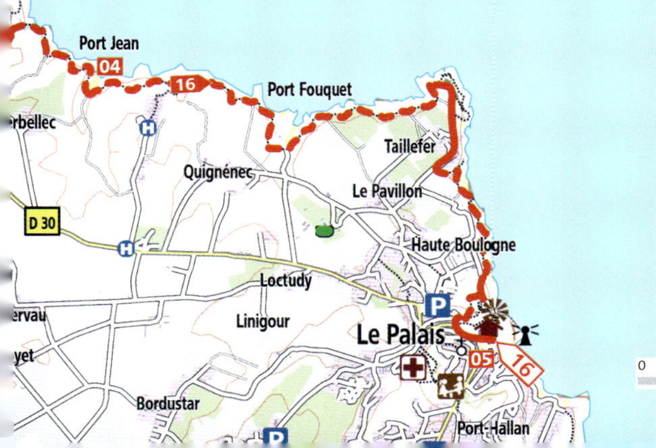

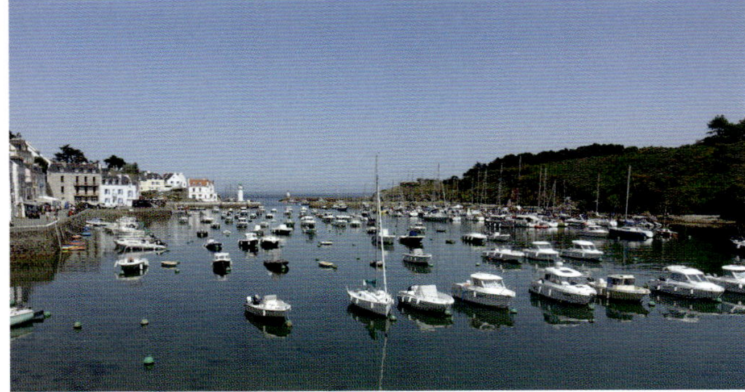
Der malerische Hafenort Sauzon

mit dem Restmüllcontainern, geht es rechts in die Schotterpiste. Bei den beiden darauffolgenden Straßenkreuzungen im Ort gehen wir geradeaus weiter. Kurz vor einem Waldstück gabelt sich der Weg, wir gehen links und bei dem nachfolgenden Zaundurchlass rechts, auf dem bergabführenden Pfad durch den Wald, bis zum Küstenpfad, auf dem wir nur kurz später den Port Pojed erreichen. Nach einem kurzen Streckenabschnitt folgt der Parkplatz am **Port Jean** 04 (1 m). Es geht vorbei an einer Bucht ohne Namen, aber erwähnenswert, da sie einen sehr schönen Sandstrand hat. Sobald wir ein Waldstück erreichen, links unterhalb konnte man auch kurz zuvor einen Strandabschnitt ausmachen, müssen wir rechts zwischen zwei Zäunen gehen, umlaufen das Anwesen vom **Fort von Port Fouquet** – ein Wachhaus aus dem Jahr 1860 – um dann den Strand Fortin de Port-Fouquet zu erreichen. Wir folgen weiter den Wegweisern GR 340 und erreichen eine Weggabelung vor einem auffälligen quadratischen Haus, hier gehen wir links in einem großen Bogen um die Landspitze. Bei einer Schotterpiste angekommen wandern wir rechts, nun an diesem quadratischen Gebäude vorbei. Nachdem wir an einem großen Schullandheim vorbeigegangen sind, biegen direkt bei einem fast verfallenen weißen Haus links ab. An der Stelle wo der Weg links hinunter zum Plage de Castoul führt, gehen wir rechts auf dem Küstenpfad weiter. Auf einem dunklen Treppenaufgang, direkt durch eine Befestigungsmauer, erreichen wir einen Parkplatz vor der Zitadelle. Entlang weiterer Befestigungsmauern führt ein ausgeschilderter Weg zum Hafengelände hinunter und über eine Fußgängerbrücke erreichen den quirligen Fährhafen **Le Palais** 05 (11 m).

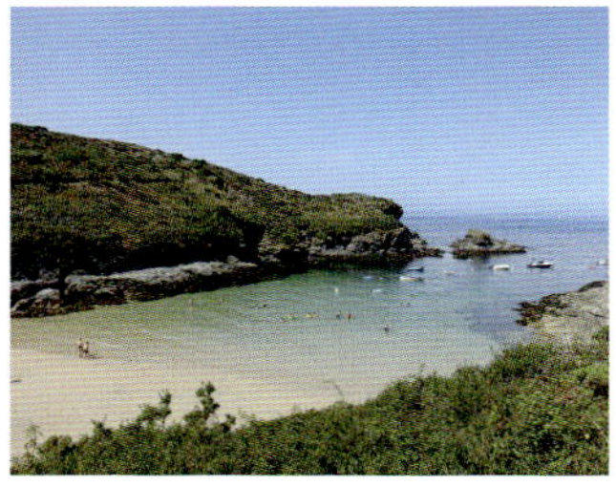
Port Juan

LA PETITE MER DE GÂVRES

Wanderung um das kleine Meer von Gâvres

 14,9 km 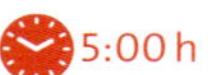 5:00 h 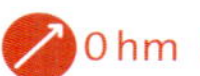 0 hm 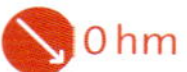 0 hm

START | Busanbindung: keine. Pkw-Anfahrt: Die Wanderung befindet sich im Département Morbihan auf der Halbinsel beim Port-Louis, östlich gelegen von Lorient. Sobald man Port-Louis über die D781 erreicht hat, fährt man Richtung Hafen und kann, wenn man Glück hat, direkt am Anleger parken, sonst findet man in der Nebenstraße Rue de Port einen Parkplatz. Die geografischen Koordinaten zum Start sind: [GPS: N47° 42,347820 O3° 20,838060]. Schiffsverbindung am Ende der Wanderung: Das Boot 13 fährt im 30 Minutentakt vom Anleger Embarcadère (Gâvres) in 6 Minuten nach Locmalo (Port-Louis). Die genauen Zeiten erfährt man auf der Webseite http://www.breizhgo.com.
CHARAKTER | Mittelschwere Wanderung mit hohen Navigationsaufwand. Es gibt eine technisch schwierige Stelle bei der Überquerung eines Bachlaufes.

Wir erkunden das kleine Meer von Gâvres mit seinem Dörfern, den Salzwiesen, den höchsten Dünen der Bretagne, größtenteils auf Küstenpfaden und einem 5 km langen Strandabschnitt. Der Wind bläst über das Meer und bringt die milde und wohltuende Seeluft in die Atemwege. Beeindruckend ist das Schauspiel, wenn bei Ebbe große Teile des Meeresbodens freigelegt werden, eine wunder-

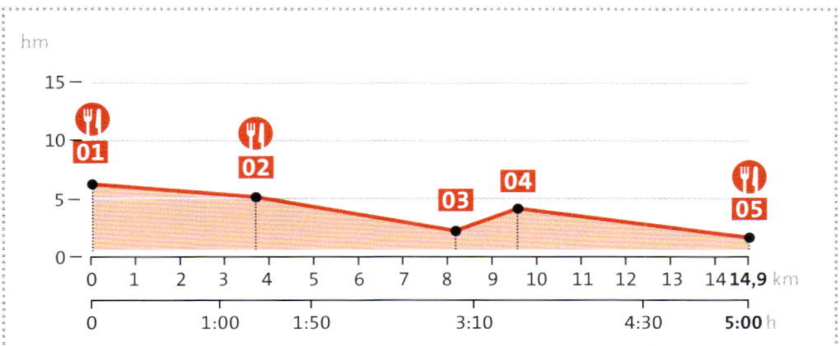

01 Start und Ziel Port Louis 2 m; 02 Église Sainte Radegonde 2 m; 03 Schlüsselstelle 4 m; 04 Grande Plage Gâvres 0 m; 05 Gâvres 2 m

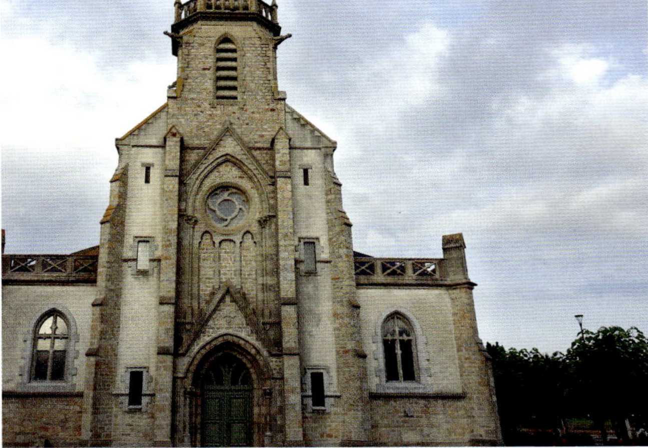
Église Sainte Radegonde

schöne Wattlandschaft entsteht. Da es sich um ein Meer handelt, das zum Meer hin offen ist, runden wir unsere Erkundungsreise mit einer Bootsfahrt ab, um den Ausgangspunkt am Port-Louis zu erreichen.

▶ Vom Start und Ziel am **Port-Louis** 01 (2 m), gegenüber gelegen vom Hotel Avel Vor, gehen wir auf der Hauptstraße Richtung Leuchtturm. Kurz später verlassen wir die Hauptstraße in der Linkskehre, in die Rue du Bastion, mit 2,1 m Höhenbegrenzung. An der darauffolgenden Kreuzung gehen wir rechts und kommen an dem kleinen Stadtstrand vorbei. Hinter dem Leuchtturm und Waschsalon folgen wir dem rechten Abzweiger, auch ausgezeichnet mit

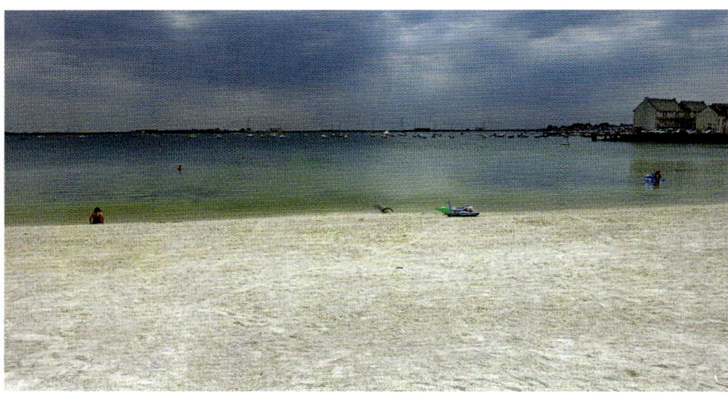
Port-Louis

Sentier Cotier. Entlang der Ufer des kleinen Meeres kommen wir an einem Parkplatz vorbei, gehen teilweise auf dem Küstenpfad und dann wieder direkt am Strand. Der teilweise stark verwachsene Pfad mündet in eine Straße, auf der wir rechts gehen und gleich wieder hinter der Brücke, rechts auf dem Pfad weiter. Hinter einer Zufahrtsstraße geht es wieder direkt am Strand entlang. Kurz später laufen wir ein kurzes Stück auf einer Straße. Der Pfad führt nun in einem großen Bogen an einer Bucht entlang, direkt auf eine Kirche zu. Auf einem markierten Wegstück erreichen wir über extrem schmale Gassen – teilweise muss man den Rucksack abnehmen, um überhaupt hindurchzukommen – die Straße, an der wir rechts gehen und vorbei an der **Église Sainte Radegonde** 02 (2 m). Direkt hinter dem Damm gehen wir rechts. Bei der darauffolgenden Weggabelung gehen wir nicht halb rechts zum Meeres- und Naturmuseum La Maison de l'Ile Kerner auf der Halbinsel in der Lagune, sondern halb links, um nach 250 m hinter der kleinen Grünanlage nach rechts abzubiegen. Dieses Wegstück ist auch ausgeschildert. Nachdem der Weg einmal seine Richtung nach rechts und dann nach links ändert, gehen wir wieder parallel zu den Marschwiesen in der Lagune. Im Weiteren geht es vorbei an einem Parkplatz mit Picknicktischen, einen linken Abzweiger nach Le Dreff ignorieren wir, der Pfad führt direkt über die Marschwiesen und es geht über einen künstlich angelegten Damm. Der Pfad endet an einem

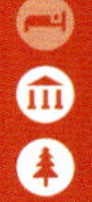

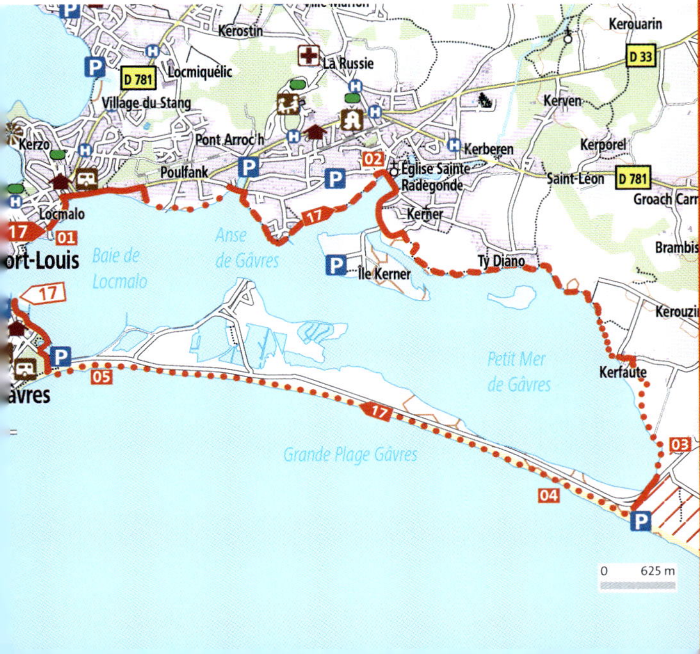

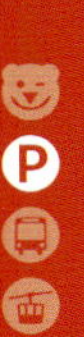

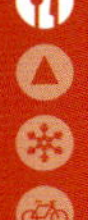

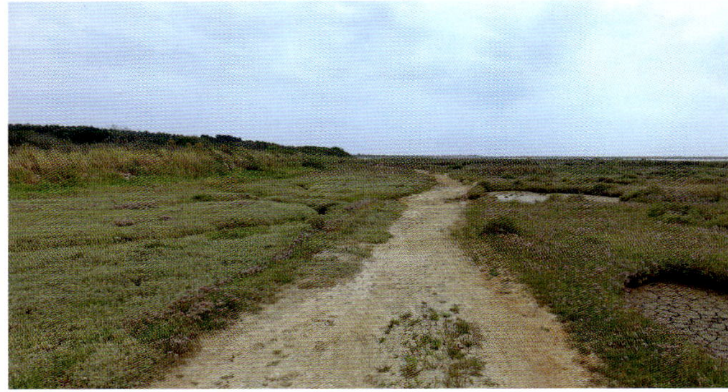

Schlüsselstelle

Waldstück, hier gehen wir direkt am Strand entlang, nach 85 m kann man scharf links und sofort wieder rechts durch den Wald gehen. Bei Ebbe empfiehlt sich, direkt am Strand entlangzugehen. Bei einer hohen Steinmauer erreichen wir ein kleines Dorf. An dieser Stelle biegen wir links auf die asphaltierte Straße und verlassen den Ort entlang der Straßenleuchten. Bei der nächsten Möglichkeit biegen wir rechts in die Sackgasse ab und gehen nach 40 m links, daneben befindet sich ein 6 m langes Tor. Wir gehen auf dem Weg zwischen den Zäunen der Pferdekoppeln. Dieser Weg schlängelt sich ohne weitere Wegmarkierungen auf ein dunkles Gebäude zu, das man in der Ferne sieht. Der wenig begangene Weg über die Grünflächen endet bei einer Piste, an der wir rechts gehen, direkt auf die Lagune zu. Nach bereits 55 m gehen wir links, Richtung drei aufgestellter Betonpfeiler, entlang der Überreste eines Zaunes, bis zu einem Bachlauf. In diesen 1,5 m breiten Bachlauf sind Steine gelegt, damit man ihn besser überqueren kann. Es ist extrem wichtig, genau an dieser **Schlüsselstelle** 03 (4 m) den Bachlauf zu queren, denn an anderen Stellen ist es nicht möglich! Der Pfad, vor und nach dem Bachlauf ist nur schwer auszumachen. Hinter dem Bach gehen wir halb rechts unterhalb einer Böschung entlang. Sobald das Gestrüpp auf der Böschung nicht mehr so dicht ist, kann man halb links zu einer Straße aufsteigen, überquert die Hauptstraße und geht zum **Grande Plage Gâvres** 04 (0 m) hinunter. Es folgt ein langer und wunderschöner Strandspaziergang entlang der höchsten Dünen der Bretagne. Hinter einer langen Holzbarriere, die bis in das Meer ragt, gefolgt von einer Sanddüne, gehen wir direkt auf einen Steindamm zu. Wir haben die ersten Häuser der Ortschaft **Gâvres** 05 (2 m) erreicht. 285 m hinter dem Steindamm, bei einer Betonwand, verlassen wir den Strand über Treppen und gelangen auf einen Parkplatz. Wir gehen bis zur Hauptstraße vor, an dieser links und nach 80 m sofort rechts, auf der Steinmauer entlang. Am Pier gehen wir nun in nordwestliche Richtung bis zum Anleger, es folgt die Bootspassage.

L'ÎLE DE GROIX

La Plage des Grands Sables

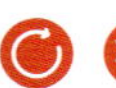  10,9 km  3:45 h  136 hm  136 hm

START | Die Wanderung befindet sich im Département Morbihan auf der Insel Groix. Busanbindung: keine. Bahnanbindung: Der Hafen befindet sich 2,8 km entfernt vom Bahnhof. Pkw-Anfahrt: Es erfolgt die nicht ganz einfache Anfahrt zum Hafen von Lorient. Nur wenige Wegweiser leiten zum Gare Maritime de Lorient. Die geografischen Koordinaten zum Start sind: [GPS: N47° 44,509020 O3° 21,142920]. Die 45-minütigen Überfahrten zur Insel Groix sind ganzjährig möglich. Die Fahrzeiten mit der Fährgesellschaft Compagnie de l'Océan finden Sie unter https://www.compagnie-oceane.fr/de/node/59.
CHARAKTER | Nur aufgrund der Länge eine mittelschwere Wanderung.

Vier Seemeilen entfernt von Lorient befindet sich die Insel Île de Groix im Atlantischen Ozean. Die Felsenküste ist umgeben von wunderschönen naturbelassenen Stränden mit seinen goldgelben, hellweiß bis granatroten Sandbuchten. Der Höhepunkt ist der ca. 800 m lange und konvex geformte La Plage des Grands Sables, eine Besonderheit, die man in Europa nur selten findet. Aber nicht nur die facettenreiche Landschaft, auch die stolzen Reederhäuser im Hafengelände berichten von Wohlstand, den die Insel durch den Fang von Thunfisch erlangte. Eine weitere Kuriosität: Die Kir-

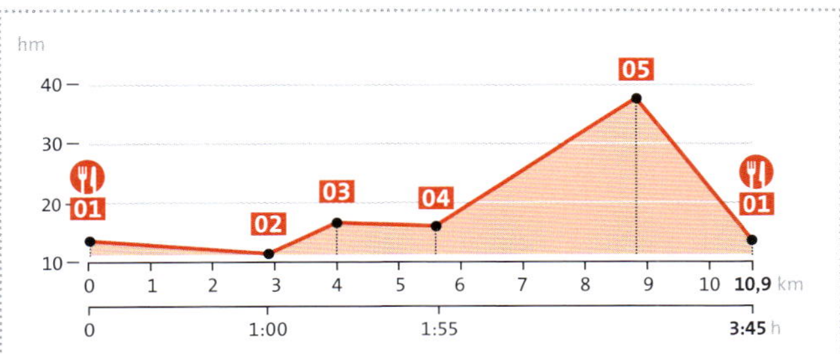

01 Port Tudy 12 m; 02 Les Grands Sables 4 m; 03 Plage des Sables Rouges 9 m; 04 Pointe des Chats 10 m; 05 Église Saint Tudy 27 m

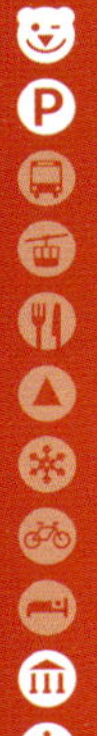

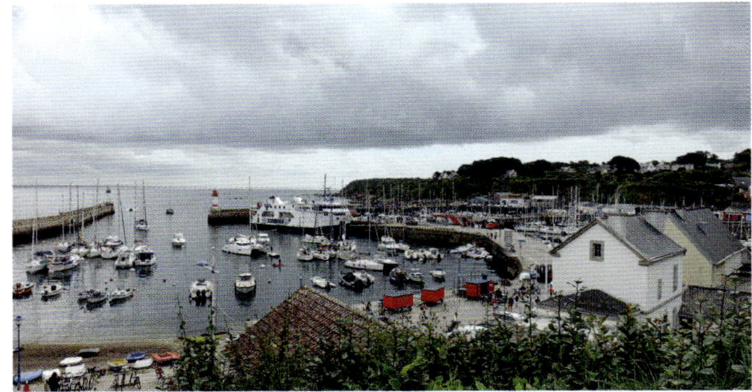

Port Tudy

che der Inselhauptstadt hat als Windfahne einen Thunfisch und keinen Wetterhahn. Klare Seeluft erfrischt den Geist und belebt die Sinne.

▶ An dem charmanten bretonischen Hafen **Port Tudy** 01 (12 m) angekommen gehen wir links über das Hafengelände, vorbei an prächtigen Reederhäusern, um dann bei dem Duschen und einem blauen Geländer links, bis zum Ende der Kaimauer vorzulaufen. Bei dem holzverkleideten Haus mit dem blauen Fenstern halten wir uns rechts und hinter den Treppen erreichen wir den Küstenpfad. Am Ende des Pfads gehen wir links und bei der darauffolgenden Weggabelung auch links. Kleine Aussichtspunkte erlauben schöne Fernblicke über das Meer bis zum Festland. Abzweiger zu diesen schönen Buchten ignorieren wir sowie auch einen rechten Abzweiger zu einem Campingplatz. Wir biegen links in die Piste mit dem Einfahrtverbotsschild und erreichen einen Me-

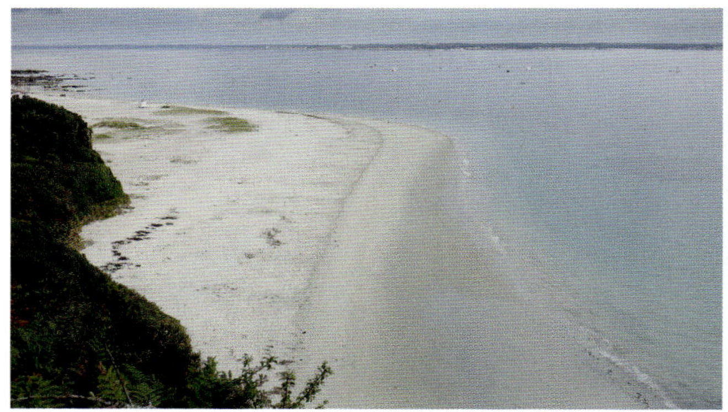

Plage les Grands Sables

galithen. Und dann kommen wir zu dem heutigen Höhepunkt der Wanderung, dem konvex ins Meer gewölbten Strand **Les Grands Sables** 02 (4 m), mit feinem weißen Sand und dem glasklaren türkisfarbenem Meer. Aufgrund der vorherrschenden Meeresströmungen, die mal stärker aus Nordwest kommen und mal stärker aus Südwest kommen, ändert sich sein Erscheinungsbild ständig. Ein Strand im Wandel der Gezeiten, ein besonderes Kuriosum. Am Ende des Strandes steigt man über Treppen auf den weiterführenden Wanderweg. Bei einer Weggabelung gehen wir links bergauf und nach Treppen bergab am **Pointe de la Groix** oberhalb eines kleinen Leuchtturms vorbei. Hinter einer großen Freifläche gehen wir halb links auf der nachfolgenden Straße bergab und erreichen eine Feriensiedlung. Nach wenigen Metern entdecken wir die nächste Besonderheit der Insel am **Plage des Sables Rouges** 03 (9 m), der rot gefärbte Sandstrand. Hinter drei schönen Buchten steigt die Straße an, wie orientieren uns Richtung Landesinnere, aber bei einem großen Felsen biegen wir scharf links ab. Nun ständig auf dem Küstenpfad bleibend gehen wir Richtung des Leuchtturms am **Pointe des Chats** 04 (10 m). Bei guter Fernsicht kann man in südöstlicher Richtung die Halbinsel Quiberon

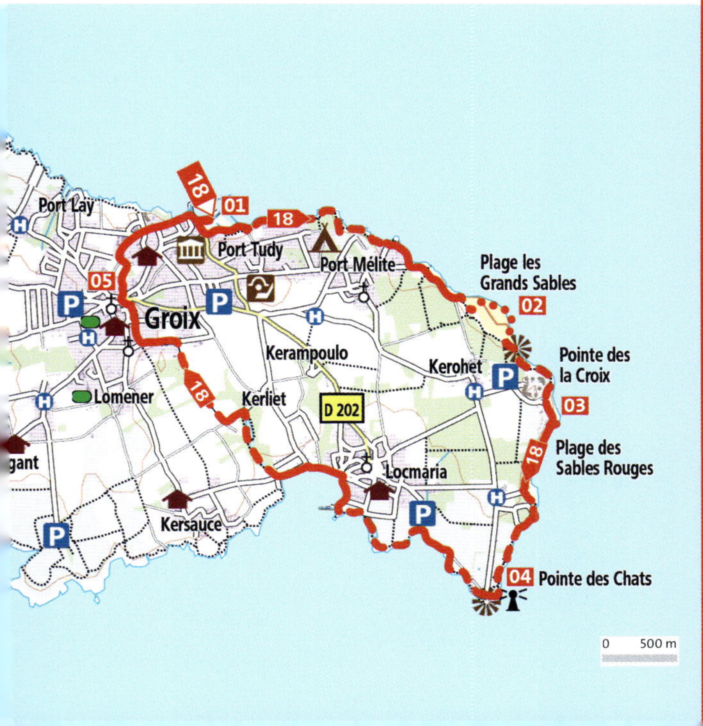

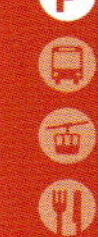

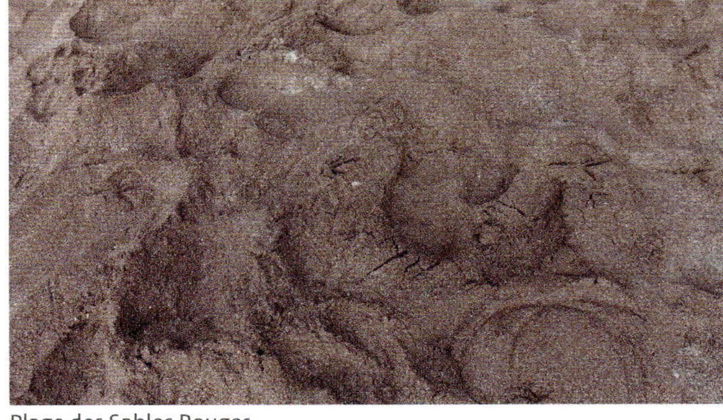

Plage des Sables Rouges

und die Insel Belle-Île ausmachen. Von dem Leuchthaus, das schon etwas in die Tage gekommen ist, gehen wir nun in nordwestlicher Richtung auf dem Pfad entlang der Küste. Wir umlaufen zunächst eine kleine Bucht, um dann die Bucht des kleinen Fischerdorfes **Locmaria**, auf einen etwas erhöht liegenden Pfad zu queren. Am Ende der Bucht, hier befindet sich eine nach links abzweigende Straße, gehen wir rechts auf dem beginnenden Pfad ab. Kurz hinter einem Teich, gefolgt von einer

Plage les Grands Sables

Quelle gehen wir auf der nachfolgenden Straße links, um hinter dem Haus mit dem roten Rollläden halb rechts auf die Piste abzuzweigen. Hinter dem Klettergarten endet die Piste und wir gehen links auf der Straße bis zur nächsten Kreuzung nach 250 m vor. Hier gehen wir rechts und erreichen die Inselhauptstadt. Durch die Fußgängerzone gehen wir direkt auf die **Église Saint Tudy** **05** (27 m), anstatt des Wetterhahns ziert die Spitze des Glockenturms ein Thunfisch. Er erinnert an die Zeit Anfang des 20. Jahrhunderts, in der die Insel der führende Thunfischhafen Frankreichs war. Wir verlassen den Kirchplatz in nördliche Richtung auf der Rue de St. Albin, kommen an einer Lagerhalle vorbei, gehen ein kurzes Stück neben einem Bachlauf und vor weiteren Lagerhallen gehen wir links und dann sofort wieder rechts. Auf der nachfolgenden Straße gehen wir gerade durch ein kleines Industriegebiet und wo es links in die Sackgasse geht, gehen wir geradeaus weiter und erreichen einen schönen Aussichtspunkt oberhalb des Hafens.

FLEUVE BÉLON

Der Küstenfluss Bélon – Schatz für Liebhaber kulinarischer Genüsse

  8,5 km 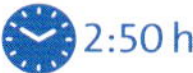 2:50 h  99 hm  99 hm

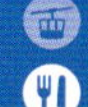

START | Öffentliche Verkehrsmittel: keine. Pkw-Anfahrt: Die Wanderung befindet sich im Département Finistère, westlich gelegen von Lorient und erreichbar über die die D116, die Rue Bel air und Richtung Beg Porz, wo sich ein großer Parkplatz befindet. Die geografischen Koordinaten zum Start sind: [GPS: N47° 48,369060 O3° 42,936720].
CHARAKTER | Einfache Wanderung auf gut angelegten Pfaden.

In sogenannten Aven, vergleichbar mit Fjorden, drückt das gezeitenabhängige Meerwasser in die Flussmündungen und hat durch diesen Prozess besonders seichte Landschaften geformt. Ein gutes Beispiel dafür ist der Flusslauf des Belon, der seinen Ursprung in Bannalec hat und bei Kerfany les Pins in den Atlantischen Ozean mündet. Dieser Besonderheit, aus dem spezifischen Mischverhältnis von Salz- und Süßwasser, verdankt die sogenannte flache Auster ihren besonderen und einmaligen Haselnussgeschmack. Man kann sie direkt beim Erzeuger am Port Belon erwerben, oder im nahe gelegenen Huitrières du Chateau de Bélon mit einem schönen Schluck Muscadet probieren. Eine Tour für aktive Tourgenießer.

▶ Vom **Start und Ziel Beg Porz** 01 (11 m) gehen wir am unteren Parkplatzende wenige Meter bis zum

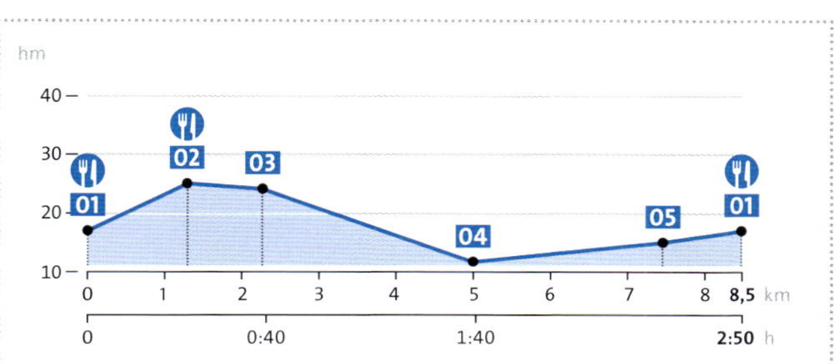

01 Beg Porz 11 m; 02 Port du Belon 1 m; 03 Chapelle Notre-Dame-de-Lanriot 7 m; 04 GR 34 12 m; 05 Plage de Kerfany 7 m

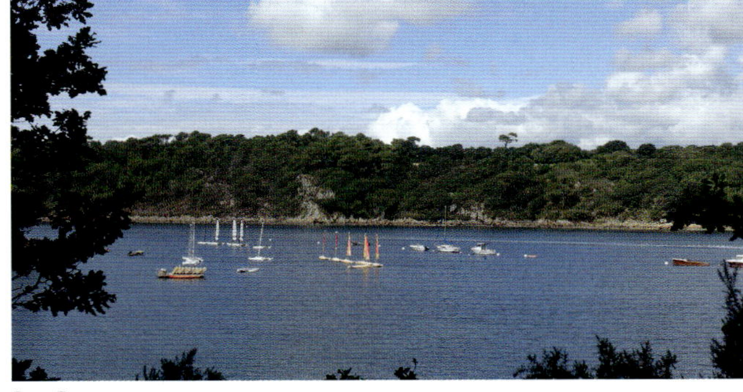

Beg Porz

Flusslauf hinunter, um dann halb rechts auf dem Pfad die Wanderung zu beginnen. Am Ufer gibt es immer wieder kleine lauschige Buchten, während rechts oberhalb im Wald prachtvolle Villen stehen. Hinter einer kleinen Brücke wird ein Privatanwesen umlaufen, nach 120 m auf der Schotterpiste geht es wieder links, steil bergab und durch einen lichten Wald weiter. Nach einigen Metern bergab, entlang eines grünen Geländers, ist der **Port du Belon** 02 (1 m) erreicht. Wir befinden uns nun direkt an dem Austernfluss, der Wiege der flachen Auster Belon. Die einmalige und besondere Landschaft wurde schon von vielen Malern verewigt. Jeden Tag erreichen Fischerboote den kleinen Hafen, dann werden Meeresfrüchte am Pier verkauft. Auf dem Fußweg entlang der Straße gehen wir bis zu einem linken Abzweiger vor, hier geradeaus und nach 80 m auf der Straße gehen wir links, zwischen der Steinmauer hindurch, zu einem malerisch gelegenen Nebenarm des Flusses. Hinter einem Informationsschild über die Vogelwelt und bei einem

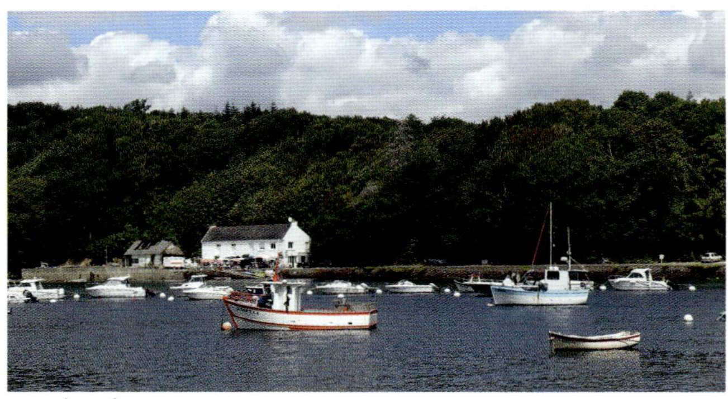

Port du Belon

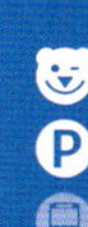

hölzernen Wegweiser, gehen wir halb rechts bergauf und erreichen die im 16. Jahrhundert erbaute, im 19. Jahrhundert verfallene und 1865 wieder aufgebaute **Chapelle Notre-Dame-de-Lanriot** 03 (7 m). Die grün getäfelte Decke erinnert an die Form der Schiffsrümpfe und tatsächlich ist die Kapelle der Schutzpatronin der Seefahrer, der Jungfrau Maria gewidmet. Wir steigen die wenigen Meter zum Nebenarm des Flusses wieder hinunter und setzen den Weg fort, bis wir nach einer Holzbrücke landeinwärts gehen also rechts bergauf. Nach kurzem aber steilen Aufstieg überqueren wir die Straße nach halb rechts, laufen ein kurzes Stück auf einem Pfad, um dann den Weg auf der Asphaltstraße der Cheminde la Riviére fortzusetzen, bis sie endet. Vor der weißen Mauer gehen wir links und bei der nächsten Möglichkeit rechts in die Rue de Centre. Kurz hinter der nächsten Linkskehre der Straße und einem Holzpfeiler biegen wir halb rechts auf einen Pfad ab, gehen entlang der Überreste einer Steinmauer und biegen bei einer Weggabelung nicht halb rechts ab. Dort wo der Weg endet, gehen wir rechts, über plattgeschliffene Steine. Bei der sofort darauffolgenden Weggabelung gehen wir halb links, ignorieren den nächsten linken Abzweiger und der Pfad geht in eine Fahrspur über, die an einer Straße endet. Wir gehen 115 m bis zur Hauptstraße vor, dort rechts,

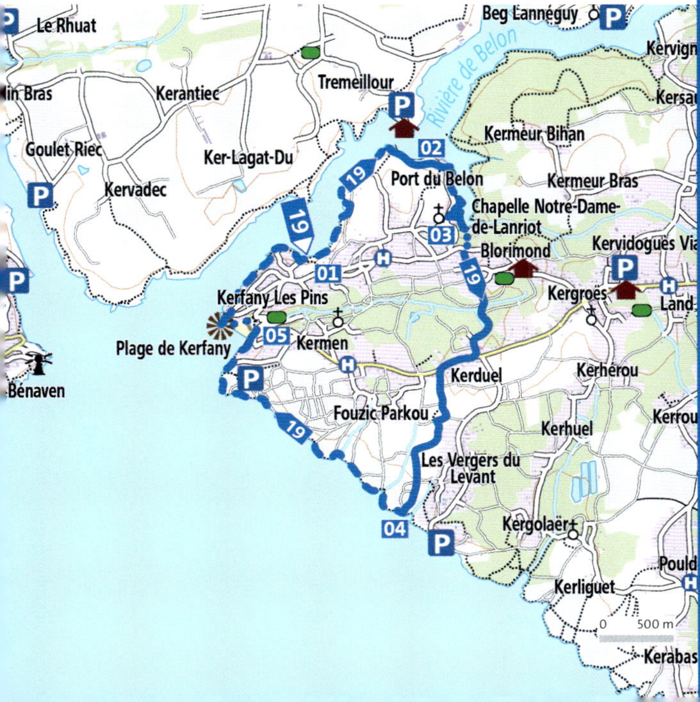

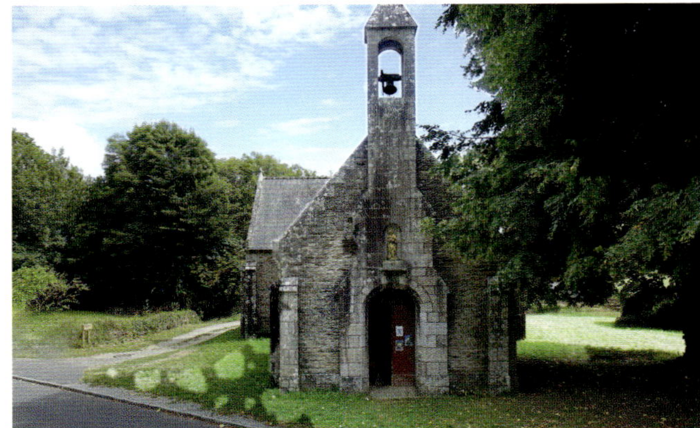

Chapelle Notre-Dame-de-Lanriot

um 30 m hinter dem Ortsschild Kerduel die Straße nach links zu queren und auf einem Feldweg entlang einer weißen Mauer zu wandern. Es folgen zahlreiche Wegpunkte: Es geht durch ein kleines Waldstück, von rechts mündet eine Einfahrt in die unsrige, sobald wir das Meer in der Ferne ausmachen können endet unser Weg, hier gehen wir rechts, bevor man in einen Wald eintritt geht es auf einem schwach ausgeprägten Pfad links am Feldrand entlang, der Weg geht durch eine Rechts- und eine Linkskehre entlang der Felder, bei einer perfekt geschnittenen Thujenhecke biegen wir halb rechts ab und gehen nun direkt auf das Meer zu. Wir haben den Fernwanderweg **GR 34** **04** (12 m) erreicht und gehen nun in nordwestlicher Richtung. Es folgt ein wilder Küstenabschnitt mit nur wenigen Buchten. Schnell ist der kleine Badeort in der Nähe der Mündung des Belon erreicht, der **Plage de Kerfany** **05** (7 m). Direkt am schönen Sandstrand entlang oder über den Parkplatz erreicht man am nördlichen Ende der Bucht ein Metallgitter, an dem entlang erreichen wir eine aussichtsreiche Landspitze. Über Wiesen steigen wir zur Straße auf, um dort links und hinter dem Ehrendenkmal die Treppen hinunterzugehen. Im weiteren Verlauf wird mehrmals auf- und abgestiegen. Nach einem kurzen Stück parallel zu einem Parkplatz biegen wir bei der nächsten Möglichkeit nach halb rechts ab und erreichen den Ausgangspunkt.

Plage de Kerfany

BOIS D'AMOUR PONT-AVEN

Spaziergang durch den Liebeswald von Pont-Aven

 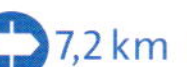 7,2 km 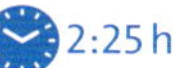 2:25 h 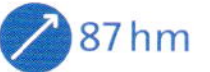 87 hm 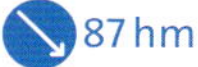 87 hm

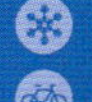
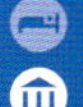

START | Busanbindung: Die Buslinien 18, 43 und 47.
Der Spaziergang befindet sich im Département Finistère in der Ortschaft Pont-Aven, zwischen den Städten Lorient und Quimper. Man erreicht den Stadtkern über die D783. Bevor man links in die Straße mit den Galerien gelangt, fährt man rechts unter einer Brücke durch und parkt sofort links.
Die geografischen Koordinaten zum Start sind:
[GPS: N47° 51,449100 O3° 44,690040].
CHARAKTER | Spaziergang auf gut angelegten Pfaden für die ganze Familie.

1857 wurde Rennes an das Eisenbahnbahnnetz angeschlossen, ab 1863 fuhr dann die Bahn bis zum bretonischen Quimper. Auf der Suche nach Motiven konnten nun Pariser Künstler an die Küsten der Bretagne reisen. Es kamen Größen wie Paul Gauguin, Claude Monet und viele andere Maler – auch nach Pont-Aven. Wir machen einen romantischen Spaziergang durch das Unterholz des Liebeswaldes von Pont-Aven, das Pendant zu den maritimen Motiven der Kunstszene, entlang eines bezaubernden Flusslaufes, durch alte Hohlwege, bis zur Kapelle von Trémalo. Gauguin hat die mehrfarbigen Kruzifixe an den Holzbalken des Kirchenschiffs und seinem Gelben Christus weltberühmt gemacht. Ein

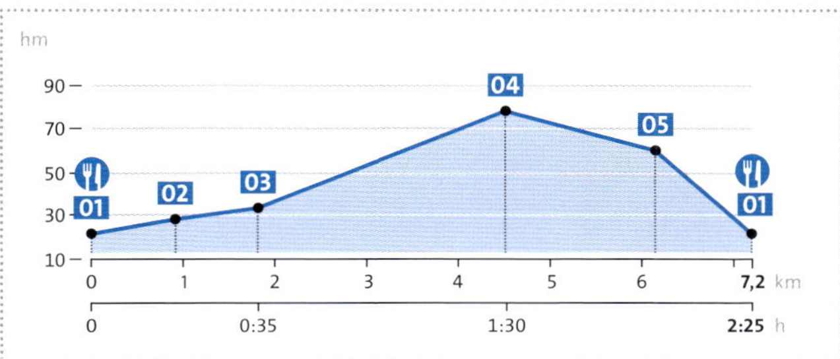

01 Passerelle du Moulin Neuf 10 m; 02 Bois d'Amour 17 m; 03 im Bois d'Amour 19 m; 04 Saint Maude 73 m; 05 Chapelle de Trémalo 62 m

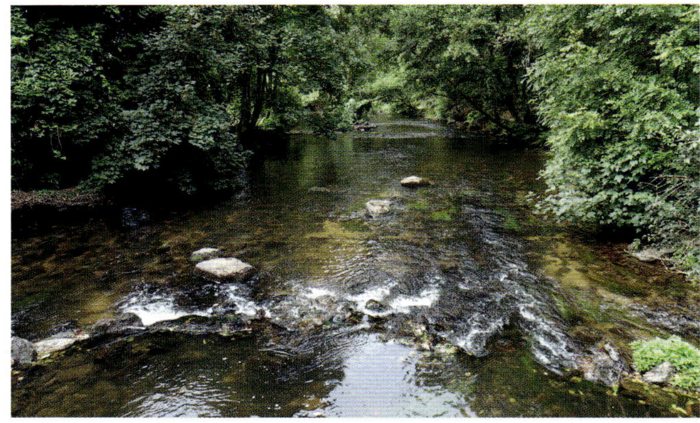
Passerelle du Moulin Neuf

weiterer Spaziergang durch die Kunstgalerien von Pont-Aven ist obligatorisch, ein kraftvoller aber unaufdringlicher Ort.

▶ Vom Parkplatz unter der Brücke gehen wir links, nicht rechts unter der Brücke, und bei der nächsten Möglichkeit sofort wieder links in die Seitenstraße. An deren Ende am Parkplatz gehen wir links über die Brücke und erreichen die **Passerelle du Moulin Neuf** 01 (10 m). Bis 1899 wurde sie zum Mahlen von Getreide verwendet und danach wurde eine 18 PS-Turbine eingebaut, es wurde Strom für die Beleuchtung produziert, und das noch bis 1950. Ein 1888 gemaltes Gemälde von Paul Gauguin mit dem Titel – Schwimmen an der Mühle des Liebeswaldes – zeigt genau das Wehr an dieser Mühle. An einer Brücke gehen wir links entlang eines Wasserreservoirs, nun tiefer in das Unterholz des **Bois d'Amour** 02 (17 m). Sein

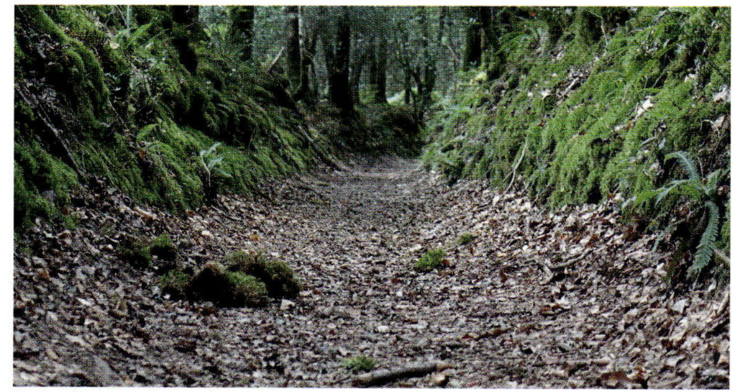
Bois d'Amour-Wanderweg

Name entstand aufgrund des stürmischen und ausschweifenden Lebens im 18. und 19. Jahrhundert – der Suche nach Lust und Wollust. Die Geschichte des Waldes ist aber eng mit dem Tun der Maler verbunden, die diesen Spaziergang entlang des Flusses oft als Motiv gewählt haben. Da der Wald im Privatbesitz ist, verbat sich der Eigentümer 1919 den Liebeswald zu betreten, um so das touristische Treiben zu beenden. Diese Zeiten sind lange vorbei. Kleine und laut plätschernde Bachläufe werden gequert. Wir ignorieren alle Abzweiger und gehen entlang des Flusses L'Aven, bis zu einer Weggabelung, hier gehen wir halb links, wir ignorieren zwei rechte Abzweiger und setzen unseren Weg **im Bois d'Amour** 03 (19 m) fort. Wer aufmerksam beobachtet findet besonders große „Steinpilze". Bei einem weiteren Wasserreservoir, das man links durch das Dickicht sehen kann, ignorieren wir den linken Abzweiger. An der nächsten Weggabelung folgen wir der Ausschilderung Richtung Village Le Haut de Bois – also gehen wir halb links. Bei einer Baumwurzel, die den Weg versperrt, gehen wir geradeaus weiter und bei der nachfolgenden Wegegabelung geradeaus, an den Überresten einer Steinmauer entlang. Bei einzeln stehenden Häusern und Ruinen von Le Haut Bois gehen wir an der darauffolgenden Straße halb rechts. Wir gehen bis zum Ende der Straße vor, um dort links zu wandern und nach 700 m die Häuser von **Saint Maude** 04 (73 m) zu erreichen. Hinter einem lang

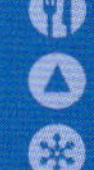
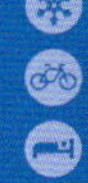

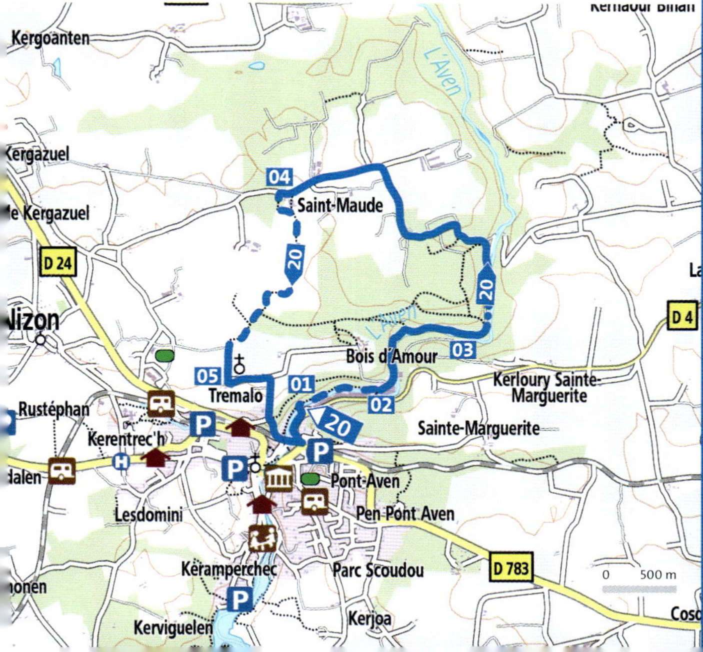

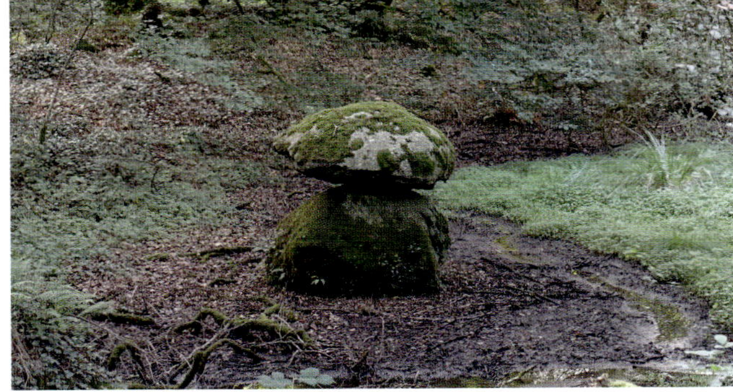

Im Bois d'Amour wachsen „Steinpilze"

gezogenen Steingebäude verlassen wir die Straße nach links, auch ausgeschildert Richtung Kapelle. Es folgt ein wunderschöner Hohlweg. Im Weiteren passieren wir ein Viehgatter, der Pfad mündet in einen breiteren Weg, auf dem wir weitergehen, wir laufen durch eine Linkskurve und über einen kleinen Bachlauf und an einer Lichtung halten wir uns links. Durch eine Buchenallee gehen wir nun direkt auf die 1550 erbaute **Chapelle de Trémalo** 05 (62 m) zu. Wir setzen unseren Weg fort, auf der nach Osten weiterführenden Straße, um dann bei dem Verkehrsschild Sackgasse und einem auffallendem roten Wasserhydranten rechts abzubiegen. In der darauffolgenden Rechtskurve der Straße, hier befindet sich auch ein Holzgatter, gehen wir links, gleich vor der Lichtung rechts, um den nachfolgenden Pfad zu erreichen. Dieser mündet in eine Straße unter der Brücke, unter der wir unser Auto geparkt haben.

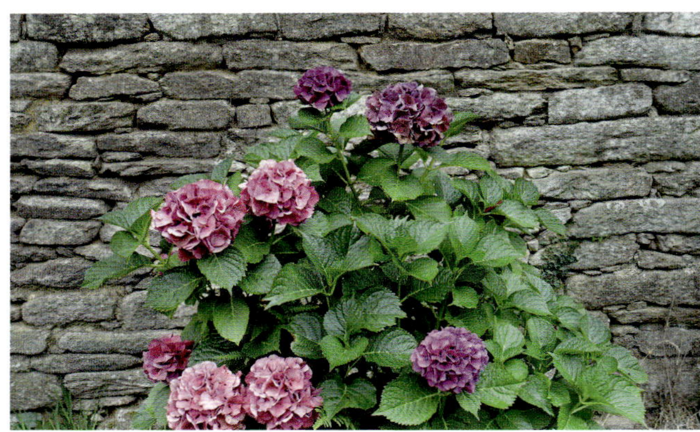

Saint Maude

PONT-AVEN – PORT MANEC'H

An den Ufern des Küstenfluss L-Aven

  11 km  3:45 h 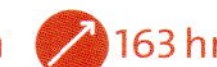 163 hm 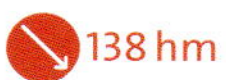 138 hm

START | Busanbindung Anfahrt: Die Buslinien 18, 43 und 47. Pkw-Anfahrt: Der Spaziergang befindet sich im Département Finistère in der Ortschaft Pont-Aven, zwischen den Städten Lorient und Quimper. Man erreicht den Stadtkern über die D783. Bevor man links in die Straße mit den Galerien gelangt, fährt man rechts unter einer Brücke durch und parkt sofort links.
Die geografischen Koordinaten zum Start sind:
[GPS: N47° 51,448980 O3° 44,689980].
Rückfahrt mit dem Bus zum Ausgangspunkt der Wanderung: Die Buslinie mit der Nummer 18 fährt von Manech le Port um 15:05 und 18:00 Uhr in 25 Minuten zurück zum Ausgangspunkt der Wanderung nach Pont-Aven. Bitte informieren Sie sich vor Antritt der Wanderung über die aktuellen Fahrzeiten auf der folgenden Webseite: http://www.coralie-cca.fr/villes/pont-aven. Achtung! Der Bus muss vorbestellt werden. Bei Fahrten bis 10:00 Uhr morgens muss der Bus am Vortag bis 17:30 Uhr bestellt worden sein. Bei Fahrten ab 10:00 Uhr muss der Bus 1 Stunde im Voraus bestellt werden.
CHARAKTER | Mittelschwere Wanderung mit erhöhtem Navigationsaufwand aufgrund der vielen Wegverzweigungen.

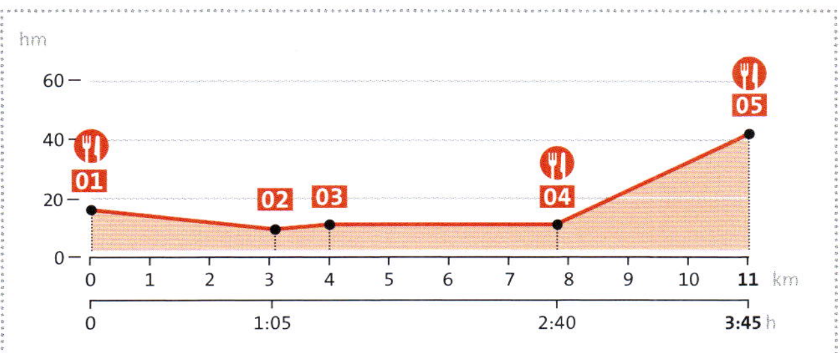

01 Pont-Aven 17 m; 02 Moulin A Mer 7 m; 03 Le Château du Hénan 10 m; 04 Anse de Poulguin 8 m; 05 Plage Port Manec h 2 m

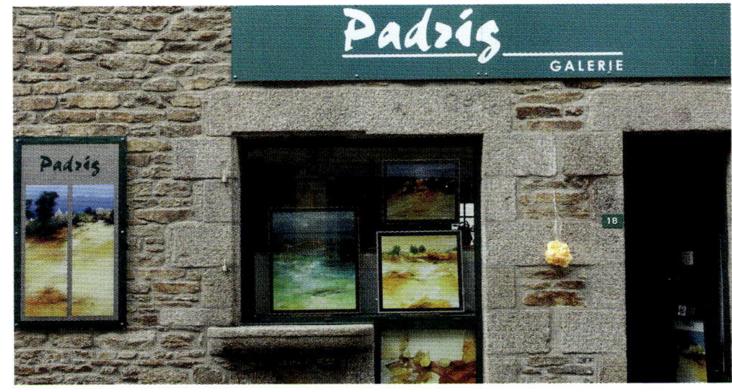

Pont-Aven

Der Fluss L'Aven entspringt nordöstlich von Coray und mündet bei Port Manec'h in den Atlantischen Ozean. Unterhalb von Pont-Aven ist er bereits den Gezeiten unterworfen und bildet einen etwa fünf Kilometer langen Mündungstrichter, an dessen Mündung er auf den Fluss Bélon trifft. Entlang dieser einmaligen Naturlandschaft, zwischen Land und Meer, geht es durch große schattige Waldgebiete, Feuchtgebiete, riesigen plattgeschliffenen und mit Moos besetzten Felsen und entlang der romantischen Nebenarme des Flusses. Mit etwas Glück kann man Austernfischer, Graureiher oder Eisvögel entdecken. Aber es ist auch eine Kulturtour entlang von Galerien, Museen, historischen Stätten und Dörfern, Mühlen, Kirchen und einem Schloss.

▶ Vom Parkplatz gehen wir unter der Brücke durch, entlang der Galerien und dem Museum, durch den kleinen Ort **Pont-Aven** 01 (17 m). Hinter der Brücke gehen wir dann links in die Rue du Port, weitere Galerien folgen. Hinter dem letzten Parkplatz beginnt dann der Wanderweg, auch ausgeschildert Richtung Plage Port Manec'h. Kurz hinter dem Nebenarm eines Flusses gehen wir nicht links, sowie der Wegweiser es möchte, sondern gehen geradeaus weiter. Damit die Gesamtstrecke nicht zu lang wird kürzen wir immer wieder Wegstücke ab. Nachdem wir ein kurzes Stück auf einem mit Steinen gesäumten Weg gelaufen sind, biegen wir halb rechts auf eine Piste ab, an deren Ende wir links durch verstreut liegende Häuser und dann links an einem braun verkleideten Schuppen vorbei. Wir queren die Straße und gehen auf dem Pfad parallel zu dieser, kurz später auf der Straße und wir erreichen die Gezeitenmühle **Moulin À Mer** 02 (7 m) bei Hénan. Hinter dem ehemaligen Haus des Müllers biegen wir links ab, gehen über den Parkplatz und gelangen hinter der Informationstafel wieder an das Flussufer. Bei zwei hölzernen Wegweisern führt rechts ein Weg zu der im Wald versteckt liegenden Chapelle Sainte-Marguerite, die wie viele bretonische Sakralbauten aus Granit besteht. Wir setzen unseren Weg fort und bei einer Holzbrücke kann man rechts durch das Dickicht des Waldes das im 14. und 16. Jahrhundert erbaute **Le Châte-**

au du Hénan **03** (10 m) sehen. Die ehemalige Verteidigungsburg wurde im 19. Jahrhundert aufwendig renoviert. Auffällig ist der schiefe Hauptturm, wobei nicht ganz klar ist, ob es ein Resultat des in die Jahre gekommenen Schlosses ist oder eine technische Raffinesse des Architekten, um den immer stark wehenden Nordwestwinden Paroli zu bieten. An der nachfolgenden Pfadgabelung gehen wir halb rechts, bei der darauffolgenden Gabelung halb links und wir überqueren eine kleine Holzbrücke. Große, ja riesige mit Moos bedeckte und

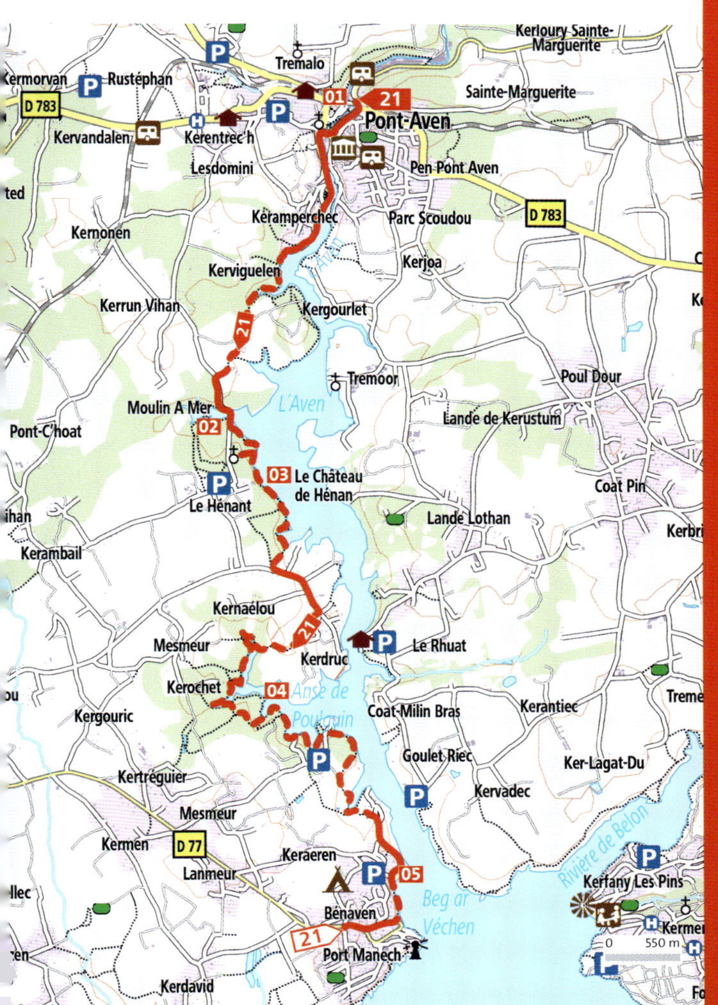

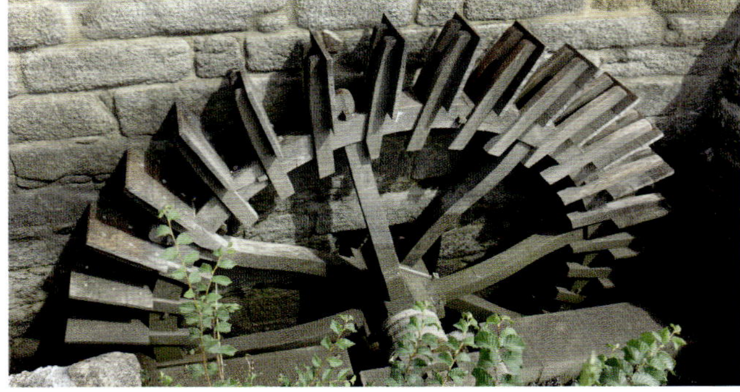

Moulin À Mer

rund geschliffene Felsen säumen den nachfolgenden Wanderweg, der an einer Straße endet. Auf der Route de Kerdruc gehen wir bis zur nachfolgenden Verkehrsinsel. Geht man dort geradeaus weiter, so gelangt man zum vorzüglichen Restaurant Le Bistrot de l'Écailler. Sonst gehen wir in die rechte der beiden Seitenstraßen – auch ausgeschildert Richtung Port Manec'h –, vor einem Steinhaus halb links, vor einem Haus mit einer Kieseinfahrt links und bei der nächsten Möglichkeit rechts, nun auf einem Feldweg. Es folgt einer der landschaftlich schönsten Abschnitte der Wanderung, entlang des Nebenarmes **Anse de Poulguin** 04 (8 m). Es folgen viele Wegverzweigungen. Wir queren eine Brücke über einen Bachlauf, wir ignorieren den rechten Abzweiger Richtung Kerochet, überqueren eine kleine Brücke, bei einem hölzernen Markierungspfeiler kürzen wir die Strecke nach rechts ab, der schmale Pfad endet, wir gehen links auf einem breiteren Pfad, bis zu einer kleinen Brücke und einem riesigen Felsen. Weiter umlaufen wir die verschlungenen Ausläufer des Nebenarms des Flusses bis zu einer Fischerhütte, gefolgt von einer Zufahrtsstraße. Hinter einem Mauerdurchlass gehen wir rechts auf den weiß-rot ausgekreuzten Pfad. Bei einer hohen Mauer queren wir die Schotterpiste, gehen auf dem weiterführenden Pfad und kommen an einem Steinkreuz vorbei. Bei der nachfolgenden Weggabelung nehmen wir nicht den Weg mit Geländer, sondern gehen halb rechts hoch. Es geht entlang der Grundstücksgrenze eines Anwesens. Bei dem Nebenarm des Flusses und der darauffolgenden Weggabelung gehen wir halb rechts auf einen schmalen Pfad. Am Ende eines Zauns gehen wir links, um auf der nachfolgenden Straße und dort wo sie endet rechts zu gehen. Bei dem nachfolgenden Vorfahrtsschild gehen wir links in die Einbahnstraße und erreichen **Plage Port Manec'h** 05 (2 m). An seinem südlichen Ende gehen wir auf einem Weg, entlang der Bucht, um dann rechts in die Rue de l'Aven abzuzweigen, diese mündet in die Rue Ar-Moor und an der nachfolgenden Kreuzung mit der Avenue de l'Océan befindet sich auf der linken Seite die Bushaltestelle.

TRÉVIGNON – POULDOHAN

Einer der schönsten und unberührtesten Teilabschnitte des Zöllnerpfads

 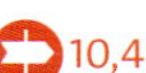 10,4 km  3:30 h  0 hm 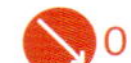 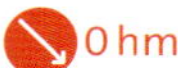 0 hm

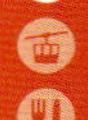
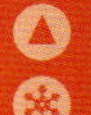

START | Busanbindung Anfahrt: Die Buslinie 13. Pkw-Anfahrt: Die Wanderung befindet sich im Département Finistére in der Ortschaft Port de Pouldohan. Diese liegt zwischen den Städten Lorient und Quimper. Man erreicht den kleinen Hafen über die D3. Dort gibt es viele Parkmöglichkeiten. Die geografischen Koordinaten zum Start sind: [GPS: N47° 47,560980 O3° 51,142140]. Rückfahrt mit dem Bus zum Ausgangspunkt der Wanderung: Die Buslinie 13 fährt von Pouldohan um 11:35, 13:55, 17:10 und 18:12 Uhr und man erreicht nach 18 Minuten die Haltestelle Port de Trévignon. Bitte informieren Sie sich vor Antritt der Wanderung über die aktuellen Fahrzeiten auf der folgenden Webseite: http://www.coralie-cca.fr/villes/tregunc. Achtung! Dann gibt es eine Besonderheit, der Bus muss vorbestellt werden. Bei Fahrten bis 10:00 Uhr morgens muss der Bus am Vortag bis 17:30 Uhr bestellt worden sein. Bei Fahrten ab 10:00 Uhr muss der Bus 1 Stunde im Voraus bestellt werden unter der folgenden Telefonnummer +33298605555. Man spricht auch Englisch.
CHARAKTER | Mittelschwere Dünenwanderung. Die Orientierung ist problemlos ohne Karte möglich.

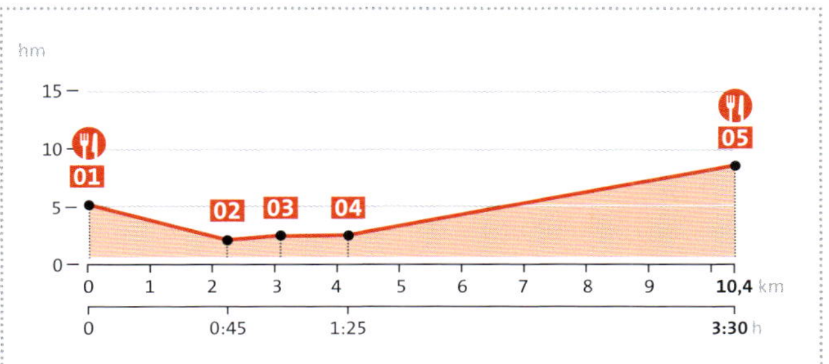

01 Pointe Trévignon 7 m; **02** Les Dunes et étangs de Trévignon 6 m; **03** Plage Naturiste de Kéranouat 8 m; **04** Étangs du Petit et du Grand Loc h 8 m; **05** Pointe Pouldohan 7 m

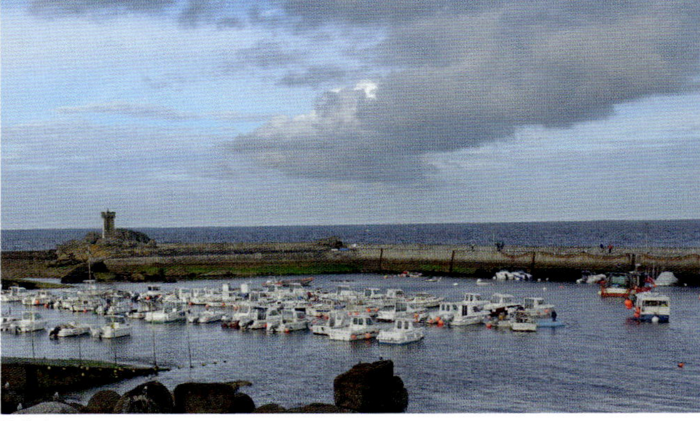

Trévignon

Eine der naturnahsten Wanderungen aus diesem Wanderführer führt entlang eines 4,5 km langen Dünenabschnitts und Sandstrand – ohne die charakteristische Bevölkerungsdichte der Bretagne – hinter dem sich ein Naturschutzgebiet befindet, mit 7 Teichen und Sumpfgebieten. Ein Eldorado für die besondere Flora und Fauna. Wie von Riesen übereinander gelegte, und zuvor rund geschliffene Steine säumen den Weg. Ein Traum für Naturliebhaber, denn mitten in der Natur kommt der Geist zur Ruhe.

Les Dunes et étangs de Trévignon

▶ Vom Parkplatz gehen wir um die Landspitze **Pointe Trévignon** 01 (7 m). Wir kommen vorbei an dem Leuchthaus und kleinen Fischereihafen, gehen noch ein kurzes Stück auf der Straße, um dann halb links auf den Küstenpfad abzuzweigen. Bei dem darauffolgenden Parkplatz gehen wir scharf links und der darauf folgenden Gabelung rechts. Wir haben nun die Wahl direkt am Strand zu gehen oder auf einem schmalen Trampelpfad durch die Dünen, direkt neben einen Zaun. Den ersten rechten Abzweiger ignorieren wir, aber hinter dem letzten Bunker gehen wir nun wieder rechts und auf der Dünenkrone wieder links. Wir erreichen das Naturschutzgebiet **Les Dunes et étangs de Trévignon** 02 (6 m) mit seinen Dünen und dem Meer auf der einen und zahlreichen Teichen auf der anderen Seite. Die Flora und Fauna hat es in diesem Lebensraum nicht einfach, denn in den Sommermonaten herrschen hohe Temperaturen mit starker Sonneneinstrahlung und Trockenperioden, während in den Wintermonaten starke Stürme und salzhaltige Luft vorherrschen. Doch Echter Meerkohl, Samtgras, Strandhafer, Wegerich, Schmalblättriger Strandflieder, Strandgrasnelken und die Blaue Stranddistel haben sich an diesen Lebensraum angepasst. Hauptsächlich aufgrund ihrer geringen Größe und ihrer Fähigkeit, Wasser zu speichern. Diese typischen Pflanzen der Küste locken eine vielfältige Fauna wie das Schwarzkehlchen, den Steinschmätzer, den Eisvogel, den Fischreiher und den Seestrandläufer auf der Suche nach Nahrung. Die Mittelmeersandschnecke, auch Dünenschnecke genannt, oder die Grüne Eidechse finden

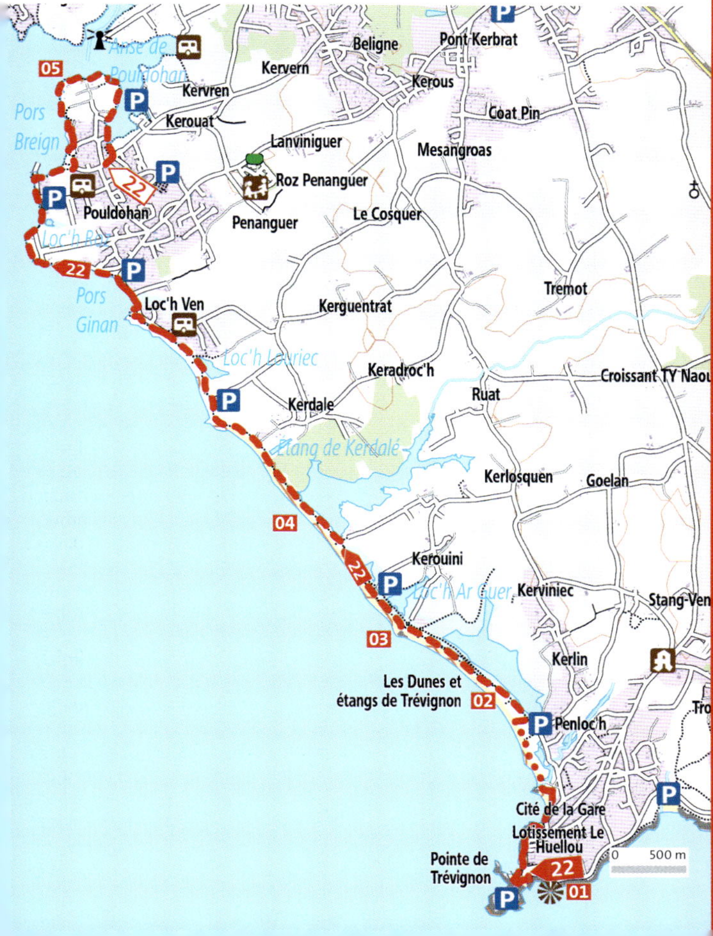

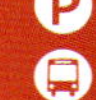
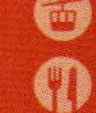
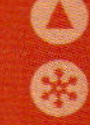
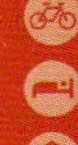

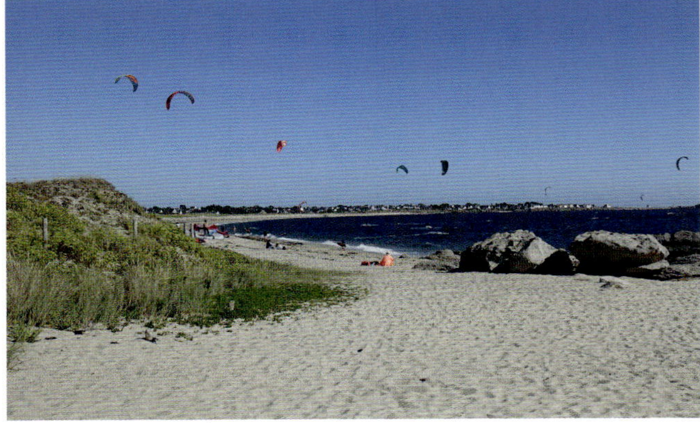

Plage Naturiste de Kéranouat

in der Nähe von Dünen und spärlicher Vegetation ihren Lebensraum. Auf der Seeseite wandern Sanderlinger, Seeregenpfeifer und Steinwälzer durch die Wellen, um Krebstiere und Meereswürmer zu finden. Kormorane sitzen auf den vorgelagerten Felsen und trocknen ihr Gefieder. Nach ca. 3 km erreichen wir den **Plage Naturiste de Kéranouat** 03 (8 m), wie der Name schon vermuten lässt, das Hoheitsgebiet von FKK-Anhängern. An diesem Strandabschnitt befinden sich riesige plattgeschliffene Steine sowie im vorgelagerten Meer, die aber auch bei kräftigem Wind Schutz bieten. Nur kurz später geht es vorbei am **Étangs du Petit et du Grand Loc'h** 04 (8 m). Ein 118 ha großer Süßwassersumpf, der früher eine direkte Verbindung zum Meer hatte, die im Laufe der Zeit versandete. Auf dem nachfolgenden Wegstück geht es größtenteils durch losen Sand in den Dünen, das erschwert das Vorankommen. Hinter einem weiteren Parkplatz ändert sich das Landschaftsbild, wir haben den 4,5 km langen Sandstrand hinter uns gelassen, die Küste wird felsiger und steiler, wir kommen an kleinen Buchten vorbei. Es geht vorbei an zwei Parkplätzen, bei **Pors Ginan** geht es parallel zur Straße und wir erreichen die Landspitze **Pointe Pouldohan** 05 (7 m). Auch hier zieren mächtige Felsen das Landschaftsbild. Auf Höhe des Strandes gehen wir über eine kleine Holzbrücke, der Pfad führt an einem kleinen Waldstück vorbei. Wir erreichen einen weiteren Strandabschnitt und eine Bucht mit Ankerplätzen. Der Weg führt landeinwärts, kurz vor einem Parkplatz geht es links, um dann bei der darauffolgenden Weggabelung links Richtung Meer zu gehen. Wir gehen nun kontinuierlich auf dem Küstenpfad entlang eines Meeresarms, der weit ins Land hereinreicht, bis zu seinem südlichen Ende. Hinter einer Holzabsperrung, parallel zu einem Bachlauf, gehen wir bis zur Straße hoch, um dort rechts, nach 75 m auf der gegenüberliegenden Straßenseite, die Bushaltestelle zu finden.

LES PLAGES À SAINT-JEAN-TROLIMON

Endlich lange Naturstrände und bezaubernde Weiler

 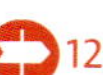 12,2 km  4:15 h  67 hm 67 hm

START | Busanbindung: keine. Pkw-Anfahrt: Die Wanderung befindet sich im Département Finistère westlich vom Quimper und der Ortschaft Plonéour-Lanvern, von wo man über die D156 den großen Parkplatz hinter den Dünen erreicht.
Die geografischen Koordinaten zum Start sind:
[GPS: N47° 52,971240 O4° 21,541080].
CHARAKTER | Einfacher Strandspaziergang auf dem ersten Teilstück. Auf dem zweiten Wegabschnitt im Landesinneren erschwerte Orientierung aufgrund vieler Weggabelungen.

Die Strände bei Saint-Jean-Trolimon gehören zu den schönsten Dünenlandschaften im Département Finistère und sind noch ein unbekanntes Reiseziel. Bei Ebbe ist der Strandabschnitt sagenhafte 10 km lang. Der völlig unberührte und unbebaute Strand – ein Ort der Ruhe und Entspannung – befindet sich am Rande eines Naturschutzgebietes mit Teichen, Feuchtgebieten, sowie einer äußerst vielfältigen Flora und Fauna. Auf dem ersten Teilstück der Wanderung geht es am Strand dieser einmaligen Naturlandschaft entlang, um dann auf einem gemütlichen und beschaulichen Weg durch das Hinterland – mit einem kulturellen Höhepunkt – zum

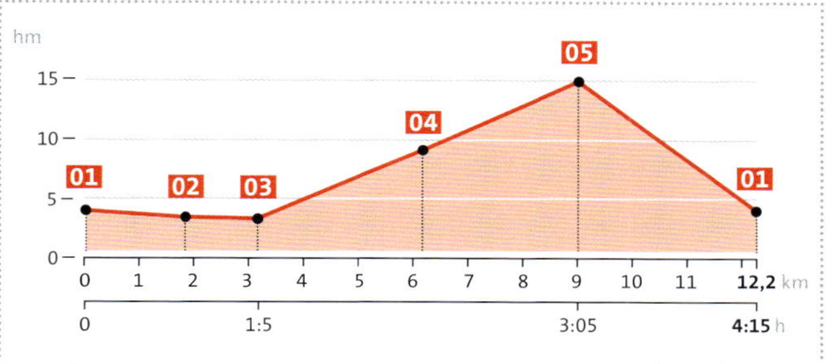

01 Start und Ziel 5 m; 02 Plage à Saint-Jean-Trolimon 5 m; 03 Ètang de Kergalan 1 m ; 04 Ruines de la Chapelle de Languidou 10m; 05 Ètang de Trunvel 20 m

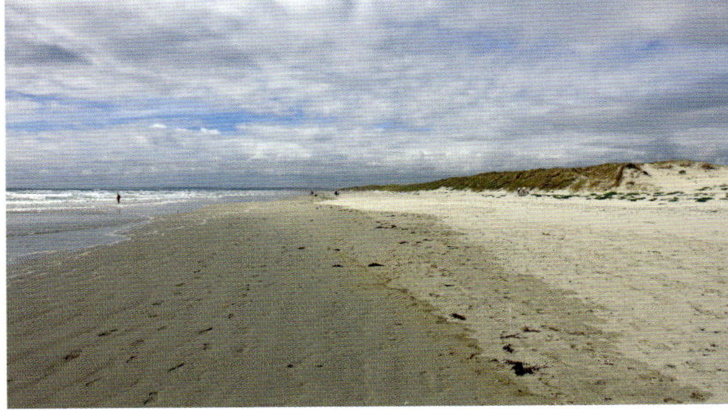
Der Strand

Ausgangspunkt zurückzukehren. Das Rauschen des Windes und das Grollen des Meeres sind unsere stetigen Begleiter.

▶ Auf einem der vielen Pfade gehen wir vom **Start und Ziel** 01 (5 m), dem Parkplatz hinter den hohen Dünen bis an den breiten und goldgelben Strand. Es folgt ein astreiner Strandspaziergang in nördlicher Richtung. Sobald die hohen Dünen enden befindet sich rechts hinter einem kleinen Damm ein Süßwassersee, der von einem Fluss gespeist wird, der zunächst nicht zu sehen ist, weil er von hohem Schilfgras umgeben ist. Wir setzen unseren Strandspaziergang am **Plage à Saint-Jean-Trolimon** 02 (5 m) fort. Schwimmen sollte man aber nur in den überwachten Bereichen, denn es gibt gefährliche Unterwasserströmungen. Vereinzelt liegen Naturisten am Strand, mit der aufkommenden Abendstimmung kommen Besucher zu einem Picknick an den Strand. Das Laufen am Strand wird enorm bei Ebbe vereinfacht. Auf der Webseite https://gezeitenfisch.com/fr/bretagne-atlantique/lorient, dazu muss man bis an das Ende der Seite scrollen, befindet sich eine Gezeitentabelle. Nach ungefähr 3,3 km kann man hinter dem Kieselsteindamm den etwa 400 × 700 m großen **Ètang de Kergalan** 03 (1 m) sehen. Bei Ebbe ist sehr schön zu beobachten, wie das Wasser des Sees durch den Damm sickert und wie von Geisterhand kleine Bachläufe entstehen, die in das Meer wässern. Bei einem Parkplatz, hier endet der lange Sandstrand und geht in felsige Küste über, gehen wir auf der Straße Richtung Lan-

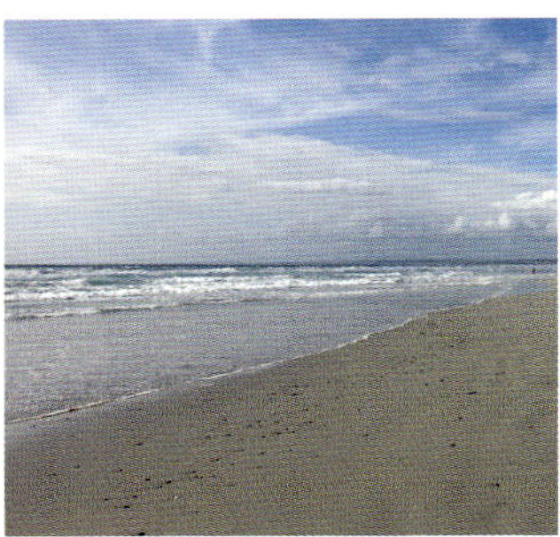
Plage Saint-Jean-Trolimon

desinnere, bei der nächsten Möglichkeit rechts in die Straße und bei der nachfolgenden Weggabelung gehen wir halb rechts auf der Piste weiter. Diese führt durch Schilfrohr, entlang von Weideflächen und Anbauflächen. Bei einer ersten Weggabelung, halb links sehen wir den Kirchturm, gehen wir geradeaus weiter. Bei einem Haus angekommen geht die Piste in eine asphaltierte Straße über. Bei der Kreuzung mit dem roten Hydranten geht es geradeaus weiter, um bei der schön gestalteten Verkehrsinsel halb rechts entlang der Straße zu gehen. Unser heutiger kultureller Höhepunkt sind die Ruine der Kapelle **Ruines de la Chapelle de Languidou** 04 (10 m). Sie wurde im 11. und 12. Jahrhundert erbaut, besonders gut erhalten ist noch die Fensterrose aus dem 16. Jahrhundert. Wir setzen unseren Weg fort und überqueren nach einer rechten Kurve der Straße eine Brücke, hinter der wir rechts, bei der Eiche, auf den Wanderpfad abzweigen. Bei der nachfolgenden Weggabelung gehen wir halb links, danach mündet der Weg in eine Straße, auf der wir gehen, bis sie endet. Wir halten uns links und gehen hinter der Einfahrt zum Haus rechts. Bei der darauffolgenden Straßengabelung gehen wir halb links Richtung Kergalan und vor einem Haus abermals halb links. Vor einer großen hohen Hecke endet die Straße, von nun an

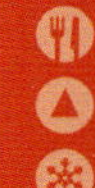

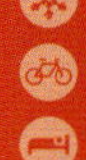

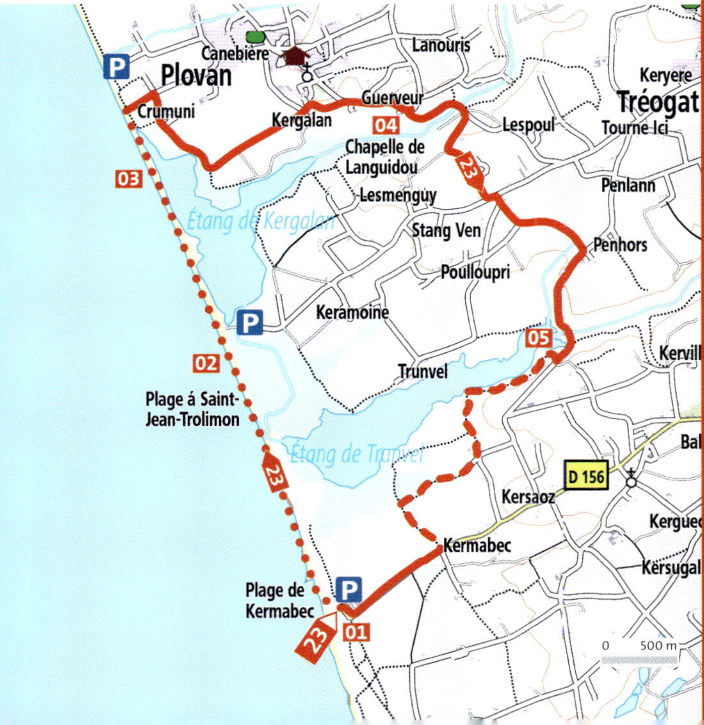

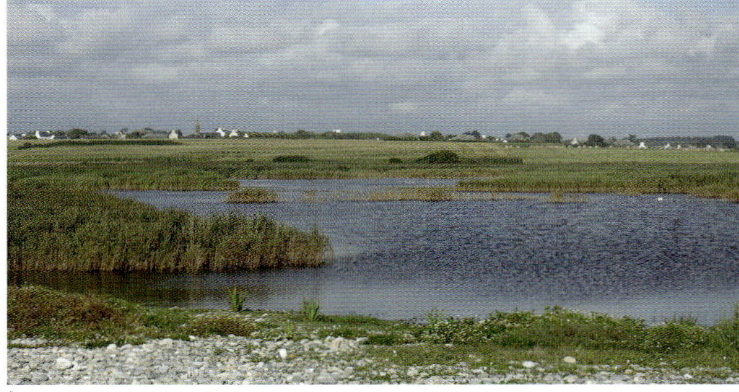
Ètang de Kergalan

gehen wir rechts weiter, entlang der Straße bergab zum östlichen Ende des Weihers **Ètang de Trunvel** 05 (20 m). Nachdem wir 150 m auf der Geraden der Straße bergauf gegangen sind, zweigt rechts ein Pfad ab. An dieser Stelle befindet sich auch ein Wegweiser aus Holz. Im Folgenden geht es durch ein kleines Waldstück. Auf dem zugewachsenen Pfad gehen wir teilweise gebückt, immer wieder ergeben sich schöne Aussichtspunkte über den nun bereits rechts unterhalb liegenden Weiher. Ca. 100 m vor Häuser ignorieren wir den rechten Abzweiger, gehen an der asphaltierten Straße halb rechts in die Sackgasse, hinter dem letzten Haus geht es dann auf einem Wirtschaftsweg weiter. Einen linken und rechten Abzweiger ignorieren wir und erreichen die Zufahrtsstraße zum Parkplatz. Nach einigen Metern rechts auf dieser kann man nach halb rechts über eine Brücke gehen und wandern nun parallel auf einem Pfad zur Straße bis zum Ausgangspunkt.

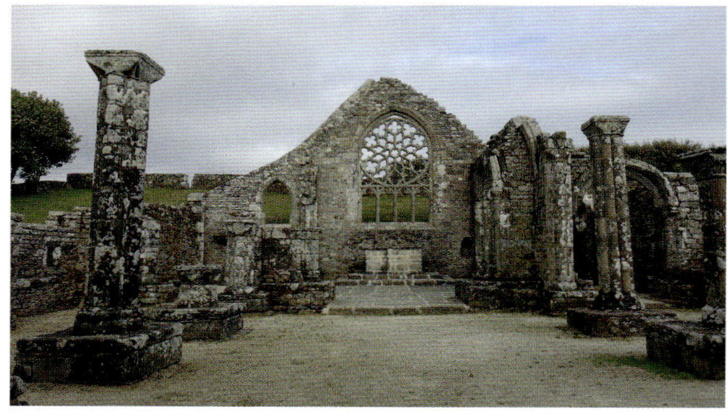
Ruines de la Chapelle de Languidou

POINTE DU RAZ

Eine der berühmtesten Landspitzen in Europa

 8,6 km 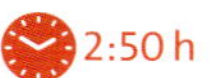 2:50 h 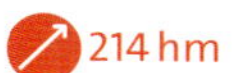 214 hm 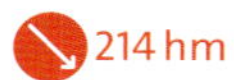 214 hm

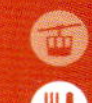
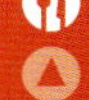
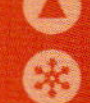

START | Busanbindung: keine. Pkw-Anfahrt: Die Wanderung befindet sich im Département Finistère nahe der Ortschaft Lescoff und ist über die D7 oder D784 zu erreichen. Bei dem Hôtel Restaurant de la Baie des Trépassés befinden sich viele Parkplätze. Die geografischen Koordinaten zum Start sind: [GPS: N48° 2,719800 O4° 42,274320].
CHARAKTER | Mittelschwere Wanderung entlang einer Steilküste mit teilweise ausgesetzten Wegstücken.

Wir befinden uns am Ende der Welt, die Rede ist vom Département Finistère. Es ist das westlichste kontinentale Département, das bretonischste und wartet mit den meisten Küstenkilometern in Frankreich auf. Die Höhepunkte dieser Küstenlinie sind die legendären Landspitzen Pointe du Raz und Pointe du Van, eine Reihe von Kaps, bis zu 70 m hohen zerklüfteten Steilküsten und Felsvorsprüngen, die dem heranrauschenden Meer und Stürmen trotzt. Hinter den weiten Küstenlandschaften offenbart das Hinterland einen freundlichen Charakter. Eine spektakuläre Wanderung, die Gewalt der Elemente ist unser Wegbegleiter.

▶ Vom Start und Ziel am Parkplatz gehen wir links vom Restaurant Richtung Meer und der **Baie des Trépassés** 01 (11 m). Kurz vor dem Ufer gehen wir links, auf

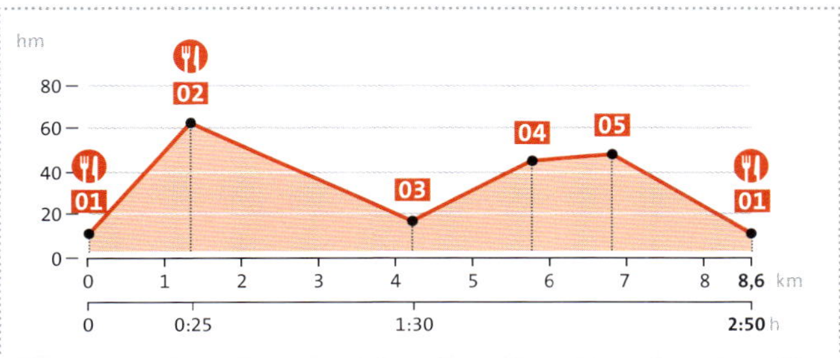

01 Baie des Trépassés 11 m; 02 Chapelle St. Michel 55 m; 03 Port de Bestrée 26 m; 04 Pointe du Raz 63 m; 05 Bucht der Verstorbenen 63 m

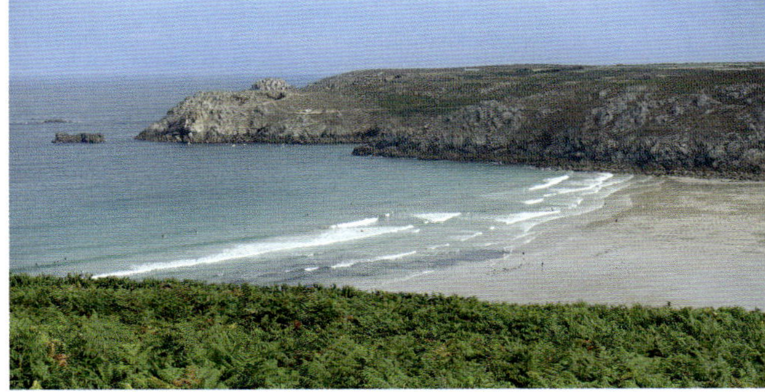
Baie des Trépassés

einem Pfad auf einen Bunker zu, um dort über Treppen auf die Klippen zu gelangen. Bei einer ersten Weggabelung gehen wir noch oberhalb des Strandabschnitts weiter. An der nachfolgenden Stelle, wo sich ein Zaun befindet, zweigt nach links ein schmaler Pfad durch Farne ab. Hinter einer Steinmauer ignorieren wir den rechten Abzweiger und gehen weiter auf die Anhöhe zu. Auch ein rechter Abzweiger wird ignoriert. Bei einer Kreuzung mehrerer Wege gehen wir links an einem hellblauen Tor vorbei, um nach 10 m rechts, auf dem Weg durch die Farne, Richtung der dahinterliegenden Häuser zu gehen. Auf der darauffolgenden Straße gehen wir 100 m links, um dort rechts in Straße zu biegen. Am Ende der Straße halten wir uns halb rechts und es geht weiter auf einem schmalen Pfad, entlang einer gelben Hausmauer. 50 m vor der **Chapelle Saint-Michel** 02 (55 m) zweigen wir nach links auf einem betonierten Pfad ab. Wir bleiben auf den Hauptweg, bis wir 40 m vor einem Steinhaus links auf die Straße biegen. Am Ende der Stra-

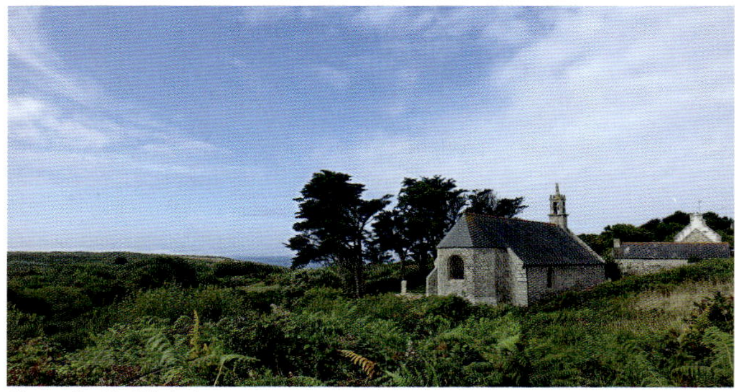
Chapelle St. Michel

ße gehen wir rechts entlang der hohen Mauer. Hinter dem steinernen Kreuz gehen wir links und dort wo die Straße endet, gehen wir rechts. An deren Ende gehen wir nicht links Richtung Kerhuan, sondern rechts bis zu einer Anhöhe bei einem Felsen. Hier biegen wir halb links auf den Pfad ab. Dieser mündet in einem breiteren Weg, wo wir sofort scharf rechts gehen und nach 20 m gehen wir auf dem ersten der beiden Abzweiger links zum Meer hinunter. Auf dem Zöllnerpfad angekommen kann die Klippenwanderung auf dem klar definierten Pfad Richtung Nordwesten beginnen. Es wird ein Bachlauf gequert und nach kurzem Auf- und Abstieg sehen wir unterhalb den kleinen, durch eine riesen Mole geschützten, Hafen **Port de Bestrée** 03 (26 m). Bei der Landspitze **Pointe du Raz** 04 (63 m) ist das Panorama unvergleichlich. Aufgrund der kräftigen Gezeitenströmungen und oft hoher Wellen schaut man über das quirlige Gewässer des Raz de Sein, bis zur Isle of Sein.

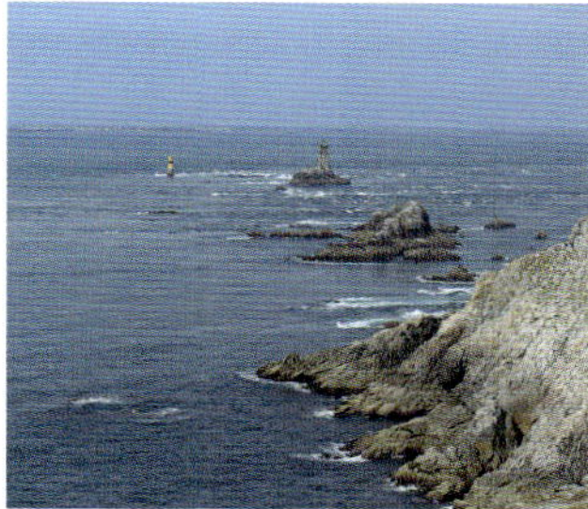
Pointe du Raz

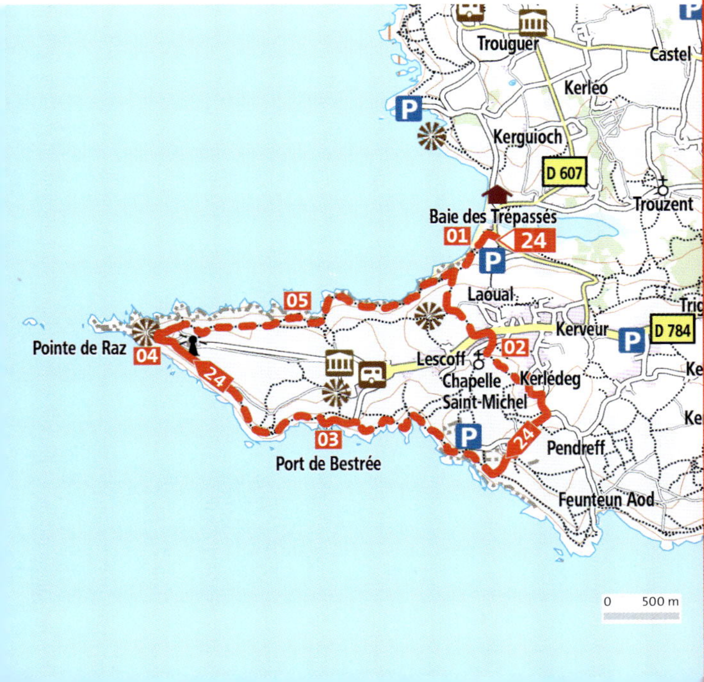

Trouguer
Castel
Kerléo
Kerguioch
D 607
Trouzent
Baie des Trépassés
01
24
Laoual
05
Kerveur
D 784
Pointe de Raz
04
02
Lescoff
Chapelle Saint-Michel
Kerlédeg
03
Port de Bestrée
Pendreff
Feunteun Aod
0 500 m

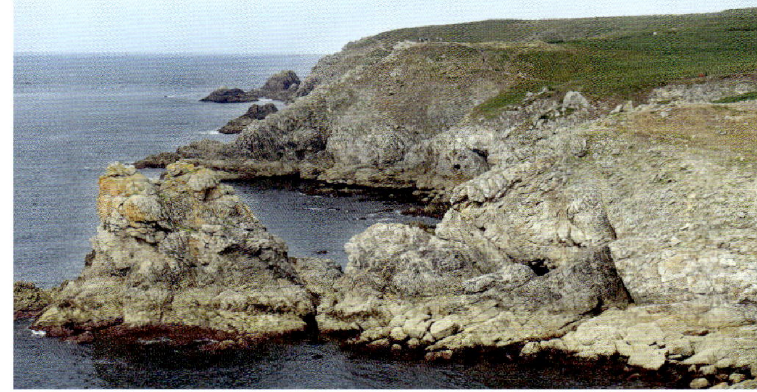

Port de Bestrée

Dazwischen befinden sich die Leuchttürme Phare de la Vieille – direkt der Küste vorgelagert – und der Phare de Tévenne – halb rechts in 5 km Entfernung. Hinter der 7 km entfernten Insel Sein erhebt sich der berühmte Leuchtturm Ar Men am Horizont, der bekannteste und am weitesten von der Küste entfernte Leuchtturm Frankreichs. Er markiert die Einfahrt der Sein-Passage. Nördlich der Landzunge setzen wir unseren Weg fort, lassen den Leuchtturm auf der Landzunge rechts liegen und gehen nun auf dem Küstenpfad in östlicher Richtung. Nach links führt ein Pfad zu einem wunderschönen Aussichtspunkt, sonst gehen wir geradeaus weiter. Rechte Abzweiger ignorieren wir und gehen oberhalb der **Bucht der Verstorbenen** 05 (63 m), Richtung Strand. Ein landschaftlich wunderschöner Abschnitt, denn man blickt immer entlang der zerklüfteten Steilküste, im Hintergrund sieht man den 500 m breiten Sandstrand. Wir treffen auf den Hinweg und gehen auf ihm zurück zum Ausgangspunkt.

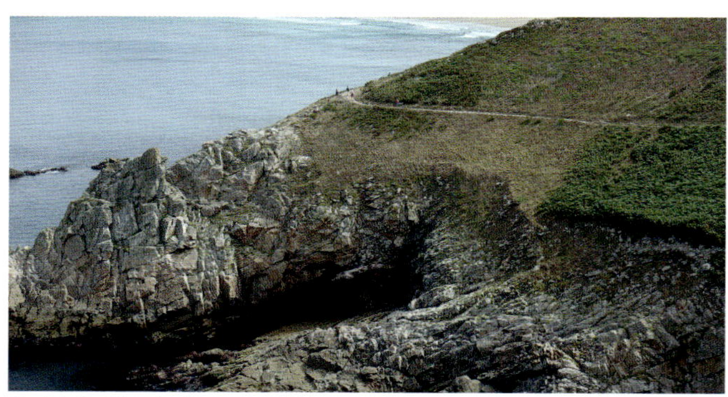

Bucht der Verstorbenen

BEUZEC-CAP-SIZUN

Abwechslungsreiche Küstenlandschaft abseits der Touristenströme

 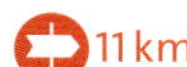 11 km  3:45 h 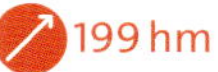 199 hm  199 hm

START | Busanbindung: keine. Pkw-Anfahrt: Die Wanderung befindet sich im Département Finistère. Am Parkplatz der Eglise Notre-Dame de la Clarté et Saint-Budoc kann man bequem parken. Diese befindet sich an der D7 zwischen den Ortschaften Dalar und Lézugar Vihan. Die geografischen Koordinaten zum Start sind: [GPS: N48° 4,525080 O4° 30,700260].
CHARAKTER | Wanderung entlang der Steilküste mit kräftigen An- und Abstiegen auf schmalen Wegabschnitten.

Das Cap Sizun beschreibt die Form einer Speerspitze und ragt so 30 km in den Atlantischen Ozean. Dabei trennt sie die Iroise-See im Norden, die Keltische See im Westen und die Biskaya nach Süden. Die Wanderung befindet sich auf halbem Weg zwischen der Küstenstadt Douarnenez und dem Point du Raz. Einer Gesamtlänge von 16 km befindet sich eine zerklüftete und vom Tourismus verschonte Küstenlandschaft. Auf dieser Runde trifft man nur wenige Wanderer, kann die wunderbaren Sandbuchten fast für sich alleine genießen und dabei die Weite und Unendlichkeit genießen.

▶ Vom Parkplatz gehen wir direkt links neben der Kirche **Eglise Notre-Dame de la Clarté et**

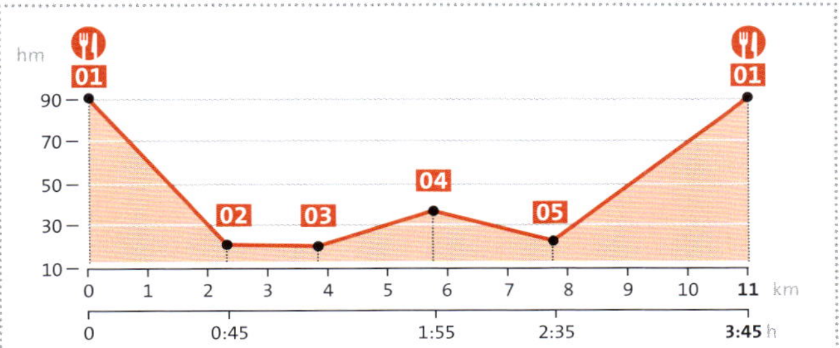

01 Eglise Notre-Dame de la Clarté et Saint-Budoc 93 m; **02** Cap Sizum 25 m; **03** Castel Coz 40 m; **04** Plage de Trénaouret 32 m; **05** Plage de Pors Péron 1 m

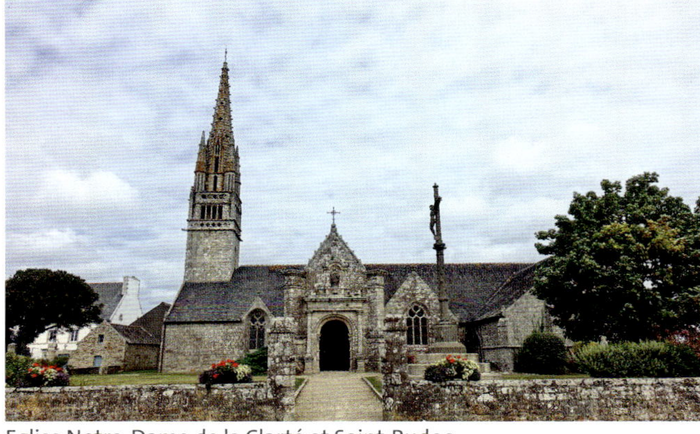

Eglise Notre-Dame de la Clarté et Saint-Budoc

Saint-Budoc 01 (93 m) durch die Gasse und auf der weiterführenden Straße an den Einzelhäusern vorbei. Am Ende der Straße laufen wir rechts und nach 570 m, bei der Kreuzung, verlassen wir die Hauptstraße nach links, auch ausgeschildert Richtung Pellay. Die Straße schlängelt sich durch Häuser, dahinter haben wir freien Blick auf das Meer. Durch enge Straßenkehren geht es bergab durch einen Kiefernwald und im Weiteren bis an die Steilküste, wo wir auf den querenden Zöllnerpfad entlang des **Cap Sizun** 02 (25 m) treffen. Der nachfolgende Weg ist klar definiert. Wir überqueren eine Brücke, einen Bachlauf, am bis zu 50 m tiefer liegenden Ufer befinden sich bei Ebbe unerreichbare Sandbuchten. Wir erreichen die Landzunge **Castel Coz** 03 (40 m), ein Ort prähistorischer Funde. Einst befanden sich an dieser Stelle Steinwälle, die durch Gräben getrennt waren. Ausgrabungen bewiesen, dass die Städte in der Jungsteinzeit, in der Eisenzeit und auch im Mittelalter bewohnt waren, man fand Spuren von 150-200 Hütten. Von all dem ist heutzutage nichts mehr zu erkennen, aber man genießt einen wunderschönen Panoramablick von diesem Aussichtspunkt. Auf dem Zöllnerpfad geht es weiter Richtung Osten. Mehrere Bachläufe werden überquert, bevor wir die traumhaft versteckte Bucht vom **Plage de Trénaouret** 04 (32 m) entdecken, sie liegt kurz vor der nachfolgenden Landzunge Pointe de Trénaouret. Hinter den Überresten von Steinmauern haben wir eine weitere Landzunge umlaufen und blicken nun in das weite Rund einer Bucht, auch einen goldgelb strahlenden Sandstrand können wir ausmachen. Nach einem kurzen Abstieg zu einer Slipanlage erfolgt ein Aufstieg und wir gehen an dem links unterhalb liegenden Plage de Pors-Kiol vorbei. Der Pfad endet, rechts beginnt unser weiterer Rückweg, links befindet sich noch ein weiterer wunderschöner Strand, den man auf jeden Fall besuchen sollte – der 100 m breite **Plage de Pors Péron** 05 (1

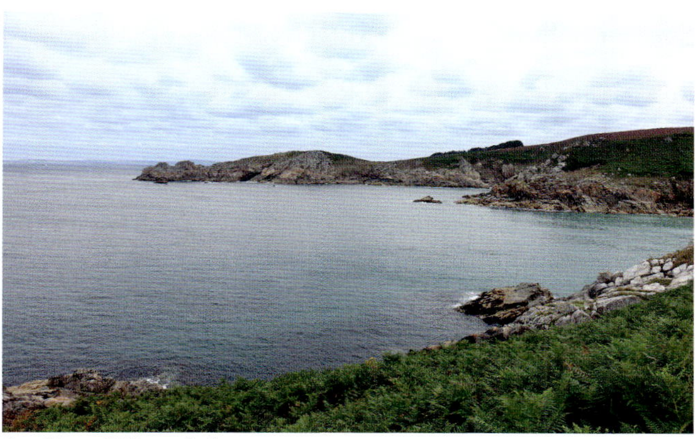

Cap Sizun-Zöllnerpfad

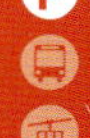

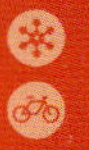

m). Wir gehen das kurze Stück zurück, an der Weggabelung vom Hinweg nun geradeaus auf der Straße weiter. Dort wo sie in eine größere Straße mündet, gehen wir scharf rechts und sofort

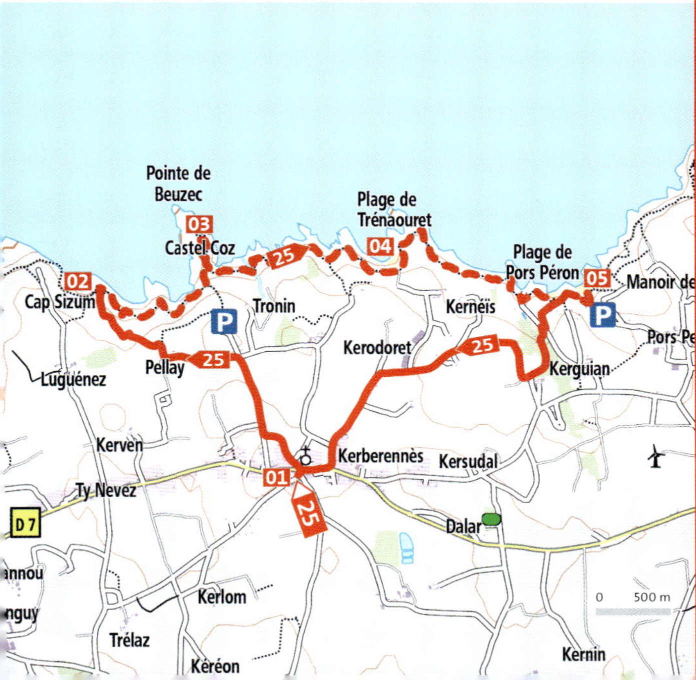

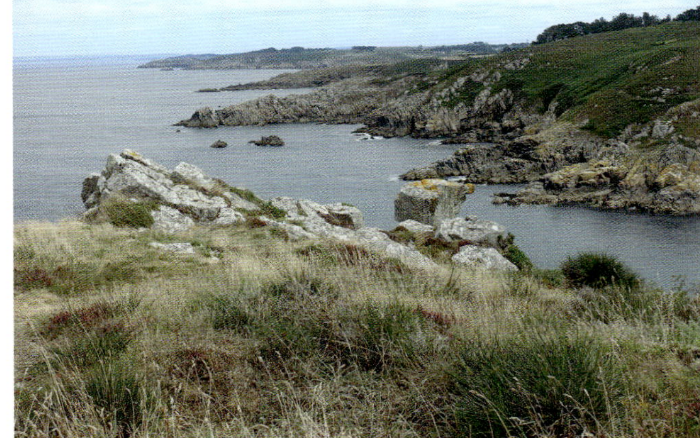

Castel Coz

scharf links, an mehreren Teichen vorbei, leicht bergauf und vorbei an Eukalyptusbäumen. Noch vor Palmen und Agaven ignorieren wir den linken Abzweiger, gehen geradeaus auf der Schotterpiste, entlang einer Steinmauer und der Rückwand eines Hauses, um dann bei dem Haus mit der hellblauen Tür, rechts auf den Feldweg abzuzweigen. Noch einmal können wir das Meer sehen, dann macht der Weg eine Linkskehre. Er endet an einer Straße, an der wir halb links gehen. Wir ignorieren alle Abzweiger, folgen der Straße durch die Linkskehre und sehen bereits in der Ferne den Kirchturm, unser Wegweiser für das verbleibende Stück.

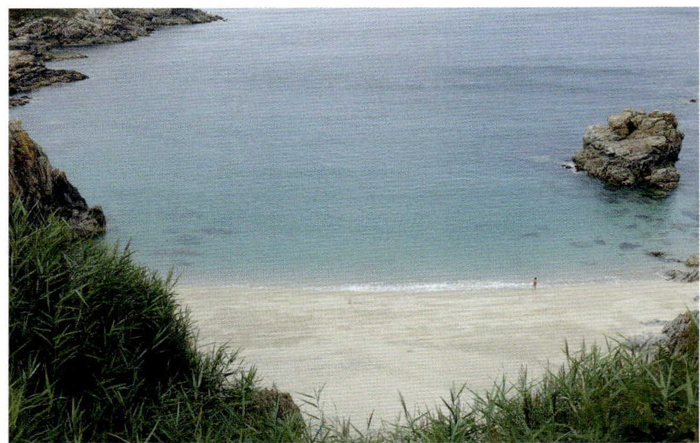

Plage de Trénaouret

PONT DU ROI – LA CHAPELLE DU MOUSTOIR

Der Kanal von Nantes nach Brest bei Châteauneuf-du-Faou

 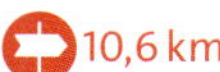 10,6 km 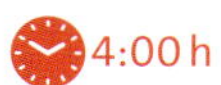 4:00 h 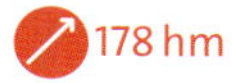 178 hm 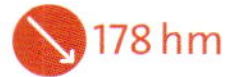 178 hm

START | Busanbindung: keine. Die Wanderung befindet sich im Département Finistère bei der Ortschaft Châteauneuf-du-Faou, 40 km nordöstlich von Quimper. Von Süden kommend befindet sich der Parkplatz an der D36, auf einem Seitenstreifen, direkt vor dem Kanal und einer alten Steinbrücke. Die geografischen Koordinaten zum Start sind: [GPS: N48° 11,039820 O3° 48,577440].
CHARAKTER | Mittelschwere Wanderung entlang eines Kanals bei problemloser Orientierung.

Bis zum 19. Jahrhundert schlängelte sich der Flusslauf der l'Aulne durch das Tal bei Châteauneuf-du-Faou. Als sich dann die Schieferindustrie in der Bretagne entwickelte wurde der Fluss kanalisiert und so entstand ein praktikabler Transportweg, ein Kanal mit 360 km Länge, von Nantes nach Brest, mit sagenhaften 236 Schleusen. In einem wunderschönen Tal mit alten Baumbestand wandern wir entlang der Schleifen des Kanals und überqueren diesen auch an einer der Schleusen. Historisch entdecken wir die 6 Bögen umfassende Steinbrücke Pont du Roi – die eine seit Urzeiten ge-

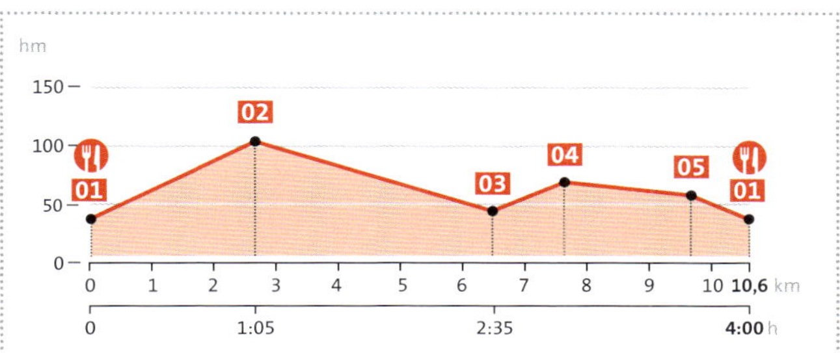

01 Pont du Roi 43 m; 02 La Chapelle du Moustoir 100 m; 03 Boudrac'h-Schleuse 45 m; 04 D36 69 m; 05 Ecluse de Châteauneuf du Faou 33 m

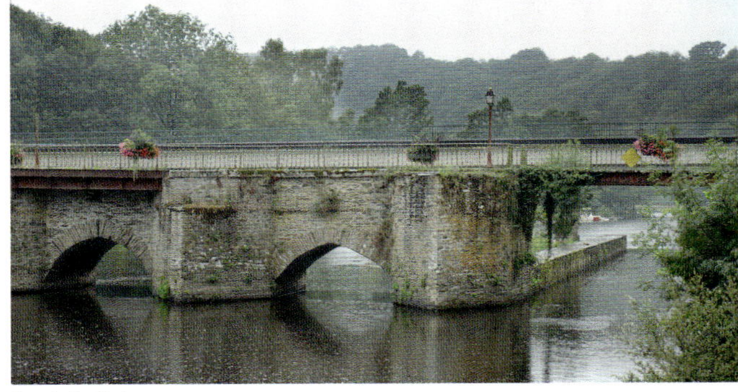

Pont du Roi

nutzte Furt ersetzte – und eine Kapelle aus dem 16. Jahrhundert. Eine beeindruckende Kulturlandschaft die Geschichten über die Region erzählt.

▶ Von der Parkbucht gehen wir über die alte Steinbrücke **Pont du Roi** 01 (43 m) aus dem 17. Jahrhundert und sofort rechts auf der Straße weiter, um hinter der Bar links in die Allée des Peupliers, bergaufzugehen. Bei dem darauffolgenden Stoppschild biegen wir dann scharf rechts ab, um dann nach 325 m – hier befindet sich auch ein Wegweiser – rechts in die Straße zu gehen und sofort auf dem weiterführenden Pfad abzuzweigen. Dieser mündet in eine Straße auf der wir zunächst gerade und bei der nächsten Weggabelung halb links gehen. Nach einem kurzen Stück auf einer Straße geht es dann auf einer Piste weiter. Nach einem längeren Abschnitt durch Weideflächen und Ackerland erreichen wir eine Straße. Wir wandern rechts und erreichen nach 400 m die zwischen 1575 und 1628 erbaute, **La Chapelle du Moustoir** (Châteauneuf-du-Faou) 02 (100 m). Zwei mächtige Eiben zieren den Kirchenvorhof. Sie wurde Aint Ruelin (oder Saint Rivelin) gewidmet, er war im 6. Jahrhundert Bischof von Tréguier und ließ an dieser Stelle eine erste Siedlung bauen. Wir gehen auf der Straße weiter bergab, um nach einem kurzen Stück entlang einer Kirschlorbeerhecke – an dessen Ende sich ein Schuppen befindet – rechts auf dem Pfad, Richtung Kanal abzuzweigen. Auf dem oberen Abschnitt ist der Weg nur schwach zu erkennen, je dichter wir an den Kanal kommen, umso ausgeprägter ist der Pfad. Hinter der Staustufe und dem Schleusenhaus gehen wir ein langes Stück am Kanal entlang, bis zur darauffolgenden 03 **Boudrac'h-Schleuse** 03 (45 m). Hier überqueren wir den Kanal und gehen fortan auf der anderen Uferseite durch den dichten Wald weiter. Beim zweiten linken Abzweiger gehen wir scharf links zur **D36** 04 **(69 m)** hoch, überqueren die Straße bei dem steinernen Kreuz nach halb rechts und gehen auf der weiterführenden Straße, um bei der nächsten Möglichkeit rechts abzuzweigen. Bei dem darauffolgenden Haus

La Chapelle du Moustoir

und einer Ruine gehen wir bei der Straßengabelung halb links und und sofort bei der nächsten Möglichkeit halb links auf dem Pfad, wir gelangen so zum Kanal und gehen nun stromaufwärts. Hinter der Schleuse **Ecluse de Châteauneuf du Faou** 05 (33 m) kommen wir an einer weiteren Staustufe und einem Campingplatz vorbei. Oberhalb sehen wir die Kirche von Châteauneuf du Faou und kurz später erreichen wir den Ausgangspunkt.

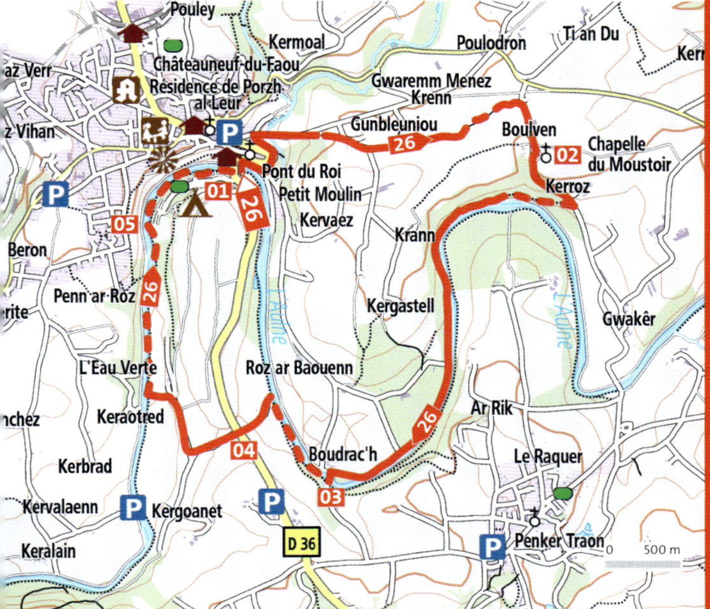

HUELGOAT

Auf den Spuren von Huelgoats Legenden und Riesenfelsen

  7,7 km  3:10 h 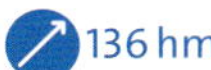 136 hm  136 hm

START | Busanbindung: Die Buslinie 60 fährt von Brest nach Huelgoat. Pkw-Anfahrt: Die Wanderung befindet sich im Département Finistère in der Ortschaft Huelgoat, südlich des 30 km entfernten Morlaix und 18 km südöstlich von Carhaix-Plouguer. Hinter der Dorfkirche befindet sich ein riesiger Parkplatz. Die geografischen Koordinaten zum Start sind:
[GPS: N48° 21,828780 O3° 44,705160].
CHARAKTER | Einfache Wanderung auf gut angelegten Wegen und Pfaden. Nur auf einem Teilstück ist die Orientierung etwas schwieriger.

Wie ist die Entstehungsgeschichte dieser riesigen Felsen zu erklären? Glühend flüssige Masse aus dem Erdinnern stieg bis unter die Erdkruste auf und wurde beim Erkalten zu Gestein. Erosion legte die Felsen frei, manche blieben an dieser Stelle, andere wiederum rollten die Abhänge hinunter und sammelten sich zu riesigen Haufen und bizarren Anordnungen. Diese Wanderung verbindet alle TOP-Sehenswürdigkeiten in einer der schönsten Regionen in der zentralen Bretagne, ein eindrückliches und nachhaltiges Naturspektakel. Aber wir durchstreifen auch eine Gegend rätselhafter Sagen und jahrhundertealter Legenden.

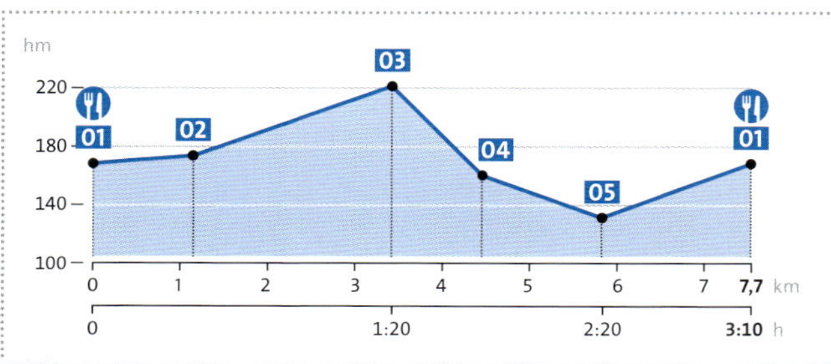

01 La Roche Tremblante 164 m; 02 Le Champignon 177 m; 03 Camp d Artus 220 m; 04 La Grotte d Artus 159 m; 05 La Marre aux Fées 128 m

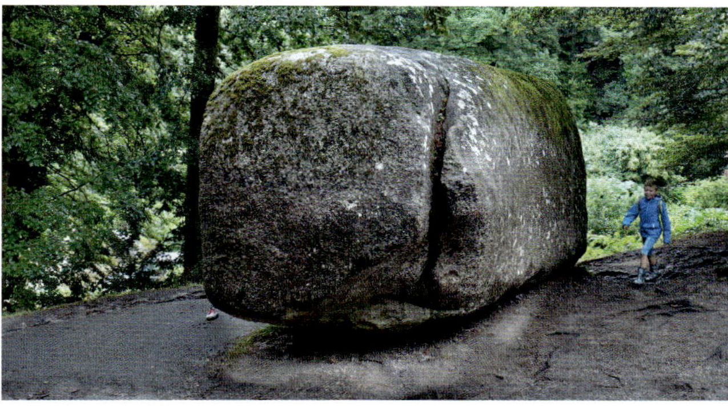

La Roche Tremblante

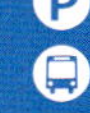
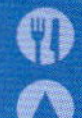

▶ Vom Parkplatz, Start und Ziel der Wanderung, hinter der aus dem Jahr 1591 stammenden L'église Saint-Yves De Huelgoat gehen wir bis zum Place Aristide Briand vor und dort rechts durch die Straße bis zum See. Hinter der Brücke befindet sich die alte Mühle Moulin du Chaos, erbaut 1339 und das älteste Gebäude in Huelgoat. Wir gehen bei der Creperie rechts auf dem Pfad zwischen den mit Moos bedeckten, riesigen Felsen und erreichen die Teufelsgrotte La Grotte du Diable, zu der man über eine rutschige Eisentreppe in die Unterwelt absteigen kann. Auf dem weiterführenden Pfad geht es an mächtigen und rundgeschliffenen Granitblöcken vorbei. Bei der ersten Weggabelung gehen wir dann halb links, überqueren den inzwischen unterirdisch verlaufenden Bachlauf und nehmen den ersten Treppenaufstieg an einer kleinen Höhle vorbei. Über einen plattgeschliffenen Felsen und in den Fels geschlagenen Stufen gelangen wir zum **La Roche Tremblante** 01 (164 m) hinunter. Der sogenannte Zitternde Felsen liegt auf einem schmalen Grat. Findet man den richtigen Druckpunkt, in Kombination mit der richtigen Frequenz, so wird der 100 t schweren Granitblock in eine 2–3 cm große Schwingung versetzt! Bloß wo ist der Punkt? Wir gehen auf dem Hinweg bis zum plattgeschliffenen Felsen zurück, um dann aber geradeaus weiterzuwandern, an einer Steinbank vorbei, ein kurzes Stück parallel zu einer Straße, zwischen den Häusern hindurch, bis zu einer Hauptstraße. Auf dieser gehen wir 60 m rechts und vorbei an dem links liegenden Supermarkt. Über dem nach rechts abzweigenden Pfad erreichen wir den 200 t schweren Granitblock **Le Champignon** 02 (177 m). Nicht nur, dass man so viele Tonnen Granit auf einem Platz findet, nein er ähnelt einem riesigen Pilz. Wir gehen wieder bis zur Hauptstraße zurück und überqueren diese, um auf der weiterführenden asphaltierten Straße weitere 200 m zu gehen. Weit vor einem Parkplatz und kurz vor einer Picknickbank zweigen wir nach links auf den unscheinbaren Pfad ab. Dieser führt parallel an einem Bachlauf entlang. Bei der ersten Weggabelung gehen wir links, um nach kurzen Abstieg auf einen weiteren Pfad

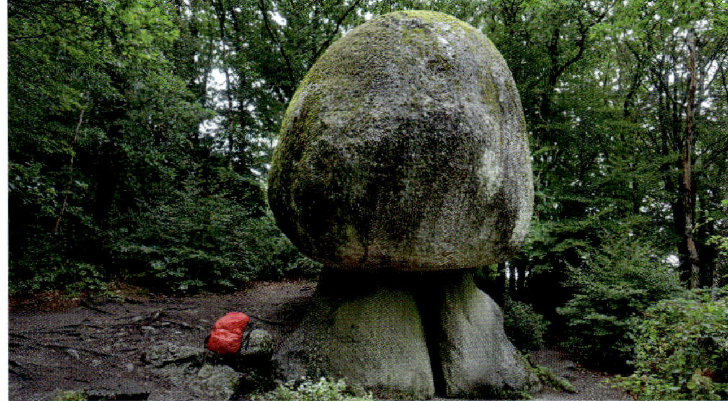

Le Champignon

zu gelangen. Abermals mündet der Pfad in einen weiteren Pfad, links durch den lichten Wald kann man Häuser ausmachen. Wir gehen ein Stück an einem Zaun entlang und da, wo der Weg nur noch schwer auszumachen ist, entlang einer moosbesetzten Steinmauer. Ein abenteuerlicher Abschnitt, Stechpalmen und umgestürzte Bäume müssen umlaufen werden. Der Pfad endet, wir gehen rechts bergauf, bei der darauffolgenden Wegekreuzung links und folgen der Ausschilderung Camp d'Artus. Bei der Picknickbank wandern wir scharf rechts und erreichen eine Informationstafel. Dort gehen wir halb links und nicht halb rechts. Hinter einer Lichtung ignorieren wir den rechten und linken Abzweiger. An einer weiteren Lichtung und Weggabelung erreichen wir das virtuelle **Camp d'Artus** 03 (220 m). Was ist das? Im Jahr 1938 exhumiert der britische Archäologe Wheeler Spuren einer befestigten Siedlung der Römer. Auch soll an dieser Stelle die berühmte Sagengestalt König Artus sein Lager bezogen haben. Wir gehen halb links weiter, folgen der Ausschilderung Richtung L'Arquellen. Auf Höhe einer Bank führt links ein Pfad zu einem wunderschönen Aussichtspunkt. Nachdem wir durch eine 180°-Kehre gelaufen sind, erreichen wir die Felsengrotte **La Grotte d'Artus** 04 (159 m). Sie soll einst die Ritter der Tafelrunde auf ihrem Weg nach Britannia beherbergt haben. Nur kurz hinter der Höhle zweigen wir rechts ab und erreichen die La Mare aux Sangliers. Na ja! Wir folgen der Ausschilderung Richtung L'Arquellen, überqueren beim Picknickplatz die D769A, queren 90 m hinter einem Parkplatz die Straße nach rechts und steigen die Treppen zur nächsten Sehenswürdigkeit hinunter, dem Gouffre de la Rivière d'Argent – wo der Bach aus einer Höhe von 8 bis 10 Metern herabstürzt. Wir gehen noch weiter bachabwärts. Bereits nach einigen Metern hört man das Grollen des Bachlaufes nicht mehr, er ist in die Unterwelt abgetaucht, um nach 150 Metern wieder zu erscheinen. Dort befindet sich auch der Feenteich, **La Marre aux Fées** 05 (128 m). Wir gehen bis zu den Treppen zurück, queren dann die Brücke nach links – auch ausgeschildert Richtung Le Belverde. In steilen Kehren geht es bergauf, wir kommen vorbei an dem Gedenkstein für den Archäologen La Stèle de Victor Segalen. Im Mai 1919 starb er unter mysteriösen Bedingungen während eines Spaziergangs am Silberfluss, in der Nähe des Gouffre de la Rivière d'Argent. Darauf folgt ein steiler Abstieg, um dann in einer 180°-Kehre, auf gleicher Höhe bleibend, um den Hügel mit dem Gedenkstein herumzugehen. Wir erreichen eine kleine Schlucht, die durch ein kleines Seitental verlassen wird. Sobald der Pfad auf dem wir gehen in einen weiteren mündet, ist er Richtung Huelgoat 1,5 km ausgeschildert. Im Weiteren queren wir über Brücken zweimal den kleinen Kanal und gehen dann parallel an ihm entlang. Nach 80 m verlassen wir die Straße nach rechts auf einen Pfad, jetzt wieder parallel zum Kanal. An der zweiten Holzbrücke überqueren wir den Kanal und erreichen nach wenigen Metern Aufstieg den Parkplatz.

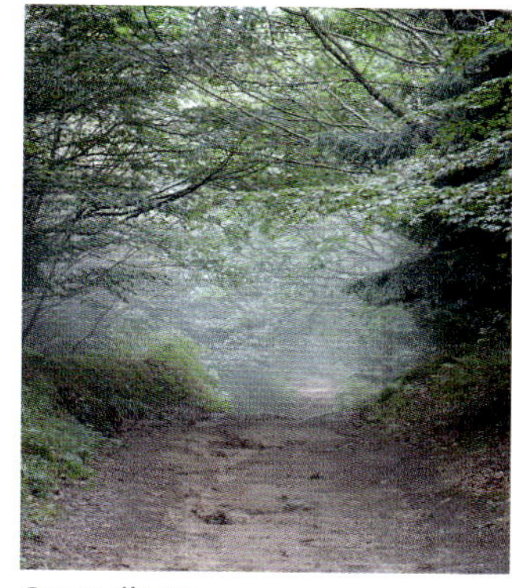
Camp d'Artus

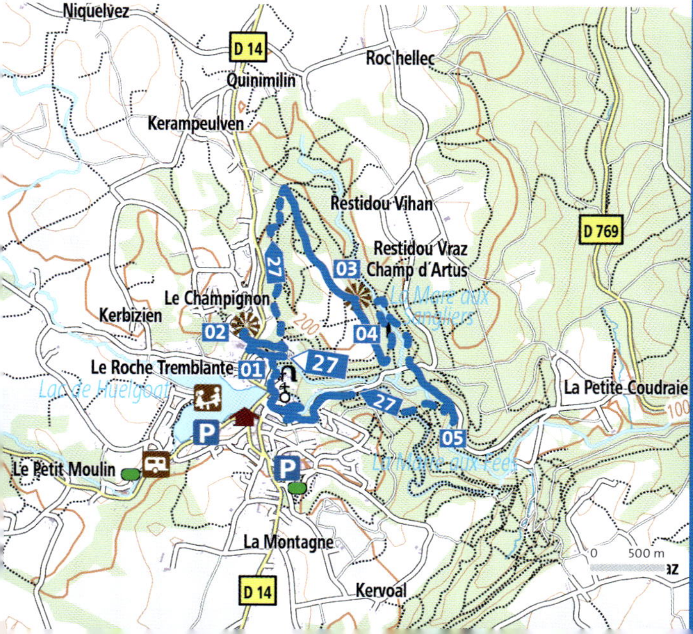

MONTS D'ARRÉE

Die Gipfel der Bretagne

 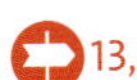 13,3 km 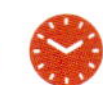 4:30 h 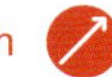 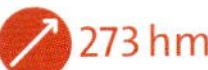 273 hm  273 hm

START | Busanbindung: keine. Pkw-Anfahrt: Die Wanderung befindet sich im Département Finistère in der Ortschaft Plounéour-Ménez, 18 km südlich von Morlaix. Südlich der Kreuzung der D785 und D111 befindet sich ein kleines Industriegelände mit einer riesigen Parkfläche. Die geografischen Koordinaten zum Start sind: [GPS: N48° 26,357820 O3° 53,210880].
CHARAKTER | Mittlerer Schwierigkeitsgrad, Orientierung problemlos, auch ohne Karte möglich.

Zwei Bergketten ziehen sich durch das 330 Millionen Jahre alte Armorikanische Massiv, ein Grundgebirgskomplex in Nordwestfrankreich. Dazu gehören die zaghaften Felsspitzen der Monts d'Arrée im Norden – mit dem höchsten Berg der Bretagne dem Roc'h Ruz (385 m) – und die Montagnes Noires im Süden – deren höchster Punkt die sanfte und kahle Kuppe des Menez Hom ist. Ein absolutes Muss in einem Wanderführer über die Bretagne, ist die Besteigung des höchsten Gipfels. Diese führt durch eine eindrucksvolle, mit Felsen übersäte Heidelandschaft und einem langen Bergkamm zum Ziel. Eine Chinesische Weisheit sagt: Viele Wege führen zum Gipfel eines Berges, doch die Aussicht bleibt die gleiche. Die ist äußerst beeindruckend auf dieser Tour.

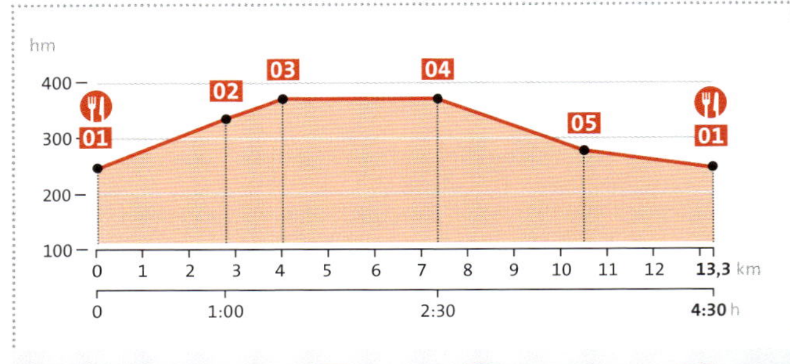

01 Plounéour-Ménez 250 m; 02 D36 334 m; 03 Roc'h Ruz 385 m ; 04 Roc'h Trevezel 384 m; 05 Circuit des Roc'h 185 m

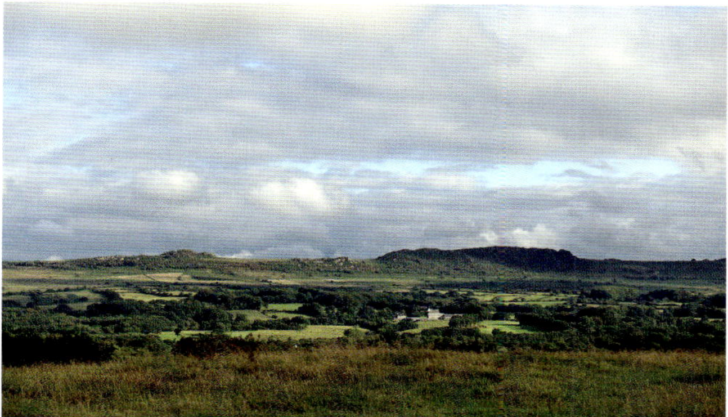

Blick von Plounéour-Ménez auf die Monts d'Arrée

Von dem großzügigen Parkplatz in **Plounéour-Ménez** 01 (250 m) gehen wir in südlicher Richtung auf der Straße, um 50 m vor dem Stoppschild nach halb rechts auf den Pfad abzubiegen. Immer wieder werden wir auf der Wanderung Wegweiser mit der Aufschrift Circuit des Roc'hs sehen, so auch hier. Es geht parallel zur Straße, über eine Holzbrücke, an einem Wasserhaus vorbei, bis der Pfad endet. Auf der nachfolgenden Straße gehen wir links und nachfolgend durch die Unterführung der zweispurigen Straße, um dahinter, rechts Richtung einer weißen Hauswand zu gehen, aber dann links vorbeizuwandern. Einen rechten Abzweiger auf die Felder ignorieren wir. Im Spätsommer führt der Pfad durch eine blühende Heidelandschaft. Wir queren die **D36** 02 (334 m) und setzen unsere Bergtour auf einem steinigen Pfad fort. Kurz vor dem höchsten Punkt des vor uns liegenden Bergrückens, gehen wir rechts, direkt auf den Funkmast zu, oft ist das karge Hochplateau in Nebelschwaden. Nach

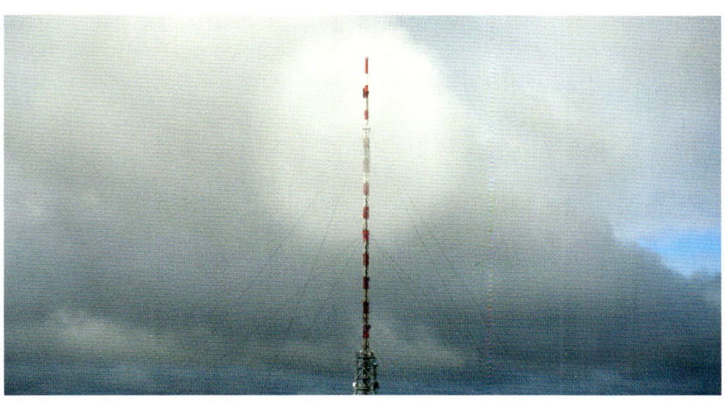

Blick von der D36 auf den Sendemast

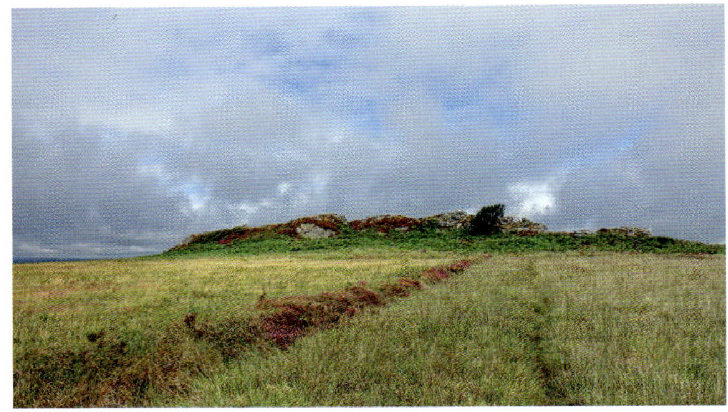

Roc'h Ruz

weiteren 525 m beginnt, rechts über die Felder, ein unscheinbarer Trampelpfad zu dem höchsten Gipfel der Bretagne, dem **Roc'h Ruz** 03 (385 m) mit sagenhaften 360°-Rundblick. Richtung Süden schaut man auf das Réservoir de Sant-Michele und an seiner linken Uferseite befindet sich das einzige Kernkraftwerk in der der Bretagne, das 1985 abgeschaltet wurde und sich seitdem im Abbau befindet. Richtung Norden blickt man über die unendlichen Weiten der Heidelandschaften bis zur Bucht von Morlaix. Ja, aus Nordwesten näherte sich gerade ein Unwetter, daher konnte ich – der Autor – auf der RechercheReise nichts sehen und somit auch nicht berichten. Wir gehen zum Hauptweg zurück und auf dem Bergrücken an dem Sendemast vorbei. Dieser ist auffällig mit Stacheldraht gesichert, das hat seinen Grund, denn bei einem Bombenanschlag in den siebziger Jahren wurde der Radio- und Fernsehempfang in der westlichen Bretagne für mehrere Wochen lahmgelegt. Wir überqueren die nachfolgende Straße, queren einen Pfad und wechseln abermals auf die andere Straßenseite, um Richtung der Felsen mit den vertrockneten Bäumen zu gehen. Es folgt einer der schönsten Abschnitte der Wanderung durch Heidelandschaft, verstreut mit Felsen, die beliebig in der Landschaft liegen. Bei der Besteigung des **Roc'h Trevezel** 04 (384 m) kann man dann auch 2–3 m über felsigen und steilen Untergrund aufsteigen. Hinter dem Gipfel gehen wir bei den nachfolgenden Pfadgabelungen zweimal rechts und folgen der Ausschilderung Circuit des Roc'h. Nachdem wir abermals eine Straße überquert haben, ignorieren wir den linken und dann den rechten Abzweiger. Wir wandern nun talwärts. Den rechten Abzweiger unter einer Eiche ignorieren wir und gehen geradeaus weiter. Sobald wir einen Bachlauf gequert haben laufen wir auf einem Wirtschaftsweg, der in eine Straße mündet, auf der wir halb rechts weitergehen. Wir laufen durch die Streusiedlung Kerdalan und biegen auf Höhe eines Teiches halb links ab – auch ausgezeichnet **Circuit des Roc'h** 05 (185 m) und laufen über eine alte Steinbrücke und erreichen auch schon wieder die Straße. Nach einem kurzen Stück auf der Straße biegt man abermals halb links ab und ignoriert die beiden linken Abzweiger. Der Weg mündet wieder in die Straße. Hinter dem nachfolgenden Steinkreuz am Wegesrand biegen wir bei der darauffolgenden Weggabelung halb links ab, gehen wo die Straße endet links und nach 150 m rechts. Bei der sofort folgenden Weggabelung orientieren wir uns nach halb links in den Hohlweg. Nachfolgend ignorieren wir den rechten Abzweiger und gehen geradeaus weiter bis zur Straße, um auf dieser rechts zu gehen, bis wir rechts unterhalb den Parkplatz sehen.

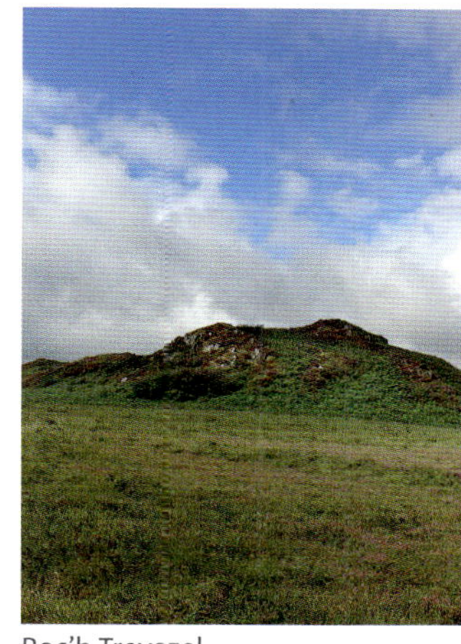

Roc'h Trevezel

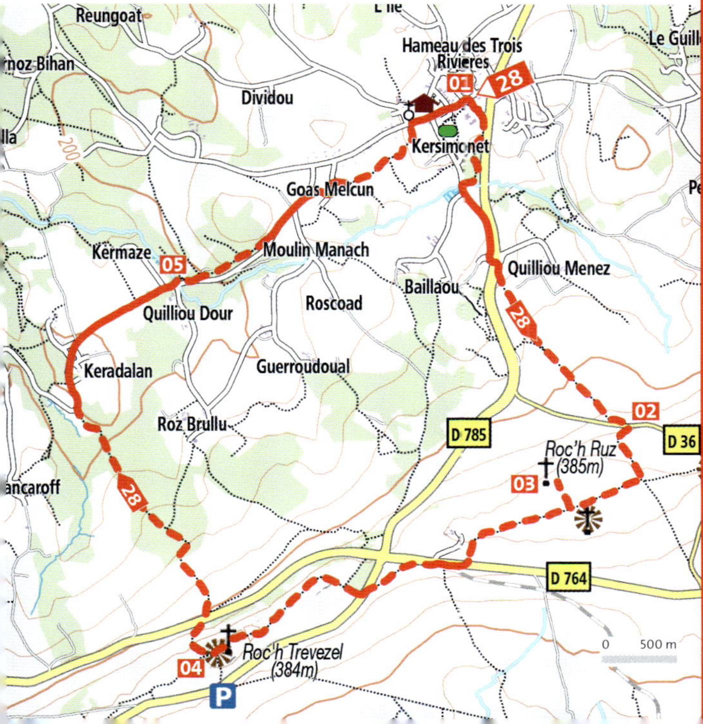

SAINT-THÉGONNEC – GUIMILIAU

Die umfriedeten Pfarrbezirke der Bretagne

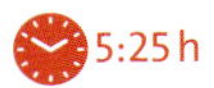

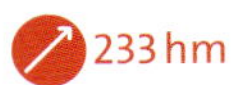

START | Busanbindung: keine. Pkw-Anfahrt: Die Wanderung befindet sich im Département Côtes-d'Armor in der Ortschaft Saint-Thégonnec, 12 km südwestlich von Morlaix. Am Übergang zwischen der Rue de Brest und Rue de Paris befindet sich ein riesiger Parkplatz. Die geografischen Koordinaten zum Start sind: [GPS: N48° 31,294140 O3° 56,751300].
CHARAKTER | Mittelschwere Wanderung aufgrund der Länge und dem erhöhten Navigationsaufwand.

Mit der der boomenden Wirtschaft in der Bretagne, man spricht das 16. und 17. Jahrhundert, begann das Goldene Zeitalter. Aus dieser Epoche stammen viele der architektonisch herausragenden Herrensitze der Adligen und Schlösser des Hochadels. Es entstanden einzigartige Pfarrbezirke, bestehend aus einer Kirche, einer Mauer, einem Triumphbogen und einem Kalvarienberg – die sogenannten umfriedeten Pfarrbezirke –, was auf Französisch bedeutet: Les enclos paroissiaux. Es entstand eine Konkurrenz zwischen den Gemeinden bei der Umsetzung des schönsten architektonischen Werkes, die zwei schönsten erkunden wir auf der heutigen Wanderung. Zwischen den kulturellen Höhepunkten gibt es eine Menge Natur.

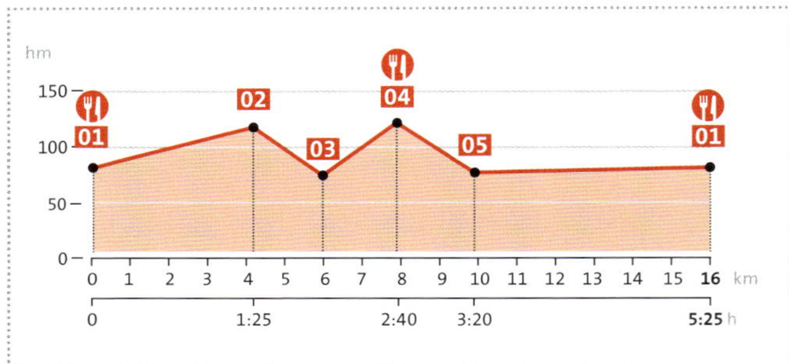

01 Saint-Thégonnec 94 m; 02 Steinkreuz 118 m; 03 Bachlauf 65 m; 04 Enclos Paroissial de Lampaul Guimillau 126 m; 05 Brücke 81 m

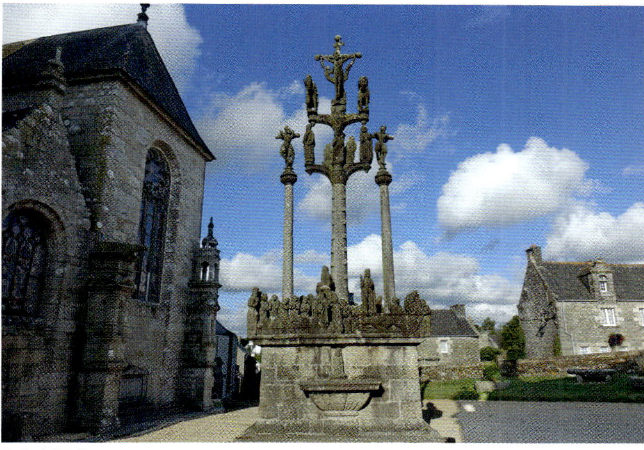

Saint-Thégonnec

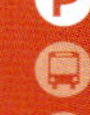

▶ Vom großen Parkplatz gehen wir durch die Fußgängerzone zur weithin sichtbaren Kirche von **Saint-Thégonnec** 01 (94 m) hoch. Durch den Triumphbogen aus dem Jahre 1587 betritt man das Pfarrgelände über eine senkrecht eingelassene, nur durch einen großen Schritt zu überwindende, 50–60 cm hohe Steinplatte. Sie bietet den Toten Schutz vor Dämonen und ewiger Verdammnis. Der 1610 errichtete Kalvarienberg wurde als einer der letzten der Bretagne fertiggestellt. Das Beinhaus – im Nebengebäude – zeigt die Grablegung mit acht lebensgroßen Figuren. Mit der Kirche im Rücken biegen wir rechts in die Rue de Chapellendy und gehen bis zu einem großen Steinkreuz, um dort links abzubiegen. Bei einem weiteren Steinkreuz gehen wir durch die Rechtskurve der Straße und durch die Linkskurve Richtung der Ortschaft Bouges. Hinter dem letzten Haus der Streusiedlung geht es auf einem Wirtschaftsweg weiter. Bei der nächsten Weggabelung gehen wir halb rechts in den Wald hinunter. An der darauffolgenden Straße gehen wir links, vorbei an einem ersten Kreuz, um dann bei der nächsten Möglichkeit, hinter dem zweiten **Steinkreuz** 02 (118 m), rechts abzuzweigen – auch ausgeschildert nach Kerever. Am Ende der Straße, inzwischen sind wir durch drei kleine Streusiedlungen gegangen, gehen wir um das Steinhaus mit den hellblauen Fensterläden herum, um dann bei der ersten Weggabelung, rechts im Wald bergabzugehen. Der Weg wird zum Pfad, wir queren eine Piste, überqueren über die Holzbrücke den **Bachlauf** 03 (65 m), gehen danach links, es folgt ein romantischer Wegabschnitt durch den Wald, in einem dicht bewachsenen Waldstück wird der Tag zur Nacht, wir gehen bergauf, bei einer Lichtung gehen wir halb rechts und ignorieren den linken Abzweiger, gehen über einen Feldweg, laufen über ein Anwesen und gehen

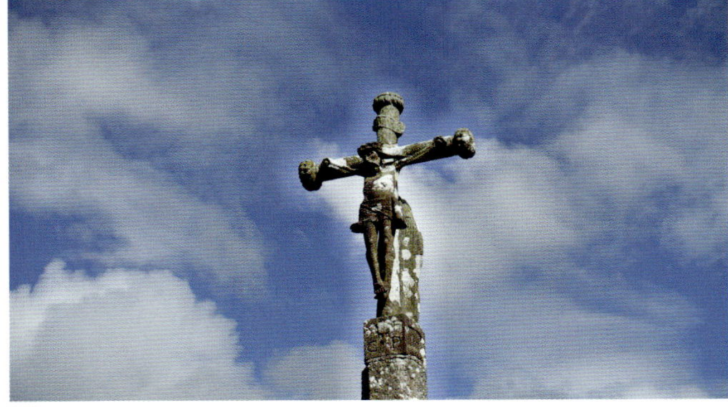

Steinkreuz

bis zur Hauptstraße vor. Auf dem Fußweg der Hauptstraße gehen wir beim nächsten Kreisverkehr halb rechts, über den Parkplatz und den Friedhof erreicht man die Pfarrei. Die **Enclos Paroissial de Lampaul Guimillau** **04** (126 m) stammt aus dem 16. bis 17. Jahrhundert und umfasst neben der Kirche Saint-Miliau mit ihrem Glockenturm eine Grabkapelle, einen Kalvarienberg und eine Triumphpforte. Der Kalvarienberg berichtet vom Leben und der Passion Christi. Für den Rückweg gehen wir nur wenige Meter auf der Rue du Calvaire, vorbei an einer Creperie, um dann links durch die Rue des Bruyéres bis zum Kreisverkehr an der Hauptstraße vorzugehen. Diese überqueren wir gerade, kommen an Einfamilienhäuser vorbei, um dann in der Rechtskehre der Straße geradeaus, bis zum Ende der Sackgasse zu gehen. Wir lesen aufmerksam ein Schild mit der Aufschrift privat. Nach Rücksprache mit Office de Tourisme du Pays de Landivisiau ist dies ein offizieller Wanderweg, so gehen wir halb links, hinter den Gebäuden leicht bergab, bei der Weggabelung nicht scharf rechts, sondern gerade in den Wald hinein, nun entlang eines Bachlaufes. Im weiteren Verlauf schlängelt sich der Pfad bergauf und endet am Feldrand, wo wir rechts gehen. Über eine **Brücke** **05** (81 m) queren wir den Bachlauf und steigen bis zu dem Steinhaus vom Hinweg auf – das mit hellblauen Fensterläden. Vor der Asphaltstraße biegen wir rechts auf den Wirtschaftsweg und gehen bis zur Straße vor, um dort nach einigen Metern rechts, sofort links auf den Feldweg weiterzuwandern. Nach einem langen Wegabschnitt gehen wir bei der Asphaltstraße links und sofort wieder rechts. An einem Holzgatter bleiben wir auf dem Hauptweg. Die vielen Abzweiger nach rechts und links ignorieren wir, bis wir hinter der Zufahrt zu einem Hof – diese ist scharf rechts – rechts auf der asphaltierten Straße weiterlaufen. An der nachfolgenden Straße gehen wir links und an dem riesigen Steinhaus – hier macht die Straße eine Rechtskehre – gehen wir links. Hindurch zwischen zwei Steinhäusern gelangen wir auf einen Pfad – rechts befindet sich eine riesige Steinmauer – um bei einem Metallkessel, links auf den Weg zwischen die Felder zu gelangen. Bei der nachfolgenden Piste gehen wir rechts, direkt auf den Hof zu, bei den Kuhställen links, über das Gelände, bis zu einer Straße – rechts befindet sich ein weißes Haus –wo wir links gehen. Nachfolgend führt die Schotterpiste durch eine Senke. Den nachfolgenden linken Abzweiger ignorieren wir und gehen entlang der Masten und an der darauffolgenden Wegekreuzung links, in der Ferne sieht man einen Turm. Dort wo die Piste eine Linkskehre macht gehen wir geradeaus am Holzgatter vorbei und bei der ersten Weggabelung im Wald halb links. Auf dem verbleibenden Rückweg folgen wir der Wegmarkierung mit den beiden runden Punkten und einem Dreieck.

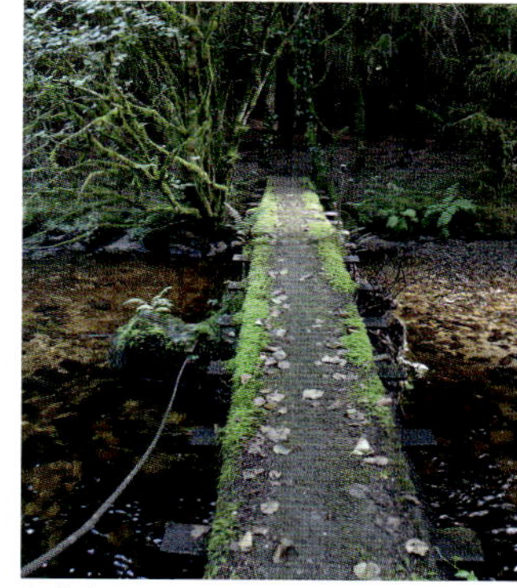
Brücke

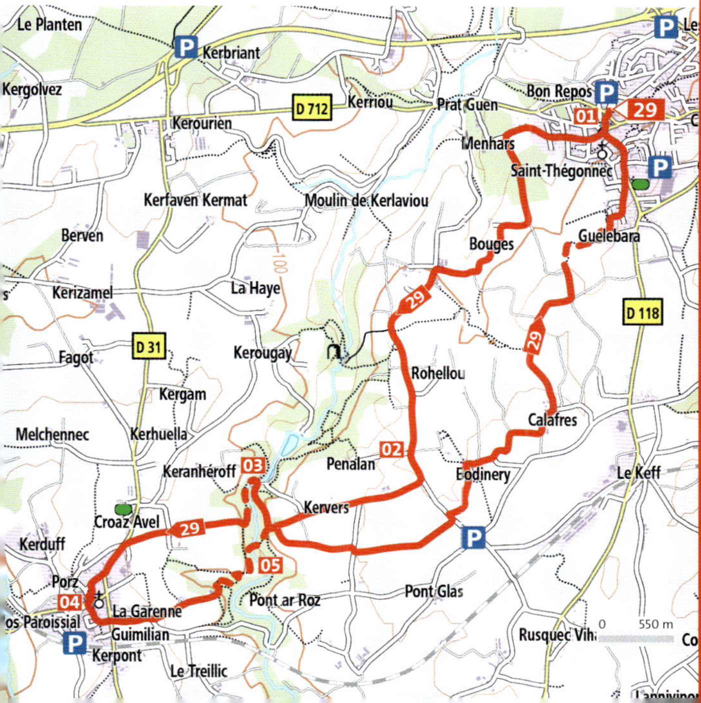

30

SAUT DU LOUP

Entlang der Ufer eines der größten Flüsse in der Bretagne

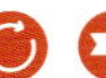
8,8 km
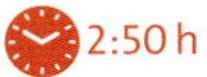
2:50 h
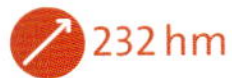
232 hm
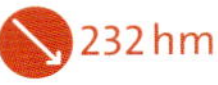
232 hm

START | Busanbindung: keine. Pkw-Anfahrt: Die Wanderung befindet sich im Département Finistère westlich der Ortschaft Rosnoën, 35 km südöstlich von Brest. Fährt man von Rosnoën auf der D 47 in westlicher Richtung so erreicht man nach 1,6 km einen riesigen Platz auf der linken Seite. Die geografischen Koordinaten zum Start sind: [GPS: N48° 15,778920 O4° 12,860220].
CHARAKTER | Mittelschwere Wanderung bei einfacher Orientierung. Der Pfad oberhalb des Flusses ist an einigen Stellen leicht ausgesetzt und erfordert Trittsicherheit.

Die letzten Wölfe im Département Finistère wurden im 20. Jahrhunderts erlegt. Eine Überlieferung berichtet, ein Wolf habe sich in die Fluten des Fluss L'Aulne Maritime gestürzt, um der Meute zu entkommen. Heutzutage wandert man unbesorgt entlang der herrlichen Mündung der L'Aulne Maritime, die eine liebliche Landschaft geformt hat: Küstenwälder mit Maronenbäumen und mächtigen Eichen, Felder, Schilf, Watt und Kieselbuchten. Auf der gegenüberliegenden Uferseite erhebt sich die eindrucksvolle Silhouette des Berges Ménez-Hom. Die architektonisch sehr interessante und geschwungene Hängebrücke Pont de Terenez passt nicht so ganz in das Naturspektakel – trotzdem ein faszinierendes Outdoorabenteuer.

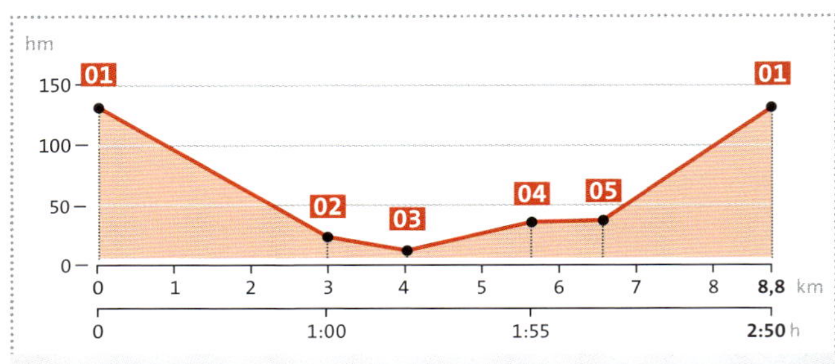

01 Start und Ziel 144 m; 02 L'Aulne Maritime 3 m; 03 Langoat Izella 5 m; 04 Aussichtspunkt 45 m; 05 Pfad endet 21 m

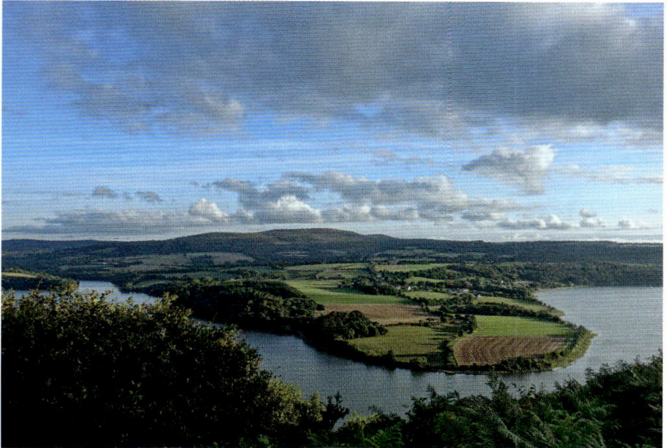

Wunderschöne Ausblicke

▶ Der Auftakt beginnt mit einem atemberaubenden Blick auf den 140 m tiefer liegenden Fluss l'Aulne Maritime. Auf der anderen Uferseite liegt das Dorf Trégarvan und dahinter erhebt sich der Vulkanberg Ménez-Hom. Auf der linken Seite, weiter stromaufwärts, befindet sich die Passage de Dinéault, wo bis 1950 eine Fähre fuhr. Vom **Start und Ziel** 01 (144 m) gehen wir über den Parkplatz und folgen der Zufahrtsstraße in nördlicher Richtung, um hinter dem weißen Gartentor links in die Straße zu biegen. Die nach links abzweigende Straße ignorieren wir und gehen geradeaus weiter, nun auf der Schotterpiste. Wir durchqueren eine Streusiedlung und überqueren zwei aufeinanderfolgende asphaltierte Straßen. Nachdem wir eine weitere Straße gequert haben gehen wir noch bis zum Ende der Piste, dann links bergab und an dem 20-km/h-Begrenzungsschild vorbei. Hinter einem urwaldähnlichen Wegabschnitt erreichen wir den Fluss **L'Aulne Maritime** 02 (3 m). Schauen wir nach rechts, so sehen wir in der Ferne eine Hängebrücke. Wir gehen 50 m zurück, um an der Stelle, wo von links ein Wanderweg kommt, rechts durch das Holzgatter und dann halb rechts auf der Fahrspur weiterzugehen. Hinter einem Holzhaus gehen wir halb rechts, auf einem Pfad, etwas erhöht über dem Flussbett. Hinter einem weiteren Haus führt der Pfad dann wieder zum Fluss hinunter und wir gehen bis zu einer Zufahrtsstraße links hoch Richtung **Langoat Izella** 03 (5 m). Über dem Dorfteil Langoat gehen wir vor der Wellblechgarage rechts, auf den Hof, links vorbei an der Scheune, um so auf den weiterführenden Wirtschaftsweg zu gelangen. Hinter der Senke und der Rechtskehre ignorieren wir den linken Abzweiger. Ein Hinweisschild informiert, dass die Durchfahrt für Fahrzeuge untersagt ist. Bei der Weggabelung im Wald halten wir uns halb rechts und nach weiteren 20 m führt rechts ein

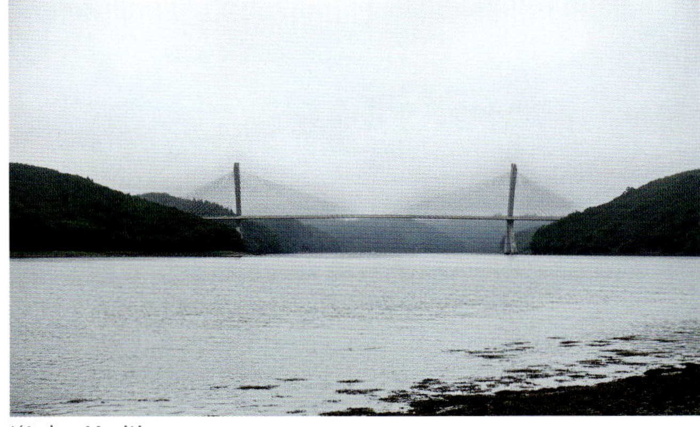

L'Aulne Maritime

Pfad zu einem spektakulären **Aussichtspunkt** 04 (45 m). Wieder auf dem weiterführenden Pfad geht es steil bergab, wir gehen über eine Holzbrücke, um wieder steil aufzusteigen. Es folgt ein landschaftlich sehr schöner Abschnitt, auf einem schmalen Pfad durch den steilen Hang, der an einigen Stellen ausgesetzt ist. Hinter einer Hütte, die aussieht wie ein Toilettenhäuschen im Nichts, ignorieren wir den linken Abzweiger und auf Treppen steigen wir hinunter zum Flussbett, wo der **Pfad endet** 05 (21 m) hier. Von nun an gehen wir direkt am Ufer entlang, vereinzelte Algen, feuchter Sand und Gestein machen diesen Abschnitt zu einer rutschigen Angelegenheit. Inzwischen gehen wir auf einer Fahrspur, um bei der nächsten Möglichkeit links, auf dem bergaufführenden Weg zu gelangen. Hinter der Rechtskehre setzen wir unsere Wanderung auf einem breiten Weg fort, der endet an einer Straße, an der wir 20 m rechts

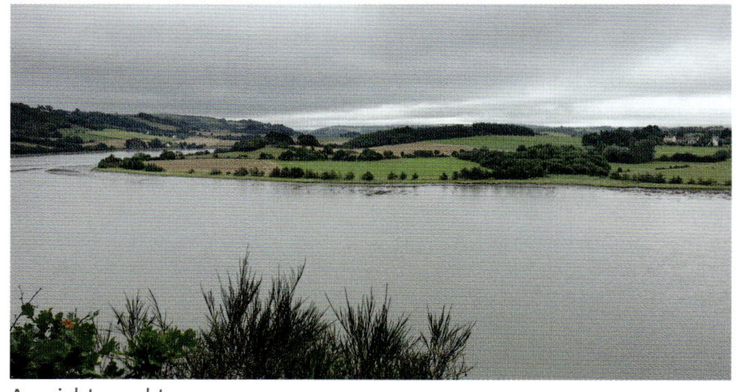

Aussichtspunkt

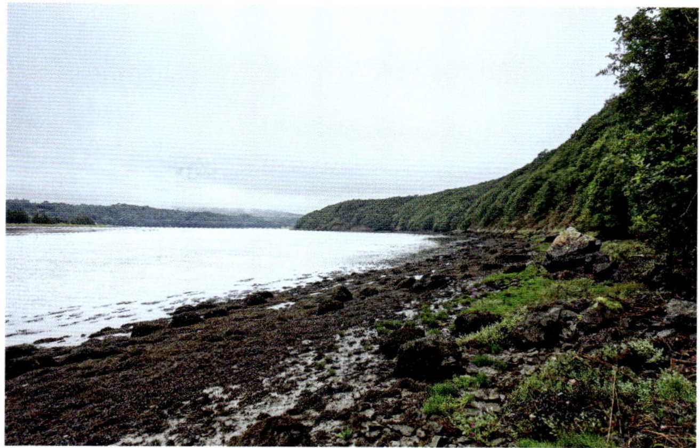

Langoat Izella

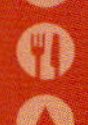

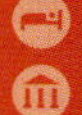

gehen und dann sofort links. An der darauffolgenden Weggabelung gehen wir halb links an der Kirschlorbeerhecke entlang und erreichen nach einem kräftigen Aufstieg den Ausgangspunkt.

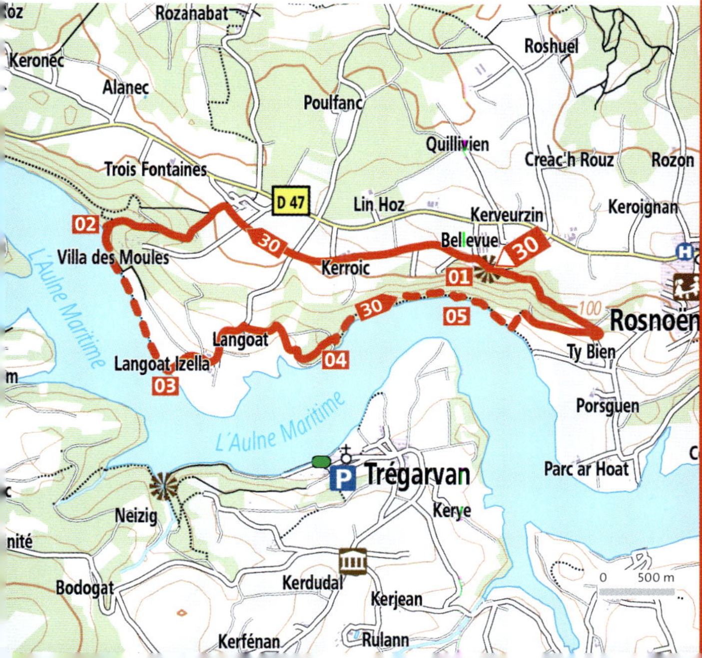

SAUVAGE PLAGES UN

Verborgene Sandstrände, zerklüftete Klippen und unberührte Natur

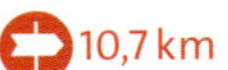

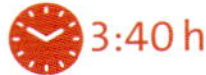

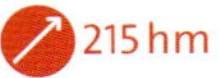

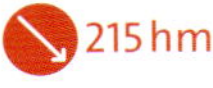

START | Busanbindung: keine. Pkw-Anfahrt: Die Wanderung befindet sich im Département Finistère 6 km östlich der Ortschaft Crozon. Kurz hinter der kleinen Ortschaft Trélannec erreicht man auf der rechten Seite eine große Bucht und einen vorgelagerten Parkplatz. Die geografischen Koordinaten zum Start sind: [GPS: N48° 14,100840 O4° 25,708740].
CHARAKTER | Mittelschwerer Schwierigkeitsgrad auf angelegten Pfaden entlang der Küste und einer Piste im Landesinneren.

Der Aber de Crozon ist eine verlandete Bucht, die durch Eindringen des Meeres in einen Flusslauf entstanden ist. Nur ein schmaler Zu- und Abfluss ist geblieben, sonst ist die Mündung durch eine riesige Sandbank geschlossen. Sie bildet den Strand Plage de l'Aber, an dessen südöstlichen Ende wir zu einer Gezeiteninsel gelangen und dort eine alte Befestigungsanlage erkunden. Was dann folgt, ist eine grandiose Steilküstenwanderung oberhalb wunderschöner Strände, entlang der Bucht von Douarnenez. Es geht durch magische lila Heidelandschaften, mit vereinzelten satt gelben Ginsterbüschen und wohlriechenden Kiefernwäldern. Wie von einer 65 m hohen Aussichtskanzel blickt man über die Bucht bis zum Horizont, begrenzt auf der rechten Seite von der Halbinsel Crozon und auf

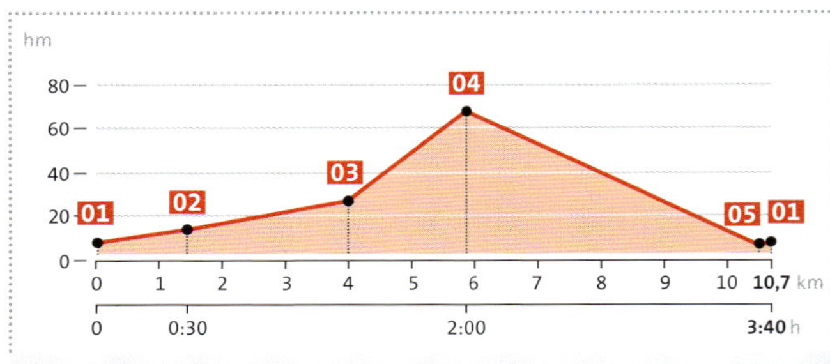

01 Plage de L'Aber 4 m; 02 Fort de l'Aber 22 m; 03 Plage Trez ar Poul 26 m; 04 Pinède de Trez Bihan 73 m; 05 Four a Chaux de Rozan 10 m

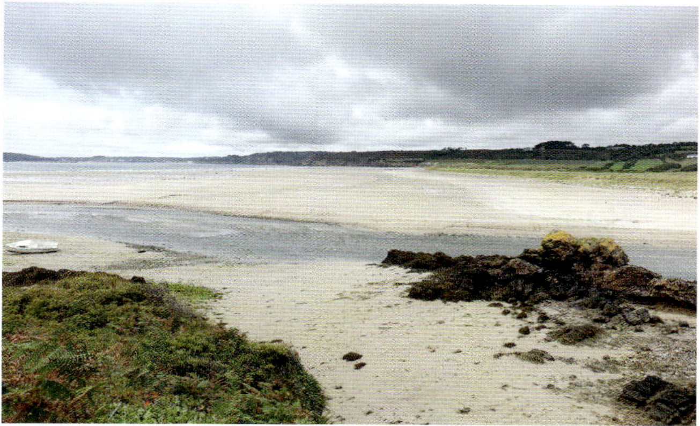

Plage de L'Aber

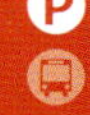

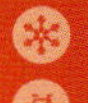

der linken Seite von der Halbinsel Sizun. Ein beeindruckendes Potpourri aus Farben und Düften.

Vom großen Parkplatz gehen wir an der linken Uferseite des Flusses de l'Aber Richtung Meer und der vorgelagerten Gezeiteninsel Île de l'Aber. Bei Ebbe fließt das Meerwasser, welches zuvor tief in die Mündung des Flusses eingedrungen ist, wie ein reißender Fluss in das Meer zurück, ein beeindruckendes Schauspiel. Auf der anderen Uferseite befindet sich der 1,3 km lange **Plage de L'Aber** 01 (4 m) mit seiner Dünenlandschaft. An der Stelle, wo der Pfad direkt an das Flussbett heranführt, steigen wir halb links auf die Steilküste, um dann aber wieder beim Pointe de Raguenez abzusteigen und bei Ebbe über die freigelegten Felsen zur Île de l'Aber hinüberzugehen. Um sicherzustellen, dass man bei Ebbe trockenen Fußes zur Insel gehen kann, sollte man sich auf der Webseite https://gezeitenfisch.com/fr/bretagne-atlantique/douarnenez die Gezeitentabelle anschauen. Auf der Insel ist ein Rundweg angelegt, der über das **Fort de l'Aber** 02 (22 m) führt. Wobei, entscheidet man sich bei der Weggabelung auf der Insel links zu gehen, so ist der Weg verwachsen und macht nur mit langen Hosen richtig Spaß. Das 1862 gebaute Fort war Teil der Befestigungsanlagen der Bucht von Douarnenez, gebaut gegen die Invasion der englischen Marine. Bei der Mobilmachung vor dem 1. Weltkrieg hat man die Anlage aufgegeben, seitdem ist sie dem Verfall preisgegeben. Wir gehen zunächst auf dem gleichen Weg zurück, aber dann am Pointe de Raguenez an dem großen Parkplatz vorbei und bergauf bis in das kleine Dorf Raguenez. Bei der Kreuzung gehen wir rechts, um dann in der Linkskehre der Straße, rechts auf dem Pfad abzuzweigen. Dort wo er endgültig zum Plage de la Source hinunterführt, bleiben wir auf einem Pfad entlang der Küste. Im stetigen Bergauf und Bergab folgt eine abwechslungsreiche Küstenlandschaft, wir wandern durch üppiges Grün, bis wir den unterhalb liegenden **Plage Trez ar Poul** 03 (26 m) sehen, dem

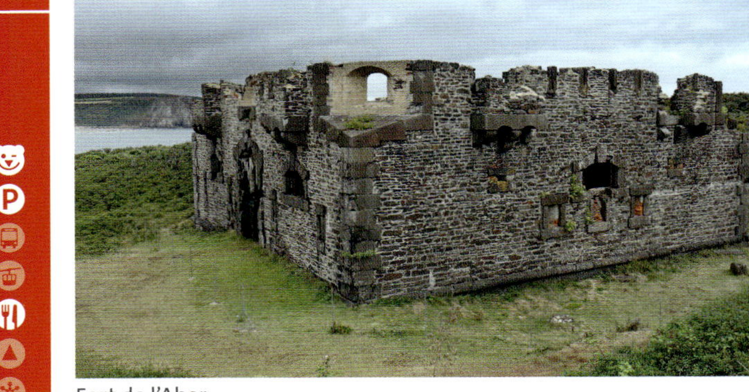

Fort de l'Aber

man über eine Treppe erreichen kann. Der Zöllnerpfad umgeht die felsige Landspitze des **Pointe du Guern**, wir gehen aber rechts. Über gut sichtbare Trittspuren erreicht man einen wunderschönen Aussichtspunkt. Die Steilküste fällt 70 m zum Meer hin ab. Auf dem weiterführenden Pfad erreichen wir einen lichten und wohlriechenden Kiefernwald **Pinède de Trez Bihan** 04 (73 m), über Heide und Ginster blickt man entlang der Küste bis zu dem Hafenort Douarnenez. Den darauffolgenden linken Abzweiger ignorieren wir und gehen bis zu einem weiteren Kiefernwald – rechts kann man schemenhaft einen unterhalb liegenden Strand sehen – und wandern bei einem großen Steinhaufen auf dem landeinwärtsführenden Pfad. Am Ende einer lang gezogenen Lichtung, zu der wir zuvor parallel gegangen sind, mündet unser Pfad in einen Fahrweg. Diesen gehen wir bis zum Ende, dort rechts auf einem Wirtschaftsweg und nach 200 m scharf links. Am Ende des Wirtschaftsweges gehen wir links und bei der nächsten Möglichkeit sofort rechts. Sobald wir auf das erste Haus treffen gehen wir an der folgenden Asphaltstraße halb rechts und sofort bei der nächsten Möglichkeit halb links. Dort wo die Straße eine Linkskehre macht – hier befinden sich mehrere Briefkästen – halten wir uns halb rechts. Hinter einem Steinhaus – auf Höhe des gelben Hauses – biegen wir halb links in den Wirtschaftsweg. Auf einer Anhöhe ignorieren wir den rechten und linken Abzweiger, gehen bergab, nun auf einem schmalen Pfad, bis er endet. An einer breiten Piste angekommen gehen wir links entlang des Bachlaufes Riviér de l'Aber. Im weiteren Verlauf gehen wir auf einem Pfad weiter, dieser ist an einigen Stellen stark zugewachsen und bei Hochwasser auch schlammig. An der nachfolgenden breiten Piste gehen wir rechts und dort wo er in die Straße mündet halb rechts. Wir erreichen den Kalkofen **Four à chaux de l'Aber** 05 (10 m) aus dem Jahr 1839. In diesem wurden Kalk und Ziegel für die Region um Douarnenez gebrannt. Als Ausgangsmaterial diente entweder

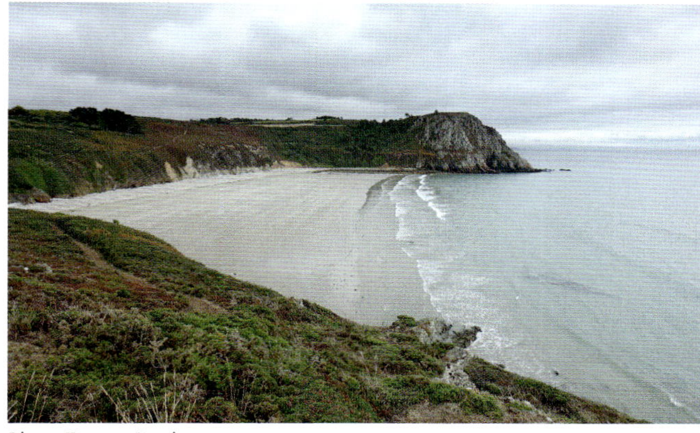

Plage Trez ar Poul

Kalkstein aus den nahe gelegenen Steinbrüchen oder Muschelsand. Während des 1. Weltkriegs wurde der Kalkofen stillgelegt. Wir gehen einige Meter weiter bis zur Straße, links befindet sich der Parkplatz.

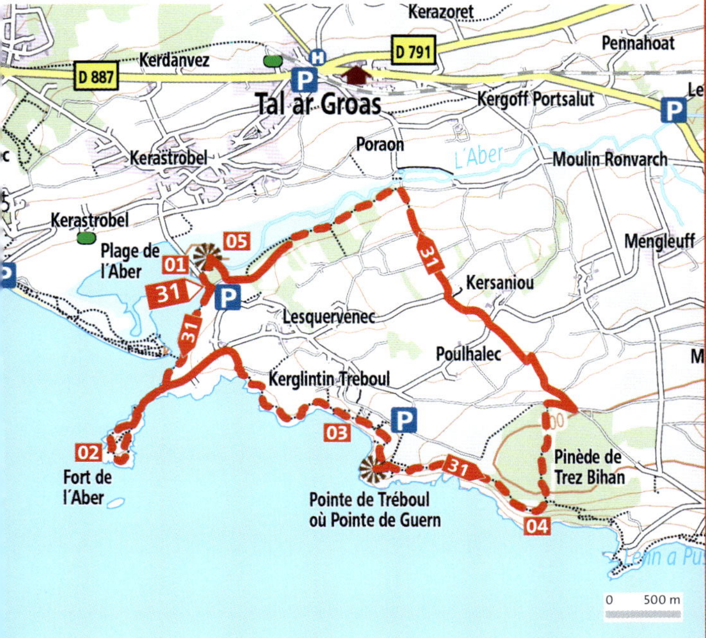

CAP DE LA CHÉVRE

Spektakuläre Klippen, lila Heidelandschaften und türkisfarbenes Meer

  7,4 km  2:30 h  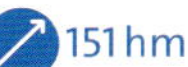 151 hm 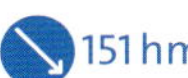 151 hm

START | Busanbindung: keine. Pkw-Anfahrt: Die Wanderung befindet sich im Département Finistère 6 km östlich der Ortschaft Crozon. Der Start befindet sich 9 km südlich der Ortschaft Crozon, auf der gleichnamigen Halbinsel. Von der D255 zweigt man Richtung Keravel ab und kann bei der darauffolgenden Straßengabelung am Straßenrand parken. Die geografischen Koordinaten zum Start sind: [GPS: N48° 11,127240 O4° 32,373180].
CHARAKTER | Einfache Wanderung auf gut angelegten Pfaden.

Auf einer spektakulären Streckenführung erkunden wir das Cap de la Chèvre, eine Landzunge am südlichen Ende der Halbinsel Crozon. Die Landschaft wechselt zwischen bis zu 100 m hohen Klippen, lichten Kiefernwäldern, blühenden Heideflächen – von Ginster unterbrochen. Durch die sich ständig verändernden Wassertiefen und dem wechselnden Meeresuntergrund aus Sand, Kieselsteinen und Fels, ergeben sich besondere Farbnuancen im Atlantischen Ozean. Man spürt förmlich die Nähe des Golfstromes, in geschützten Buchten findet man eine mediterrane ähnliche Flora. Es ergeben sich wunderbare Ausblicke über die Baie de Douarnenez, bis zur ge-

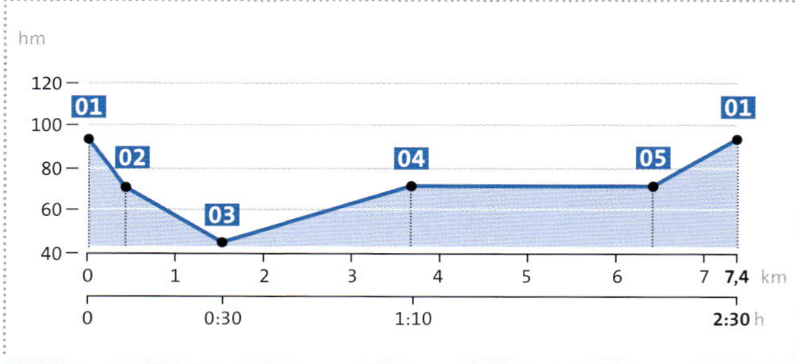

01 Start und Ziel 101 m; 02 Zoellnerpfad 84 m; 03 Batterie du Cap de la Chévre 64 m; 04 Mémorial de l'aéronautique navale du Cap de la Chévre 95 m; 05 l'anse de Porz Créguen 75 m

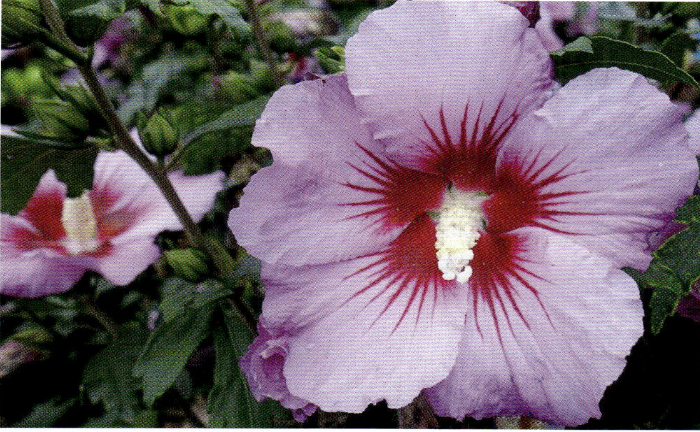
Ein üppig blühender Hibiskus

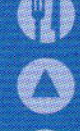
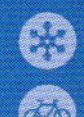

genüberliegenden Landzunge Sizun. Bunker, stumme Zeitzeugen der Kriegsgeschichte, sowie ein beeindruckendes Denkmal an die Flieger der Französischen Marine, lassen uns innehalten. Ein Weg der Langsamkeit.

▶ Von der kleinen Ortschaft **Keravel** gehen wir vom **Start und Ziel** 01 (101 m) auf der Anfahrtsstraße bis zur Hauptstraße zurück, dort rechts und bei der nächsten Möglichkeit sofort links. Der schmale Pfad führt durch bodendeckenden Farn und einen lichten Kiefernwald. Wir erreichen einen großen Stein mit einer Inschrift, hier treffen wir auf den **Zöllnerpfad** 02 (84 m) und folgen ihm fortan nach rechts. Dort wo der Pfad endet, gehen wir rechts weiter. Auf der spektakulären Streckenführung oberhalb der Steilküste queren wir einen weiteren Kiefernwald. Im August wandern wir durch eine blühende Heidelandschaft. Nach kurzem Aufstieg mündet der Pfad in einen weiteren Pfad, hier befindet sich auch ein Gedenkstein. Wie ein gelegter Bindfaden zieht sich der weithin sichtbare Wanderweg durch die Küstenlandschaft. Wir erreichen einen gesicherten Aussichtspunkt. Man blickt über die Bucht von Douarnenez zum 18 km entfernten Hafenort Douarnenez und der 8 km entfernten Landzunge Cup Sizun. Wir erreichen Bunkeranlagen, die **Batterie du Cap de la Chévre** 03 (64 m). Seit Jahrhunderten ist die Landzunge militärisch aufgerüstet mit dem alleinigen Zweck der Küstenverteidigung. Im Ursprung bestand sie aus zwei Batterien: Eine nach Westen zum Meer hin und die andere nach Süden zur Bucht von Douarnenez. Die neueste Batterie von Cap de la Chèvre wurde von der Französischen Marine in den Jahren 1937 bis 1939 gebaut, die dann während des Zweiten Weltkriegs mit dem Eintreffen der Deutschen Ende Juni 1944 so übernommen wurde. Der weiterführende Pfad schlängelt sich jetzt bis auf ca. 100 m Meereshöhe hoch und wir erreichen das **Mémorial de l'aéronautique navale** 04 (95 m) **du Cap de la Chèvre**. Das Monu-

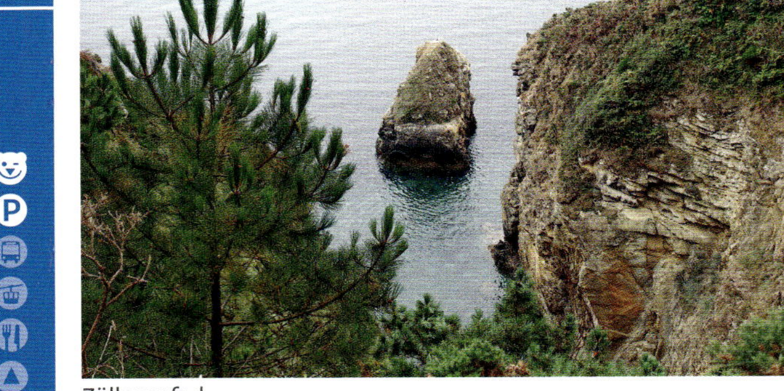

Zöllnerpfad

ment, mit einer Tragfläche aus Granit, gedenkt den vermissten Fliegern im Nordatlantik seit Gründung der Marineflieger im Jahre 1910. Kurios: Zwei Soldaten, die 1870 und 1902 während eines Ballonfluges zu Tode kamen, werden auch erwähnt. Ein Wirrwarr an Wegen gestaltet die Wegfindung etwas schwieriger. Hält man sich aber möglichst dicht an der Küste, so kann man nicht verirren. Unterhalb befinden sich unerreichbare Kieselstein- und Sandbuchten. Nach einem nur kurzen Anstieg endet der Pfad 5 m vor einer Piste, hier gehen wir links. Entlang von Überresten einer Steinmauer gehen wir direkt auf eine Landzunge. Links zweigt ein Pfad zu dieser ab, unterhalb versteckt, liegt der **l'anse**

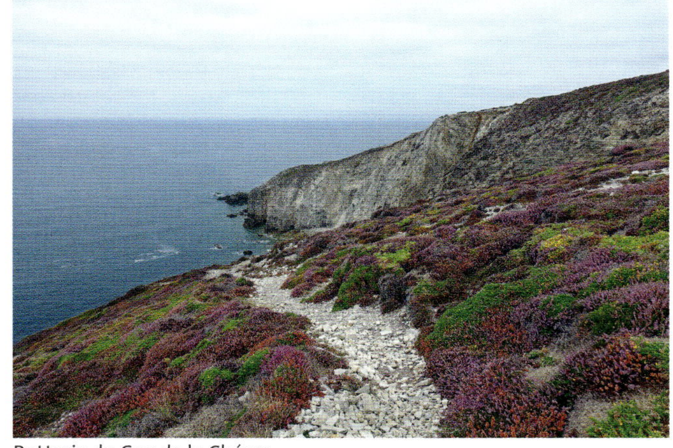

Batterie du Cap de la Chévre

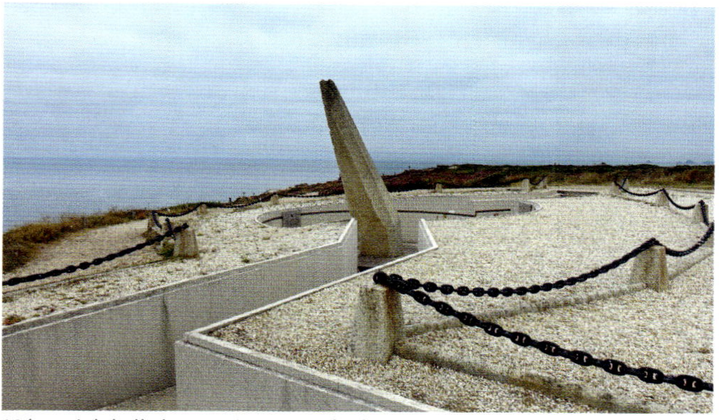
Mémorial de l'aéronautique navale du Cap de la Chèvre

de Porz Créguen 05 (75 m). Nach weiteren 50 m, hier bilden zwei Steinmauern eine Ecke, gehen wir rechts. Nach 200 m gehen wir an der breiten Piste links und bei der nächsten Möglichkeit sofort rechts. Einen rechten und einen linken Abzweiger ignorieren wir und gehen geradeaus weiter. An der Weggabelung, wo die Steine ohne Bewuchs den Weg säumen, gehen wir halb links. Bei der nächsten Weggabelung, hier gehen wir auf Bäume zu, halten wir uns halb rechts – Richtung eines Hauses. An der Straße angekommen befindet sich auf der linken Seite der Ausgangspunkt.

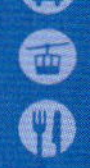
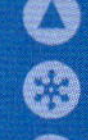

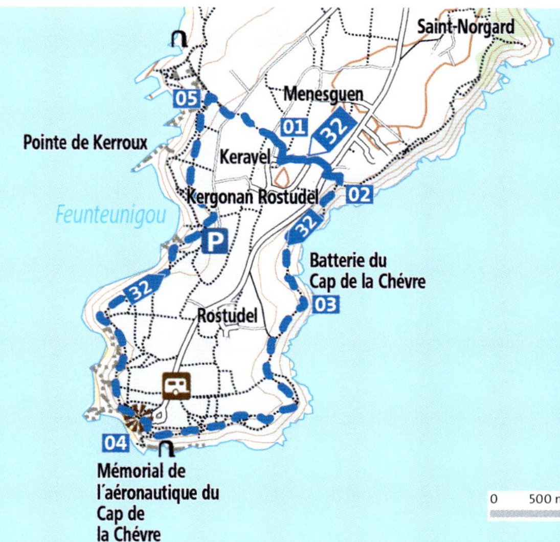

PRESQU'ÎLE DE CROZON

Die Geschichte der Verteidigungslinien

 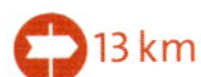 13 km 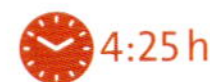 4:25 h  322 hm 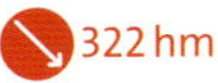 322 hm

START | Busanbindung: keine. Pkw-Anfahrt: Die Wanderung befindet sich im Département Finistère, 10 km nordwestlich der Ortschaft Crozon. Sobald man auf der D355 an einem Kreisverkehr angekommen ist, links befindet sich eine Kirche, fährt man noch 435 m weiter, um dort links auf dem Parkplatz bei der Schule abzubiegen. Die geografischen Koordinaten zum Start sind: [GPS: N48° 18,987780 O4° 32,809380].
CHARAKTER | Mittelschwere Wanderung aufgrund der Länge und erhöhtem Navigationsaufwand.

Die Halbinsel Crozon zählt zu den eindrucksvollsten Landschaften der Bretagne. Die Geschichte der Stadt Roscanvel, die oft mit der Verteidigung des Hafens von Brest in Verbindung gebracht wird, verschmilzt mit der Halbinsel Roscanvel und noch weiter mit der Halbinsel Crozon. An der dem offenen Meer zugewandten Halbinsel Roscanvel wurde eine beeindruckende Verteidigungslinie geschaffen: Le Fort des Capucins, Le Fort de Cornouaille, Le Fort de Kerviniou, Le Fort Robert und Le Fort de La Pointe des Espagnols. Die Wanderung führt entlang der Verteidigungsanlagen der Presqu'île de Crozon – Bröckelndes gestern, Strahlendes heute.

▶ Zwischen Hauptstraße und Parkplatz biegen wir rechts in die Rue de la Marie Roscanvel und

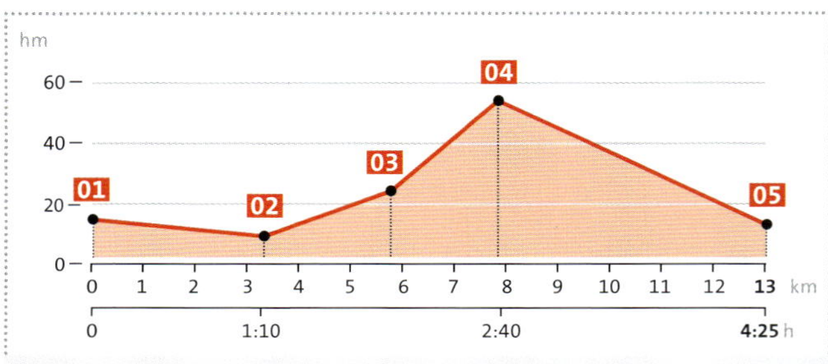

01 Église Saint-Éloi 16 m; 02 Le Fort des Capucins 19 m; 03 Le Fort de Cornouaille 22 m; 04 Le Fort de Robert 66 m; 05 Fort de la Pointe 69 m

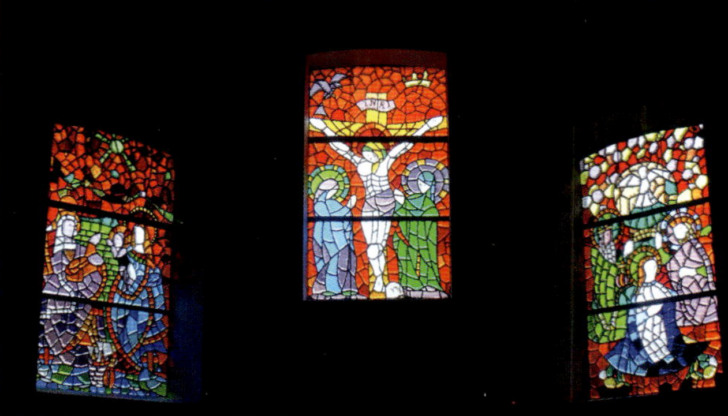

Église Saint-Éloi

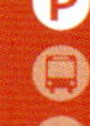
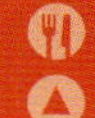
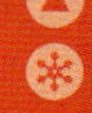

erreichen die Kirche **Église Saint-Éloi** 01 (16 m). Wir gehen in die Schotterpiste, an dessen Zugang ein Verkehrsspiegel befestigt ist und auf einem alten Verbindungsweg weiter. Wir überqueren die nachfolgende Straße am Zebrastreifen und queren die folgenden drei Straßen: Route du Ménez, Route du Milieu und Route du Disloup. Bei der Weggabelung im Waldstück halten wir uns halb rechts, überqueren die Route de Mencaer. An mächtigen Pinien gehen wir rechts und sofort wieder links, folgen dem Verlauf, bis die Straße vor einer Steinmauer endet. Wir gehen rechts, Richtung der Ortschaft **Kerguinou** und biegen bei einem Strommast aus Beton links in die Piste. An der Hauptstraße laufen wir 70 m rechts, dort links, bis zur Weggabelung, an der wir den Bunker rechts liegen lassen. Bei einem schönen Aussichtspunkt auf das Meer gehen wir halb rechts und sehen bald unterhalb das 1848 auf der Îlot des Capucins gebaute **Le Fort des Capucins** 02 (19 m). Der Abstieg ist steil und geröllig, beir feuchter Witterung extrem rutschig. Die aus Schiefer gebaute Festung integriert sich perfekt in die Felslandschaft, man geht davon aus, dass der gesamte Felsen ausgehöhlt ist. Nach einer Erkundungstour durch die gespenstisch anmutenden Ruinen am Pointe des Capucins beginnen wir wieder mit dem Aufstieg und gehen bis zu der Weggabelung mit dem Bunker auf dem Hinweg zurück. Dieses Mal lassen wir den Bunker auf der linken Seite liegen. Die Natur hat sich inzwischen ihren Raum zurückgeholt, weitere Befestigungsanlagen am Wegesrand sind kaum noch zu erkennen. Wir tangieren die Hauptstraße und erreichen das Le Fort de Kerviniou eine neuere Anlage aus dem 19. und 20. Jahrhundert. Am Ende einer hohen Steinmauer kann man auf einem Pfad bis zur Landspitze hinuntergehen. Wir setzen unsere Wanderung fort und bei der nachfolgenden Weggabelung gehen wir halb links durch den Verteidigungswall hindurch und im weiteren mittig zwischen zwei Verteidigungslinien. Kurz darauf gehen wir links und sofort wieder rechts.

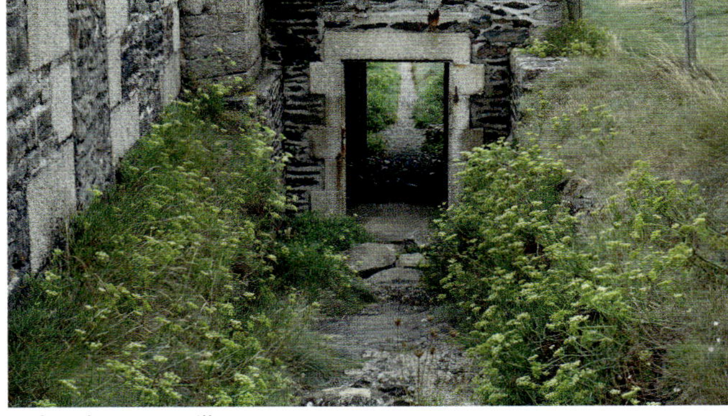

Le fort de Cornouaille

Bei einer Kreuzung mehrerer Pfade gehen wir geradeaus weiter, es folgt ein zugewachsener Pfad, Brennnesseln erschweren das vorankommen. Wir gehen unter einer kleinen Brücke hindurch, am Parkplatz links, um hinter einem kleinen Bunkerhaus über den Treppenpfad zum **Le Fort de Cornouaille** 03 (22 m) abzusteigen, eine Artillerie-Verteidigungslinie aus den 17. Jahrhundert, die den Seezugang nach Brest kontrollierte. Ihre Position ist bewusst so gewählt, dass sie einfahrende Schiffe einem gewaltigen Kreuzfeuer aussetzen konnte. Bei einem riesigen betonierten Rechteck – keine Ahnung was das sein soll – hier befindet sich auch ein Aussichtspunkt, gehen wir rechts. Wir kommen an der unterhalb am Ufer liegenden Torpedobatterie vorbei und können bereits den Hafen von Brest auf der anderen Uferseite ausmachen. Es folgt ein langes Wegstück, bis wir wenige Meter auf der Straße gehen, dort sofort links vorbei an weiteren Stellungen. Pfade führen hinunter zum **Le Fort de Robert** 04 (66 m), Teil eine Artilleriestellung, die Brest seid dem späten 17. Jahrhundert verteidigt. Nicht in die Epoche passt der leichte Panzerwagen aus dem Zweiten Weltkrieg, der am Wegesrand seine Ruhe gefunden hat. Wieder an der Straße angekommen gehen wir links auf den breiten Weg. In einer Senke überqueren wir zwei Holzbrücken. Nach kurzem Aufstieg führt ein Weg nach halb rechts, während wir hier halb links, auf dem Pfad mit dem Holzpfeiler abzweigen. Sobald wir auf die Überreste von Schienen treffen erreichen wir die Verteidigungslinien von Rochefort, sie gehören zu einem großen Komplex um das **Fort de La Pointe** 05 (69 m). Der Bau begann 1672 und wurde 1757 größtenteils von den Engländern zerstört. 1848 wurde dann wieder aufgerüstet und Artilleriegeschütze mit 60 Männern stationiert, aus dieser Zeit stammen die Schienen, auf denen die Geschütze bewegt wurden. Bei einer Eisenplatte, die in Beton eingelassen ist gehen wir rechts auf dem schmalen Treppenpfad bis zu einem Aussichtspunkt. Von dort gehen wir Richtung Straße, folgen dann

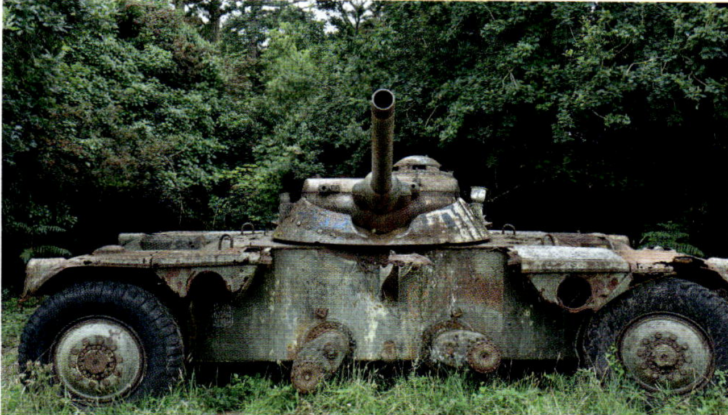
Le Fort de Robert

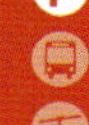

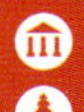

aber dem Pfad links vor der Straße, der diese nachfolgend überquert. Dieser endet und wir gehen halb links auf dem Pfad weiter, am Ende der Graspiste gehen wir links, wir folgen der Straße durch die Rechtskehre und gehen ein langes Stück bis zur Hauptstraße der D335, überqueren diese nach halb rechts – Richtung des Strandabschnitts, den man sehen kann -, die Straße endet und wir gehen auf dem Feldweg weiter, der mündet in die D335 und wir gehen am Seitenstreifen der Straße bis zum Ausgangspunkt.

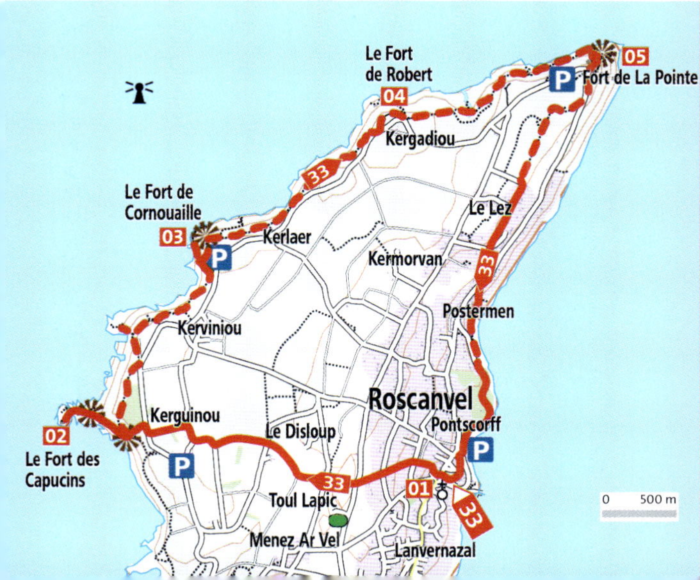

Le Fort de Robert
04
05
Fort de La Pointe
Kergadiou
Le Fort de Cornouaille
03
Kerlaer
Le Lez
Kermorvan
Postermen
Kerviniou
Roscanvel
Kerguinou
Le Disloup
Pontscorff
02
Le Fort des Capucins
01
Toul Lapic
Menez Ar Vel
Lanvernazal
0 500 m

POINTE SAINT-MATHIEU

Über die Ruinen einer alten Abtei wacht ein moderner Leuchtturm

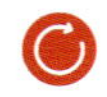 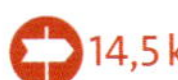 14,5 km  4:55 h  181 hm  181 hm

START | Busanbindung: Die Buslinie 11 von Brest (Gare SNCF) nach Perzel (Plougonvelin). Bitte noch einmal vor der Wanderung die Fahrzeiten abklären unter der Webseite: http://www.breizhgo.com/en/. Pkw-Anfahrt: Die Wanderung befindet sich im Département Finistère, 20 km westlich von Brest. Von dort erreicht man über die D789 die Ortschaft Plougonvelin und folgt dort der Beschilderung zum Park Kéruzas, welcher sich auf der rechten Straßenseite befindet. Die geografischen Koordinaten zum Start: [GPS: N48° 20,493120 O4° 42,587160].
CHARAKTER | Mittelschwere Wanderung aufgrund der Länge.

Von der der grünen Parklandschaft mit ihren Teichen wandern wir zum Sandstrand von Plougonvelin und weiter zur Festungsanlage des Fort de Bertheaume. Danach folgt ein astreiner Küstenwanderweg bis zur Landspitze Pointe Saint-Mathieu mit seiner zerklüfteten, vom Wind und Meer umtosten Felsenküste. Mit den Ruinen der Abtei, der Kapelle sowie den Leuchttürmen ergibt sich ein beeindruckendes Szenario, dessen einmaligen Charme man einfach verfällt. Der Überlieferung nach sollen Händler, die den Leichnam des heiligen Matthäus an Bord hatten, vor dieser Landspitze auf unerklärliche Weise vorm Schiffbruch gerettet worden sein.

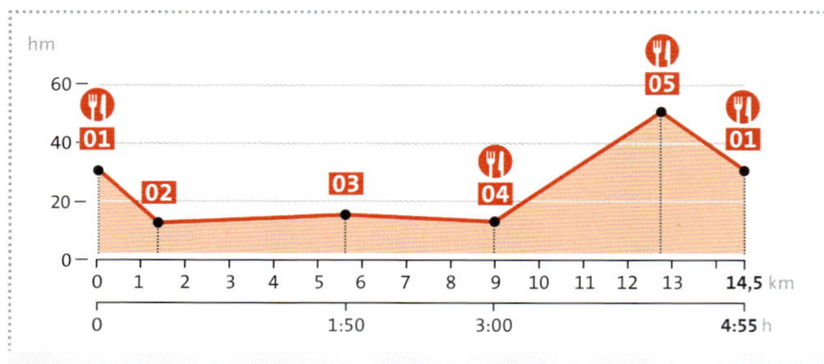

01 Parc de Kéruzas 21 m; 02 Fort de Bertheaume 15 m; 03 Zöllnerpfad 13 m; 04 Abbaye Saint-Mathieu de Fine-Terre 26 m; 05 Plougonvelin 54 m

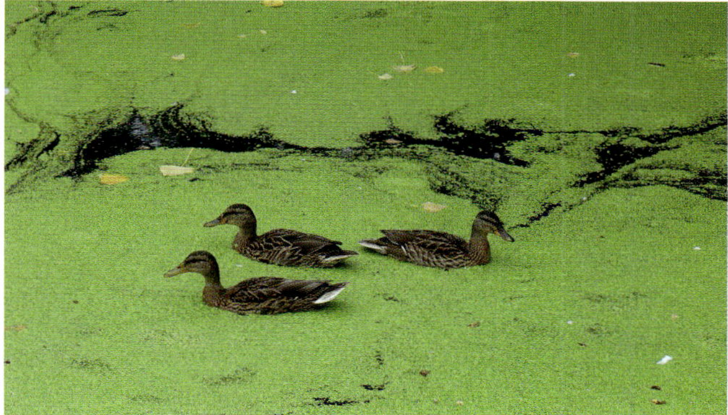

Parc de Kéruzas

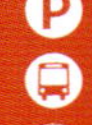

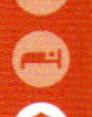

Im 6. Jahrhundert wurde an dieser Stelle ein erstes Kloster gegründet, um die Reliquien des Heiligen aufzubewahren. Das kleine Museum in der Kapelle Notre-Dame-de-Grâce präsentiert Exponate der ehemaligen Abtei, eine einmalige Bereicherung der Besichtigung. Ja nicht zu vernachlässigen ist der Leuchtturm mit seinen über 150 Stufen, von dem man einen gigantischen Fernblick genießt. Ein nachhaltiges und bleibendes Erlebnis.

▶ In der eingeschlagenen Richtung, wie wir auf den Parkplatz am **Parc de Kéruzas** 01 (21 m) gefahren sind, gehen wir in südlicher Richtung am Teich vorbei und am Ende des Parks auf einem Pfad, entlang einer Mauer. An der darauffolgenden Straße halten wir uns links, kommen an einer großen Palme vorbei, gehen bei dem dunkelblauem Tor – an einer Einfahrt – rechts, wandern über die kleine Holzbrücke, kommen vorbei am Le lavoir de Bertheaume – das bis 1950 genutzte Waschhaus der Marinesoldaten – und gehen auf dem Pfad an dem grünen Zaun entlang. An der Straße halten wir uns links und an deren Ende erreichen auf dem weiterführenden Pfad den Parkplatz am Strand. Diesen lassen wir auf der linken Seite liegen, gehen in die Einbahnstraße und bei der Weggabelung halb links, bis wir das **Fort de Bertheaume** 02 (15 m) erreichen. Es diente zur Verteidigung der Meerenge von Brest und wurde von 1694 bis 1944 militärisch genutzt. Ein erstmals 1474 urkundlich erwähnter Vorgängerbau der heutigen Festung wurde 1558 zerstört. Nachdem wir eine Holzbrücke überquert haben, befinden wir uns auf dem Zöllnerpfad. Bereits wieder auf einer Asphaltstraße gehen wir bei der Kreuzung geradeaus, um hinter den letzten Häusern links auf den ausgezeichneten Pfad zu gelangen. Bei der nachfolgenden Grundstückszufahrt gehen wir links. Es folgt ein sehr langes Stück auf dem beeindruckenden **Zöllnerpfad** 03 (13 m). Wir kommen vorbei an einem Tümpel, sehen einen Wegweiser Richtung Saint-Mathieu, hinter der Straßenzufahrt gehen wir

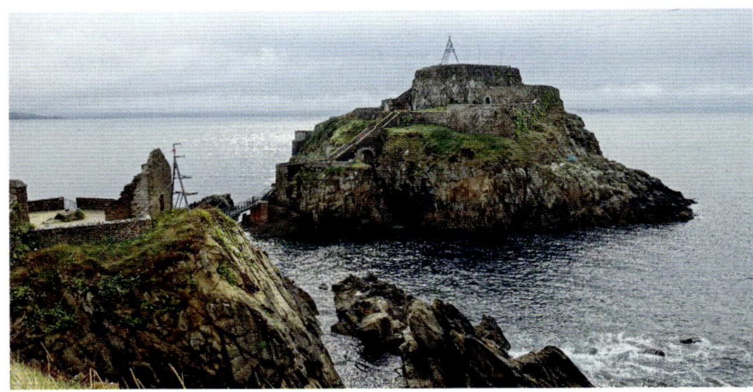
Fort de Bertheaume

an der nachfolgenden Weggabelung halb links, bis wir dann von einer Anhöhe bereits unser nächstes Ziel ausmachen können, den Leuchtturm. Auf dem kompletten Teilstück entlang der Küste ignorieren wir alle rechten Abzweiger. Im Weiteren wandern wir vorbei an einem Signalmast, einem Einzelhaus, einem weiteren Teich, weiteren Bunkeranlagen, bis wir das im 11.–15. Jahrhundert gegründete ehemalige Kloster **Abbaye Saint-Mathieu de Fine-Terre** 04 (26 m) erreicht haben. Von der Abtei stehen nur noch die Ruinen der Kirche, mit ihrem riesigen Rundbogenportal aus dem 12. Jahrhundert. Rechts daneben befindet sich die Chapelle Notre-Dame des Grâces. Über all dem erhebt sich der Phare de Saint-Mathieu. Seine Tragweite beträgt theoretisch etwa 55 Kilometern und er ist 37 m hoch. Vom Pointe de Saint-Mathieu gehen wir zwischen Parkplatz und Restaurants ein kurzes Stück auf der Hauptstraße Richtung Plougonvelin, um am Ende der Dreißiger- Zone halb links auf die Straße nach Lochrist abzuzweigen und diese nach 250 m nach rechts auf den Schotterweg zu verlassen. Wir gehen direkt am Zaun einer Bunkeranlage mit Museum vorbei und ignorieren den darauffolgenden linken und rechten Abzweiger. Wir wandern entlang von Weide- und Anbauflächen, queren eine Straße, bei einem Holzpfeiler mit gelber Markierung gehen wir rechts und bei der nächsten Möglichkeit links, wir queren eine weitere Straße nach halb rechts, überqueren nach 450 m nochmals eine Straße und erreichen die Häuser von **Plougonvelin** 05 (54 m). Auf der halb links

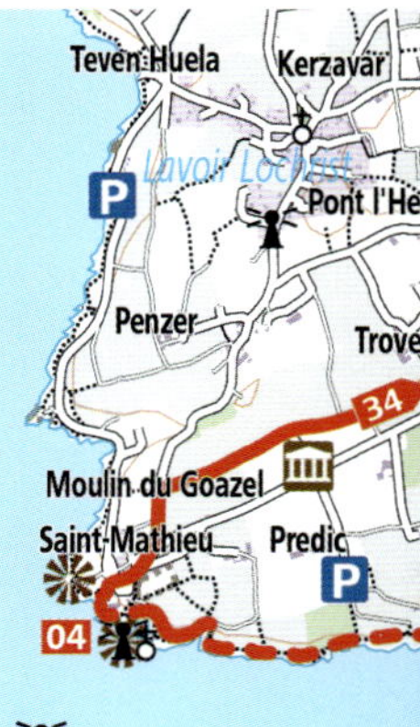

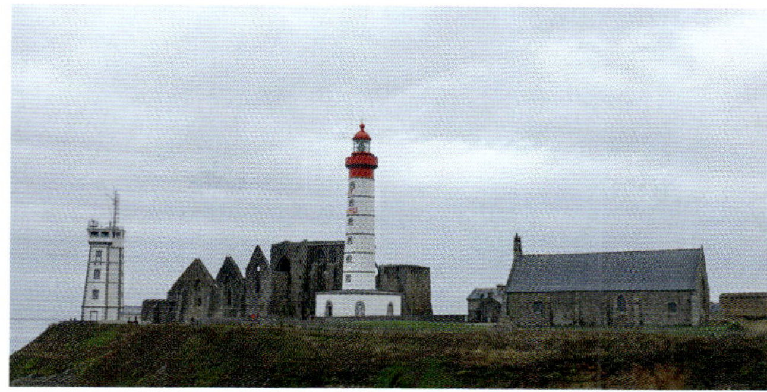

Abbaye Saint-Mathieu de Fine-Terre

weiterführenden Straße gehen wir bis zum Stoppschild vor, um dort rechts bis zur Kreuzung an der Hauptstraße vorzugehen – hier befinden sich ein Supermarkt und eine Bushaltestelle. Wir gehen gerade über die Kreuzung und folgen dem Verlauf der Rue Saint-Jean, gehen vor der Kirche links, vorbei an einigen Läden, um bei dem Kreisverkehr, vor der Post, rechts in die Rue de Poul ar Goazy zu biegen. An deren Ende gelangen wir auf einen Fußweg durch den Park bis zum Parkplatz.

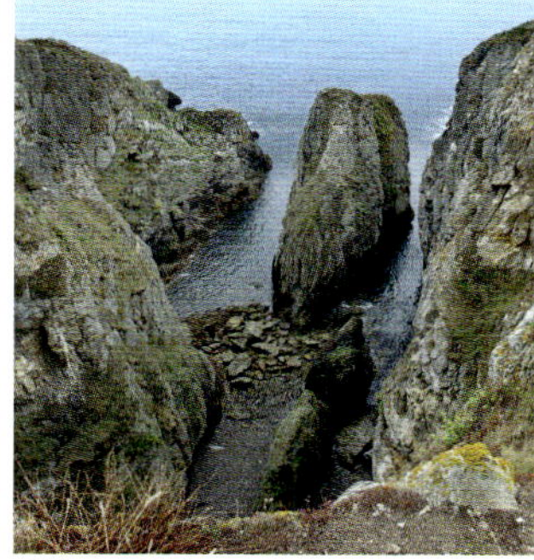

Zöllnerpfad

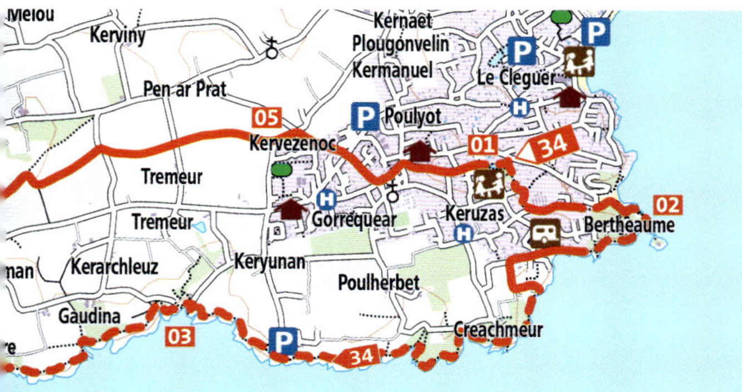

LA POINTE DE CORSEN

Die westlichste Landspitze des französischen Festlands

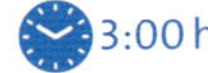

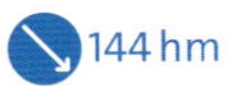

START | Busanbindung: Die Buslinie 132TAD von Brest (Gare SNCF) nach Trézien (Plouarzel). Die Fahrzeiten erfährt man auf Webseite: http://www.breizhgo.com/en/. Pkw-Anfahrt: Die Wanderung befindet sich im Département Finistère, 25 km westlich von Brest. Von dort erreicht man über die D27 die Ortschaft Trézien und biegt am Ortseingang rechts zur größten Kirche ab, wo sich viele Parkplätze befinden. Die geografischen Koordinaten zum Start: [GPS: N48° 25,401180 O4° 46,054260].
CHARAKTER | Einfacher Spaziergang auf angelegten Pfaden für die ganze Familie.

Diese Küstenwanderung beim Pointe du Corsen gehört bei gutem Wetter mit zu den schönsten der westlichen Bretagne. Diese Region zwischen dem Ärmlekanal und dem Atlantik, mit seinen starken Strömungen, den vielen kleinen Inseln und dem starken Schiffsverkehr, zählt weltweit zu den gefährlichsten. Bei guter Sicht und schönem Wetter kreuzen viele Boote vor der Küste. Die Tour führt vorbei an sieben Strandabschnitten, eine faszinierende Strandschau. Möchte man an einem Strand verweilen, so ist die Wahl die schwierigste Aufgabe des Tages. Der aufmerksame Beobachter kann hin und wieder in den nährreichen Gewässern Delfine entdecken. Wir schwelgen im Gesang der Meer- und Windgeräusche.

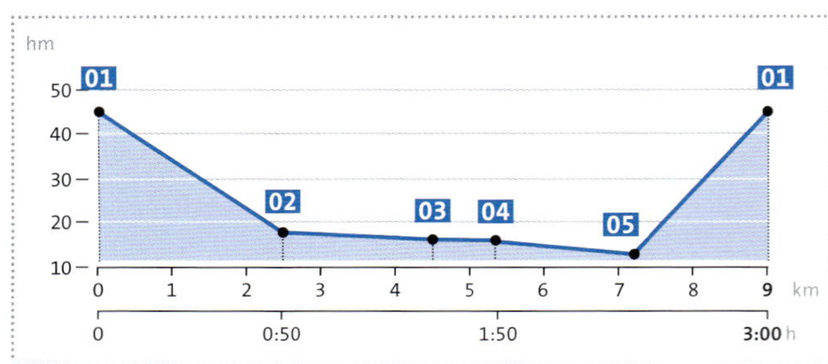

01 Eglise de Trezien en Plouarzel 37 m; 02 Plage Kerhornou 11 m; 03 Plage de Corsen 21 m; 04 Plage des Charettes 25 m; 05 Plage de Por Sévigné 17 m

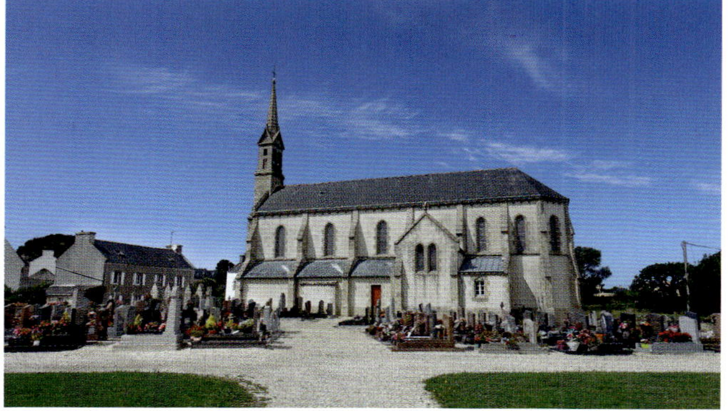

Eglise de Trezien en Plouarzel

Von der 1876 erbauten Kirche **Eglise de Trezien en Plouarzel** 01 (37 m) gehen wir auf der Anfahrtsstraße bis zur Hauptstraße zurück, folgen dieser rechts Richtung der Ortschaft Trézien, überqueren noch den Bachlauf und gehen dann links in die Straße. Bei dem zugewachsenen Lichtmast gehen wir an der Straßengabelung halb rechts. In der nachfolgenden Rechtskehre verlassen wir die Straße und gehen geradeaus weiter auf dem Weg, der kurz später zum Pfad wird. Einen rechten Abzweiger ignorieren wir und gehen leicht bergauf bis zur Straße. An dieser gehen wir rechts und bei der nächsten Möglichkeit links, Richtung des **Plage Kerhornou** 02 (11 m). Noch vor dem Strand gabelt sich der Weg, wir gehen bei dem Wegweiser halb rechts. Nach links ergeben sich schöne Blicke über den Strand, das Meer und die dahinterliegende Felslandschaft. Auf dem Küstenpfad wandern wir bis zum 225 m breiten **Plage de Corsen** 03 (21 m). Er liegt unterhalb von Klippen und ist bei stark we-

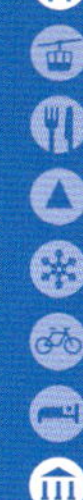

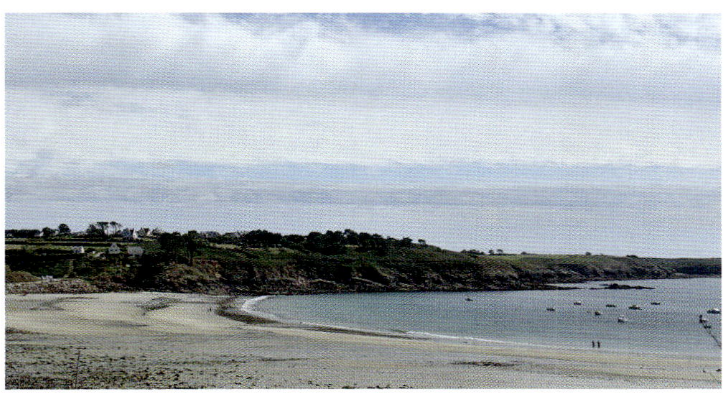

Plage Kerhornou

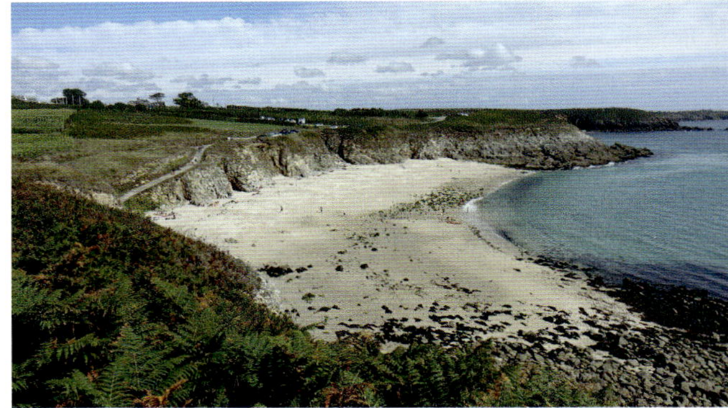

Plage de Corsen

henden Nordwestwinden – und das soll in dieser Region oft vorkommen – einigermaßen windgeschützt, ein echter Geheimtipp. Nach nur wenigen Metern erreichen wir den Pointe de Corsen. Die Bretagne ist bereits die westlichste Region, Finistère das westlichste Département und der Pointe de Corsen der westlichste Punkt Frankreichs – weiter geht es nicht auf dem bretonischen Festland Richtung Westen. Eine große Erklärungstafel mit einer Windrose vermittelt nützliche Hintergrundinformationen. Es folgt der schönste Wegabschnitt der heutigen Wanderung. Wie Perlen an einer Kette reihen sich die außergewöhnlichen Sandbuchten aneinander. Der erste echte Hingucker ist der bei Ebbe 500 m breite **Plage des Charettes** 04 (25 m). Das nördliche Ende begrenzen Felsen, die gleichzeitig ein idealer Aussichtspunkt sind. Kurzfristig gehen wir Richtung Landesinnere, direkt auf den Leuchtturm zu, um beim Parkplatz dann links wieder auf den den Pfad oberhalb der

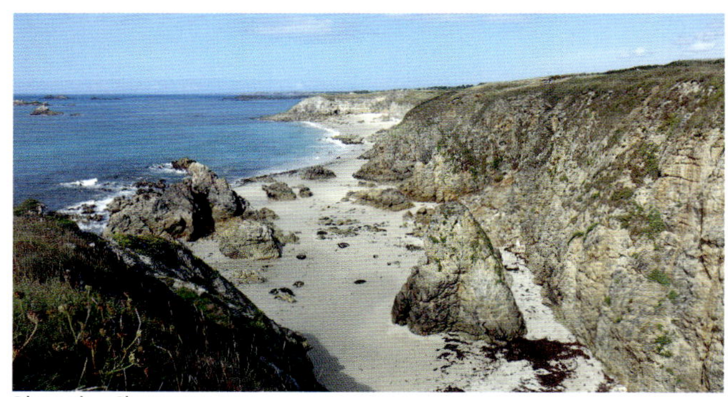

Plage des Charrettes

Klippen zu gelangen. Es folgt die Bucht mit den Stränden Plage Ruscumunoc und Plage de Hidell, die es schon auf 600 m Länge bringen. Nachdem wir kurzfristig entlang der Straße gegangen sind, gelangen wir zum nächsten Strandabschnitt, der nicht minder schöne **Plage de Pors Sévigné** 05 (17 m). Es heißt Abschied nehmen von der Küste, denn der Pfad führt bis an die Straße heran, an deren Straßenrand wir rechts bergaufgehen. Wir überqueren noch die Vorfahrtsstraße, um nach der Rue de Albatros – die zweigt links ab – bei der nächsten Möglichkeit, rechts abzuzweigen, und an einem Steinhaus mit weißen Fenstern vorbeizukommen. Dort wo sich die Straße gabelt biegen wir rechts in die Route de la Helle und bei der nächsten Möglichkeit

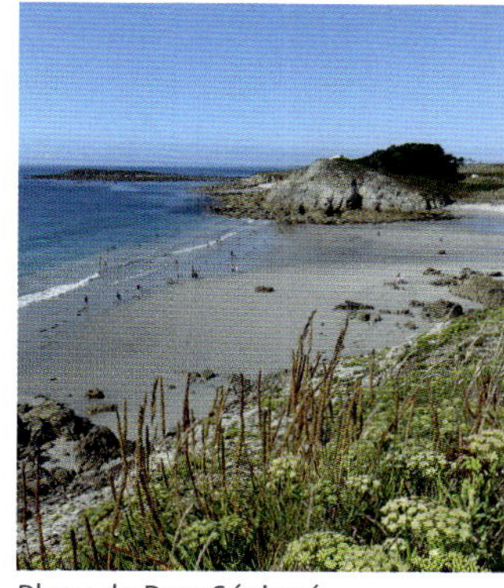

Plage de Pors Sévigné

gehen wir links in die Route de la Luronne. Am Ende dieser Straße zweigen wir rechts ab, die Spitze des Kirchturms weist uns den verbleibenden Weg.

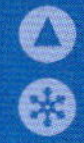
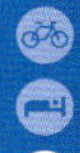

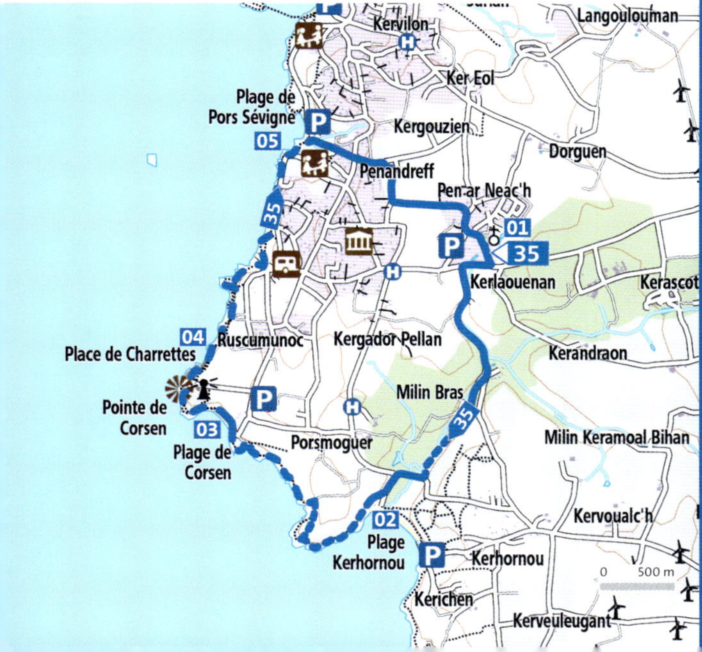

Kervilon
Langoulouman
Ker Eol
Plage de Pors Sévigné
05
Kergouzien
Dorguen
Penandreff
Pen ar Neac'h
01
35
Kerlaouenan
Kerascot
04
Ruscumunoc
Kergador Pellan
Place de Charrettes
Kerandraon
Pointe de Corsen
Milin Bras
03
Plage de Corsen
Porsmoguer
Milin Keramoal Bihan
02
Plage Kerhornou
Kervoualc'h
Kerhornou
0 500 m
Kerichen
Kerveuleugant

MENEHAM

Ein altes bretonisches Dorf in beeindruckender Kulisse

 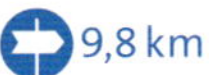 9,8 km  3:20 h 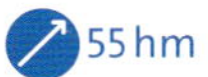 55 hm 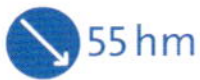 55 hm

START | Busanbindung: keine. Pkw-Anfahrt: Die Wanderung befindet sich im Département Finistère, 40 km nordöstlich von Brest. Von dort erreicht man über die D38 die Ortschaft Kerlouan und folgt dann der Ausschilderung Richtung Meneham. Kurz vor dem Strand befindet sich auf der rechten Seite ein riesiger Parkplatz. Die geografischen Koordinaten zum Start: [GPS: N48° 40,034820 O4° 22,156920].
CHARAKTER | Einfacher Spaziergang für die ganze Familie.

Reiseführer berichten nur wenig über diese sehr erwähnenswerte Sehenswürdigkeit. Die erste Hälfte der Wanderung führt am vierthöchsten Menhir vorbei, entlang von Acker- und Weideflächen. Auf dem Zöllnerpfad verzaubern bizarr geformte Felsbrocken, Dünenlandschaften und wunderschöne Strandabschnitte – ja schon fast therapeutische Landschaften. Für den Namen Meneham steht ein altes bretonisches Dorf, mit bewegter Geschichte – in beeindruckender Kulisse. Ein Museumsdorf mit seinen reetgedeckten Häusern zeigt Exponate und berichtet über die Geschehnisse. Was passt nicht besser in diesem geschichtsträchtigen Ambiente, die berühmte regionale Spezialität Kig ha Farz – Fleisch und Fladen – in dem urigen

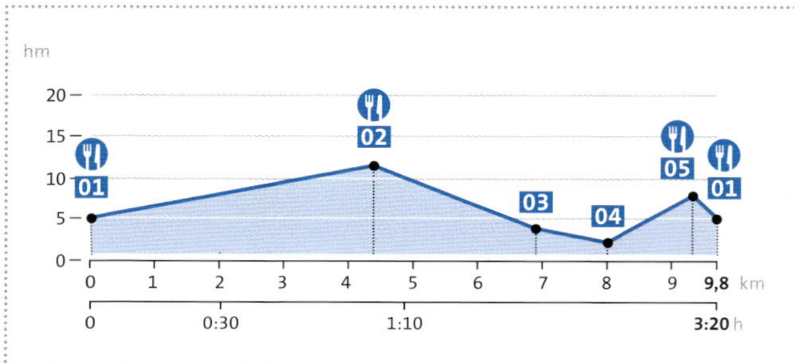

01 Auberge de Meneham 5 m; 02 Menhir de Men Marz 17 m; 03 Pointe de Pontusval 10 m; 04 wunderschöne Strandlandschaften 4 m; 05 Meneham 14 m

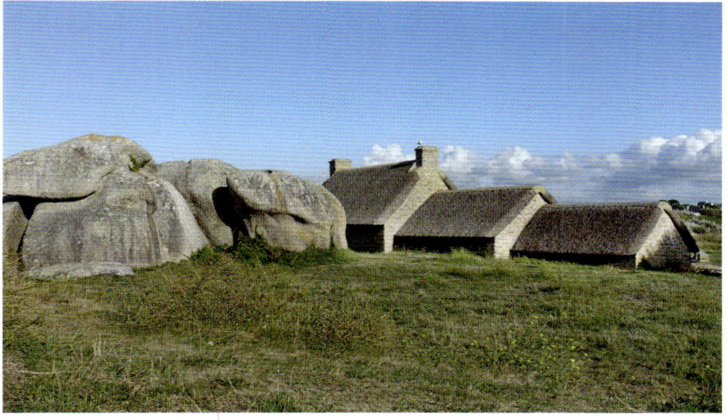

Auberge de Meneham

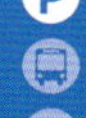

Restaurant Auberge de Meneham zu probieren? Nach dem kulinarischen Genussmoment folgt der perfekte Ausklang des Tages – bei Sonnenuntergang ergeben sich traumhafte Fotomotive.

▶ Gegenüberliegend vom großen Parkplatz befindet sich das Museumsdorf und die Gaststätte **Auberge de Meneham** 01 (5 m). Wir gehen auf der Anfahrtsstraße landeinwärts Richtung des riesigen Sendemasts. Wir ignorieren den linken Abzweiger, kommen vorbei an riesigen Felsen in den Vorgärten der Häuser, bei einem kleinen Wasserauffangbecken biegen wir halb links ab, auf einen leicht ansteigenden Pfad, der durch die Felsen führt. Es geht an Einfamilienhäusern vorbei und bei dem gelben Haus mit roten Fensterläden halten wir uns links, wieder auf einen riesigen Felsen zu. Wir gehen direkt über ein Feld auf einzelne Felsen zu. Halb links hinter der Straße befindet sich der weiterführende Pfad. Hinter einem weiteren Wasserauffangbecken mündet der Pfad in eine Straße, dort wo sie endet – bei einem steinernen Kreuz – gehen wir links. Beim Vorfahrtsschild gehen wir dann rechts, bei der nächsten Möglichkeit links und an dem gelben Haus vorbei. Hinter einer weißen Schranke verlassen wir die Straße nach links und gehen auf dem Feldweg, bis wir bei der nächsten Weggabelung halb rechts gehen, bei dem nächsten Abzweiger gehen wir links – hier befindet sich auch ein Holzpfeiler. Über Felder und einen mit Betonplatten verlegten Pfad gelangen wir an ein Kreuz, an dieser Weggabelung gehen wir links. Wir überqueren die nachfolgende Straße, der darauffolgende Pfad führt durch eine Linkskurve, endet am Feldrand, wo wir rechts weitergehen. Den nachfolgenden rechten Pfad ignorieren wir. Bei links am Wegesrand liegenden Steinen ignorieren wir den rechten Abzweiger und kurz später mündet der Pfad in einer Straße, auf der wir geradeaus weitergehen. Die Straße mündet in eine weitere Straße, rechts befindet sich ein Kreuz, wir gehen geradeaus weiter. Dort wo die Straße in eine Kreuzung mündet, gehen wir

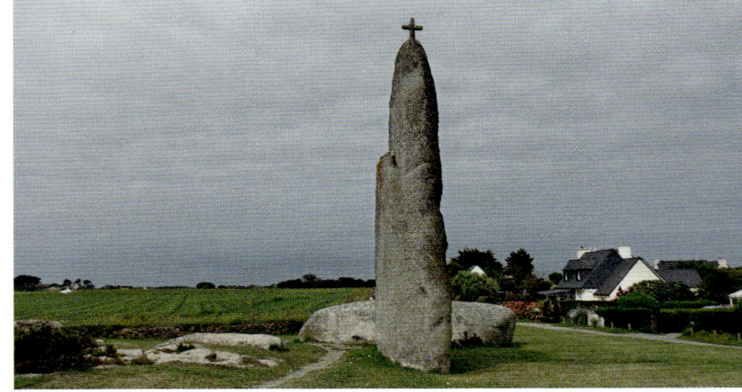

Menhir de Men Marz

rechts und erreichen den **Menhir de Men Marz** 02 (17 m), ein Megalithmonument aus der Vorzeit. Mit 8,50 m Höhe ist er der vierthöchste Menhir in Frankreich. Ein Granitkreuz auf der Spitze ist Beweis der Christianisierung. Wir setzen unseren Spaziergang auf der Rue de Menhir fort, bis wir dann links in die Rue de Morabren abzweigen – die Straße mit dem Einfahrtverbotsschild. Dort wo sie endet gehen wir nur wenige Meter rechts, um dann sofort wieder links abzuzweigen. An der großen Bucht gehen wir links über den Parkplatz und an der Promenade. Nach einem kurzen Stück auf

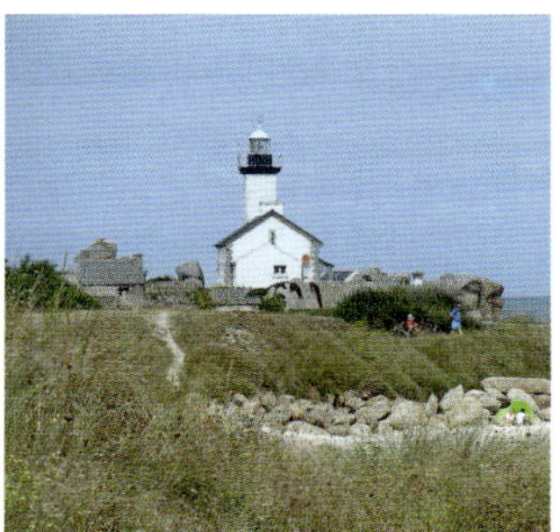

Pointe de Pontsuval

der Straße gehen wir nun in die Sackgasse. Im Weiteren kommen wir an einem Leuchtturm vorbei, dem Plage des Chardons Bleus, gehen zwischen Strand und dem Hotel de la Mer hindurch, bis zum **Pointe de Pontusval** 03 (10 m), mit einer kleinen Hafenanlage, einen Strandabschnitt und einen weiteren schönen Leuchtturm. Der nachfolgende Wegabschnitt begeistert groß und klein, denn gigantische Felsbrocken säumen den langen und feinen Sandstrand. Diese **wunderschönen Strandlandschaften** 04 (4 m) brauchen keinen Vergleich mit den Seychellen scheuen. Ein extrem naturnaher Wanderabschnitt, denn selbst die Bebauung ist in weite Ferne gerückt. Sind wir bis jetzt auf einem Wanderweg, auf oder neben den Dünen gegangen, sollte man nun am Strand entlanggehen, wenn es der Stand der Tide zulässt. Sobald gigantische Felsen das Weiterkommen unmöglich machen, gehen wir auf der Slipanlage bis zur Straße hoch, um dort rechts nach einigen Metern das 1756 gebaute Wachhaus zwischen riesigen Felsen zu bestaunen. In dem alten Fischerort **Meneham** 05 (14 m) lebten im 18.

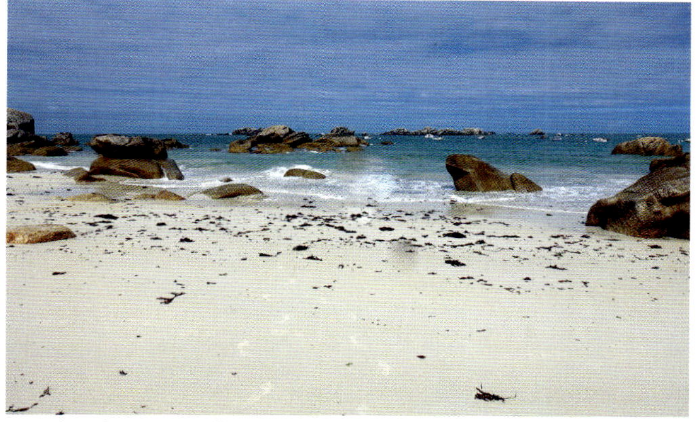

Wunderschöne Strandlandschaften

Jahrhundert ca. 11 Familien, die sich um die Zollabwicklung kümmerten, von Fischerei und Landwirtschaft lebten. 1970 wurde das Dorf aufgegeben und war dem Verfall preisgegeben. 1989 wurde die Anlage renoviert, heutzutage berichtet das Museumsdorf vom harten Leben aus der damaligen Zeit. Auch beherbergen Kunsthandwerker die alten Quartiere, das Backhaus und alte Wachhaus ist renoviert und das Restaurant lockt mit Köstlichkeiten.

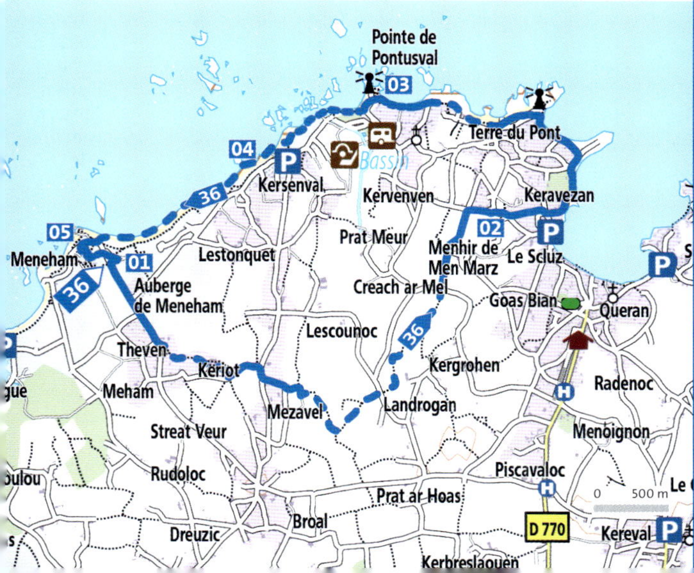

Pointe de Pontusval
03
04
Terre du Pont
Bassin
Kersenval
36
Kervenven
Keravezan
05
Prat Meur
02
Meneham
01
Lestonquet
Menhir de Men Marz
Le Scluz
Auberge de Meneham
Creach ar Mel
Goas Bian
Queran
Lescounoc
Theven
Kergrohen
Keriot
Radenoc
Meham
Mezavel
Landrogan
Streat Veur
Menoignon
Rudoloc
Piscavaloc
Prat ar Hoas
0 500 m
Broal
Dreuzic
D 770
Kereval
Kerbreslaouen

PLAGE DE KER EMMA

Der flächenmäßig größte Dünengürtel der Bretagne

  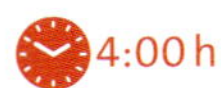  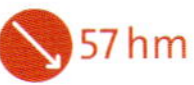

START | Busanbindung: keine. Pkw-Anfahrt: Die Wanderung befindet sich im Département Finistère, 40 km nordwestlich von Morlaix. Von dort erreicht man auf der D30 die Ortschaft Plouescat und über die D10 den ausgeschilderten Campingplatz d'Odé Vras. Gegenüber der Anlage befinden sich viele Parkmöglichkeiten. Die geografischen Koordinaten zum Start: [GPS: N48° 38,872200 O4° 13,933680].
CHARAKTER | Das erste Teilstück ist ein einfacher Strandspaziergang. Auf dem zweiten Wegabschnitt gibt es viele Weggabelungen und einen daraus resultierenden hohen Navigationsaufwand.

Nur wenige Touristen finden den Weg in diese 185 ha große und wüstenartige Naturlandschaft. Die Wanderung führt durch das erstaunlich unberührte und naturbelassene Dünengebiet. Kein Wunder, denn es ist Natura 2000 klassifiziert. Das heißt, er gehört zu einem zusammenhängenden Netz von Schutzgebieten innerhalb der EU. Sein Zweck ist der Schutz gefährdeter Pflanzen- und Tierarten und ihrer natürlichen Lebensräume. Diesen ursprünglichen und einzigartigen Ort muss man erkunden, ein von Granitfelsen unterbrochener, 6 km langer Dünenstreifen, mit seinem kristallklarem Wasser. Der Rückweg führt durch das Landesinnere und

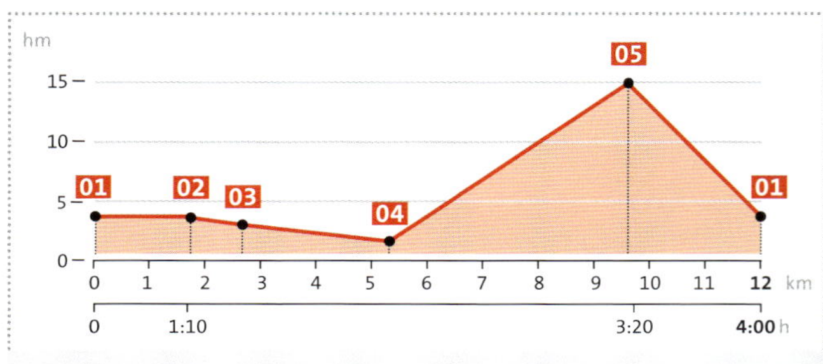

01 Start und Ziel 6 m; 02 Plages de Keremma 2 m; 03 bizarre Felsformationen 6 m; 04 Bundesstraße D10 3 m; 05 alte Mühle 9 m

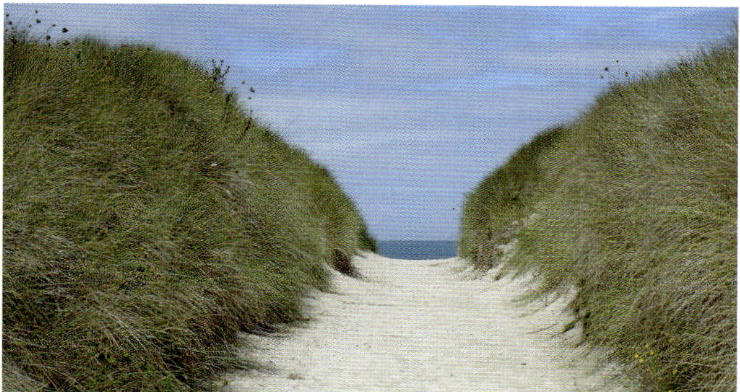

Pfad vom Parkplatz zum Strand

an einer alten Mühle vorbei. Oder man geht auf dem gleichen Weg zurück, denn der Strand eignet sich perfekt zum Baden und anschließenden Sonnenbaden. Kontinuierlich bläst der Wind über das Wasser, bringt die milde Seeluft in die Atemwege und raschelt im Strandhafer.

▶ Vom **Start und Ziel** 01 (6 m) bei dem Parkplatz gehen wir auf der weiterführenden Straße, bis diese endet, queren die bis zu 15 m hohen Dünen, um den Sandstrand zu erreichen. Die kräftige Brandung spült kontinuierlich den Sand vom Meeresboden an den Strand, der Nordwestwind trocknet die Körner und bläst sie willkürlich zu Haufen zusammen. Strandhafer gedeiht und befestigt den Sand mit seinen langen und verzweigten Wurzeln. Landeinwärts, wo kein frischer Sand mehr eingeblasen wird, reift die Düne zur Grau- oder Tertiärdüne und schließlich zur Braundüne mit einer artenreichen Vegetation aus Pflanzen, die nährstoffarme Böden bevorzugen. Je nach Wetterbedingungen kann man direkt am Strand gehen oder im Bereich der Braundüne, wo sich ein Pfad befindet. Weht ein kräftiger Nordwestwind, geht man besser im windgeschützten Bereich hinter der Braundüne. Die Ost-West-Ausrichtung des **Plage de Ker Eemma** 02 (2 m) beträgt sagenhafte 2,9 km. Bei Ebbe ist der Strand 150 m breit. Der Strand verengt sich, wir erreichen eine betonierte Slipanlage für Boote, wir steigen über Felsen, im Meer entdecken wir **bizarre Felsformationen** 03 (6 m). Der linke Granitfelsen sieht ein bisschen aus wie eine Heuschrecke, die sich aufrichtet. Durch das Halbrund einer kleinen Bucht gelangen wir an weitere Felsen, über die wir klettern müssen. Nach weiteren 50 m gehen wir nun links über die Dünen und folgen dem breiten Pfad zur etwa 100 m entfernt liegenden Kapelle La Chapelle Saint-Guevroc. Sie stammt aus dem 19. Jahrhundert und ist gebaut auf den Fundamenten einer Kapelle aus dem 15. und 16. Jahrhundert. Wir gehen auf der eingeschlagenen Richtung weiter und bei dem Parkplatz wieder rechts, zum Strand hinunter. Das nachfolgende Stück ist stark abhängig von der Tide, so geht man am Strand oder in den Dü-

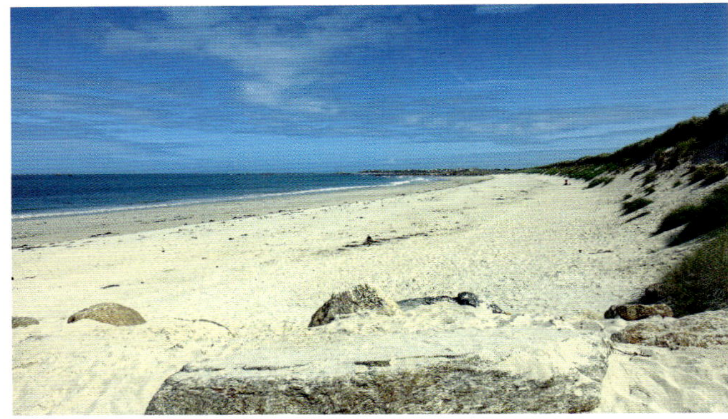

Plage de Ker Emma

nen. Man schaut nun in das Rund einer riesigen Bucht, gegenüber liegt die Ortschaft Plounéour-Trez. Wir umlaufen eine weitere Landspitze und gehen entlang einer Steinmauer. Sobald wir den ersten, von zwei in das Wasser ragenden Steinwälle erreicht haben, verlassen wir den Strand auf dem Pfad Richtung Landesinnere und gehen über den Parkplatz bis zur **Bundesstraße D10** 04 (3 m) vor. Dort gehen wir rechts und nach wenigen Metern überqueren wir die Straße nach links und gehen auf den Feldweg weiter – nicht die Zufahrt zum Haus. Vor einer großen Ackerfläche führt der Weg durch 2 Linkskehren und eine Rechtskehre bis zu einem Hof. Dort gehen wir bei der Weggabelung halb rechts, am Ende der Straße – bei einem Steinhaus – gehen wir rechts. Nachdem wir einen Bachlauf überquert haben biegen wir in die zweiten Straße links, um hinter dem Steinhaus mit den weißen Fenstern, bei der nachfolgenden Weggabelung, halb links zu gehen. Hinter einem kleinen Waldstück endet diese Straße, dort gehen wir rechts entlang der Parkbucht und sofort wieder links, Richtung der Ortschaft Ruvas. Bei einem rot-weißen Gartentor queren wir die nachfolgende Straße und gehen auf einem Feldweg geradeaus weiter. Das nachfolgende Wegstück führt nun direkt durch ein Maisfeld. An dieser Stelle ist extra ein Pfad freigeschlagen, ich hoffe nur, dass diese Schneise jedes Jahr wieder neu angelegt wird – sonst muss man improvisieren und die Stelle umlaufen. Am Ende der nachfolgenden Schotterpiste gehen wir an der Straße rechts und sofort wieder links – bei einer kleinen Holzhütte – und hinter einem Anwesen, auf einem Wirtschaftsweg, entlang der Felder. Nach einer Linkskehre endet der Weg an einer Straße. Dort gehen wir rechts, verlassen die Straße in der nachfolgenden Rechtskehre – bei der Hausnummer 4 – und gehen geradeaus weiter, auf einem schmalen Pfad. Nach kurzem Abstieg erreichen wir den Bachlauf Le Frout, gehen rechts, um auf Höhe der **alten Mühle** 05 (9 m), über Steinplatten die andere Uferseite zu erreichen. Da dieser Wegabschnitt selten be-

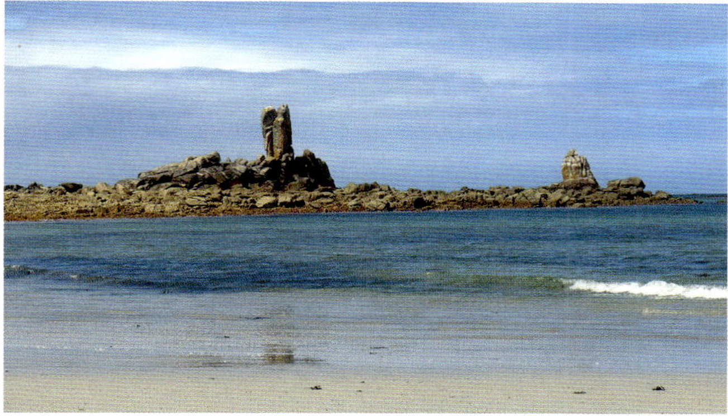

Bizarre Felsformationen

gangen wird, ist kaum ein Pfad zu erkennen, man muss sich eventuell durch Brennnesseln kämpfen. Direkt hinter der Mühle gehen wir auf dem steil bergaufführenden Weg weiter, bei der nächsten Weggabelung halb rechts, am Feldrand entlang, bis zur Straße und der Halle mit der grünen Wand. Direkt hinter dieser Halle gehen wir links am Feldrand entlang, bei einem weiteren Steinhaus vorbei, bei der folgenden Weggabelung rechts und an der nachfolgenden Wirtschaftswegekreuzung geradeaus. Sobald wir in 200 m Entfernung Häuser sehen, gehen wir rechts auf dem Wirtschaftsweg und an der nachfolgenden Straße links. Dem Verlauf dieser sehr wenig befahrenen Straße folgen wir bis zum Ausgangspunkt.

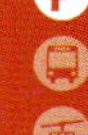

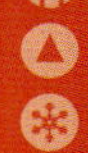

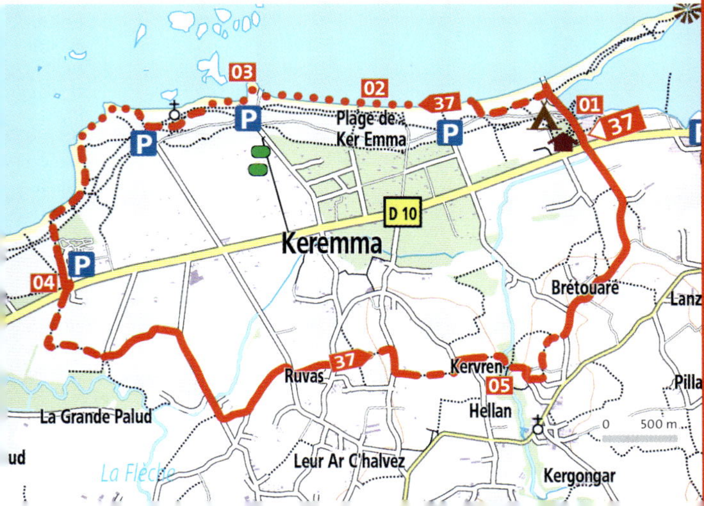

CAIRN DE BARNÉNEZ

Noch einmal 500 Jahre älter als die Cheops-Pyramide

 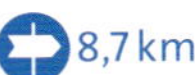 8,7 km  2:55 h  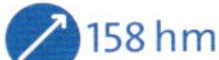 158 hm 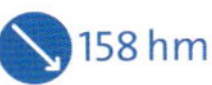 158 hm

START | Busanbindung: Die Buslinie 20 fährt vom Gare SNCF (Morlaix) bis zur Haltestelle Cairn De Barnénez (Plouezoc'h). Von dort geht man 8 Minuten zum Wegpunkt 3. Die aktuellen Fahrzeiten erfährt man auf Webseite: http://www.breizhgo.com/en/. Pkw-Anfahrt: Die Wanderung befindet sich im Département Côtes-d'Armor, 12 km nördlich von Morlaix. Von dort erreicht man auf der D76 die Ortschaft Plouezoc'h. Über die Allée de Coat an Lem, Dalar Izella und La Villeneuve bis Palud Kerarmel erreicht man den riesigen Parkplatz. Alternativ kann man versuchen, auf dem kleinen Parkplatz beim Cairn de Barnénez zu parken.
Die geografischen Koordinaten zum Start:
[GPS: N48° 38,902260 O3° 51,388320].
CHARAKTER | Einfache Wanderung für die ganze Familie.

Die Wanderung beginnt in der Bucht von Morlaix, führt durch das Landesinnere, vorbei an Seen und schönen Naturlandschaften, bis zu einer TOP-Sehenswürdigkeit, das bedeutendste Megalith-Mausoleum Europas. Der Cairn de Barnénez wurde 4500 Jahre vor Christi gebaut und ist damit noch einmal 500 Jahre älter als die Cheops Pyramide. Der Steinhaufen ist 70 m lang, 20–25 m breit, 6 m hoch, umfasst 11 Granitdolmen und verbaut sind über 3000 m³

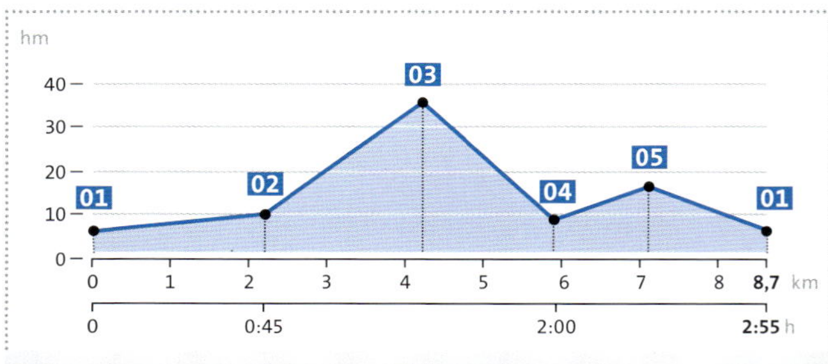

01 Start und Ziel 15 m; 02 See 6 m; 03 Cairn de Barnénez 37 m; 04 Château du Taureau 5 m; 05 Steilküste 14 m

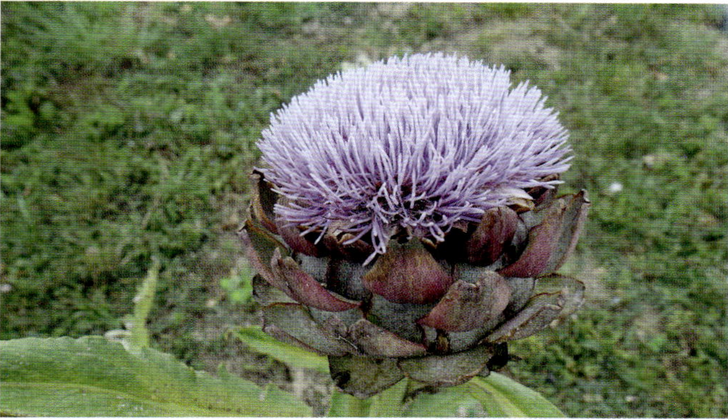
Eine blühende Artischocke

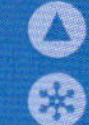
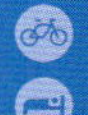

Steine. Ein äußerst beeindruckender Zeitzeuge der Begräbnistradition der Steinzeit. Auf dem Zöllnerpfad umrunden wir dann die Landzunge Point du Vue, mit herrlicher Aussicht auf die Buchten von Térénez und Morlaix, und die Befestigungsanlage und späteres Gefängnis Château de Taureau – ein herrlicher Panoramaweg.

▶ Vom Parkplatz, **Start und Ziel** 01 (15 m) gehen wir am Meer in nördlicher Richtung, um bei der nachfolgenden Verzweigung den halbrechten Pfad zu wählen. Anschließend gehen wir rechts an einem Einzelhaus vorbei, ignorieren den linken Abzweiger und hinter der Rechtskehre der Straße verlassen wir diese nach links – bei einer kleinen Eiche – in die Schotterpiste. An der darauffolgenden Hauptstraße gehen rechts und bei der nächsten Möglichkeit links in den Wirtschaftsweg. Dieser mündet in eine Hauszufahrt mit einem dunkelblauen Tor, wir gehen zwangsweise links weiter. Es ergibt sich ein wunderschöner Fernblick auf die Bucht **Anse de Térénez**. Ein Pfad zwischen Waldrand und Feldern führt hinunter in ein Tal, dort geht es auf Holzbalken über feuchten Untergrund. Um die nachfolgenden **Seen** 02 (6 m) kann man wahlweise links oder rechts vorbeigehen. Anschließend überqueren wir die Straße und gehen links auf einem Pfad, parallel zur Straße, bis dieser dann an einer Straße endet, auf der wir 425 m rechts gehen. Dort, bei dem Einfahrtverbotsschild – auch ausgeschildert Sentier Cotier – biegen wir halb links ab. Nach wenigen Metern kann man links hinunter zur Küste gehen, wir gehen halb rechts auf dem breiteren Weg weiter. Auf Höhe einer Steinmauer mündet er in einen Fahrweg, der direkt vor der Zufahrt bei einem Privatgrundstück endet. An dieser Stelle gehen wir rechts, entlang der Grundstücksgrenze. Der Eigentümer des Anwesens hat diesen Wegabschnitt zum Entsorgen von Gartenabfällen genutzt, auch ist der Weg teilweise verwachsen. Hinter einer Metallkette gehen wir halb rechts, nun wieder auf einem breiteren Weg erreichen wir die Straße, die links bergauf

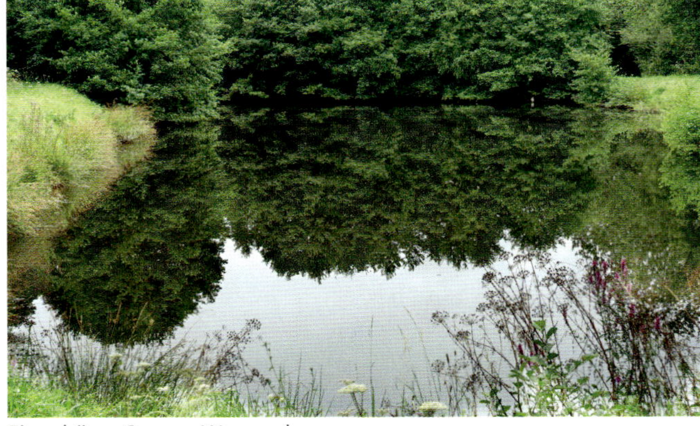
Ein schöner See am Wegrand

zum **Cairn de Barnénez** 03 (37 m) führt. Nach der Besichtigung gehen wir auf der Straße wieder bergab und bei der nächsten Möglichkeit links in die Schotterpiste und kurz vor der Bucht von Térénez zweigen wir nach links auf den ausgezeichneten Wanderweg ab. Hinter einem Holzgatter führt der Weg ein kurzes Stück auf einer Straße bergauf, bis wir nach rechts abzweigen. Auf dem weiterführenden Pfad umrunden wir nun die Spitze Point du Vue, bis wir einen Aussichtspunkt erreichen. Zwischen einer roten und einer grünen Tonne kann man das **Château de Taureau** 04 (5 m) ausmachen. Es wurde 1552 als eine Befestigungsanlage zum Schutz von Morlaix gebaut und später als Gefängnis genutzt. Auf dem nachfolgenden Stück bis zum Ausgangspunkt ignorieren wir alle linken Abzweiger. Kurz später erreichen wir einen Gedenkstein und Erklärungstafeln zum Château de Taureau. Auf dem verblei-

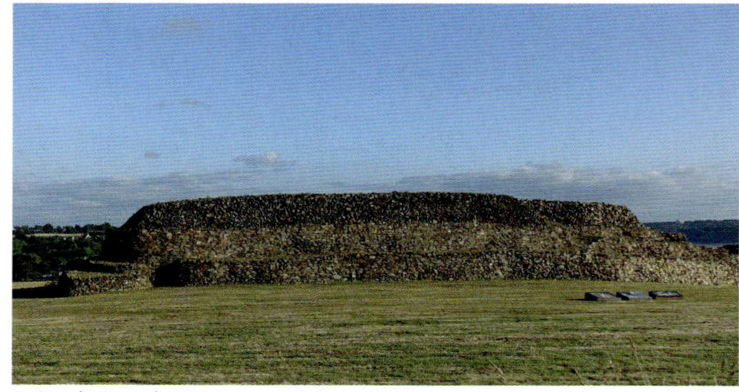
Cairn de Barnénez

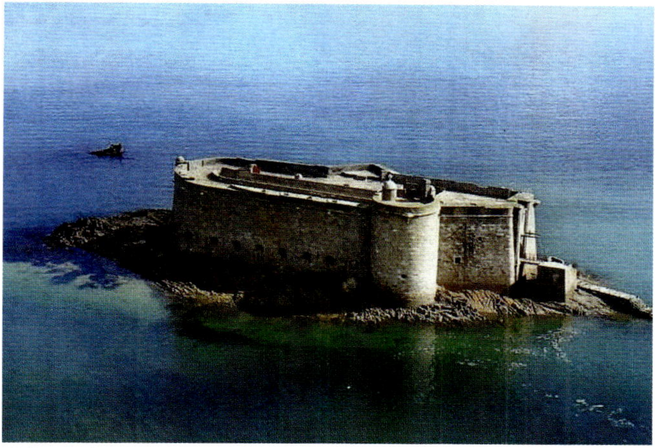

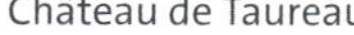

Château de Taureau

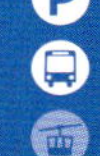

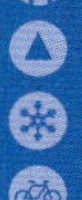

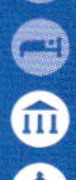

benden Abschnitt der Wanderung ändert sich das Landschaftsbild und wir laufen nun etwas erhöht, entlang einer bis zu 20 m hohen **Steilküste** **05** (14 m). Bei einer Weggabelung mündet der Rückweg in den Hinweg, in der Ferne sehen wir bereits den Parkplatz.

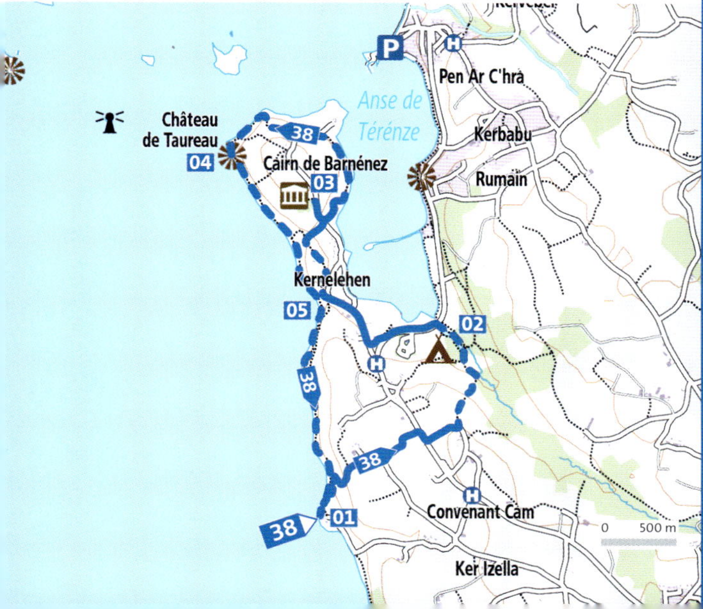

AUSSICHTSPUNKT POINTE DE BEG AN FRY

Auf den Spuren des Widerstandskampfes von 1944

 7,8 km 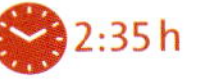 2:35 h 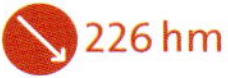 226 hm 226 hm

START | Busanbindung: keine. Pkw-Anfahrt: Die Wanderung befindet sich im Département Côtes-d'Armor, 19 km nordöstlich von Morlaix. Von dort erreicht man auf der D786 und der D64 das Gästehaus Escale de Trobodec. Dieses befindet sich direkt an der Straße hinter einem großen Parkplatz. Die geografischen Koordinaten zum Start: [GPS: N48° 41,904960 O3° 43,537860].
CHARAKTER | Mittelschwere Wanderung aufgrund der steilen An- und Abstiege. Auf dem felsigen Untergrund ist Trittsicherheit hilfreich und auf dem schmalen Pfad ist Schwindelfreiheit erforderlich.

Eine der alpinistischten Wanderungen in der Bretagne. Mehrmals gibt es kräftige An- und Abstiege, felsige Buchten müssen umlaufen, es wird viel auf steinigem Untergrund gelaufen und viele Passagen des schmalen Pfads führen direkt durch die Steilwand der Küste. Atemberaubend ist der Ausblick von einem Aussichtspunkt. Auch an einem historischen Ort kommen wir vorbei, denn diese nördliche Region der Bretagne war von den Deutschen besetzt,

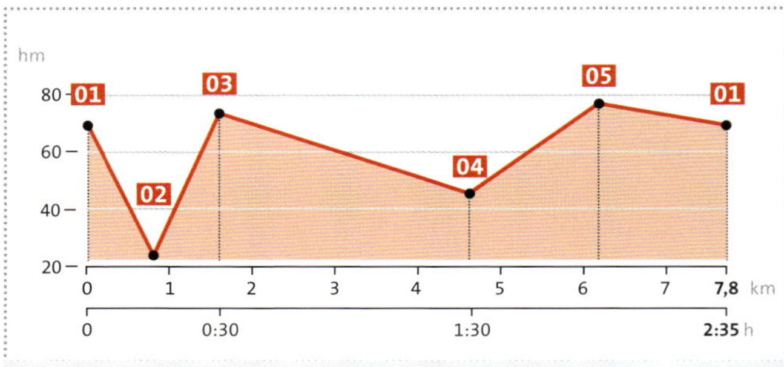

01 Moulin de Trobodec 41 m; 02 La Plage de Trobodec à Guimaëc 3 m; 03 Pointe de Beg an Fry à Guimaëc 77 m; 04 Grand Convenant An Aod 30 m; 05 Rückweg 83 m

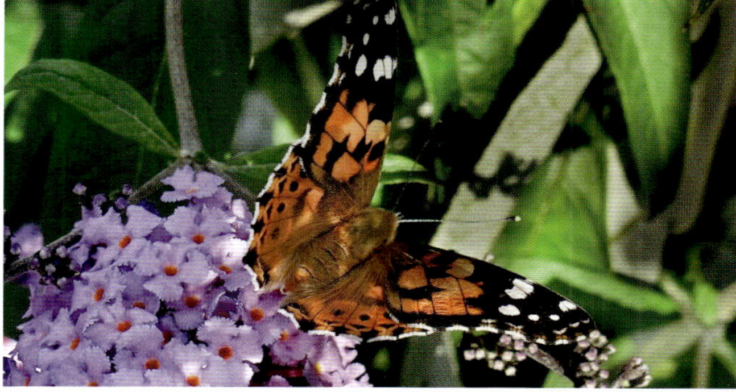
Von der Raupe zum Schmetterling

und genau an dem Strand Trobodec à Guimaëc landeten britische Agenten. In Zusammenarbeit mit französischen Informanten, dabei auch Präsident Mittérand, wurde die Landung der Alliierten vorbereitet. Die Runde bringt Geschichte und das Heute in wirkungsvoll zusammen.

▶ Vom Parkplatz folgen wir dem Wegweiser Sentier Cotier und gehen bergab an einem Bachlauf entlang. Hinter einer Brücke ignorieren wir den linken Abzweiger Richtung Straße. An der Mühle **Moulin de Trobodec** 01 (41 m) können wir ein 3 m großes und intaktes Wasserschöpfrad bestaunen. Wir wandern auf dem Pfad weiter bergab, erreichen den Parkplatz und gehen halb rechts die wenigen Meter bis zum **La Plage de Trobodec à Guimaëc** 02 (3 m) hinunter. Im Zweiten Weltkrieg agierte in dieser von Deutschen besetzten Zone die sogenannte Widerstandszelle VAR. Sie bestand aus britischen Agenten, der sogenannten SOE (Special Operations Executive) und französischen Informanten. Zuerst

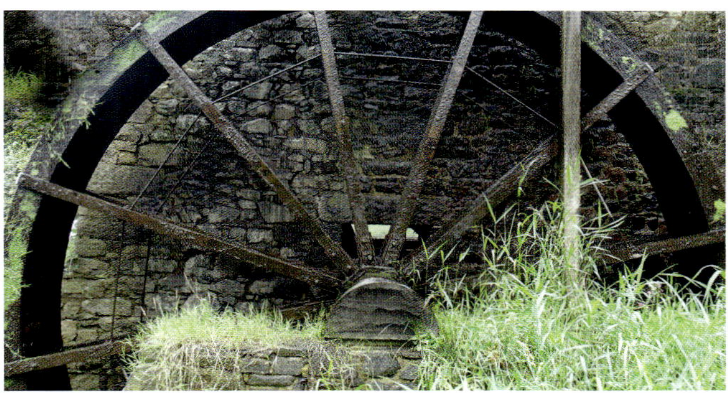
Hölzernes Wasserrad

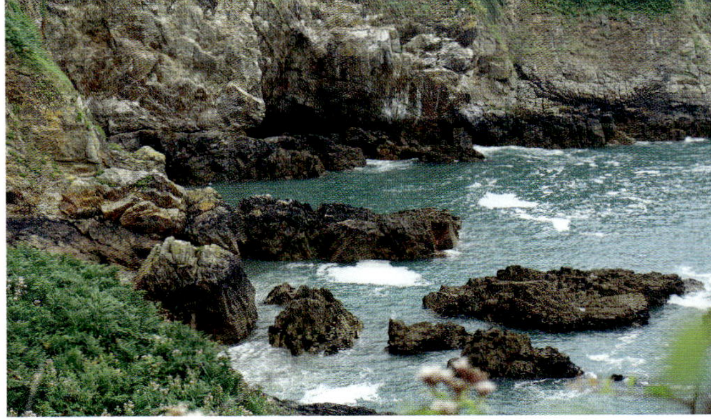
Malerische Bucht

wurden abgeschossene alliierte Flieger von Guimaëc nach Beg an Fry gebracht, während die SS an der Straße patrouillierte. Mit dem Schiff erreichten sie dann ein U-Boot, das die Flieger nach England zurückbrachte. Im Februar 1944 brachte eine englische Korvette weitere Agenten, die im Zusammenspiel mit den Informanten, darunter François Mittérand – sein Deckname war Morland – die Landung der alliierten Kräfte vorbereiteten. Die Schlacht um die Bretagne begann am 1. August 1944. Oberhalb vom Picknickbereich befindet sich ein Gedenkstein sowie ein eingelassener Stein in einer Mauer mit der Inschrift – Chemin du Reseau Var 1944–1994 – der nach 50 Jahren an diese Erfolge erinnert. Hinter dem Picknickbereich treffen wir auf den weiterführenden Pfad. Auf felsigen Untergrund, teilweise über Treppen, geht es steil berg-

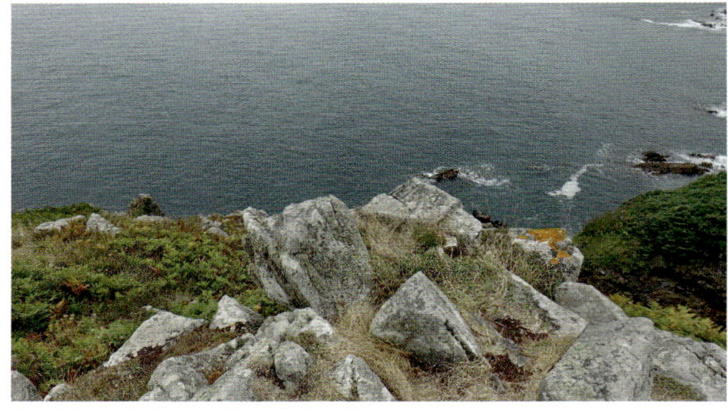
Der Pointe de Beg an Fry à Guimaëc

auf. An einigen Stellen muss man die Hände zu Hilfe nehmen, bis man den Aussichtspunkt **Pointe de Beg an Fry à Guimaëc** 03 (77 m) erreicht. Von hier ergibt sich ein gigantischer Fernblick über die Bucht. Im Weiteren biegen wir nicht links zum Parkplatz ab, sondern gehen halb rechts, spektakulär geht es auf einem schmalen Pfad steil bergab. Mehrere felsige Schluchten werden umlaufen, kräftige An- und Abstiege inbegriffen. Ein Holzpfeiler markiert die Landspitze **Grand Convenant An Aod** 04 (30 m). Auf dem weiterführenden Pfad verlassen wir 5 m vor einem runden und hohen Betonpfeiler den Küstenpfad, gehen links auf dem schmalen Pfad bergauf und rechts auf der weiterführenden Schotterpiste bis zur Straße, wo wir links gehen. Der **Rückweg** 05 (83 m) führt entlang der wenig befahrenen Straße. Nach einem kurzen Stück bergauf

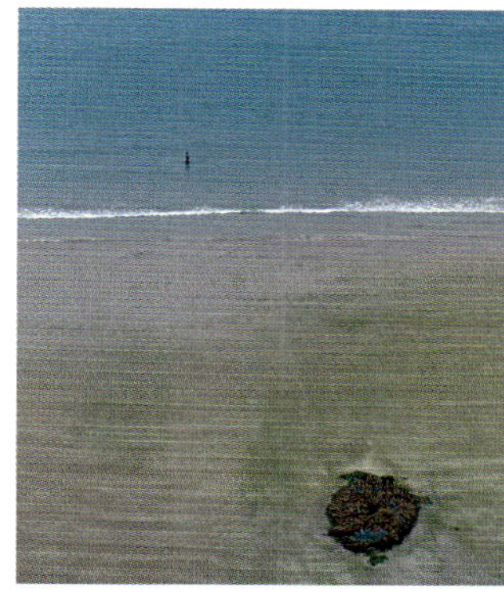

Der La plage du Moulin de Trobodec à Guimaëc

gehen wir bei der nächsten Weggabelung links. Dann folgen wir dem Straßenverlauf durch eine Rechtskehre und einer Linkskehre durch eine Streusiedlung, bis es dann geradeaus zum Ausgangspunkt hinuntergeht.

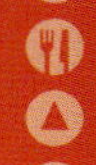

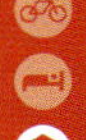

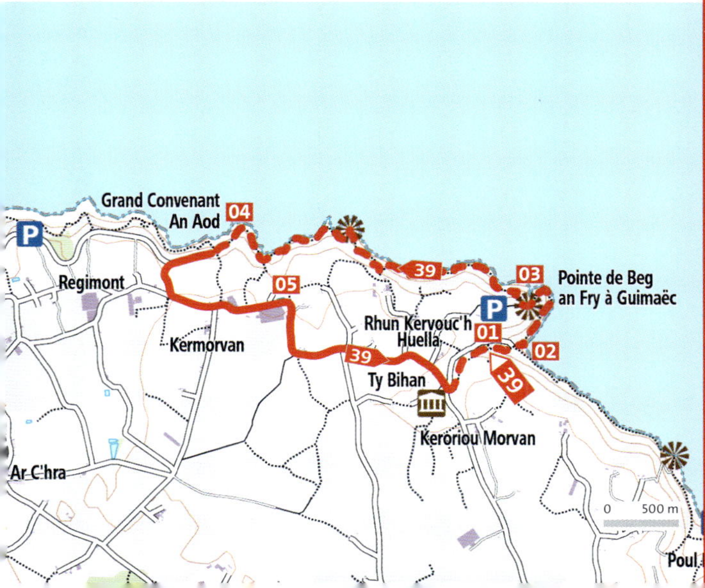

Grand Convenant An Aod 04
Regimont
05
Kermorvan
39
Ty Bihan
Rhun Kervouc'h Huella
01
02
03
Pointe de Beg an Fry à Guimaëc
Keroriou Morvan
Ar C'hra
0 500 m
Poul

40

LA PRESQU'ÎLE KERCOZ

Felsige Küstenabschnitte im Wechsel mit malerischen Buchten

 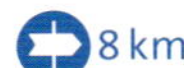

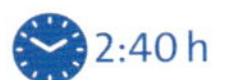

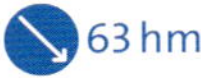

START | Busanbindung: Die Buslinie 30 verbindet Morlaix Gare SNCF (Morlaix) mit Plestin Les Greves (Plestin-les-Grèves). Von dort sind es zwei Minuten zu Fuß zum Start. Die aktuellen Fahrzeiten erfährt man auf Webseite: http://www.breizhgo.com. Pkw-Anfahrt: Die Wanderung befindet sich im Département Côtes-d'Armor, 21 km nordöstlich von Morlaix. Von dort fährt man auf der D786 und D42 Richtung Locquirec/Lokiregund. Nachdem man auf die D142 rechts abgebogen ist erreicht man nach 150 m auf der linken Seite die Kaimauer mit dem Parkplatz.
Die geografischen Koordinaten zum Start:
[GPS: N48° 40,248120 O3° 38,193120].
CHARAKTER | Einfacher Spaziergang entlang der Küste.

Auf dieser spannenden Wanderung entdecken und genießen wir Natur und Kultur auf der Halbinsel um die Dörfer Kercoz, Kerdréhoret, Ménéhaz und Trévroz. Zu den kulturellen Höhepunkten zählen die Kapelle Saint Barbe, der Brunnen Fontaine Saint Efflam, die Kapelle Saint Efflam und eine Gallo-Römische Therme. Landschaftlich begeistern die fünf wunderschönen Strände, aber auch der urige Wald

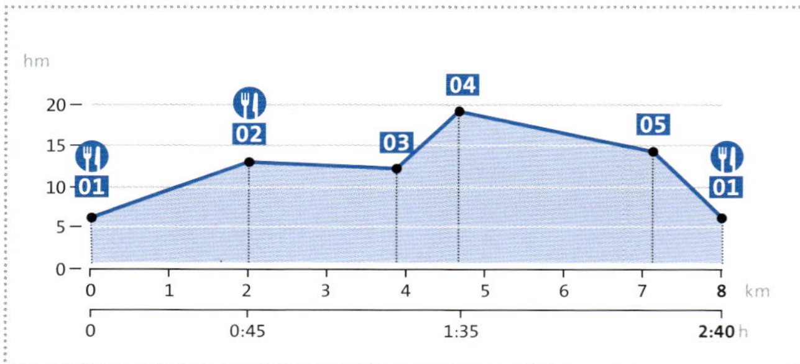

01 Chapelle Sainte Barbe 11 m; 02 Fontaine Saint Efflam 16 m; 03 La Lieue de Gréve 13 m; 04 Plage de Porz Mellec 10 m ; 05 Thermes Gallo Romains du Hogolo 16 m

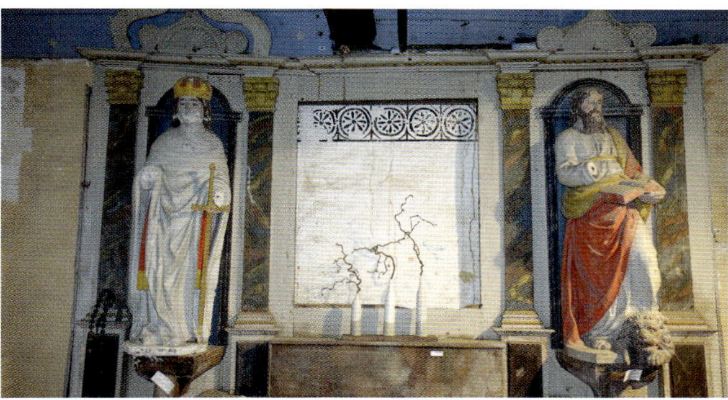
Chapelle Sainte Barbe

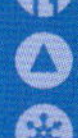

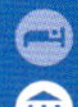

und der prachtvolle Wanderweg. Das andauernde Rauschen des Meeres ist unser stetiger Begleiter. Was braucht der Mensch zu seinem Glück? Draußen sein!

Vom Parkplatz an der Kaimauer gehen wir 100 m auf der weiterführenden Straße, um diese in der folgenden Linkskehre geradeaus zu verlassen, Richtung der 1609 gebauten **Chapelle Sainte Barbe** 01 (11 m), die der heiligen Barbara geweiht ist. Sie befindet sich im Hafenviertel Toul An Hery, von wo aus Weizen nach England und Spanien exportiert wurde. Direkt vor der kleinen Kapelle wandern wir auf dem Pfad neben einem kleinen Rinnsal durch einen urigen Wald. Bei der Wegekreuzung gehen wir geradeaus weiter, bis der Pfad in eine Straße mündet, auf der wir rechts bis zu einer Kreuzung vorgehen. Dort gehen wir geradeaus weiter bis zur Hauptstraße, überqueren diese am Zebrastreifen und gehen am Herrenhaus Manoir de Kérallic vorbei. Im Weiteren passieren wir eine Steinmauer bei einem Durchbruch, um in einen Rechtsbogen, um das Herrenhaus herum zu gehen und dem Wegweiser Richtung Plage zu folgen – links unterhalb sieht man den Plage La Lieue de Gréve. Nach einem kurzen Stück im Wald folgt eine 180°-Kehre und in engen Kehren geht es auf einem Pfad bis zur Straße, an der wir rechts, und nach weiteren 30 m, abermals rechts gehen. Dort befindet sich der aus dem 16. Jahrhundert stammende Granitbrunnen **Fontaine Saint Efflam** 02 (16 m). Nur wenige Meter oberhalb des Brunnens befindet sich die aus dem 15.–18. Jahrhundert stammende **Kapelle Saint Efflam**. Auf der Straße gehen wir ein kurzes Stück des Hinwegs zurück und dann weiter geradeaus, bis zum Ende der Straße – hier befindet sich ein riesiger Feigenbaum unter einer mächtigen Pinie. Hier gehen wir links an der Mauer entlang und folgen dem Zöllnerpfad. Dieser mündet in die Kehre einer Straße, wir gehen halb rechts und in der nachfolgenden scharfen Rechtskurve der Straße gehen wir geradeaus weiter auf dem GR34. Bei einer Hafenmole erreichen wir das nördliche Ende der Halbinsel, rechts befindet die große Bucht **La Lieue de Gréve** 03 (13 m) und

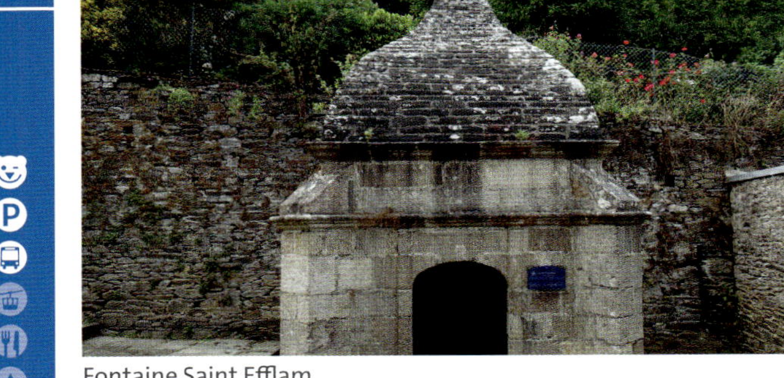

Fontaine Saint Efflam

ein kleiner windgeschützter Hafen, links der **Plage de Beg Douar**. Am oberen Ende des Parkplatzes, zwischen zwei Picknicktischen, beginnt der weiterführende Pfad bis zum **Plage de Porz Mellec** **04** (10 m). Wir laufen ein kurzes Stück auf der Zufahrtsstraße zum Strand bergauf, um den rechts abzweigenden Pfad zu nehmen. Geht man bei der nachfolgenden Weggabelung rechts, so läuft man ganz um die Pointe d'Armorique. Der Pfad verzweigt sich abermals, wir gehen halb rechts. Kurz später mündet von links ein Pfad in den unsrigen. Zunächst wandern wir oberhalb des Plage de Tossen Arc Choz, kurz später steigen wir zu diesem ab und queren ihn ein kurzes Stück. Zwischen Parkplätzen und dem Meer gehen wir auf einer asphaltierten Straße. Sobald die Straße zum Strand hinunter führt, zweigen wir halb links auf den Pfad durch den Kiefernwald

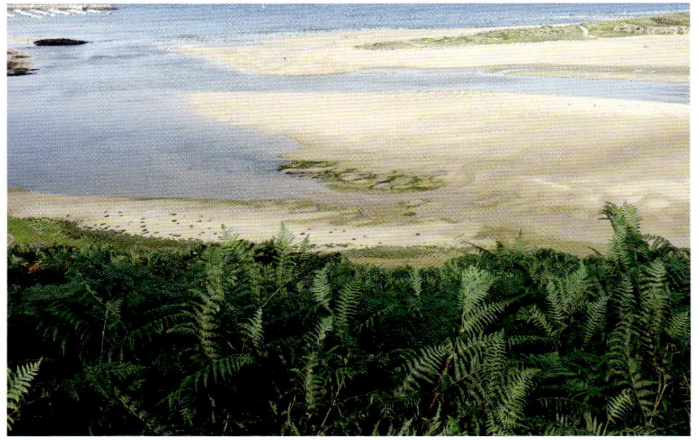

La Lieue de Gréve

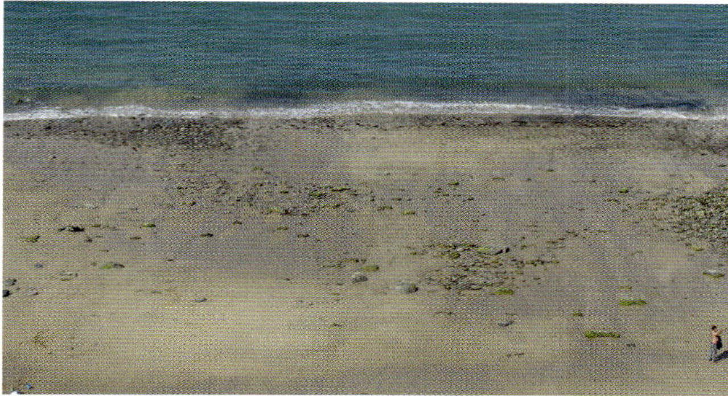

Plage Porz Mellec

ab. Erhöht von den Klippen schaut man auf das Gréve des Curés mit der dahinterliegenden Bucht Locquirec. Sobald wir parallel zur Straße gehen treffen wir auf erstaunlich gut erhaltene Gallo-Römische Thermen, die **Thermes Gallo Romains du Hogolo** 05 (16 m). Sie stammen aus dem Jahre 50 nach Christi, sind 1992 restauriert worden und seitdem für die Öffentlichkeit zugänglich. Wir gehen auf dem Küstenpfad weiter und erreichen den Ausgangspunkt.

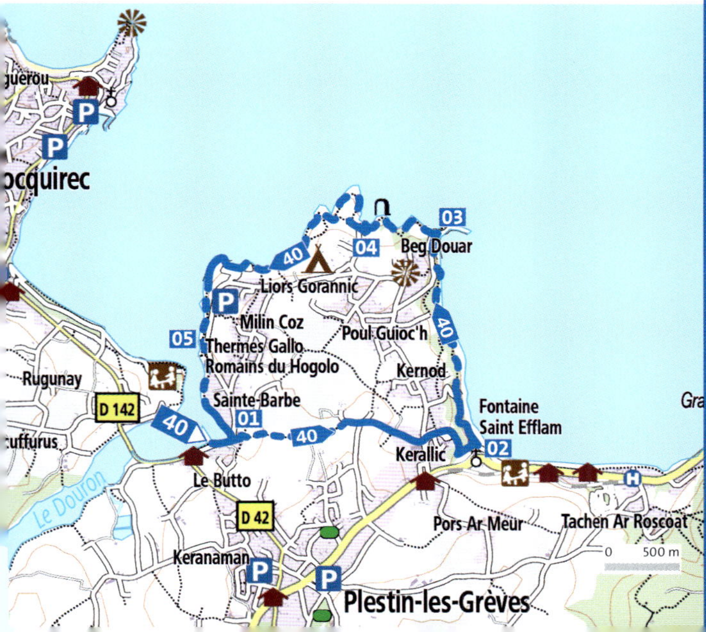

CHÂTEAU DE TONQUÉDEC – CHÂTEAU DE KERGRIST

Durch die Jahrhunderte der Geschichte wandeln

 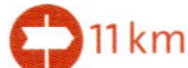 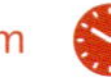 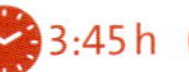 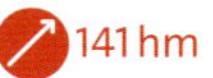 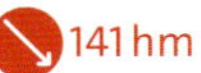

11 km | 3:45 h | 141 hm | 141 hm

START | Busanbindung: keine. Pkw-Anfahrt: Die Wanderung befindet sich im Département Côtes-d'Armor, 9 km südöstlich von Lannion. Von dort erreicht man das Château über die D11 und D113. Die letzten Kilometer sind ausgeschildert und vor dem Schloss gibt es Parkplätze. Die geografischen Koordinaten zum Start: [GPS: N48° 40,562220 O3° 24,673020].
CHARAKTER | Mittelschwere Wanderung mit vielen Wegverzweigungen und dem damit verbundenen erhöhtem Navigationsaufwand.

Eine der schönsten Wanderungen im Département Côtes-d'Armor verbindet Natur und Kultur. In der totalen Abgeschiedenheit, im Herzen eines wunderschönen Waldes, entlang einem der schönsten Flüsse der Bretagne, entdecken wir zwei Schlösser und drei Kapellen, die alle als historische Denkmäler klassifiziert sind. Mehr Programm ist an einem Wandertag nicht unterzubringen.

Auf den Grundmauern einer Burganlage aus dem 12. Jahrhundert wurde das **Château de Tonquédec** 01 (53 m) im Auftrag der Famille Coëtmen-Penthièvre im 15. Jahrhundert erbaut. In ihrer stürmischen Geschichte

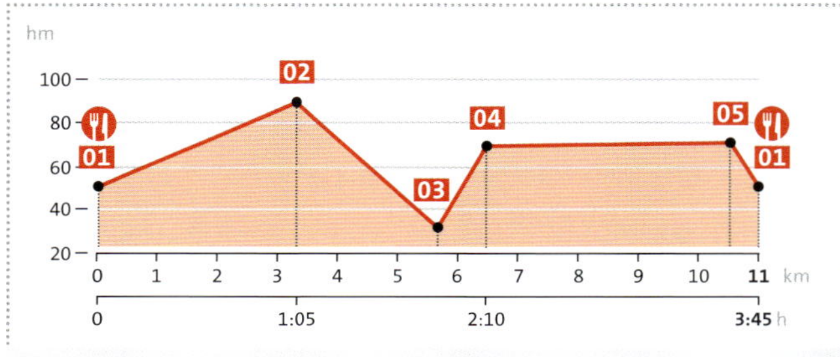

01 Château de Tonquédec 53 m; 02 Château de Kergrist à Ploubezre 89 m; 03 Brücke 29 m ; 04 Quelle 71 m; 05 Oratoire de Rubudas 74 m

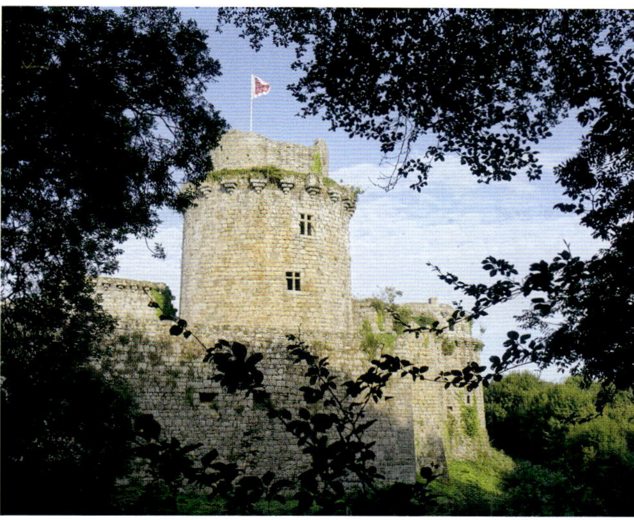

Château de Tonquédec

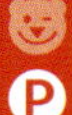
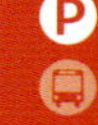
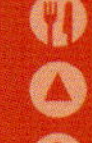

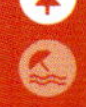

wechselte das Schloss mehrmals den Eigentümer. 1570–1598 wurde es dann zu einer Festung ausgebaut. Nach einem verlorenen militärischen Konflikt einer Garnison der königlichen Truppen wurde die Anlage im Jahre 1626 geschleift. Um eine Besichtigung zu ermöglichen wurde eine Zugbrücke ersetzt. Auf dem Turm weht heutzutage eine Fahne mit dem Wappen der Famillie Coëtmen-Penthièvre. Wir lassen die Créperie auf der linken Seite liegen und gehen auf der Straße bergab, um hinter der Brücke links auf dem Pfad entlang einem der schönsten Flussläufe der Bretagne, dem **Le Léguer**, zu wandern. Es folgt ein besonders schöner Waldweg, an einigen Stellen befinden sich im Flusslauf Stromschnellen, dann fließt er wieder gemächlich dahin. Wir kommen an den Überresten einer Brücke und den Ruinen einer Mühle vorbei. Wir erreichen eine Verzweigung und bleiben auf den halb rechts ansteigenden Pfad, der sich vom Flusslauf entfernt. Nachdem wir an einer großen Weidefläche im Wald vorbeigegangen sind, erreichen wir eine Brücke, hier gehen wir rechts – links über die Brücke würden wir auf unserem Rückweg gelangen. Es folgt ein gemächlicher Anstieg auf einem inzwischen breiten Weg, bis wir am Seiteneingang des Schlosses vorbeigehen und an der nachfolgenden Straße links an den Haupteingang des **Château de Kergrist à Ploubezre** 02 (89 m) gelangen. Der Bau wurde im 15. Jahrhundert in Auftrag gegeben, es entstand ein typisches bretonisches Herrenhaus aus der Renaissance mit einem 8-eckigen Turm und von zwei Hauptgebäuden umgeben. Nach vielen Jahrhunderten der Geschichte – die man bei einer Besichtigung

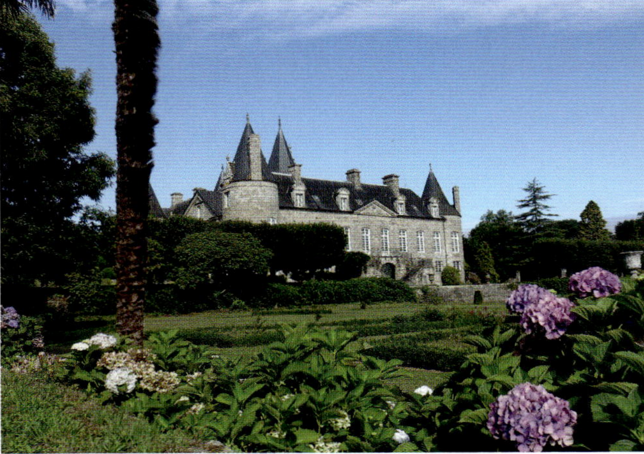

Château de Kergrist à Ploubezre

hautnah erleben kann – befindet es sich heute in Privatbesitz. Wir gehen auf der Zufahrtsstraße zurück, kommen an dem Hinweg vorbei, um nach 25 m links in den Pfad abzubiegen. Dort wo der Pfad endet – an einer Lichtung – gehen wir rechts. Bei der nachfolgenden Weggabelung halten wir uns halb links, nun leicht bergab. Kurz später erreichen wir einen Bachlauf, kurzfristig ist der Pfad schwierig zu erkennen, hinter einem umgefallenen Baum ist er dann wieder besser auszumachen. Bei einer Wegekreuzung, mitten im Wald, gehen wir geradeaus weiter. Bei einem 2 m hohen Baumstumpf endet der Pfad, an dieser Stelle gehen wir scharf rechts, kurz später entlang eines plätschernden Baches, den wir kurz später queren. Der Pfad mündet in einen Fahrweg, auf dem wir halb rechts gehen, bis zur aus dem 15. Jahrhundert gebauten Chapelle Saint-Fiacre de Runefau à Ploubezre. Wir gehen direkt an der linken Mauer der Kirche entlang – die Mauer ist Richtung Norden ausgerichtet – um dann auf einem schmalen und schwer auszumachen Pfad durch Gestrüpp bis zur Moulin de Kergrist hinunterzugehen. Als nächstes gehen wir bei der Weggabelung rechts, treffen auf den Hinweg, gehen aber dieses Mal rechts über die **Brücke** 03 (29 m). Hinter einem Steinhaus im Nichts gehen wir bei der Weggabelung rechts. Bei einer großen Eiche gehen wir links bergauf bei der Weggabelung. Zwei linke Abzweiger ignorieren wir und folgen dem Pfad durch die Rechtskehre. Nach kurzem Aufstieg erreichen wir einen aufgestellten Stein, geht man hier 20 m rechts hinunter, so erreicht man die **Quelle** 04 (71 m) Fontaine de Kerrivoallan. Wir gehen wieder auf den Hauptweg und weiter bis zur **Chapelle De Kerrivoallan** aus dem 16. Jahrhundert. Der weitere Weg mündet in eine Straße, auf der wir links gehen, diese aber bereits in der darauffolgenden Rechtskehre verlassen und geradeaus auf der Schotterpiste weitergehen. Nachdem die Piste eine Linkskehre gemacht hat, gehen wir nun auf einem Pfad, parallel zu dieser Piste, die kurz später direkt an einem Haus vorbeiführt. Es folgt ein prachtvoller Hohlweg, der an einem breiteren Weg endet, auf dem wir rechts, bis zu einer asphaltierten Straße gehen. Vor einem Hof endet diese und wir gehen links auf der Straße weiter, bis wir bei dem Haus mit Nr. 10, rechts in die Schotterpiste einbiegen. Bei der darauffolgenden Weggabelung entscheiden wir uns für den mittleren Pfad durch den Wald. Bei der nachfolgenden Weggabelung gehen wir rechts, überqueren mehrere Brücken, gehen an der Straße entlang, bis der Pfad in diese Straße mündet. Auf dem angelegten Fußweg entlang der Straße erreichen wir die auf der rechten Seite liegende und 1510 fertiggestellte Chapelle Saint-Gildas. Bis zum 20. Jahrhundert bildete sie den Mittelpunkt des Dorflebens, war Treffpunkt der Waschfrauen und Standort der Brennerei zur Destillation. Wir gehen bis zum Ende des Fußgängerweges vor, um dort links in die Straße Richtung Rubudas zu biegen. Wir erreichen die **Oratoire de Rubudas** 05 (74 m). An dieser Stelle war eine weitere Kapelle geplant aber nur die Fundamente wurden errichtet, das Kreuz wurde 1734 von Viscount Quengo Tonquédec errichtet. Nach weiteren 125 m zweigt links ein Pfad zum Ausgangspunkt ab.

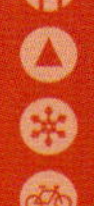

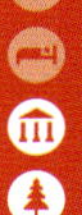

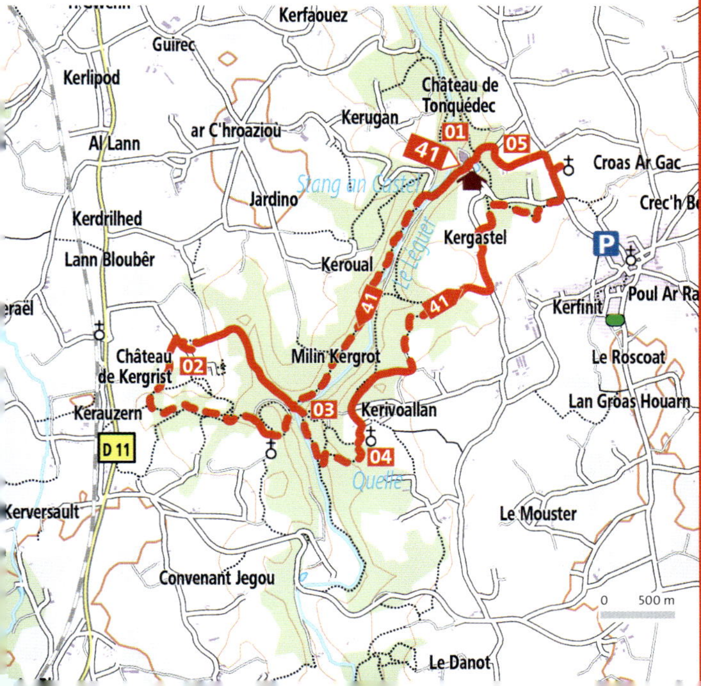

42

POINTE DU DOURVEN

Genusswanderung entlang kleiner versteckter Strände

 7,3 km 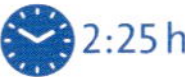 2:25 h 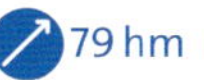 79 hm 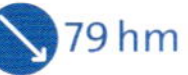 79 hm

START | Busanbindung: Die Buslinie M verbindet die Haltestelle Gare SNCF et routière (Lannion) mit der Haltestelle La Boulangerie (Trédrez-Locquémeau). Die aktuellen Fahrzeiten erfährt man auf Webseite: http://www.breizhgo.com/en/. Pkw-Anfahrt: Die Wanderung befindet sich im Département Côtes-d'Armor, 9 km westlich von Lannion. Von dort fährt man auf der D786 und D88 Richtung Trédrez-Locquémeau, zweigt dann aber rechts auf die Résidence du Palud, Rue Joseph le Calvez, und findet gut 50 m vor der Boulangerie Le Mignot Parkplätze am rechten Straßenrand. Die geografischen Koordinaten zum Start: [GPS: N48° 43,468740 O3° 33,780180].
CHARAKTER | Leichter Spaziergang für die ganze Familie.

Der Rundweg um die facettenreiche Landspitze Pointe du Dourven ist aus verschiedensten Gründen sehenswert. Zum Auftakt machen wir einem Streifzug durch das Hinterland, vorbei geht es an schönen Anwesen und entlang eines Bachlaufs. Dann beginnt die Bädertour, es geht an versteckten kleinen romantischen Sandbuchten vorbei, bis der Pfad unterhalb einer Parkanlage an alten Zedern, Pinien und sogar Eukalyptusbäumen vorbeiführt. Am Pointe du Dourven genießen wir die atemberaubende Fernsicht. Ein leichter Spaziergang erlaubt Zeit für Gefühle.

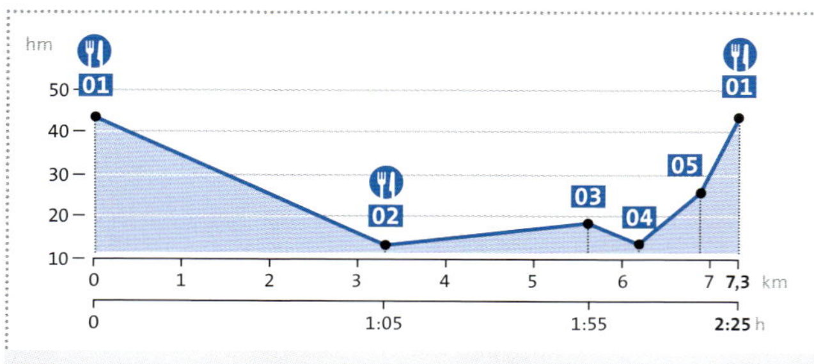

01 Trédrez-Locquémeau 38 m; **02** Plage de Pont Roux 1 m; **03** Plage de Saint-Quiriou 18 m; **04** Pointe du Dourven 14 m; **05** Plage de Notigou 24 m

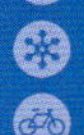

Die Canna – eine exotische Schönheit in Trédrez-Locquémeau

▶ Von der Bushaltestelle in der Ortschaft **Trédrez-Locquémeau** 01 (38 m) gehen wir rechts an der Boulangerie vorbei, ignorieren eine links abzweigende Straße zum Strand, ignorieren die linke Seitenstraße und biegen dann bei einer kleinen begrünten Blumeninsel nach halb links ab. Wir gehen an der linken einmündenden Sackgasse vorbei, passieren das Ortsschild Ploumlliau und dann endet die Straße vor einem Kiefernwald. An dieser Stelle gehen wir rechts, ignorieren den Abzweiger hinter dem Einzelhaus, gehen bei einer Kreuzung mit mehreren Straßen links vor dem Hof auf die Piste. Wir gehen kurz Richtung eines Steinhauses, dann aber halb rechts entlang einer zweieinhalb Meter hohen Steinwand und darauffolgend unter eventuell aufgestellten elektrischen Zäunen hindurch. Der nachfolgende Wegabschnitt wird selten begangen, ein Pfad ist zunächst nur zaghaft zu erkennen, dann gelangen wir aber auf einen breiteren Pfad. Nachfolgend kommen wir an zwei aufgestellten Steinen vorbei. Dort wo der Weg endet, gehen wir links leicht bergab, und dann, abermals wo der Weg endet, scharf links. Der Weg wird nun breiter und hinter einem Parkplatz erreichen wir den kleinen, versteckt in einer Schlucht liegenden **Plage de Pont Roux** 02 (1 m). Wir gehen ein kurzes Stück auf der schmalen Straße links bergauf, prachtvolle und farbenfrohe Anwesen schmiegen sich in den steilen Hang. Bei einem weißen Haus zweigen wir halb rechts auf die Piste. Es folgt ein Wegabschnitt mit einer tollen Aussicht, man schaut über Bucht **Baie de la Vierge** bis auf das offene Meer. Kurz später entfernt sich der Pfad von der Küste, nach einem steilen Abstieg und hinter einer Hauszufahrt kann man rechts zu einem Strand hinuntergehen. Sonst gehen wir geradeaus und bergauf an einer mit Efeu überwucherten Mauer entlang. Hinter einem grünen Einfahrtstor halten wir uns halb rechts, passieren ein Metalltor und erreichen die wunderschön gelegene Bucht des **Plage de Saint-Quiriou** 03 (18 m). Links oberhalb vom Strand befin-

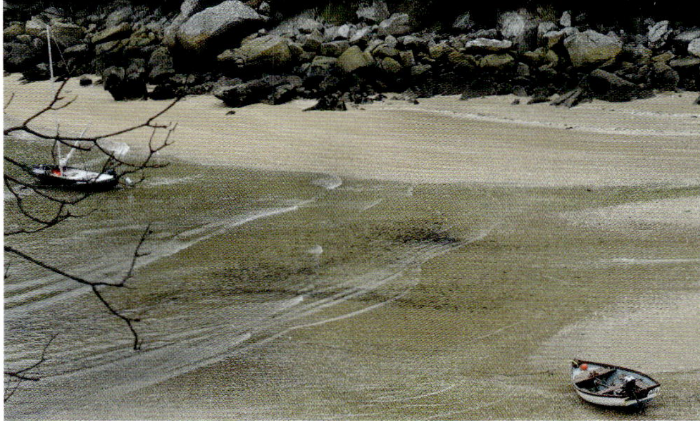

Plage de Pont Roux

det sich der weiterführende Pfad, exotisch anmutende Eukalyptusbäume säumen den Weg. Wir erreichen den **Pointe du Dourven** 04 (14 m). An dieser Stelle befand sich ein Wachposten, das verbliebene Wachhaus aus dem 18. Jahrhundert erinnert an die militärische Vergangenheit. Von diesem besonderen Aussichtspunkt blickt man Richtung Osten auf die Mündung des Flusses **Le Léguer** und die Strände von Beg Léguer, Richtung Norden in den Ärmelkanal und im Westen über gewaltige Felsen bis zur Landzunge Pointe de Séhar und dem Plage de Notigou – unser nächster Wegpunkt. Unter vom Wind geformten Pinien wandern wir auf dem Küstenpfad. Zaghaft kann man rechts den Stadtstrand **Plage de Notigou** 05 (24 m) sehen. Nach einem kurzen Stück auf einer Piste geht es dann auf einer Straße bis zu einem Verkehrsspiegel und Stoppschild, dort gehen wir links und erreichen so den Ausgangspunkt.

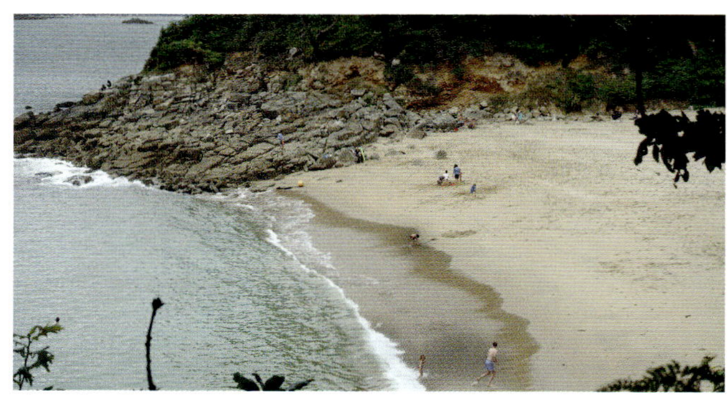

Plage de Saint-Quiriou

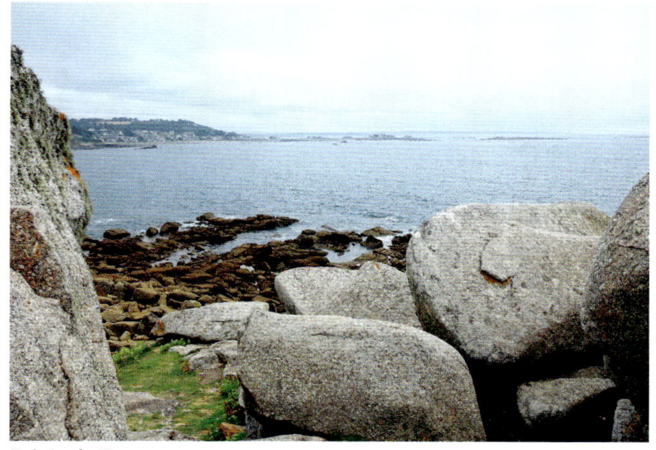

Pointe du Dourven

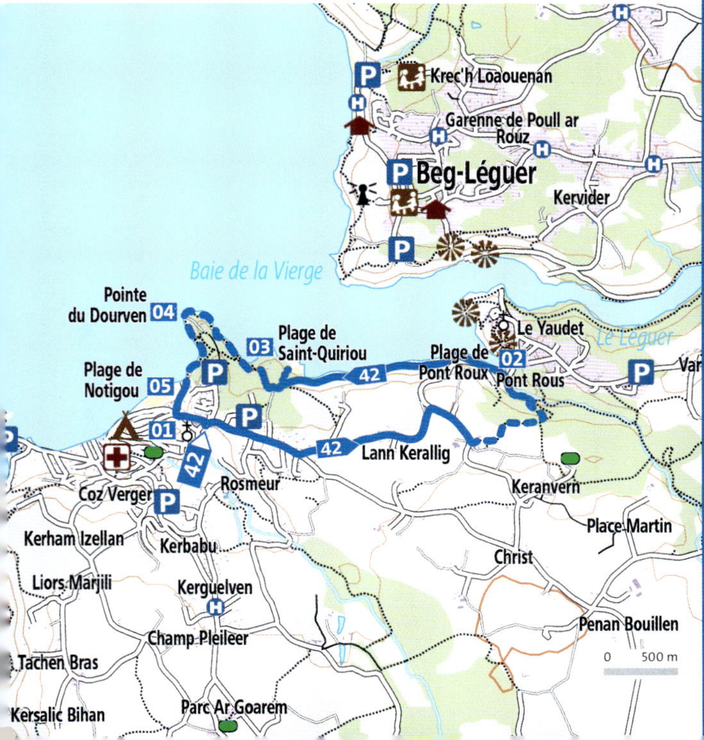

43 PLOUMANAC'H – PERROS-GUIREC

Entlang riesiger abgeschliffener Felsen

 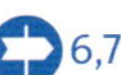   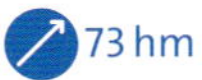 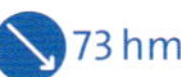

6,7 km 2:15 h 73 hm 73 hm

START | Busanbindung: Die Buslinie E der Busgesellschaft TILT verbindet die Haltestelle Lannion Gare Routière/SNCF mit der Haltestelle Perros Carrefour La Clarté. Die aktuellen Fahrzeiten erfährt man auf Webseite: http://www.lannion-tregor.com/fr/deplacements/le-reseau-tilt.html. Pkw-Anfahrt: Die Wanderung befindet sich im Département Côtes-d'Armor, 12 km nördlich von Lannion. Von dort fährt man auf der D11 und D6 Richtung Ploumanac'h zweigt dann links auf die Route de Pleumeur Bodou und Rue de Pleumeur la Clarté ab, um den kostenlosen Parkplatz neben der Kirche zu erreichen. Die geografischen Koordinaten zum Start: [GPS: N48° 49,072260 O3° 28,432020].

CHARAKTER | Leichter Spaziergang für die ganze Familie oder ein Rundweg für romantische Stunden.

Der rosa Granit entstand vor ca. 300 Millionen Jahren, als Magma einen unterirdischen Hohlraum in der oberen Erdkruste füllte, erkaltete, die oberste Erdschicht erodierte und der Granit zutage kam. Der Felsen verdankt seine einzigartige Färbung dem Zusammenspiel von drei Mineralien: Schwarzer Glimmer, rosa Feldspat und grauer Quarz. Eine TOP-Sehenswürdigkeit sind diese bis zu 25 m hohen und riesigen plattgeschliffenen Felsen, aber in den Sommermonaten kann es extrem voll werden. Campingfahrzeuge

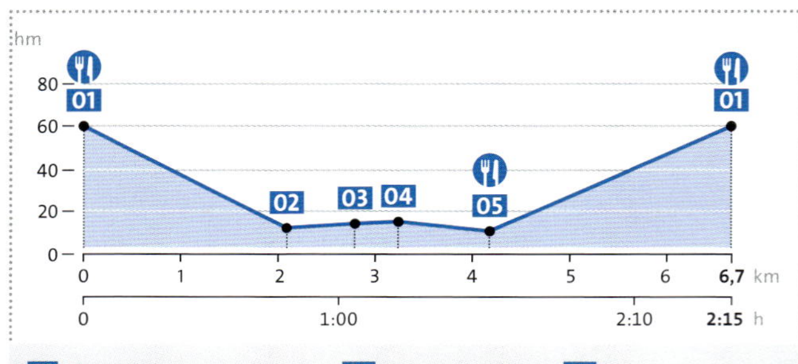

01 Chapelle Notre-Dame 59 m; 02 Pors Rolland 13 m; 03 La Campignon 9 m; 04 Phare den Men Ruz 17 m; 05 Plage Saint-Guirec 9 m

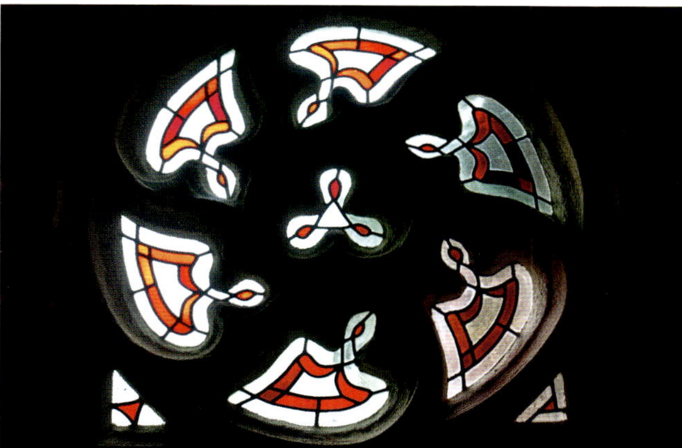

Chapelle Notre-Dame-de-la-Clarté

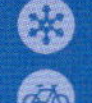
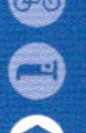

sind im Ortskern verboten und Parkplätze sind nur schwer zu bekommen. Bequem parken wir auf dieser Tour außerhalb und machen eine gemütliche und interessante Rundwanderung. Inspiration: Planen Sie die Runde im akademischen Abendlicht, wenn die rosa Steine mit dem verbleibenden Sonnenlicht anfangen zu glühen? Vielleicht genießen Sie kulinarische Genussmomente im Restaurant Des-Rochers-Perros, das direkt am Rückweg liegt?

▶ Die 1445 im gotischen Baustil errichtete **Chapelle Notre-Dame-de-la-Clarté de Perros-Guirec** 01 (59 m) ist weithin sichtbar, die Turmspitze diente den Seefahrern als Orientierungshilfe. Notre-Damede-la-Clarté ist die Schutzpatronin der Seefahrer, drei Schiffsmodelle über dem Altar zeugen von der Dankbarkeit der Seefahrer gegenüber der rettenden Jungfrau. Dieses Schmuckstück einer Kirche aus Granit beherbergt den Kreuzweg, der 1931 vom Maler Maurice Denis gestiftet wurde. Den Kirchplatz verlassen wir in östlicher Richtung auf die Rue de la Chapelle und verlassen die Straße nach links – hinter dem zweiten Grundstück, mit den vielen Palmen. Wir wandern entlang einer hohen Mauer, queren die Straße auf dem Zebrastreifen und biegen bei der Palme halb rechts auf den Pfad. Wir kommen vorbei in einem Wasserauffangbecken und direkt links neben der Einfahrt zu einem Grundstück. Hier ist der weiterführende Pfad, der kurz später in den Sentier des Douniers mündet. Von nun an laufen wir nicht mehr alleine, hinter einem weiteren Parkplatz haben wir das touristische Zentrum der Halbinsel erreicht. Kurz vor dem ersten großen Felsen gabelt sich der Weg, wir gehen halb rechts. Nach wenigen Metern sehen wir riesige, bis zu 20 m hohe, aufeinandergehäufte Felsen, der sogenannte **Pors Rolland** 02 (13 m), der Auftakt zum Eintritt in die Felsenwelt. Auf dem perfekt angelegten Weg gelangen wir zur nächsten Sehenswürdigkeit, links

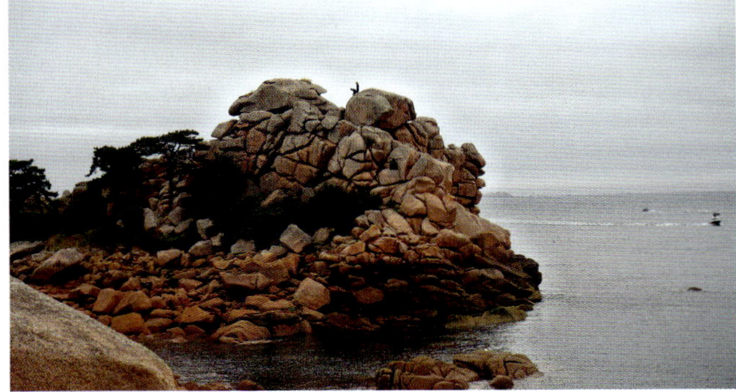

Anse de Pors

befindet sich ein riesiger Felsen der aussieht wie der Pilzkopf eines Champignon **La Campignon** 03 (9 m). Weitere riesige Granitblöcke mit ihrem wunderschönem Dunkelrosa zieren den Weg. Hinter einer Landzunge haben wir dann freien Blick auf den 1945 erbauten Leuchtturm **Phare den Men Ruz** 04 (17 m). Der ursprünglich an dieser Stelle stehende und 1860 gebaute Leuchtturm, damals aus grauem Granit, wurde 1944 zerstört. 1947 wurde er dann aus rosa Granit wieder aufgebaut und 1980 automatisiert. Wir erreichen das quirlige Dorf Saint-Guirec, queren den Strandbereich und gehen vor dem Hotel Castel Beau Site und der dahinterliegenden Kirche auf dem weiterführenden Pfad. Am südwestlichen Ende des **Plage Saint-Guirec** 05 (9 m) befindet sich mit 26 m der höchste Felsen entlang dieser Tour. An dieser Stelle verlassen wir den kleinen Strand, gehen bei der nachfolgenden Weggabelung links und hinter einer Absperrung aus Holz geht es auf der Straße weiter.

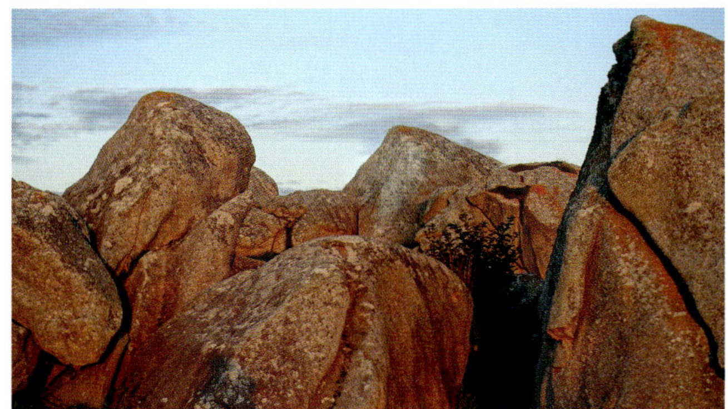

La Campignon

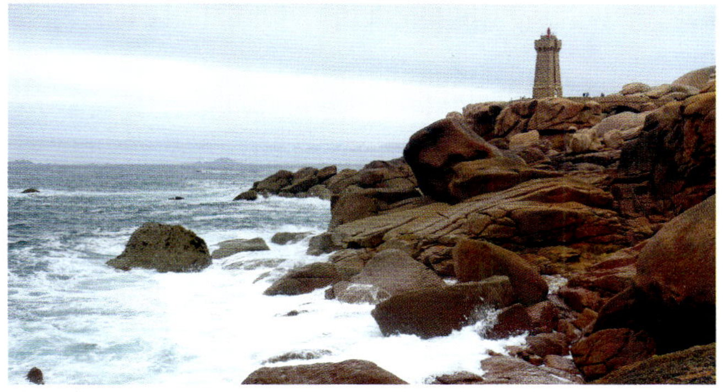

Phare den Men Ruz

Wir kommen an dem empfohlenen Restaurant vorbei und gehen entlang des geschützt liegenden Hafens, um an seinem südlichen Ende auf dem Damm noch die Gezeitenmühle zu besichtigen. Von dort gehen wir einige Meter zurück und rechts auf der Rue du Moulin, queren die Hauptstraße, um dann auf dem Fußgängerweg an der Rue Gabriel Vivaire zum Ausgangspunkt zu gelangen.

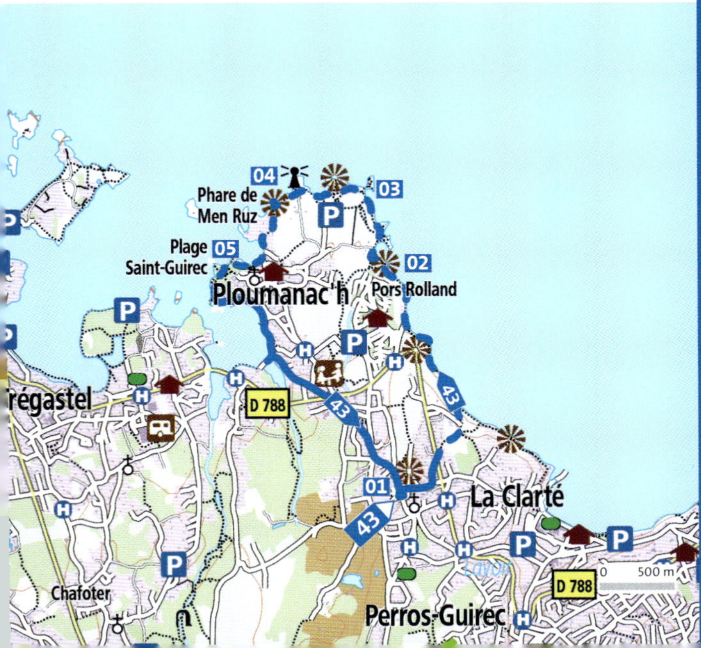

04
03
Phare de Men Ruz
Plage Saint-Guirec 05
02
Ploumanac'h
Pors Rolland
Trégastel
D 788
43
01
La Clarté
Chafoter
Perros-Guirec
D 788
0 500 m

44

LA MAISON ENTRE DEUX ROCHERS

Das Haus zwischen Felsen und die Halbinsel von Plougrescant

  10,9 km  3:40 h  65 hm  65 hm

START | Busanbindung: Haltestelle am Wegpunkt 4 in Le Roudour. Pkw-Anfahrt: Die Wanderung befindet sich im Département Côtes-d'Armor, 22 km nordöstlich von Lannion. Von dort fährt man auf der D31, D6, D38 und folgt dann der Ausschilderung Richtung La Maison entre deux Rochers, wo sich ein riesiger Parkplatz befindet. Die geografischen Koordinaten zum Start: [GPS: N48° 51,983880 O3° 13,905780].
CHARAKTER | Mittelschwere Wanderung durch das Hinterland und entlang der Küste.

Auf der Halbinsel von Plougrescant befindet sich eine der am meisten fotografierten Sehenswürdigkeiten, aber mit Sicherheit das meist fotografierte Haus der Bretagne, das La Maison entre deux Rochers. Der wahre Schatz der Wanderung ist aber das bezaubernde Naturspektakel entlang der Küste: Riesige rund geschliffene Felsen, einige stehen wie Stalagmiten am Strand oder im Wasser, ein Granitfelsen, der den Drei Zinnen in Miniatur ähnelt, winzige Häfen inmitten der Felsriesen, Puppenhäuser neben Granitriesen und weitere Archipele, soweit das Auge reicht. Die ganze Region scheint einen Hang zu mysteriösen Gesteinsformationen zu haben. Man stellt sich unweigerlich die Frage: War die Kraft vor uns am Ort oder ha-

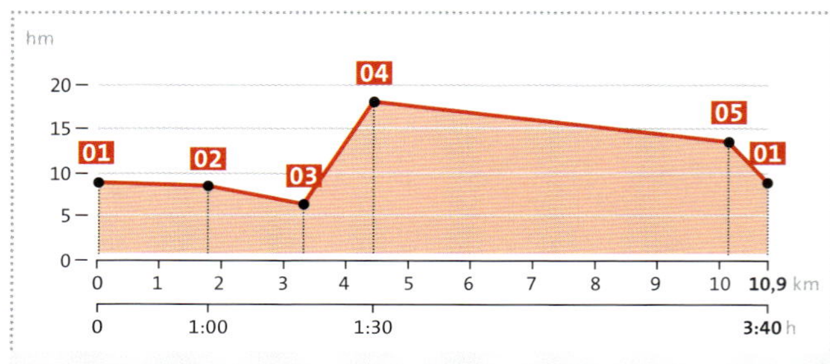

01 La Maison entre deux Rochers 5 m; 02 Tors 5 m; 03 Pors-Scaff 4 m; 04 Le Roudour 15 m; 05 Pointe du Château 6 m

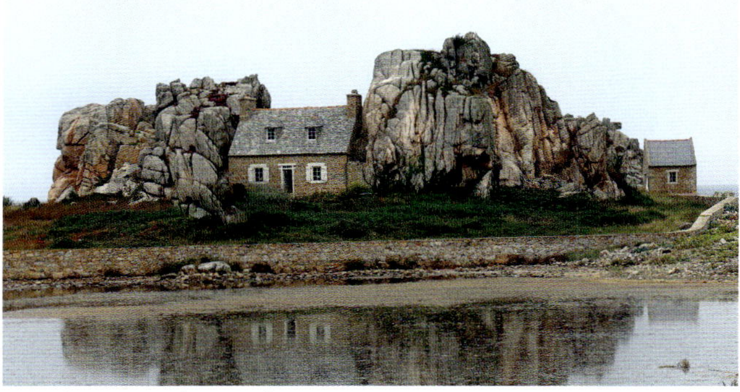
La Maison entre deux Rochers

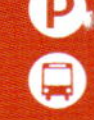

ben unsere Antennen und Sinne sie dorthin projiziert?

▶ Am westlichen unteren Ende des Parkplatzes führt ein breiter Weg Richtung Meer, vorbei an einem Informationszentrum folgen wir dem Wegweiser Richtung Le Gouffre. Von der asphaltierten Straße blickt man über eine kleine Lagune zum **La Maison entre deux Rochers** 01 (5 m). Das vor 150 Jahren erbaute Haus, zwischen riesigen Granitfelsen und mit seinen weißen Fensterläden, ist eine der Hauptattraktionen in dieser Region. Früher war der Zutritt erlaubt, Besucher nahmen als Souvenir Kieselsteine mit, was dazu führte, dass die zerstörerische Kraft des Wassers das Haus beschädigte. Der breite Weg Richtung Landzunge gabelt sich, geht man links, so gelangt man auf einem Rundweg. Le Gouffre ist eine riesige Spalte zwischen gewaltigen Felsen, die sich rechts und links auftürmen. Wir gehen ein kurzes Stück auf der Asphaltstraße zurück und dann rechts, 50 m auf der Straße, um direkt hinter dem darauffolgenden Haus, rechts auf den Pfad zu gelangen. Entlang und teilweise auf dem Kieselsteinstrand gelangen wir zu einem an große Felsen gebauten Haus. Danach folgt ein besonders beeindruckender Wegabschnitt im Slalom durch die sogenannten **Tors** 02 (5 m). Das Bestehen der Granitfelsen ist der Tatsache geschuldet, dass sie nicht so schnell erodierten wie alles Umliegende. Eine Steinanordnung ähnelt dem Aussehen der Drei Zinnen in Miniatur. Hinter einem kleinen Parkplatz gelangen wir an den **Pors-Scaff** 03 (4 m), ein schöner kleiner Strand, umgeben von weiteren Granitblöcken, einfach ein faszinierendes Naturphänomen. An dieser Region der Küste wurden wenige neue Gebäude gebaut, so konnte sie ihren authentischen Charakter bewahren. Die Bucht verlassen wir an einem weiteren Parkplatz, auf der Straße Pors Scaff Richtung Landesinnere. Eine Stichstraße von links und rechten Abzweiger hinter einem Waldgebiet ignorieren wir. An dem darauffolgenden Kreisverkehr gehen wir halb links – hier in **Le Roudour** 04 (15 m) befindet sich auch die Bushaltestelle. Wir biegen bei der nächsten Möglichkeit links in die Hent Prat

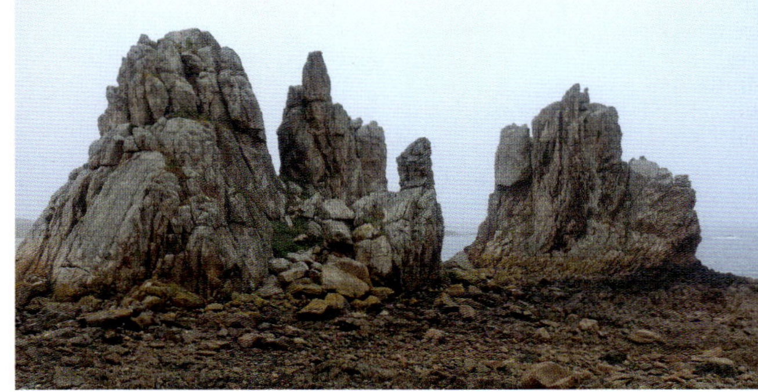

Tors – Die 3 Miniaturzinnen der Bretagne

Bihan, gehen bei der nächsten Möglichkeit – hinter dem hellbraunen Haus – rechts, und durch die Linkskehre der Straße – nicht in die Sackgasse – sondern vorbei an der Hausnummer 4. Auf dieser Straße gehen wir bis sie endet, dort links und sofort wieder rechts – an der Steinmauer entlang. Am Ende der asphaltierten Straße gehen wir nun links auf einer Piste weiter. Hinter der Weidefläche folgen wir dem Verlauf der Piste durch eine Rechtskehre. Nachfolgend wandern wir an einem Wasserauffangbecken vorbei und gehen bei einem Steinhaus mit dunkelblauen Fensterläden halb rechts, um kurz später die Hauptstraße zu überqueren. Als nächstes verlassen wir die Straße in der Linkskehre und gehen geradeaus weiter – an den kleinen Eichen – um dann vor einem Steinhaus links, an einer niedrigen Steinmauer entlang zu gehen. An zwei Lichtmasten aus Beton nehmen wir den linken

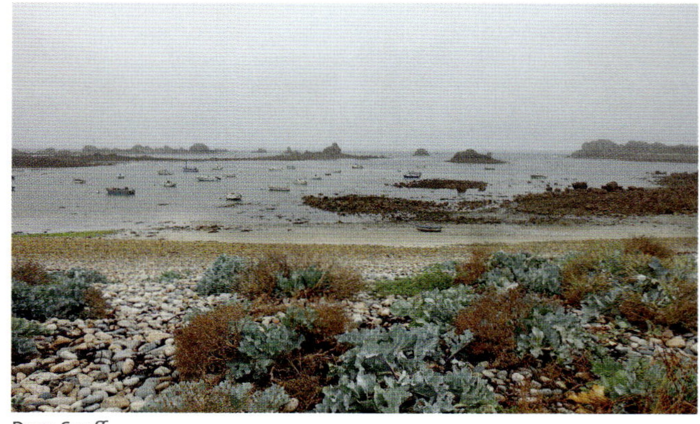

Pors-Scaff

Abzweiger. Bei einem halbhohen Steinhaus endet der Wirtschaftsweg, wir gehen rechts auf der Straße und sofort links auf dem Wirtschaftsweg, Richtung Meer. Nach einem kurzen weglosen Abschnitt am Feldrand halten wir uns auf der nachfolgenden Straße halb links. Eine von links einmündende Straße ignorieren wir und bei der nächsten Möglichkeit gehen wir rechts Richtung Port du Castel. Vor dem ersten Haus auf der linken Seite befindet sich der nächste Streckenabschnitt. Der Küstenpfad führt entlang wunderschöner Anwesen, Felstürme und Kiefernwälder kommen dazu. Hinter einem Parkplatz befindet sich der weiterführende Pfad, der zum Plage de Pors Hir führt. Ein einzeln stehendes Haus wird links umlaufen, um dann auf der Straße eine kleine Hafenanlage zu erreichen. Hinter einem weiteren Parkplatz zweigt in einem Waldstück rechts ein Pfad zum **Pointe du Château** 05 (6 m) ab, der nördlichste Punkt der Landspitze. Von hier ergibt sich eine atemberaubende Aussicht auf das Meer und die Küste. Wir gehen zunächst auf dem gleichen Weg zurück, dann aber im Wald halb rechts, so gelangen wir zum Ausgangspunkt.

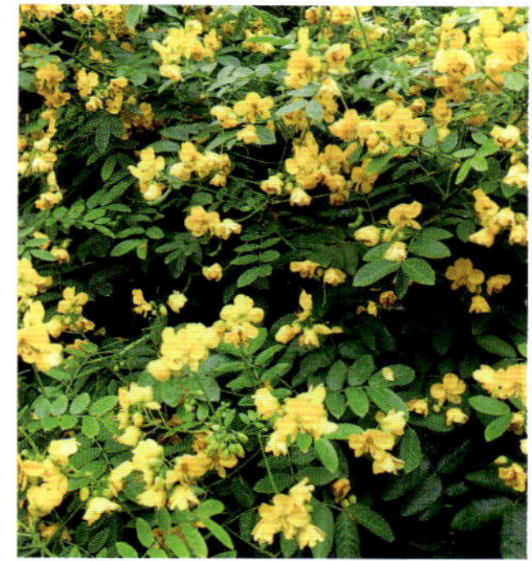

Gelbe Blütenpracht in Le Roudour.

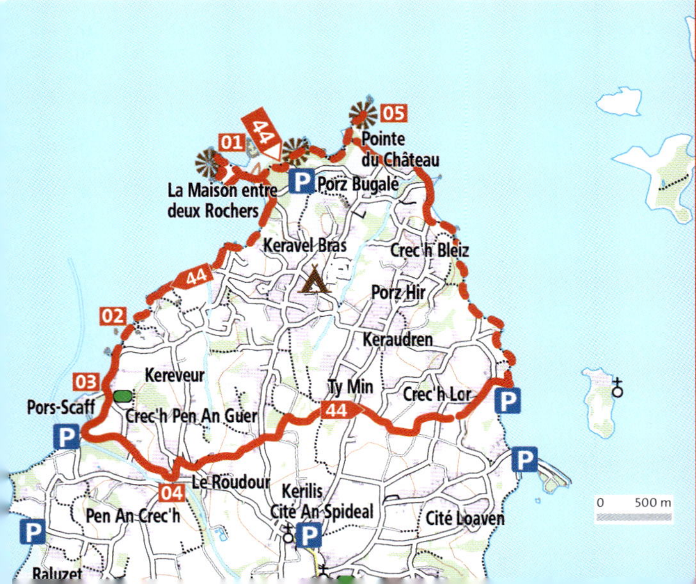

05
Pointe du Château
01
44
La Maison entre deux Rochers
P Porz Bugalé
Keravel Bras
Crec'h Bleiz
44
Porz Hir
02
Keraudren
03
Kereveur
Ty Min
Crec'h Lor
Pors-Scaff
Crec'h Pen An Guer
44
P
P
P
04
Le Roudour
Kerilis
Cité An Spideal
Pen An Crec'h
Cité Loaven
P
P
Raluzet
0 500 m

SILLON NOIR & SILLON DE TALBERT

Eine geomorphologische Kuriosität der Natur

  13,8 km 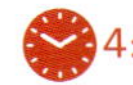 4:40 h 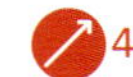 49 hm 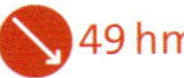 49 hm

START | Busanbindung: keine. Pkw-Anfahrt: Die Wanderung befindet sich im Département Côtes-d'Armor, 18 km nordwestlich von Paimpol. Von dort fährt man auf der D15, D786, D20 und Rue de Pors Rand bis zum großen Parkplatz am Strand.
Die geografischen Koordinaten zum Start:
[GPS: N48° 51,907980 O3° 6,477780].
CHARAKTER | Mittelschwere Wanderung aufgrund der Länge, die bei widrigen Wetterverhältnissen zur Herausforderung wird.

Die 3 km lange Halbinsel Sillon de Talbert ist keine Fata Morgana, kein angelegter Deich, sondern eine spektakuläre Laune der Natur. Rechts und links der Halbinsel münden die Flussläufe des Le Trieux und des Le Jaudy in den Ärmelkanal, ihre zusammenlaufenden Strömungen formen das Landstück aus Sanddünen und Geröllfeldern – das maximal 35 m breit ist. Dies ermöglicht dem Wanderer, direkt am Wasser entlangzuspazieren, durch die die beeindruckende und unter Naturschutz stehende Fauna. Zuvor wandern wir zu einem schönen und denkwürdigen Aussichtspunkt, entlang von Salzwiesen, einer Gezeiteninsel und einer weiteren Landzunge. Wir erleben unberührte Wildnis mit allen Sinnen.

▶ Wir gehen am linken Ende des **Plage de Pors Rand** 01 (7 m), vor der Felswand, links bis zur Straße

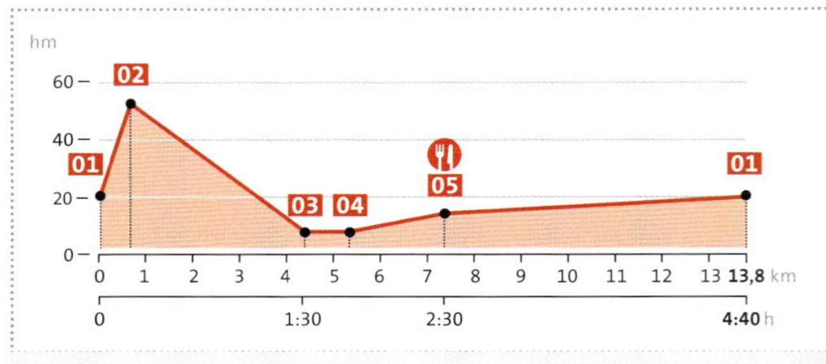

01 Plage de Porz Rand 7 m; 02 Aussichtspunkt 39 m; 03 Île Hadren 2 m; 04 Sillion Noir 5 m; 05 Sillon de Talbert 9 m

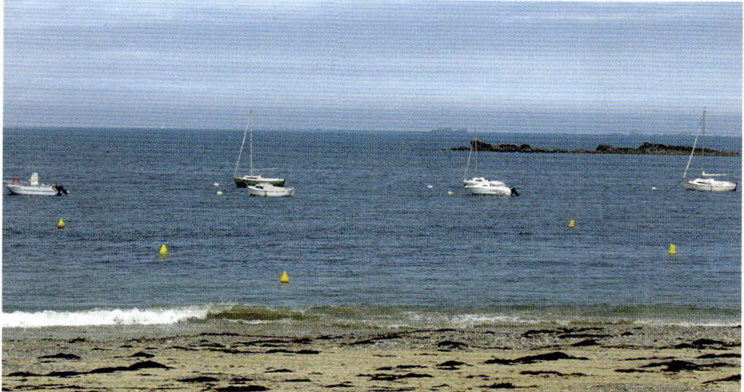

Plage de Pors Rand

und dort, wo sie in eine weitere Straße mündet, scharf rechts bergauf durch das kleine Wohngebiet. Wir erreichen den **Aussichtspunkt** **02** (39 m) Sémaphore de Creac'h Maout. Er erinnert an die Eroberung einer deutschen Garnison, bei der am 7. August 1944 33 Patrioten und Zivilisten an dieser Stelle getötet wurden. Wir gehen auf der Straße zurück, an der Seitenstraße vom Hinweg vorbei, durch das Neubau-Wohngebiet und bis zum Kreisverkehr vor. Dort nehmen wir die zweite Ausfahrt – also geradeaus – in die Rue de la Fontaine und an deren Ende – bei einem weißen Haus auf der rechten Seite – gehen wir rechts und bei der nächsten Möglichkeit links. Am Ende dieser Straße, bei einer Thujenhecke gehen wir rechts, an der nachfolgenden Straße abermals rechts – nicht links zur Kirche – und auf Höhe der Bar links in die Straße Rue de Prat Ouern. Wir ignorieren den links abzweigenden Weg, folgen der Straße durch die Rechtskehre und zweigen direkt hinter dieser links ab, Richtung Ker Ivilien. Während die Straße eine Rechtskehre

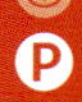

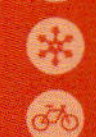
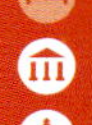

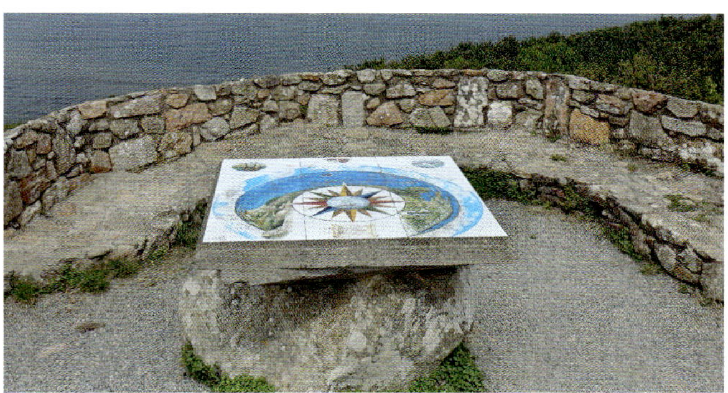

Sémaphore de Creac'h Maout

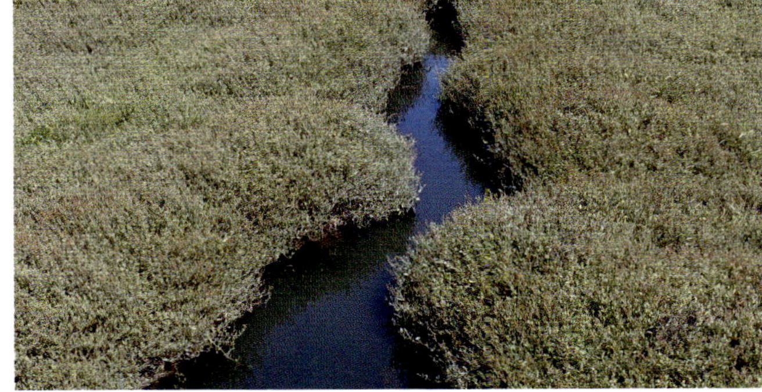

Periodisch vom Meer überflutete Salzwiesen

macht, biegen wir scharf links bei dem Knick ab, der Fahrweg mündet kurz später in eine Straße. Bei der Weggabelung mit der markanten Kiefer gehen wir halb rechts, nun immer entlang der Bucht von Lanneros. Der Weg mündet in eine Straße, die kurz später endet, wirr gehen weiterhin entlang der Bucht. Auf der rechten Seite befindet sich die 2500 m² große Gezeiteninsel **Île Hadren** 03 (2 m). Sie ist teilweise bewaldet und von einer Schutzmauer aus Trockenstein umgeben, die Häuser sind aus massivem Granit gebaut. An der schmalsten Stelle der Landzunge, 50 m links von uns befindet sich bereits das Meer, wechseln wir von der Bucht an das offene Meer und gehen links an der Promenade entlang. Rechts ins Meer streckt sich die 400 m lange **Sillon Noir** 04 (5 m) ins Meer, bei Flut ist sie überschwemmt. Schaut man zwischen den Spitzen der Sillon de Talbert und Sillon Noir Richtung Horizont, so sieht man die Felsen der Île de'Ollone aus dem Meer

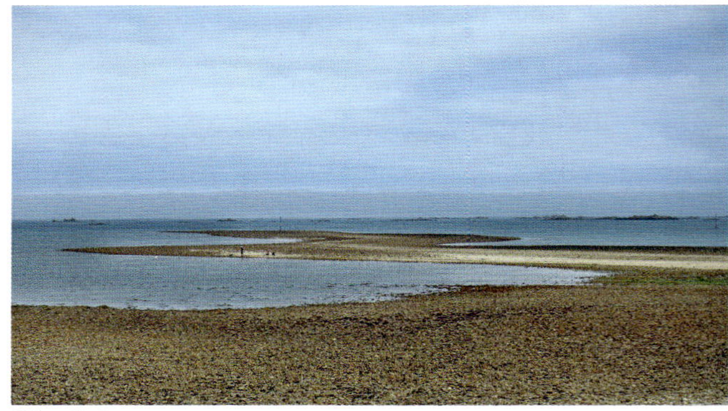

Sillon Noir

ragen. Diese war bis zum 18. Jahrhundert mit der Sillon de Talbert verbunden. Erklärungstafeln am Streckenrand bereichern die Wanderung. Der weitere Weg führt entlang gepflegter, ja schon fast exotischer Gärten der Anwesen bis zu einer weiteren Landzunge. Hinter dieser haben wir freien Blick auf die **Sillon de Talbert** 05 (7 m) und kurz später erreichen wir bei einem Restaurant den direkten Zugang zur Halbinsel. Dabei ist zu beachten, dass während der Brutzeit der Zwergseeschwalben, Strandläufer, Brachvögel und Steinwälzer vom 15.04.–01.08. Hunde auf der Halbinsel verboten sind. Bei Ebbe ist der Weg direkt am Ufer am einfachsten, bei Flut geht man auf der Deichkrone über große Kieselsteine – Blaudisteln, Seekohl und Seerettich säumen den Weg. Auffallend ist der nordwestliche gelegene und

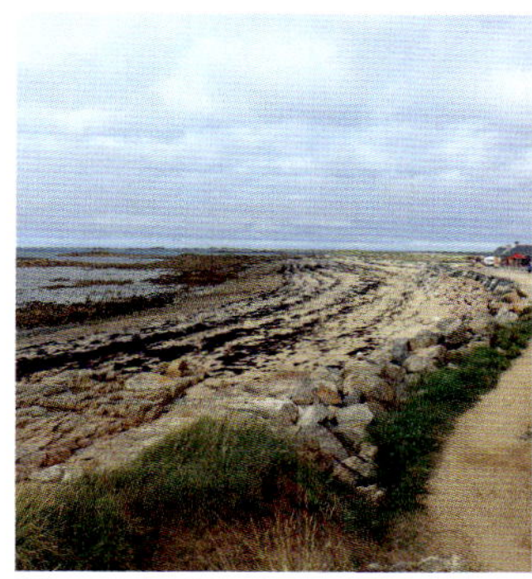

Sillon de Talbert

gut auszumachende Leuchtturm Phare des Héaux de Bréhat, er markiert den westlichsten Punkt der Bucht von Saint-Brieuc und die Umfahrung der Landzunge Talbert. Wieder auf dem Festland sind es nur noch wenige Meter bis zum Ausgangspunkt.

Sillon de Talbert
45
Plage de Pors Rand 05
45
45
02
01
Sillon Noir 04
Basile
45
Parc Lannec
03
Île Hadren
Pen Lan
Liors Groas
0 500 m
Crec'h Rent
D 20

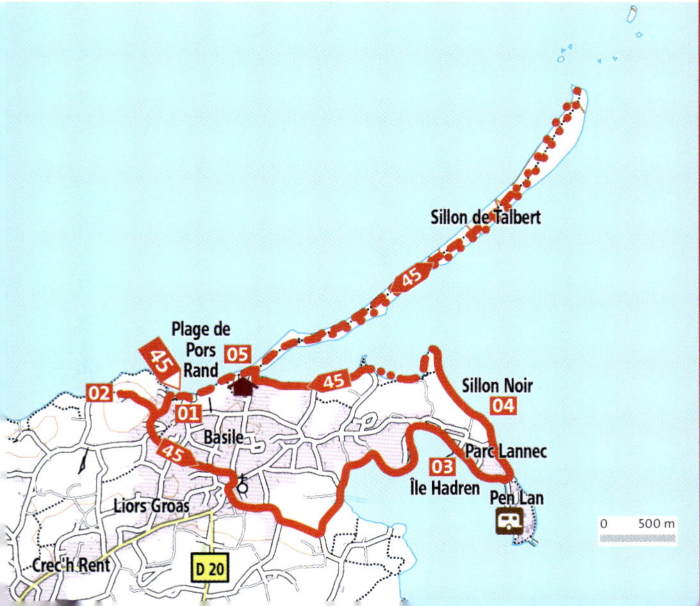

CHÂTEAU LA ROCHE-JAGU

Genussspaziergang durch Palmengärten und das Trieuxtal

 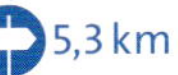 5,3 km 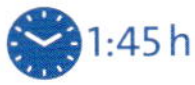 1:45 h  151 hm 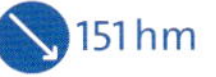 151 hm

START | Busanbindung: keine. Pkw-Anfahrt: Die Wanderung befindet sich im Département Côtes-d'Armor, 15 km südwestlich von Paimpol. Von dort fährt man auf der D786, D787 und folgt dann der Ausschilderung zum Schloss bis zum großen Parkplatz. Die geografischen Koordinaten zum Start: [GPS: N48° 43,990800 O3° 9,311820].
CHARAKTER | Genusswanderung für die ganze Familie.

Malerisch auf einem Felsen, hoch oberhalb des Flusses Le Trieux – einem weit in das Landesinnere ragenden Meeresarm – liegt das Château la Roche-Jagu. Im 11.–12. Jahrhundert wurden 10 ähnliche Befestigungsanlagen im Mündungsgebiet des Le Trieux errichtet, heutzutage steht nur noch das Château la Roche-Jagu. Die Wanderung führt durch den eindrucksvollen Park des Renaissanceschlosses, entlang von Teichen und exotischen Pflanzen. Nach kurzem Abstieg durch einen ursprünglichen Wald im Seitental des Meeresarmes erreichen wir einen kleinen Anleger an den Ufern des Le Trieux. Weitere beeindruckende Aussichtspunkte qualifizieren diese Tour zu einem Genussspaziergang – kleine Tour große Augen.

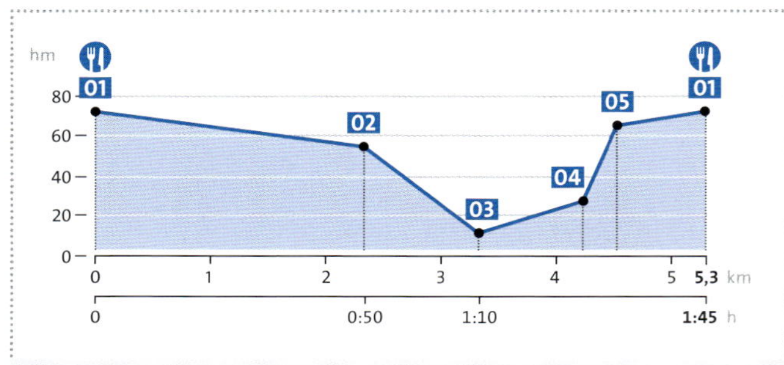

01 Château la Roche-Jagu 64 m; 02 Bois La Roche-Jagu 54 m; 03 Port de la Roche Jagu 4 m; 04 Aussichtspunkt Rocher argénté 4 m; 05 Wald Roche-Jagu 52 m

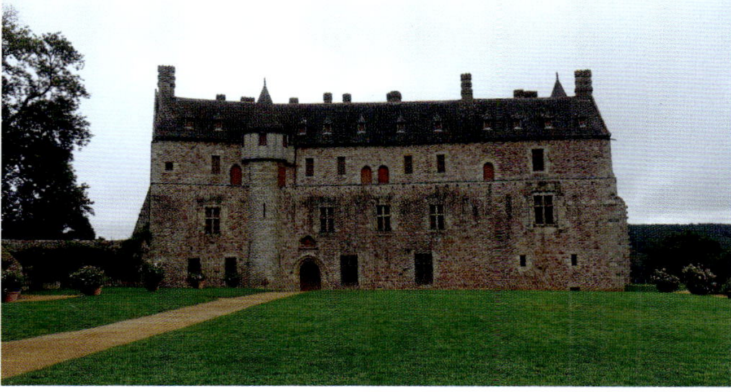

Château la Roche-Jagu

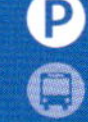

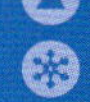
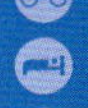

▶ Vom großen kostenlosen Parkplatz gehen wir auf dem Hauptweg zum **Château la Roche-Jagu** 01 (64 m). Wir wandeln durch die mittelalterlichen Gärten und gehen vor dem Schloss rechts und bei der hölzernen Aussichtsterrasse verlassen wir auf einem nach rechts abzweigenden Pfad die oberen Gärten. Dieser führt entlang einer Befestigungsmauer aus Stein. Bei einer ersten Weggabelung gehen wir 5 m Richtung Flusslauf und bei der nächsten Möglichkeit sofort scharf rechts entlang einer Steinmauer. Wir kommen vorbei an Weinreben, Feigenbäumen und Olivenbäumen. Sobald man unterhalb einem Teich sieht, geht man bei der nächsten Möglichkeit rechts auf dem Pfad, quert den Bachlauf, geht bergauf und bei der nächsten Möglichkeit scharf links und dann sofort wieder scharf rechts – nun steil bergauf. Vier hölzerne Aussichtsplattform erlauben einen schönen Blick auf das Schloss. Der Weg endet vor kleinen Maronenbäumen und wir gehen links, entlang des geflochtenen Zauns und unter den Holzpfeilern hindurch – die als Rankhilfe für Pflanzen dienen. Der Weg mündet in einen weiteren Weg und wir gehen links, an Teichen vorbei. Hinter zwei Absperrungen aus Holz verlassen wir das Schlossgelände und gelangen auf einem Wirtschaftsweg an eine Straße. Nachdem wir ein kurzes Stück links auf der Straße gegangen sind, biegen wir links bei dem Gedenkstein in die Querstraße. Den linken Abzweiger in die Sackgasse und den linken Abzweiger bergab ignorieren wir. Die Straße nach Kerlouet verlassen wir in der folgenden Rechtskehre und gehen geradeaus auf einem Wirtschaftsweg weiter. Den ersten linken Abzweiger in den Wald ignorieren wir, bei dem zweiten biegen wir links in den Wald, den **Bois La Roche-Jagu** 02 (54 m). Aufgrund der windgeschützten Lage in diesem Flusstal konnte der ursprüngliche Wald mit seinem Baumriesen bestehen. Einmal mündet der Weg in die Straße, aber nach wenigen Metern biegen wir wieder rechts auf einen Pfad ab und erreichen den **Port de la Roche-Jagu** 03 (4 m). Hier an den Ufern des Flusses **Le Trieux** befindet sich ein kleiner Anleger für Ausflugsboo-

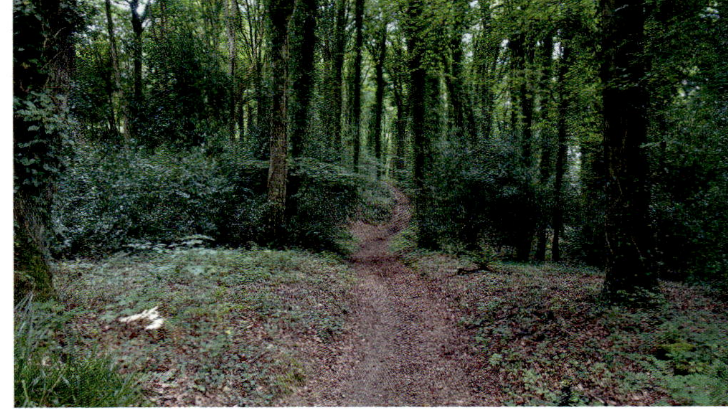

Bois la Roche-Jagu

te. Direkt oberhalb des Anlegers verlässt ein schmaler Pfad die Bucht und man gelangt auf einem breiteren Weg, dem wir nun oberhalb des Flusslaufes folgen. Bei einer Weggabelung gehen wir halb rechts und erreichen nach einigen Metern den **Aussichtspunkt Rocher argénté** 04 (4 m). Rechts oberhalb thront das Schloss mit seinen zahlreichen Schornsteinen. Auf der gegenüberliegenden Uferseite befinden sich ein Eisenbahnviadukt, über das in den Sommermonaten der Nostalgiezug La Vapeur du Trieux auf der Strecke Paimpol – Pontrieux – Paimpol verkehrt, ein liebevoll restaurierter Museumszug mit Dampflok und fünf alten Wagen. Im historischen Bahnhof von Paimpol beginnt die Reise in die Vergangenheit. An einer Weidefläche angekommen verlässt der Pfad den Flusslauf und führt links bergauf. Der Aufstieg erfolgt entlang eines Bachlaufes und wir queren eine Piste. Sobald wir halb rechts ein Haus sehen gehen wir auf dieses zu, biegen dann aber halb links,

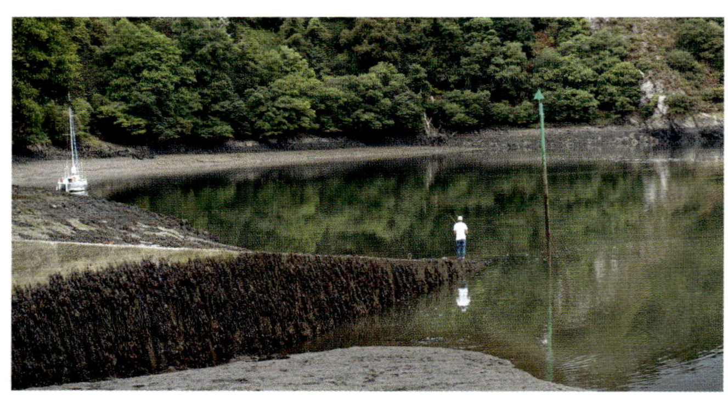

Port de la Roche-Jagu

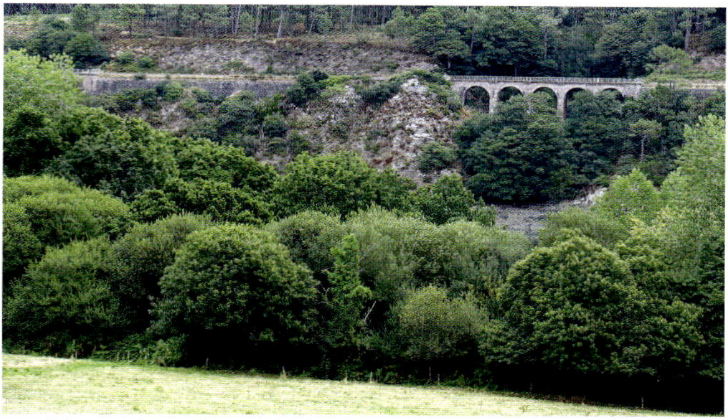

Aussichtspunkt Rocher argénté

vor der Steinmauer, auf einem schmalen und meistens feuchten Pfad durch den **Wald de la Roche-Jagu** 05 (52 m). Der Pfad mündet in einen Wirtschaftsweg. In der nachfolgenden Rechtskehre des Weges gehen wir aber geradeaus auf einem Pfad weiter. Die nachfolgende Kreuzung überqueren wir und je nachdem, wo wir geparkt haben, gehen wir rechts zum Parkplatz und Ausgangspunkt.

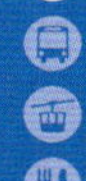

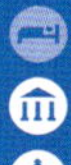

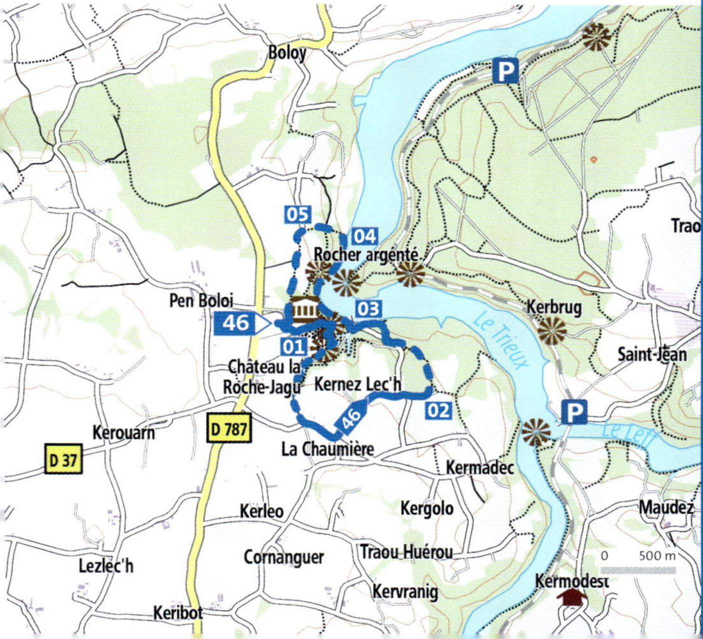

ABBAYE DE BEAUPORT

In einer geschützten Bucht bei Paimpol

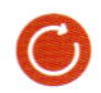  8 km 2:25 h 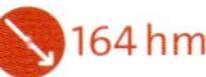 164 hm 164 hm

START | Busanbindung: Die Buslinie 01 fährt vom Gare SNCF (Paimpol) in die Richtung St Brieuc Gare bis zur Haltestelle Kerity Eglise (Paimpol). Die aktuellen Fahrzeiten erfährt man auf Webseite: http://www.breizhgo.com/en/. Pkw-Anfahrt: Die Wanderung befindet sich im Département Côtes-d'Armor, 4 km südöstlich von Paimpol. Von dort fährt man auf der D786 und folgt dann der Ausschilderung zur Abtei und dem großen Parkplatz. Die geografischen Koordinaten zum Start: [GPS: N48° 46,036680 O3° 1,166280].
CHARAKTER | Mittelschwere Wanderung auf angelegten Pfaden.

Der Ausgangspunkt der heutigen Wanderung ist die im Jahre 1202 gegründete Abtei Abbaye de Beauport, eines der bedeutendsten Bauwerke kirchlicher Architektur in der Bretagne. Von dort geht es durch das Landesinnere, vorbei an Seen und auf wenig gelaufenen Hohlwegen. Auf dem letzten Wegabschnitt führt der wunderschön angelegte Pfad entlang der Steilküste, mit gelegentlichen Panoramablicken auf die Bucht von Paimpol. Wandern macht leicht.

Vom Besucherparkplatz gehen wir auf dem Hauptweg Richtung **Abbaye de Beauport** 01 (13 m), rechts an den Ruinen der Kirche und rechts an der künstlichen großen Muschel vorbei, bis zur Straße. Unausweichlich müssen

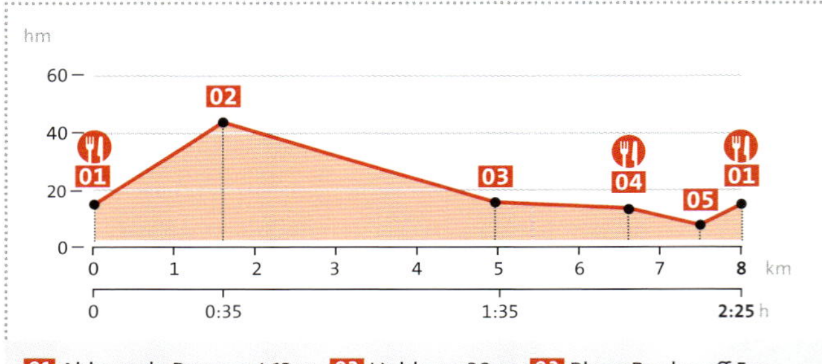

01 Abbaye de Beauport 13 m; 02 Hohlweg 39 m; 03 Plage Boulgueff 5 m; 04 Pointe de Kerarzic 13 m; 05 Marschwiesen 7 m

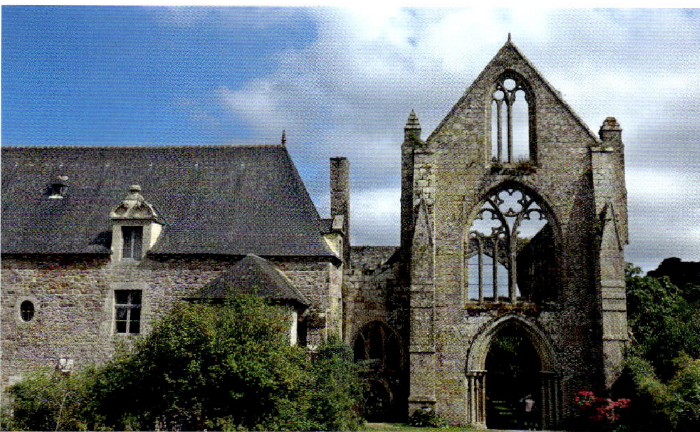
Abbaye de Beauport

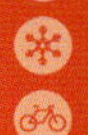
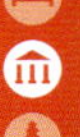

wir auf dieser 100 m gehen, um bei der nächsten Möglichkeit – an dem grünen Maschendrahtzaun – rechts abzuzweigen. Auf einem schwach ausgeprägten Pfad wandern wir entlang eines Zaunes. Unterhalb, durch das Buschwerk, kann man einen Teich ausmachen. Umgestürzte Bäume müssen umlaufen werden. Der Pfad verlässt nach rechts den unterhalb fließenden Bach, es folgt ein Aufstieg. Der Pfad mündet in einem breiteren Weg, auf dem wir halb links bis zu einem kleinen Stausee weitergehen. Hinter der Dammkrone gehen wir rechts auf der Straße und bei der nächsten Möglichkeit – hier befindet sich ein Kreuz – links. Am Ende der Straße gehen wir noch wenige Meter auf den weiterführenden Pfad, um dann links, auf einem weiteren Pfad abzuzweigen. Es folgt ein wunderschöner **Hohlweg** 02 (39 m). Nach kurzem Abstieg geht es an einem links unterhalb liegenden Teich vorbei. In einer Senke

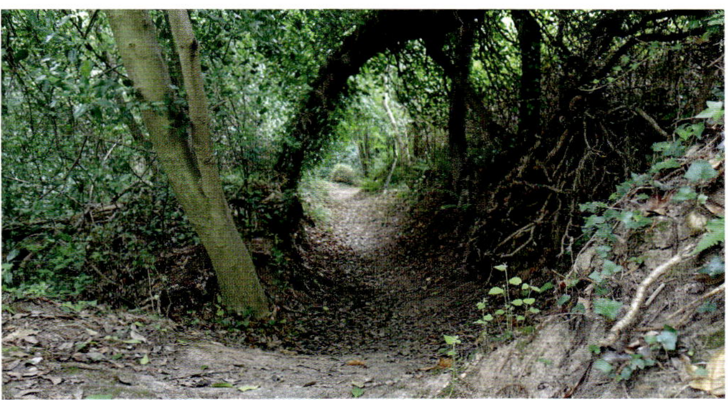
Hohlweg

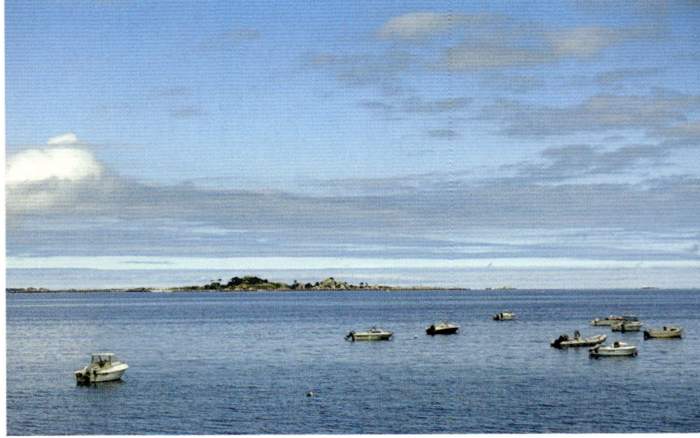

Plage Boulgueff

überqueren wir einen Bachlauf nach halb links. Wir verlassen den Wald und gehen auf einem Wirtschaftsweg entlang eines Feldes. Bei der folgenden Kreuzung wandern wir geradeaus, an einem kleinen Kiefernwald vorbei, um dann halb links auf die Straße zu biegen. Diese führt durch eine Siedlung bis zur Hauptstraße. Diese überqueren wir, gehen bis zum Ende der Straße und dort rechts. Wir folgen dem Verlauf der Straße durch eine 180°-Kehre und wählen bei der darauffolgenden Weggabelung den halblinken Abzweiger Richtung Boulgueff. Wir erreichen die kleine Bucht mit einer Slipanlage für Boote und den **Plage Boulgueff** 03 (5 m). Am nordwestlichen Rand des Parkplatzes befindet sich der weiterführende Küstenpfad. An nur wenigen Stellen gibt der Wald den Blick auf das Meer frei, bis wir nach einem Treppenaufstieg und

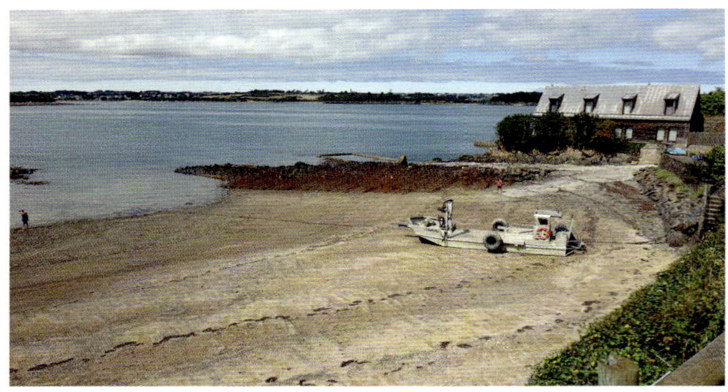

Pointe de Kerarzic

Treppenabstieg über eine Felsnase einen wunderschönen freien Blick auf die Bucht von Paimpol haben. Der Pfad mündet in eine Straße, auf der wir rechts bergabgehen und so die **Pointe de Kerarzic** **04** (13 m) erreichen. Dort befindet sich auf der rechten Straßenseite die Ferme Marine Paimpolaise, wo man Austern und weitere Meeresfische direkt vom Fischer kaufen kann. Bei Ebbe gibt gibt das Meer einen schönen Strandabschnitt frei. Der weiterführende Pfad befindet sich gegenüber des Haupteingangs zur Austernfarm. Schaut man entlang der Steilküste, so sieht man an deren Ende bereits die Ruinen des Klosters. Bei dem nächsten Abzweiger gehen wir rechts, Richtung Meer, und nicht geradeaus. Nachdem wir ein kurzes Stück parallel zu einem Feld gelaufen sind, gehen wir rechts hinunter zu den **Marschwiesen** **05** (7 m). Auf dem nachfolgenden Damm laufen wir bis zu einer Weggabelung mit einer kleinen Eiche, links oberhalb sieht man bereits das Kloster.

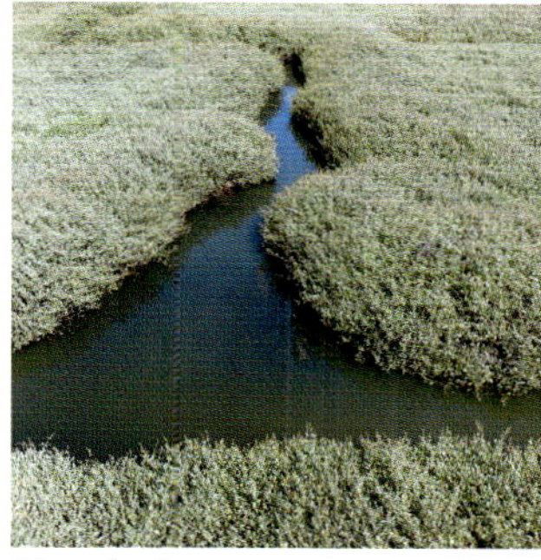

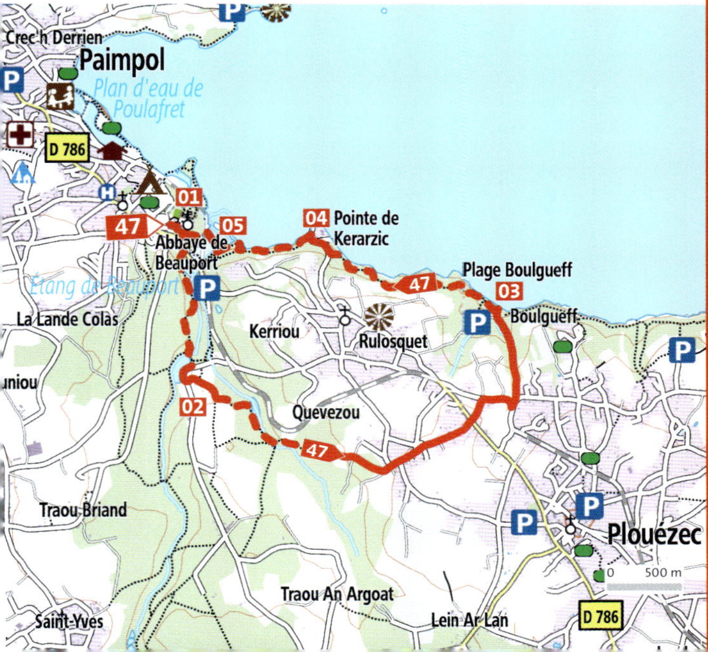

Marschwiesen

48

LA PLAGE BONAPARTE – LA POINTE DE PLOUHA

Zur höchsten Klippe der bretonischen Küste

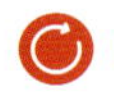  14,9 km  5:05 h 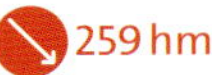 259 hm 259 hm

START | Busanbindung: keine. Pkw-Anfahrt: Die Wanderung befindet sich im Département Côtes-d'Armor, 17 km südöstlich von Paimpol. Von dort fährt man auf der D786 in südlicher Richtung und folgt der Ausschilderung Richtung Plage Bonaparte. Kurz bevor es bergab zum Parkplatz des Plage Bonaparte geht rechts abbiegen und bei der nächsten Möglichkeit links, Richtung Commemorative Stele of Shelburn Network, wo sich ein Parkplatz befindet. Die geografischen Koordinaten zum Start: [GPS: N48° 42,300180 O2° 55,442940].
CHARAKTER | Lange Wanderung, die einen guten Orientierungssinn voraussetzt.

Nach einem kurzen geschichtlichen Rückblick der Geschehnisse an diesem Ort, während des Zweiten Weltkrieges, erreichen wir einen der schönsten Strände der Region. Von dort beginnt die Wanderung durch das Inland, vorbei an Kapellen, den für die Bretagne so typischen Granithäusern, farbenfrohen Fensterläden und Schieferdächern. Zwischen Paimpol und Saint-Quay-Portrieux erheben sich die höchsten Klippen der Bretagne. Die 104 m hohe Landspitze La Pointe de Plouha ist der höchste Punkt und liefert gigantische Tief-

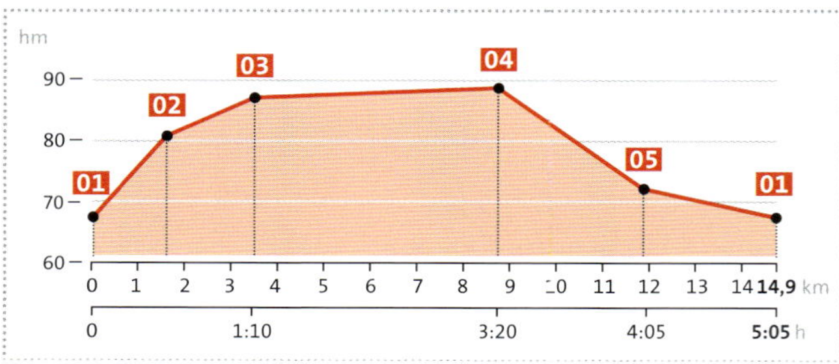

01 Plage Bonaparte 10 m; 02 Chapelle Saint-Samson 80 m; 03 grünen Teich im Wald 79 m; 04 La Pointe de Plouha 101 m; 05 Port Gwin Zégal 65 m

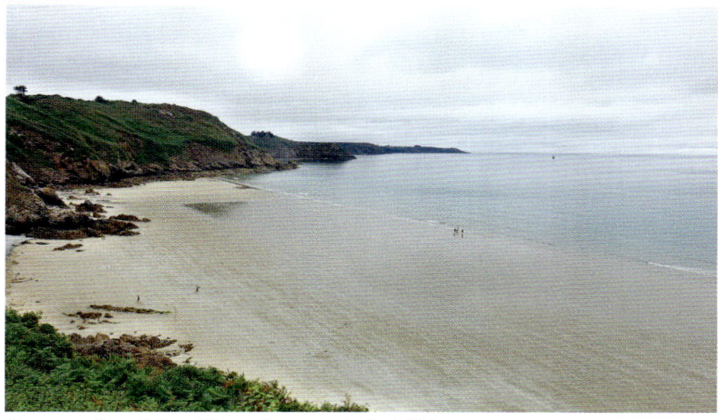

Der wunderschöne Plage Bonaparte bei Ebbe

und Fernblicke, sicherlich einer der Höhepunkte der heutigen Tour. Fortan geht es entlang der spektakulären Felsküste. Wandern ist ein Stresskiller und entschleunigt, besonders auf längeren Wegstrecken.

▶ Am unteren Ende des Parkplatzes steht ein Gedenkstein aus Granit, er erinnert an das Netzwerk Shelburne. Deren Verdienst ist die Rückführung von 150 Piloten der alliierten Kräfte nach London, umgesetzt wurde es mit britischen Korvetten im Zeitraum vom 29. Januar und 9. August 1944. Der Deckname der Operation war **Plage Bonaparte** 01 (10 m), unser erster Wegpunkt. Vom Gedenkstein gehen wir einige Meter bergauf und dann auf dem bergabführenden Pfad zum unterhalb liegenden Parkplatz. Bei Flut ist der Plage Bonaparte nur über einen Tunnel zu erreichen, der seit Sommer 2018 aufgrund von Erdrutschen gesperrt ist. Bei Ebbe ist der Strand 150 m breit, bei Flut verbleiben nur wenige Meter vom feinen Sandstrand. An der rechten Seite vom Parkplatz beginnt der bergaufführende Pfad. Kurz hinter einem rechten Abzweiger nehmen wir den linken Abzweiger, über eine Holzbrücke. Der Pfad mündet in einem breiten Weg – links geht es zu einer Straße hinunter – wir gehen rechts, über die Felder, bis wir die im 18. Jahrhundert errichtete **Chapelle Saint-Samson** 02 (80 m) erreichen. Wir gehen links auf der Straße, verlassen diese nach halb rechts, vorbei an einem Gedenkstein. Nun auf einer Piste überqueren wir die nachfolgende Straße und gehen an einer Steinmauer entlang, nachfolgend durch Weide- und Anbauflächen. Bei der Norfolktanne und einer Palme queren wir die zwei darauffolgenden Straßen und gehen anschließend geradeaus auf der Piste weiter. Auf der nachfolgenden Asphaltstraße angekommen gehen wir geradeaus weiter, durch einen kleinen Wald, um dann in der Rechtskehre – nach der Linkskehre der Straße – nach halb links abzubiegen, nun parallel zu einem kleinen Bachlauf. Hinter einem **grünen Teich im Wald** 03 (79 m) gabelt sich der Weg, hier gehen wir halb links. Einen grünen Wintergarten lassen

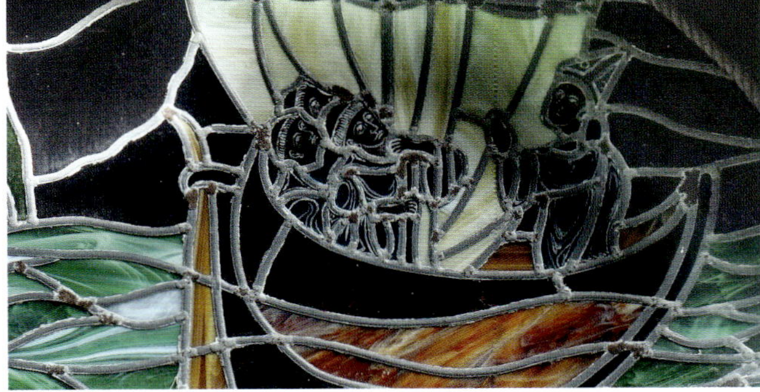

Chapelle Saint-Samson

wir auf der rechten Seite liegen und gehen auf dem Weg bis er endet. An der darauffolgenden Straße halten wir uns links, gehen bei der nächsten Möglichkeit – hinter der Steinmauer – rechts. Der Pfad durch das Unterholz mündet in einen Wirtschaftsweg, auf dem wir geradeaus weitergehen. Bei einem Steinhaus angekommen gehen wir links und folgen dem Verlauf der Straße, an einem Kreuz aus Stein vorbei, durch die Ortschaft Kersalic, bis die Straße bei einem Strommast aus Metall endet. Hier gehen wir rechts an der hohen Steinmauer entlang. Den nachfolgenden rechten Abzweiger ignorieren wir, biegen dann aber bei der Hausnummer 17 und dem roten Gartentor links in die Straße. Bei der darauffolgenden Weggabelung gehen wir halb links und im Weiteren an Feldern entlang, durch ein kleines Waldstück und durch die Hortensienallee. Am Ende der Dreißiger-Zone – rechts geht es zum La Pointe de Plouha – gehen wir geradeaus weiter. Dort wo die Piste in die Straße mündet, gehen wir halb links, bis die Straße endet,

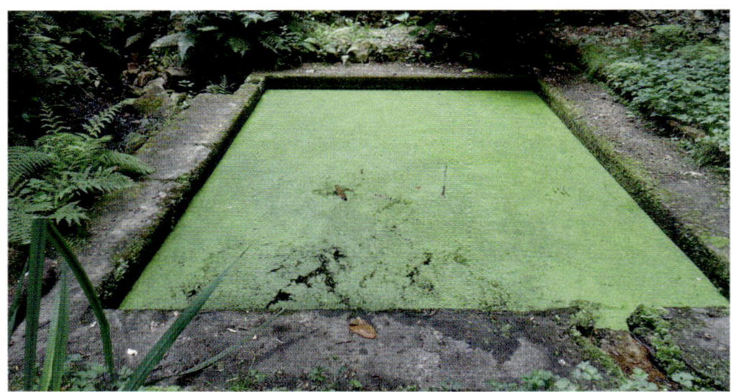

Grüner Teich im Wald

und wir auf dem nachfolgenden Feldweg geradeaus weitergehen. Nach leichtem Abstieg gabelt sich der Weg, rechts geht es hinunter zum Plage le Palus, wir gehen halb links auf dem beginnenden Küstenpfad, dem GR 34. Nachdem wir mehrere steinige Buchten umlaufen haben, erreichen wir die **La Pointe de Plouha** **04** (104 m), die höchste Klippe entlang der bretonischen Küste, ein atemberaubender Tief- und Fernblick. Der nachfolgende Küstenpfad ist klar definiert. Wir umlaufen eine lange Schlucht, es geht an einem Parkplatz vorbei, an einer Straße – rechts unterhalb befindet sich der kleine romantische **Port Gwin Zégal** **05** (65 m) – hier gehen wir links bergauf, um dann rechts auf den weiterführenden Pfad zu gelangen, vorbei geht es an unerreichbaren Kieselsteinstränden.

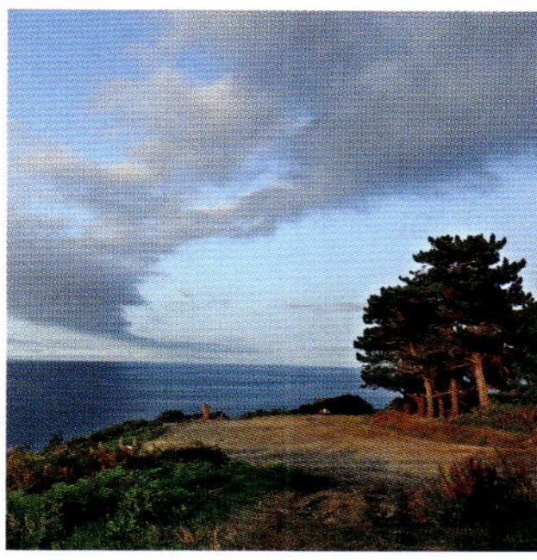

La Pointe de Plouha

Wir queren das obere Ende eines Parkplatzes, danach folgt noch mal ein satter Anstieg, der Pfad mündet in eine asphaltierte Straße, hier gehen wir rechts, und am Ende der Straße geht es auf dem weiterführenden Pfad bis zum Ausgangspunkt.

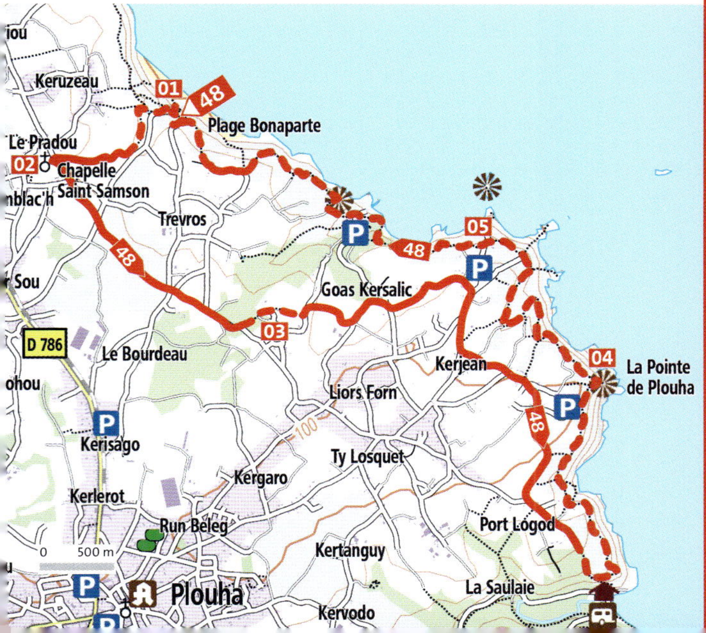

CÔTES-D'ARMOR

Genusswanderung nach Bretagne-Art

  10,5 km  3:35 h  170 hm  170 hm

START | Busanbindung: keine. Pkw-Anfahrt: Die Wanderung befindet sich im Département Côtes-d'Armor, 24 km nördlich von Saint-Brieuc. Von dort fährt man auf der N12 und D786 bis Saint-Quay-Portrieux, um dann auf der Rue de la Horvais, Rue des Ruisseaux und Rue de Saint-Marc den großen Parkplatz am Plage Saint Marc zu erreichen. Die geografischen Koordinaten zum Start: [GPS: N48° 40,014060 O2° 51,279000].
CHARAKTER | Mittelschwere Wanderung durch das Landesinnere sowie auf einem Küstenpfad.

Das kulinarische Aushängeschild der Bretagne ist die „Plateau des fruits de mer". Diese ist üppig mit Austern, Garnelen, Langusten, Strandschnecken, Venusmuscheln, Taschenkrebse, Meeresspinnen und bretonischen Hummer beladen. Alle diese Meeresfrüchte kann man in einer Verkaufshalle am Start der Tour bestaunen und vielleicht in einem der drei Restaurants auf der heutigen Route verköstigen. Ein weiteres Aushängeschild sind die wunderschönen und weitläufigen Sandstrände, an denen wir vorbeikommen und die bei schönen Wetter zum Verweilen einladen. Ebenso weltbekannt sind die Kulturgüter der Bretagne, so befinden sich einmalige Kirchen und ein besonderes Schloss auf der Runde. Ist dies das so oft zitierte „Leben wie Gott in Frankreich"?

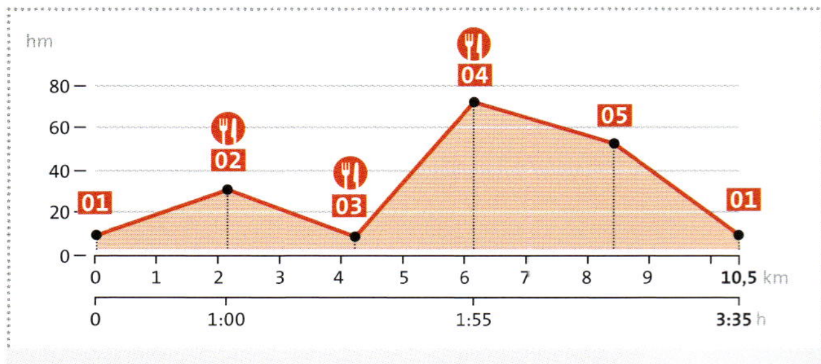

01 Plage Saint Marc 5 m; 02 Plage du Port Goret 34 m; 03 Plage du Palus 6 m; 04 Château de Pommorio 72 m; 05 Chapelle Kertugal 53 m

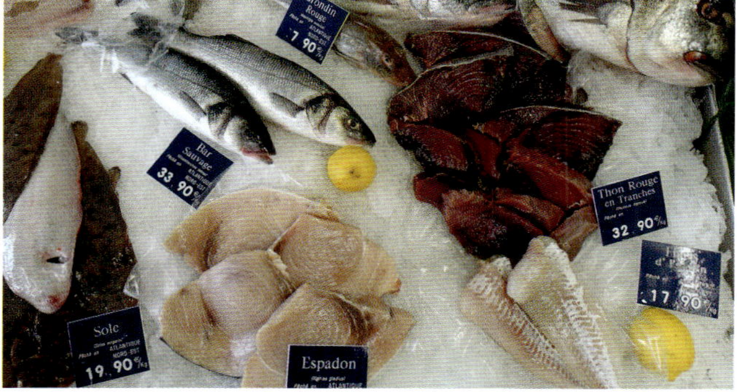

Köstlichkeiten aus dem Meer werden am Plage Saint Marc verkauft

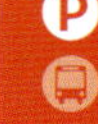

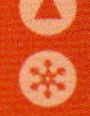
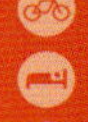

▶ Rechts vom Parkplatz befindet sich ein Restaurant und Meeresfrüchte werden in einer Halle direkt vom Fischer verkauft. Mit Blick auf den **Plage Saint Marc** **01** (5 m) verlassen wir den Parkplatz nach halb links auf dem beginnenden Fernwanderweg GR 34. Da die Wegfindung eindeutig ist, benötigen wir bis zum Pointe du Bec de Vire keine weiteren Erläuterungen. Dort bereichert eine Erklärungstafel die ohnehin atemberaubende Aussicht. Richtung Westen sieht man zunächst den Plage du Port Goret und den dahinterliegenden riesigen Plage le Palus sowie weitere kleine romantische Buchten. Auf dem Küstenpfad erreichen wir einen Parkplatz, gehen ein kurzes Stück auf der Straße, um auf Höhe des Restaurants rechts auf den Pfad zu biegen. Möchte man zum unterhalb liegenden **Plage du Port Goret** **02** (34 m), so erreicht man diesen über Treppen. Bei Ebbe entfaltet er seine volle Schönheit. Sonst gehen wir weiter, ignorieren zwei linke Abzweiger und hinter Treppen geht es dann auf einem asphaltierten Weg bergab. Bei der nächsten Möglichkeit gehen wir links. Geradeaus endet der Weg vor einem großen Zaun, der den Abstieg zum Strand verhindert. Durch ein Waldstück steigen wir ab bis der Pfad endet und gehen dort rechts auf einem breiten Weg bis zum **Plage du Palus** **03** (6 m). Am nordwestlichen Ende des Strandes befinden sich mehrere Restaurants. Bei schönem Wetter lädt die Atmosphäre und schön gelegene Bucht zum Verweilen ein. Sonst gehen wir am Strand zurück, zunächst ein Stück auf dem Hinweg, dann aber nicht links bergauf auf dem Hinweg, sondern geradeaus durch den Wald. Hinter einer Absperrung mündet der Pfad in eine Straße und hinter Häusern mündet die Straße halb rechts in eine weitere Straße. Direkt hinter einem Kindergarten mit Spielplatz biegen wir rechts in die Rue des Eruitys. Nach wenigen Metern befindet sich auf der linken Seite die 1743–1751 wiederaufgebaute Kirche Église Saint Colomban Tréveneuc. Rechts durch einem Zaun blickt man auf das ca. 700 m entfernte, zwischen 1780 und 1790 von Jean-Baptiste René Chrestien erbaute, **Château de Pommorio** **04** (72 m). Es befindet sich in

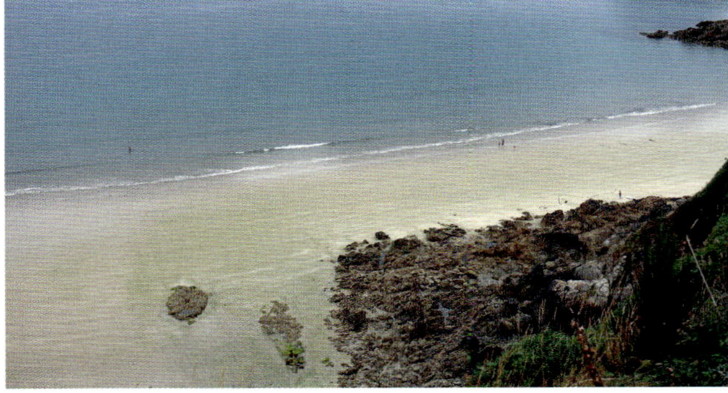

Plage du Port Goret

Privatbesitz und kann für besondere Veranstaltungen gemietet werden. Hinter dem Stoppschild überqueren wir die Hauptstraße und gehen auf der Rue de Kervalo geradeaus weiter bis zu einem Steinkreuz, um dort halb links in die Sackgasse abzuzweigen. Es folgen viele Wegverzweigungen. Wir überqueren die D786, es geht auf einer Asphaltstraße weiter, wir wählen dann bei der ersten Weggabelung die linke Piste, gehen an den Briefkästen geradeaus weiter, wandern über einen wunderschönen alten Verbindungsweg, bis dieser endet, hier gehen wir links weiter und erreichen hinter dem örtlichen Fußballstadion die Hauptstraße. Auf dem Parkplatz, zwischen Stadion und Straße, gehen wir rechts, bis zu einer Straße vor, um dort links zu gehen, geradeaus die Hauptstraße zu queren und auf dem nachfolgenden Pfad zu wandern. Der Pfad mündet in eine Straße und diese endet nach einigen Metern. An der Rue Pier-

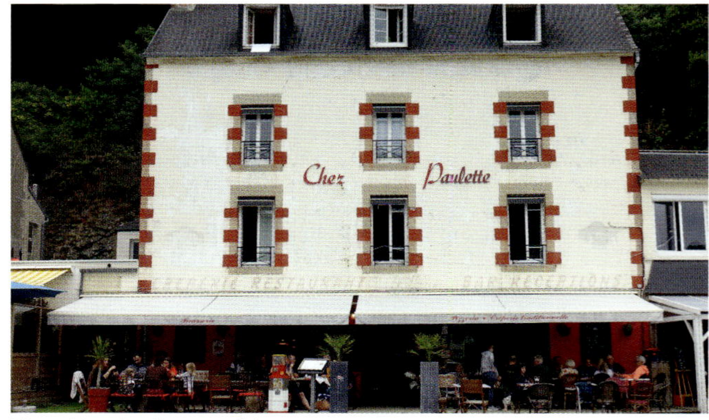

Ein nettes Gasthaus auf dem Weg

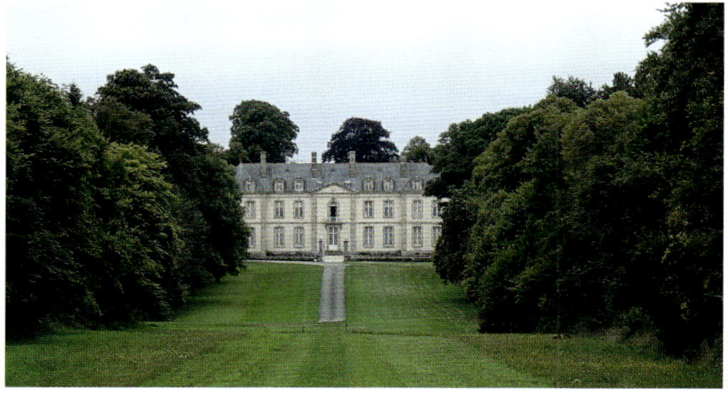

Château de Pommorio

re Loti gehen wir rechts und bei der nächsten Möglichkeit wieder rechts, nun direkt auf die **Chapelle Kertugal** 05 (53 m) zu. Die Kapelle ist der Schutzheiligen Notre-Dame de la Gard gewidmet und die Architektur, mit ihrem runden Erscheinungsbild, ist einzigartig in der Bretagne. Wir gehen links an der Kirche vorbei, bis zum Stoppschild vor und auf der Rue des Dolmens, bis sie endet. Dort überqueren wir eine weitere Straße, gehen geradeaus in die Sackgasse und auf dem weiterführenden Weg bis zum Küstenpfad hinunter. Der Rückweg bis zum Parkplatz führt entlang der Küstenlinie.

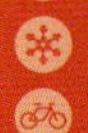
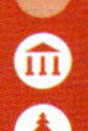

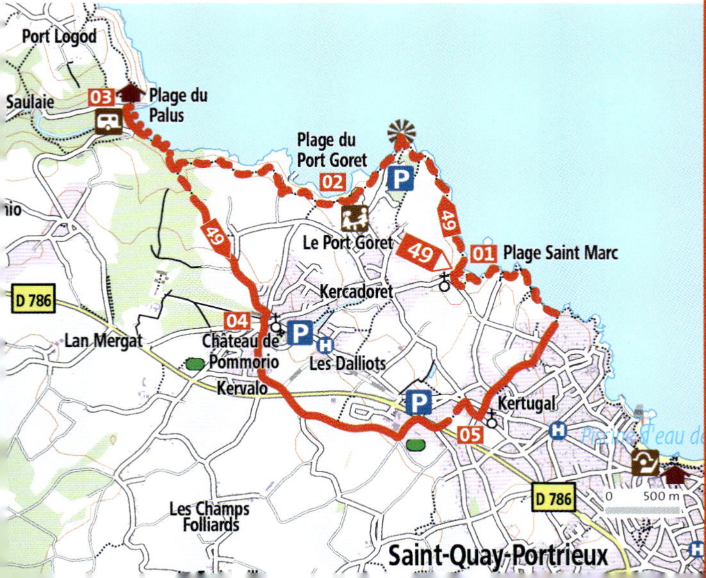

Port Logod
Saulaie
03 Plage du Palus
Plage du Port Goret
02
P
Le Port Goret
49
01 Plage Saint Marc
Kercadoret
D 786
04
Lan Mergat
Château de Pommorio
P
H
Les Dalliots
Kervalo
P
Kertugal
05
H
Piscine d'eau de
D 786
0 500 m
Les Champs Folliards
Saint-Quay-Portrieux

50

TOUL GOULIC

Wüstes Chaos riesiger Granitblöcke im Schatten von Eichen und Buchen

  7,4 km  2:30 h  91 hm  91 hm

START | Busanbindung: keine. Pkw-Anfahrt: Die Wanderung befindet sich im Département Côtes-d'Armor, 56 km südwestlich von Saint-Brieuc. Von dort fährt man auf der D700 und D790 Richtung Plounévez-Quintin, auf der D8 Richtung Lanrivain und der D87 Richtung Saint Antoine, um dort links abzubiegen und bis zum Parkplatz zufahren. Die geografischen Koordinaten zum Start: [GPS: N48° 19,999260 O3° 14,552760].
CHARAKTER | Mittelschwere Wanderung, die gutes Orientierungsvermögen voraussetzt. Dort wo über Felsen geklettert werden muss, ist sie technisch anspruchsvoll.

Das Landesinnere der Bretagne birgt so seine Überraschungen. Die Schlucht Toul Goulic, in der Nähe der Ortschaften Lanrivain und Trémargat, ist so eine. Riesige und willkürlich übereinanderliegende Granitfelsen bilden das Bachbett, durch das sich ein tosender Bach seinen Weg bahnt. Aufgrund des vorherrschenden Mikroklimas sind die Bäume ungewöhnlich dick mit Flechten überzogen. Auf dem Rückweg durch ein Nebental hört man nur seinen eigenen Atem, seine Schritte, das zaghafte Plätschern eines weiteren Bachlaufs, hinunterfallende Blätter sind wahrnehmbar – Wandern mit allen Sinnen. Einer der schönsten Waldwanderwege

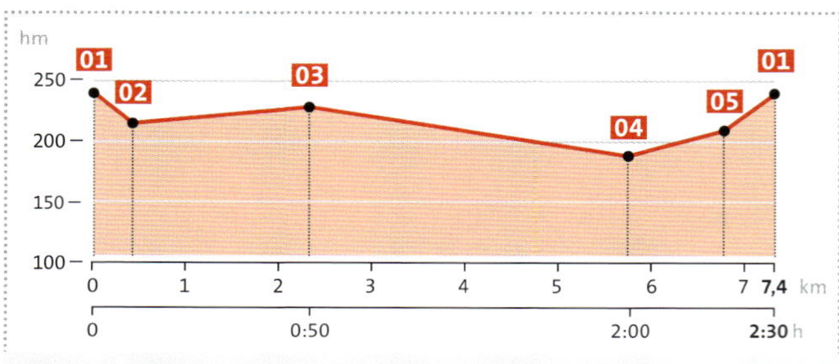

01 Start und Ziel 245 m; 02 Bachlauf des Le Blavet 208 m; 03 Étang de Kerné Uhel 221 m; 04 alte Brücke180 m; 05 Toul Goulic 179 m

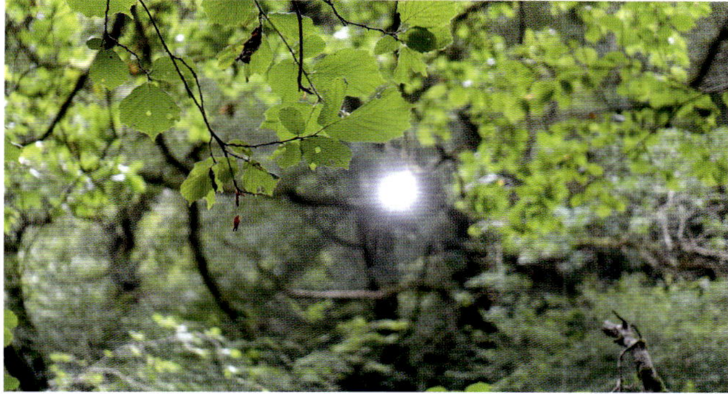

Die Sonne bricht durch das Blätterdach

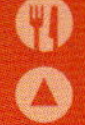

im Départment Côtes-d'Armor führt durch die ursprüngliche Bretagne – ein wildromantisches und eindrückliches Naturspektakel.

▶ Wie ist dieses Naturspektakel entstanden? Die heutigen Hügel der Bretagne sind Überreste eines ca. 300 Millionen Jahre alten Mittelgebirges. Durch tektonische Prozesse wurde die darunterliegende Granitschicht in viele Einzelsegmente geteilt. Der kontinuierliche Erosionsprozess legte diese Segmente frei. Dann wusch Regenwasser die weicheren Sedimente aus dem Erdreich und formte eine Schlucht, an deren Hängen die nun freigespülten Granitblöcke der Schwerkraft nachgaben und bis in den Talgrund hinunterrollten. Dort sammelten sie sich im Bachbett des Le Blavet und formten das heutige Erscheinungsbild. Vom **Start und Ziel** 01 (245 m) steigen wir auf dem Pfad hinter der Informationstafel in die Schlucht hinunter. Wir ignorieren einen linken Abzweiger. Im Weiteren führen viele Trampelpfade bergab, am besten orientiert man sich an einem halbhohen Holzzaun. Aus der Ferne hört man schon das Grollen des **Bachlaufes des Le Blavet** 02 (208 m). Zufällig angeordnete, riesige Granitblöcke liegen aufeinandergeschichtet, das Wasser sucht sich seinen Weg durch dieses Chaos. Auf einem Trampelpfad gehen wir 60 m bachabwärts, um dort bequem den Bachlauf zu queren und sofort halb rechts den nun bachaufwärtsführenden Pfad zu folgen. Nur wenige Stellen, an denen Bäume umgestürzt sind, müssen umlaufen werden. Die riesigen Felsen weichen, es bleibt der Bachlauf. Der schmale Pfad mündet in einen breiteren Weg. Wir verlassen den Wald, rechts kann man durch das Dickicht einen Teich ausmachen. An der Straße überqueren wir die Brücke und gehen bei der nächsten Möglichkeit links und erreichen auf dem breiten Waldweg die Staumauer des **Étang de Kerné Uhel** 03 (221 m). Rechts auf der Dammkrone befindet sich eine Aussichtsplattform. Auf dem Rückweg überqueren wir die grüne Brücke und gehen fortan auf der anderen Uferseite bis zur Straße zurück. Dort überqueren wir die Straße und gehen sofort rechts, vorbei

Bachlauf des Le Blavet

an einem verrosteten Gatter. Auf dem Pfad überqueren wir einen kleinen Bachlauf und gehen fortan an diesem entlang. An einer Verzweigung der Pfade gehen wir halb links und queren nicht den Bachlauf nach halb rechts. Auch in diesem Nebental des Le Blavet-Flusslaufs befinden sich vereinzelt riesige Granitfelsen. Einen rechten Abzweiger über den Bach ignorieren wir. Während eines leichten Aufstieges mündet unser Pfad in einen weiteren. Einen linken Abzweiger ignorieren wir und gehen auf einem Fahrweg bis zur Straße, an der wir links gehen. Diese verlassen wir nach links, queren das Bachbett über eine **alte Brücke** **04** (180 m). Direkt hinter der Brücke gehen wir nicht rechts, sondern geradeaus. Bei der darauffolgenden Weggabelung gehen wir nicht auf dem offensichtlichen Pfad geradeaus, sondern halb links durch Gestrüpp, der Pfad ist nur zaghaft zu erkennen. Über eine Kunststoffpalette wird der Bachlauf gequert, ab hier ist der Pfad wieder gut zu erkennen. Auf diesem ursprünglichen Waldweg muss man sich ge-

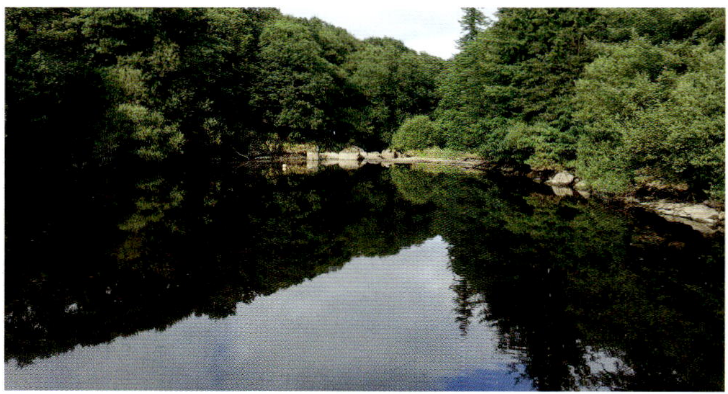

Etang de Kerne Uhl

legentlich Gestrüpp zur Seite biegen, um seinen Weg zu finden. Bei mächtigen Granitfelsen erreichen wir wieder den tosenden Bachlauf Le Blavet im Tal von **Toul Goulic** 05 (179 m). In dem nachfolgenden Wirrwarr an Trampelpfaden ist es schwierig den Weg zu finden. Einige Wegabschnitte sind dermaßen zugewachsen, dass sie nicht mehr begehbar sind. So müssen diese mühsam umlaufen werden. Hatten wir gerade noch den tosenden Bachlauf gehört, ist nun absolute Ruhe, obwohl wir direkt neben ihm wandern. Nach weiteren 150 m ist er dann wieder zu hören, an der Stelle, wo er in die Unterwelt abtaucht, gelangen wir auf den Hinweg und gehen an dem halbhohen Holzzaun zum Ausgangspunkt zurück.

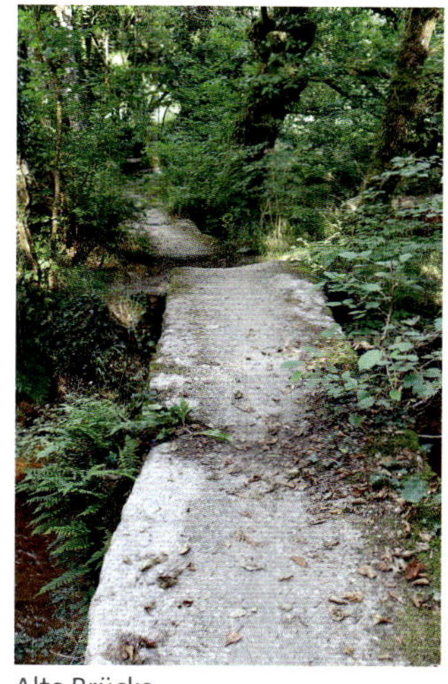
Alte Brücke

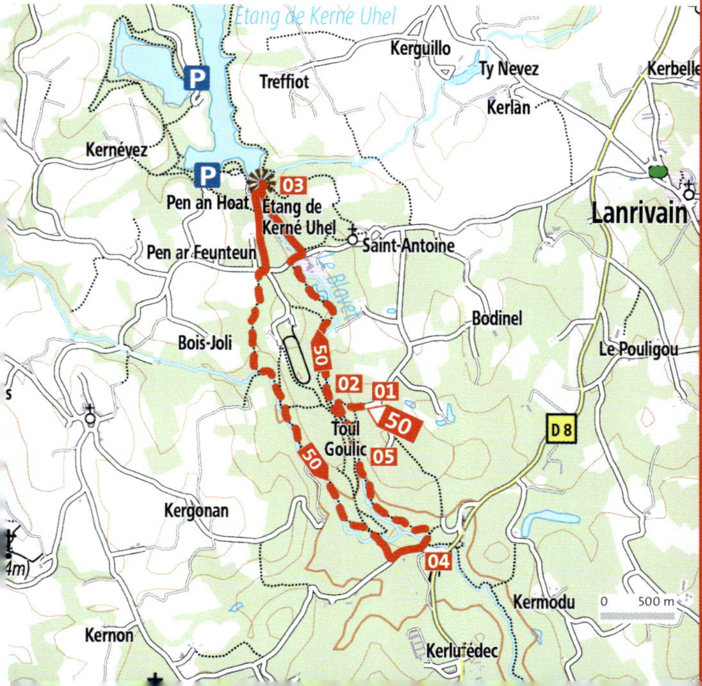

51

BOIS DU FAO

Durch die kleine bretonische Schweiz

 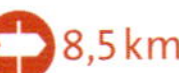 8,5 km  2:55 h 171 hm  171 hm

START | Busanbindung: Die Buslinie 20 der Busgesellschaft Tibus ufährt vom Gare SNCF (Loudéac) in Richtung Carhaix Gare SNCF bis zur Haltestelle Laniscat Bon Repos (Bon Repos sur Blavet). Von dort sind es ca. 10 Minuten zu Fuß bis zum Start. Die aktuellen Fahrzeiten erfährt man auf der Webseite: http://www.breizhgo.com/en/. Pkw-Anfahrt: Die Wanderung befindet sich im Département Côtes-d'Armor, zentral gelegen in der Bretagne, am Stausee Guerlédan und bei der ausgeschilderten Abbaye de Bon-Repos. Auf dem Gelände der Abtei gibt es viele Parkplätze. Die geografischen Koordinaten zum Start: [GPS: N48° 12,790980 O3° 7,700340]. CHARAKTER | Mittlerer Schwierigkeitsgrad, die Orientierung ist auch ohne Karte möglich.

Die Zutaten für eine erlebnisreiche Wanderung in der zentralen Bretagne sind eine seichte hügelige Landschaft, auch die kleine bretonische Schweiz genannt, ein Paradies für Naturliebhaber und Wanderer, die Ruinen und das Museum der Abtei Abbaye de Bon-Repos, der beeindruckende Kanal von Nantes nach Brest, das Eisenhüttendorf Forges des Salles und das Château des Forges des Salles. Auf dieser extrem abwechslungsreichen Runde, mit einer ausgewogenen Balance zwischen Kultur und Natur, werden Rastlosigkeit und Neugier gestillt.

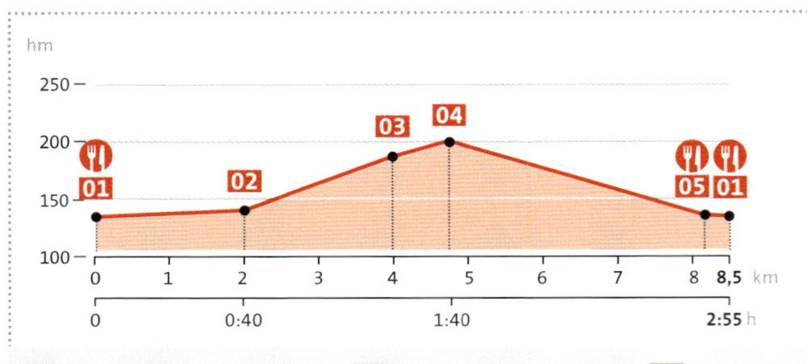

01 Abbaye de Bon-Repos 130 m; 02 Ecluse de Bellevue 130 m; 03 Forges des Salles 176 m; 04 Bois du Fao199 m; 05 Eclusede Bon-Repos 126 m

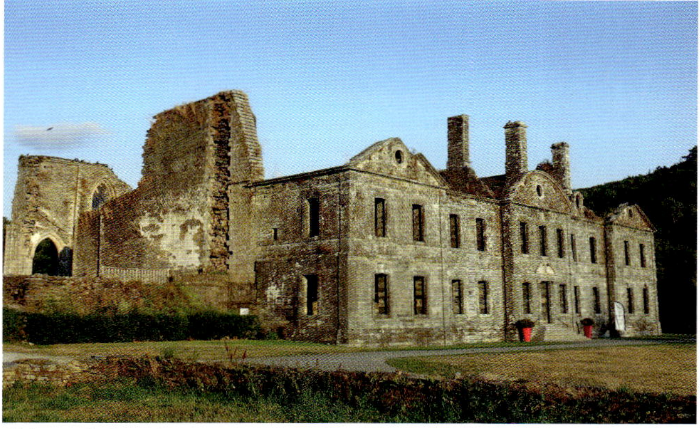

Abbaye de Bon-Repos

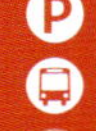

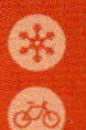

▶ Vom Parkplatz gehen wir auf der Allee durch den Torbogen bis zum 1184 gegründeten Zisterzienserkloster **Abbaye de Bon-Repos** 01 (130 m). Zisterzienser nennen sich Mönche und Nonnen, die nach der Tradition der Gründer des Klosters Cîteaux ein Leben des Gebets, der Lesung und der Arbeit führen. Der Zisterzienserorden entstand durch Reformen aus der Tradition des Ordens der Benediktiner. Während der Französischen Revolution wurde die Abtei stark beschädigt und ist seitdem dem Verfall preisgegeben. Dennoch ein sehr interessanter und informativer Besuch, denn ehrenamtliche Handwerker geben den imposanten Überresten ihren Glanz zurück. Wir gehen um die südliche Spitze der Klosterruinen, dann entlang einer hohen Steinmauer, durch eine Rechtskehre des Pfads, über eine Brücke, um so an den Kanal zu gelangen. Ein langes Stück gehen wir nun entlang des kanalisierten Flusses **La Blaver**. Der 1842 in Betrieb genommene Nantes-Brest-Kanal verbindet die Loire bei Nantes mit der Bucht bei Brest. Lange Zeit war er für die Bretagne eine wichtige Schifffahrtsverbindung, nach dem Bau des Staudamms Guerlédan ist er nicht mehr durchgängig befahrbar. Wir wandern bis zur Schleuse **Ecluse de Bellevue** 02 (130 m) und gehen fortan in entgegengesetzter Richtung am Kanal entlang. Bei einem Holzgatter verlassen wir den Kanal, gehen links bergauf und folgen der Ausschilderung Richtung Les Forges des Salles. Der Pfad mündet in einen breiteren Weg und wir gehen hier geradeaus weiter. Bei der darauf folgenden Weggabelung halten wir uns halb rechts. An der Straße mit dem dahinterliegenden Teich gehen wir links, um bei der großen Kreuzung rechts abzubiegen und kurz später den Parkplatz am ehemaligen Eisenhüttendorf **Forges des Salles** 03 (176 m) zu erreichen. Einst eine der größten mit Holz befeuerten Schmieden der Bretagne. Dahinter liegt das aus dem 18. Jahrhundert stammende **Château des Forges des Salles**. Leider sind alle Durchgangswege privatisiert worden, das bedeutet, das

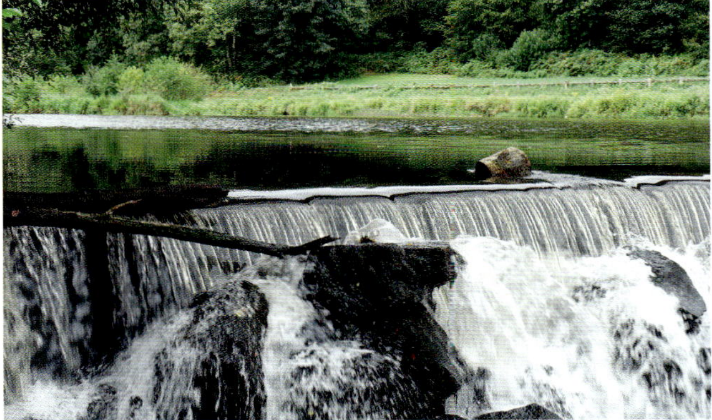
Ecluse de Bellevue

Areal weiträumig zu umlaufen. Wir verlassen die Hauptstraße nach halb rechts, überqueren den Parkplatz und folgen nicht dem links abzweigenden Pfad samt Wegweiser Richtung Bon-Repos! Nachfolgend überqueren wir die Brücke und gehen halb links, bei der scharf nach rechts abzweigenden Straße auf das Privatgelände. Auf eine Anhöhe zweigen zwei Wege nach rechts ab, wir gehen auf dem halb rechts, nun durch den Wald **Bois du Fao** 04 (199 m). Nachfolgend befinden sich weiße Markierungspfeile an Bäumen, diese sind eine gute Orientierungshilfe. An einer Wegekreuzung gehen wir geradeaus weiter, sowie weitere rechte und linke Abzweiger vom Hauptweg ignorieren wir. Bei einer Weggabelung verlassen wir auf einem Weg den Wald nach halb rechts, gehen nun auf einer Wiese, auf einem schwer zu erkennenden Weg. Als Orientierungshilfe gehen wir unter einer Stromleitung hindurch, Richtung eines erhöht

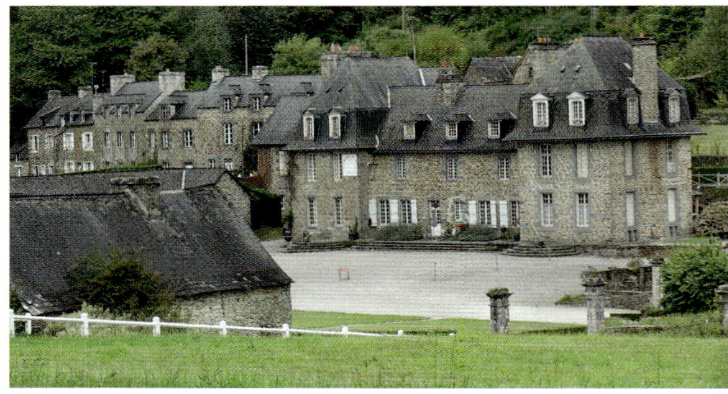
Forges des Salles

liegenden Hauses. Dort befindet sich eine Straße, auf der wir links, bis zu einer Straßenkreuzung mit einem Steinkreuz gehen. Wir gehen rechts an der Straße entlang, und dort, wo von rechts ein Pfad in die Straße mündet, gehen wir links in den Wald. Der Pfad mündet kurz später in einen breiten Weg, der mit moosbedeckten Steinen gesäumt ist. Kurz später wird der Weg wieder zum Pfad und führt an einer Lichtung vorbei. Hinter einem Mauerdurchbruch gehen wir rechts entlang dieser moosbedeckten Mauer. An einigen Stellen ist die Wegführung nicht eindeutig, dann orientiert man sich an den Überresten dieser Mauer. Zwischenzeitlich wird der Pfad wieder zum Weg und bei einer Weggabelung, wo sich mittig ein Baum befindet, halten wir uns halb links. Von links mündet ein weiterer Pfad in den unseren, man vernimmt Au-

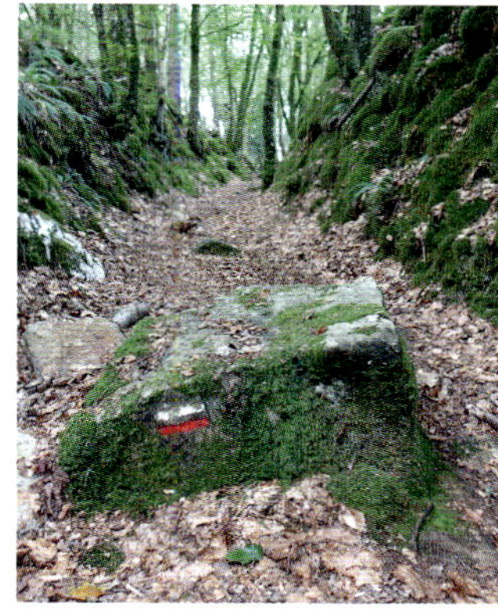

Bois Du Fao

togeräusche und wir erreichen die Schleuse **Eclusede Bon-Repos** 05 (126 m). Es ergibt sich ein malerisches Bild mit dem dahinterliegenden Ruinen der Abtei, besonders in den Abendstunden.

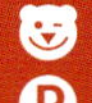

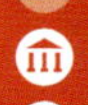

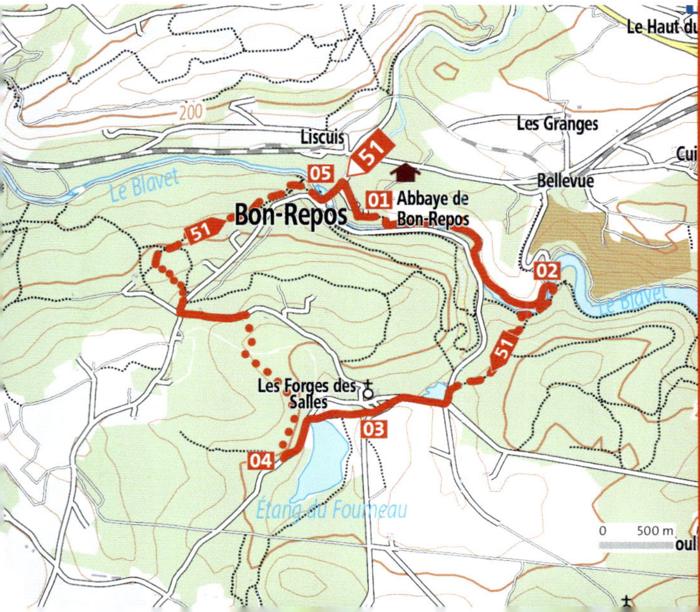

GORGES DU DAOULAS

Imposante Schlucht trifft auf Höhenweg

 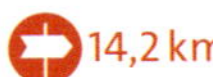 14,2 km  4:50 h 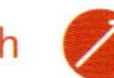 287 hm 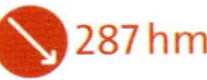 287 hm

START | Busanbindung: Die Buslinie 20 der Busgesellschaft Tibus fährt vom Gare SNCF (Loudéac) in Richtung Carhaix Gare SNCF bis zur Haltestelle Laniscat Bon Repos (Bon Repos sur Blavet). Von dort sind es ca. 10 Minuten zu Fuß bis zum Start. Die aktuellen Fahrzeiten erfährt man auf Webseite: http://www.breizhgo.com/en/. Pkw-Anfahrt: Die Wanderung befindet sich im Département Côtes-d'Armor, zentral gelegen in der Bretagne, am Stausee Guerlédan und bei der ausgeschilderten Abbaye de Bon-Repos. Auf dem Gelände der Abtei gibt es viele Parkplätze. Die geografischen Koordinaten zum Start: [GPS: N48° 13,120080 O3° 7,443900].
CHARAKTER | Eine der schwersten Wanderungen aus dem Wanderführer aufgrund der Länge und der Höhenmeter.

In dieser Region, um den Staudamm Barrage de Guerlédan, gibt es über 200 km Wanderwege – ein wahres Paradies für Naturliebhaber, Wanderer und Entdecker aller Art. Nach der Besichtigung der Abtei Abbaye de Bon Repos, mit den Überresten eines Zisterzienserklosters, wandern wir zu einem beeindruckendem Viadukt und weiter oberhalb der abenteuerlichen Schlucht von Daoulas. Durch

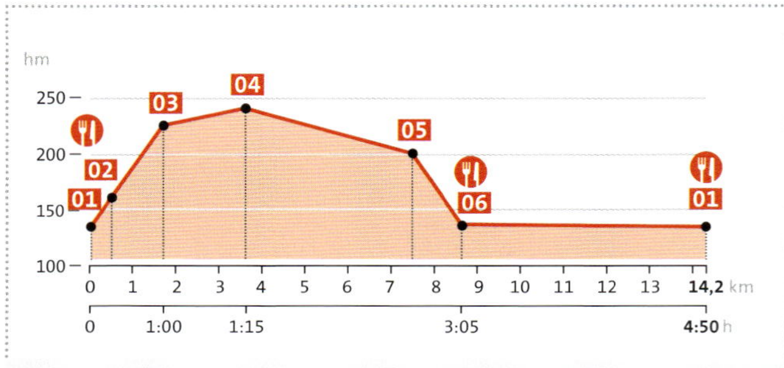

01 Kloster 130 m; 02 Viadukt 152 m; 03 Gorges du Daoulas 230 m; 04 Allée couverte du Néotithiuque 246 m; 05 Chapelle de Rosquelfen 194 m; 06 Vélorail du Kreiz Breizh 133 m

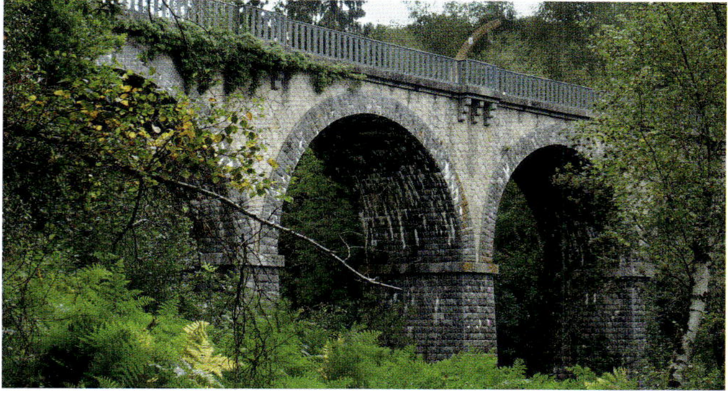

Viadukt Bon-Repos

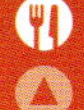

alpenähnliches Terrain erfolgt ein Aufstieg zu einem aussichtsreichen Bergkamm. Pfade durch ein Hochmoor führen uns zu einem 6000 Jahre alte Megalithengrabgang. Über einen in der Bretagne einmaligen Höhenweg erreichen wir eine Kapelle mit Kalvarienberg. Hinter der Ortschaft Gouarec folgt der Waldweg dem bewaldeten Ufer des Flusses La Blaver bis zum Ausgangspunkt. Tour der Gegensätze, sportlich und gemütlich.

▶ Gegenüber der Allee zum **Kloster** 01 befindet sich eine kleine Brücke über einen Bachlauf, hinter der wir rechts über das Feld bis zur Straße vorgehen. Diese überqueren wir und gehen auf der Straße durch die Linkskehre, um direkt dahinter rechts in den ausgeschilderten Wanderweg GR 341 zu biegen. Dieser führt direkt auf das **Viadukt** 02 (152 m) zu. Direkt vor dem Viadukt gehen wir links auf dem Pfad über Treppen steil bergauf. Bei einer Weggabelung, nach links ist der Pfad weiß-rot gekennzeichnet, gehen wir halb rechts auf einem wunderschönen Höhenweg direkt durch die steilen Hänge, oberhalb der Schlucht **Gorges du Daoulas** 03 (230 m). Zwischen Ginster und Heideflächen erreichen wir einen mit Holz gesicherten spektakulären Aussichtspunkt. Man blickt tief in die Schlucht bis zur Straße hinunter, rechts sieht man die Abtei, man Blick weit über die sanft hügelige Landschaft – man spricht auch von der Schweiz der Bretagne. Der Pfad gibt den weiteren Weg vor. Wir ignorieren zwei rechte Abzweiger zur Straße hinunter. Im Weiteren folgen wir der Ausschilderung Richtung Laniscat. Durch alpin ähnliches Terrain steigen wir bis zu einem Bergkamm auf, weitere wunderschöne Aussichtspunkte folgen. Einen rechten Abzweiger ignorieren wir. Bei einem Holzgatter und der nachfolgenden Weggabelung gehen wir geradeaus Richtung Gouarec. Kurz später erreichen wir die erste von zwei Megalithanlagen. Die **Allée couverte du Néotithiuque** 04 (246 m) wird auf 5000–2000 Jahre vor Christi datiert. Wir lassen Sie auf der rechten Seite liegen und gehen nun durch eine beeindruckende Hochmoorlandschaft auf einem au-

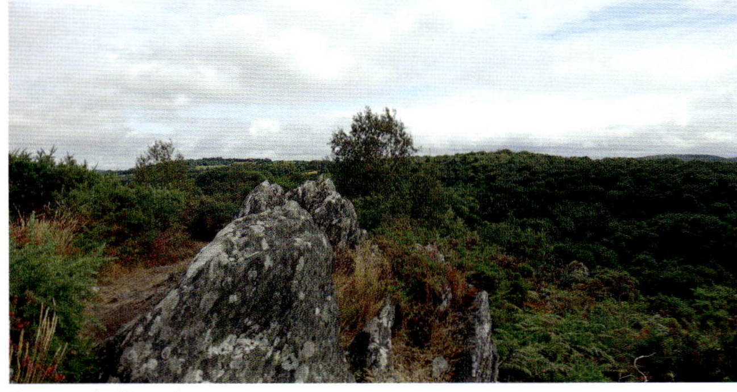

Gorges du Daoulas

ßergewöhnlichen Höhenweg. Der Pfad führt vorbei an gespenstisch anmutenden Häusern, in denen bereits Bäume ihr Zuhause gefunden haben. Sobald man unterhalb im Tal die ersten Häuser sieht, gabelt sich der Weg, beide Wege führen zum Ziel. Am Parkplatz nahe der Hauptstraße gehen wir scharf rechts, nun wieder leicht bergauf auf einem Hohlweg. Sobald der Weg durch umgestürzte Bäume versperrt ist, gehen wir links über dem Bachlauf, bis der leicht ansteigende Pfad in eine asphaltierte Straße mündet, auf der wir weiter bergaufgehen. An der darauffolgenden Straßenkreuzung gehen wir geradeaus, auch ausgeschildert Richtung der im 16. Jahrhundert gebauten **Chapelle de Rosquelfen** 05 (194 m). Diese lassen wir auf der rechten Seite liegen und gehen auf der weiterführenden Straße, bei der darauffolgenden Weggabelung halb rechts, die Straße mündet in eine weitere auf der weiter bergabgehen. Wir ignorieren die Seitenstraße auf der linken Seite,

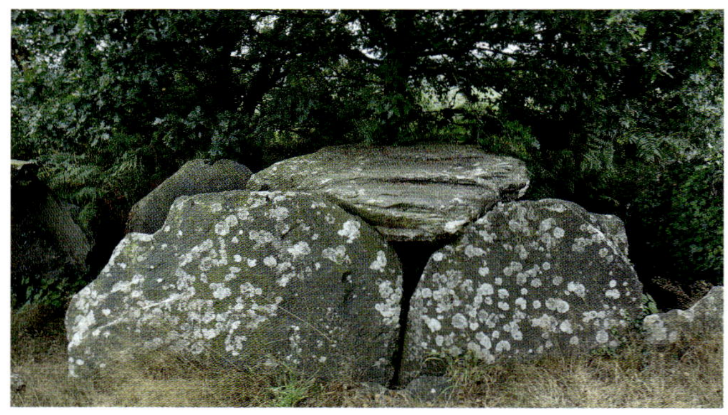

Allée couverte du Néotithiuque

den kurz darauffolgenden Pfad – auch wenn dieser ausgeschildert ist – und gehen bis zur Hauptstraße. Gegenüber der Tankstelle befindet sich auf der linken Straßenseite eine neue Attraktion, dass **Vélorail du Kreiz Breizh** 06 (133 m). Hier fährt man aus eigener Muskelkraft auf einer Draisine auf einer alten Eisenbahnlinie entlang des Kanals. Direkt hinter der Tankstelle, wo die Miniatureisenbahn steht, biegen wir links in die Rue de la Gare. Wir überqueren den Flusslauf, gehen bei dem nachfolgenden Stoppschild links, überqueren den Kanal und hinter der Brücke gehen wir links auf einem breiten Fahrradweg entlang des Kanals bis zum Ausgangspunkt.

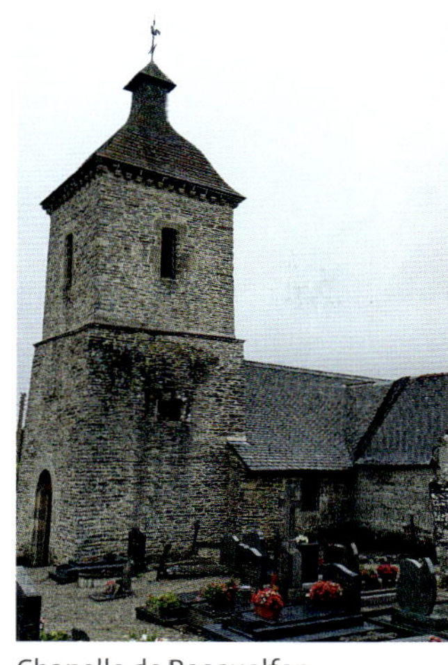

Chapelle de Rosquelfen

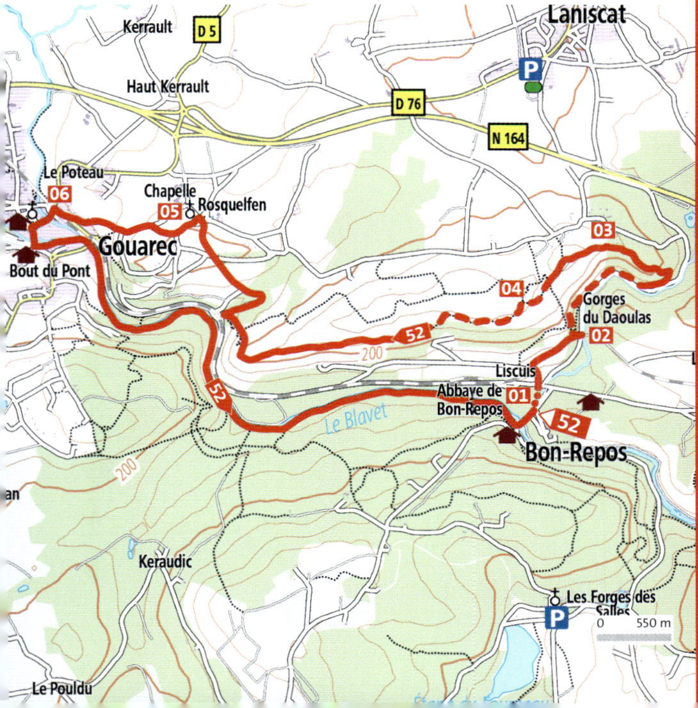

Kerrault
D 5
Laniscat
Haut Kerrault
D 76
N 164
Le Poteau
06
Chapelle
05
Rosquelfen
03
Gouarec
Bout du Pont
04
Gorges
du Daoulas
52
02
200
Liscuis
52
Abbaye de
Bon-Repos
01
Le Blavet
52
Bon-Repos
200
Keraudic
Les Forges des
Salles
0
550 m
Le Pouldu

53

PLAGES SAUVAGES DEUX

Traumhaft schöne Strandlandschaften

 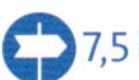 7,5 km  2:30 h  127 hm 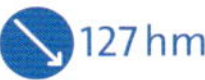 127 hm

START | Busanbindung: Die Buslinie 2 der Busgesellschaft Tibus fährt von Saint Cast oder Saint Brieuc bis zur Kirche Eglise (Erquy). Von dort sind es zu Fuß ca. 30 Minuten zum Start. Die aktuellen Fahrzeiten erfährt man auf der Webseite: http://www.breizhgo.com/en/. Pkw-Anfahrt: Die Wanderung befindet sich im Département Côtes-d'Armor, 36 km nordöstlich von Saint-Brieuc. Von dort fährt man auf der N12, D786 Richtung Erquy, auf der D34 bis zur Rue de la Côté des Pâques, wo sich viele Parkmöglichkeiten befinden. Die geografischen Koordinaten zum Start: [GPS: N48° 38,499060 O2° 27,809700].
CHARAKTER | Leichte Genusswanderung.

Die malerische Ortschaft Erquy ist für seine zahlreichen Traumstrände sowie für die köstlichen Jakobsmuscheln bekannt. Auf dem ersten Teilstück der Wanderung erkunden wir drei der Traumstrände, vielleicht lädt einer zum Verweilen ein. Über rosafarbenes Sandgestein erreicht man die faszinierende Landzunge der 4 Winde – Pointe des Quatre Vents. Ein Panoramaweg, oberhalb des quirligen Fischerhafens, mit einem unvergesslichen Blick über die Bucht von Erquy, führt zu den Juwelen von Erquy, zwei kleine tiefblaue Seen, die etwa 40 m über dem Meeresspiegel liegen. Obwohl man auf dieser Wanderung nicht alleine läuft, gerade in

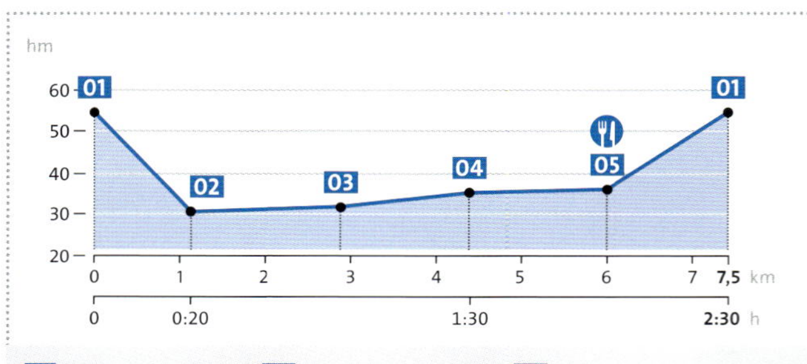

01 Start und Ziel 54 m; 02 Plage du Guen 36 m; 03 Plage de Lourtuais 40 m; 04 Pointe des Quatre Vents 53 m; 05 Lacs Bleus 48 m

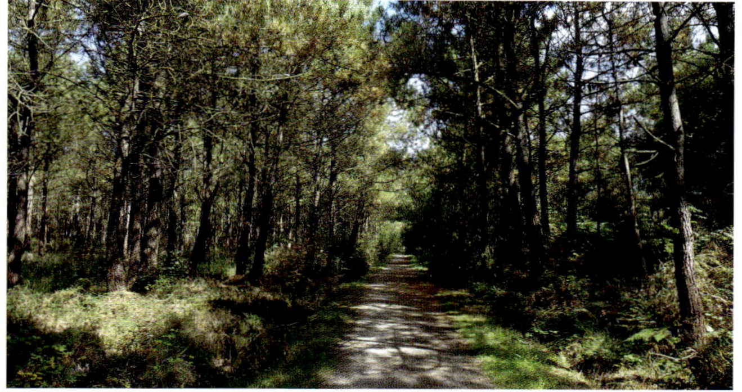

Die Wanderung beginnt mit einem Waldspaziergang

den Sommermonaten kann es voll werden, hat die Runde ihren ganz besonderen Reiz.

Vom **Start und Ziel** 01 (54 m) gehen wir in nördlicher Richtung auf der Rue de la Côté des Pâques am rechts von uns liegenden Campingplatz entlang. Bei der nächsten Möglichkeit, am Ende des Campingplatzes, biegen wir rechts in die Sackgasse der Chemin de la Côte du Haut ab. Am Ende der Straße gehen wir links und bei der sofort darauffolgenden Weggabelung halb rechts durch einen lichten Kiefernwald. Wir tangieren eine Straße und gehen durch ein Holztor bis zu einer kleinen Klippe vor, rechts unterhalb sehen wir den breiten und langen **Plage du Guen** 02 (36 m). Wir gehen

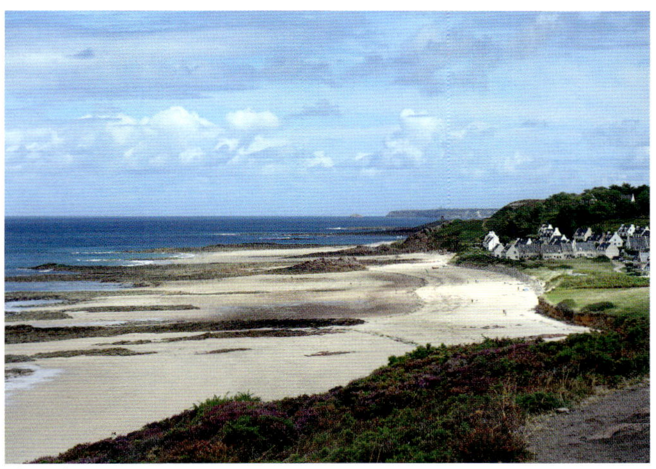

Plage du Guen

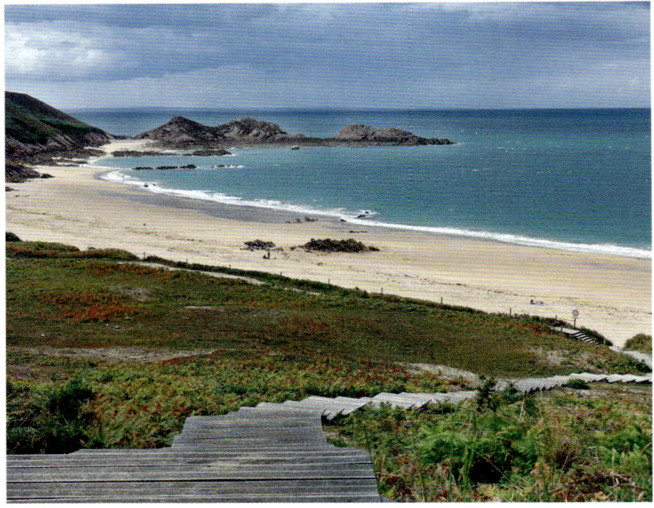

Plage de Lourtuais

links auf dem Küstenpfad weiter und erreichen die wunderschöne Bucht des Plage du Portuais, den man über Treppen erreichen kann. Landeinwärts führende Abzweiger ignorieren wir. Hinter Treppen erreichen wir einen Weg, dort folgen wir dem rechts weiterführenden Pfad, weiter oberhalb der Bucht. Nach kurzem Fußmarsch sehen wir unterhalb den bei Ebbe 900 m langen **Plage de Lourtuais** 03 (40 m). Ein wahrer Traumstrand, besonders schön ist er am westlichen Ende, ein kleines Kap schützt vor dem Nordwestwind. Wir gehen auf dem rechts bergabführenden Treppenweg, zunächst Richtung Strand, um dann aber direkt vor dem Strand links auf einem Weg oberhalb der Dünen zu wandern. Bei dem nachfolgenden zweiten Zugang zum Strand beginnen wir links auf dem weiterführenden Pfad aufzusteigen. Auf dem breit angelegten Weg gehen wir, bis rechts ein mit Holzbalken befestigter Pfad abzweigt. Über einen seichten Bergrücken erreichen wir die **Pointe des Quatre Vents** 04 (53 m), ein faszinierender Aussichtspunkt. Durch die Ginster und Heidelandschaft gehen wir auf einem der vielen Pfade Richtung eines Parkplatzes. 50 m vor einem Steinhaus verlassen wir die Straße nach rechts auf einen Pfad. Wir wandern auf einem Pfad Richtung eines weiteren Steinhauses, dieser mündet kurz später in einem breiteren Pfad, den wir nach halb rechts folgen. Nach 20 m gehen wir abermals halb rechts, um dann vor dem Gebäude, auf dem links bergabführenden und etwas gerölligen Pfad abzusteigen. Die technisch forderndste Stelle der Wanderung. Wir wandern auf einem aussichtsreichen Pfad oberhalb des Hafenbeckens, linke Abzweiger ignorieren wir. Hinter einem kleinen See und nach einem Treppenaufstieg folgt der zweite, der sogenannten **Lacs Bleus** 05 (48 m). Keine kreative Schöpfung der Natur, sondern Reste alter Steinbrüche aus rosafarbenen Sandstein, die malerisch von einem Pinienwald umgeben sind. Bis 1930 wurde hier Kopfsteinpflaster aus dem Fels geschnitten. Der Pfad mündet in eine Straße, auf der wir links gehen, sie kurz später überqueren, um halb rechts an der Holzbarriere vorbei auf dem nachfolgenden Weg zu gelangen. Bei im Weg liegenden Felsen endet der Weg, wir gehen rechts und erreichen die Straße. Auf dieser gehen wir geradeaus bis zum Parkplatz auf der rechten Seite.

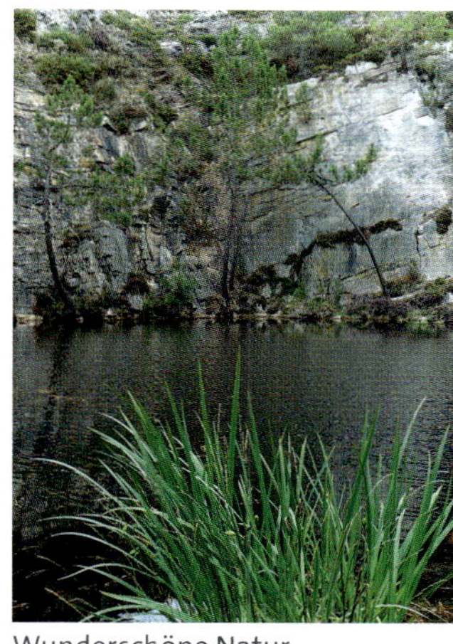
Wunderschöne Natur

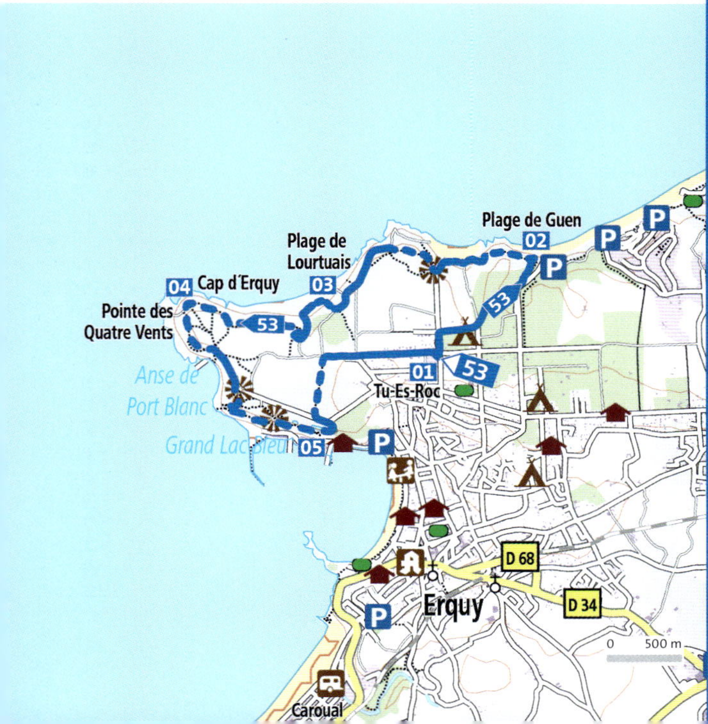

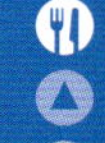
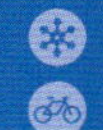

FORT LA LATTE – CAP FRÉHEL

Ein Fort thront über dem smaragdgrünem Meer

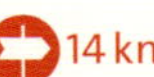

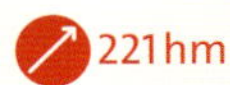

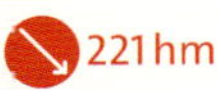

START | Busanbindung: Die Buslinie 2 der Busgesellschaft Tibus fährt von Saint Cast oder Saint Brieuc bis zur Kirche Eglise (Plévenon). Von dort sind zu Fuß ca. 15 Minuten, um zwischen den Wegpunkten 4 und 5 in die Wanderung einzusteigen. Die aktuellen Fahrzeiten erfährt man auf Webseite: http://www.breizhgo.com/en/. Pkw-Anfahrt: Die Wanderung befindet sich im Département Côtes-d'Armor, 48 km nordöstlich von Saint-Brieuc. Von dort fährt man auf der N12, D786 Richtung Cap Fréhel und folgt auf dem letzten Stück den Wegweisern zu einem kostenlosen großen Parkplatz. Die geografischen Koordinaten zum Start:
[GPS: N48° 39,886800 O2° 17,511360].
CHARAKTER | Mittlerer Schwierigkeitsgrad, die Orientierung ist auch problemlos ohne Karte möglich.

In der Bretagne ist die Geschichte allgegenwärtig. So beginnt die Erlebnisrunde gleich mit einem Höhepunkt, wir haben die Gelegenheit, die 600 Jahre Festungsanlage Fort la Latte zu besichtigen. Dann folgt eine Wanderung durch eine der beeindruckendsten Regionen der Bretagne. Wie bezaubert wandeln wir oberhalb der Steilküste – deren Felsspitzen an Festungsmauern erinnern – und entlang lila schillernder Heideflächen. Gleich drei Leuchttürme am Cap Fréhel, das ist einmalig in der Bretagne. Nach der Exkursion

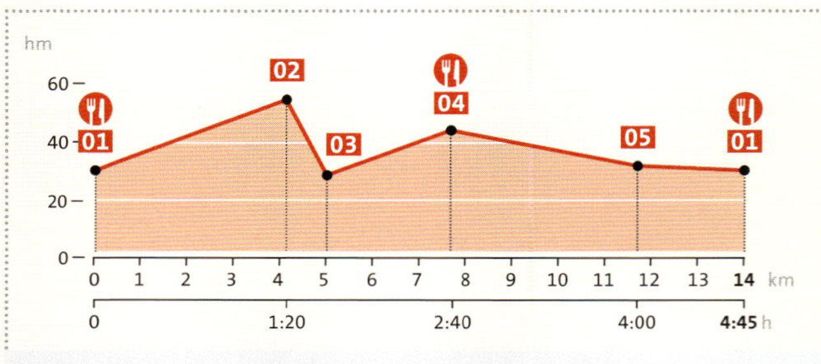

01 Fort La Latte 33 m; 02 Phare Du Cap Fréhel 66 m; 03 Cap Fréhe 59 m; 04 Küstenpfad 52 m; 05 Plage du Vaugamont 6 m

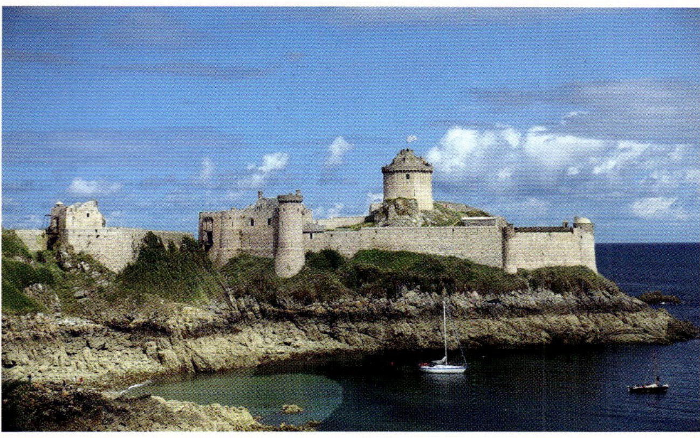

Fort la Latte

durch das Hinterland gibt es eine astreine Bademöglichkeit bei einem versteckten TOP-Strand, bevor wir die Runde schließen und wieder am Fort ankommen. Das Rauschen des Windes ist unser stetiger Begleiter.

▶ Vom Parkplatz gehen wir am Steinhaus vorbei und durch das grüne Gatter. Der Weg endet am Haupteingang des im 14. Jahrhundert erbauten **Fort la Latte** 01 (33 m). Die Festung thront auf einer Klippe oberhalb des Meeres, ist über Zugbrücken erreichbar und somit nahezu uneinnehmbar. Wir gehen auf dem Zöllnerpfad in westlicher Richtung entlang der Steilküste. Der Pfad definiert den Weg außer zwei Pfade, die direkt zum Meer hinunterführen, gibt es keinerlei Orientierungsprobleme und man kann sich auf die Schönheit der Küstenlandschaft, mit seinen im August blühenden Heideflächen erfreuen. Sobald wir auf Höhe des 1946–1950 gebauten Leuchtturms angekommen sind, wird es voll, Busse spucken Touristen im Minutentakt aus. Die Reichweite des **Phare du Cap Fréhel** 02 (66 m) beträgt sagenhafte 55 km und er sichert die gefährliche Passage von Saint-Brieuc nach Saint-Malo. Wir setzen die Wanderung fort und erreichen die Landspitze **Cap Fréhel** 03 (59 m), mit auffallend roten Sandgestein. Auch an dieser Stelle befindet sich ein kleiner Leuchtturm. Wir gehen nun direkt auf die Leuchttürme zu und am rechten Rand des Parkplatzes stoßen wir auf den weiterführenden Pfad entlang der faszinierenden Steilküste. Linke Abzweiger zur Straße ignorieren wir. Zwischenzeitlich nähert sich der Pfad der Straße und wir queren auf einem Panoramaweg 60 m oberhalb vom Meeresspiegel eine lange Bucht. Sobald wir am Ende der Bucht angekommen sind und sich der Pfad gabelt, verlassen wir den **Küstenpfad** 04 (52 m), queren die Straße, passieren ein Holzgatter und und wandern auf dem dahinterliegenden Pfad weiter. An der Straße angekommen gehen wir links Richtung der Landzunge, vorbei am Restaurant La Ribote, um hinter dem Ver-

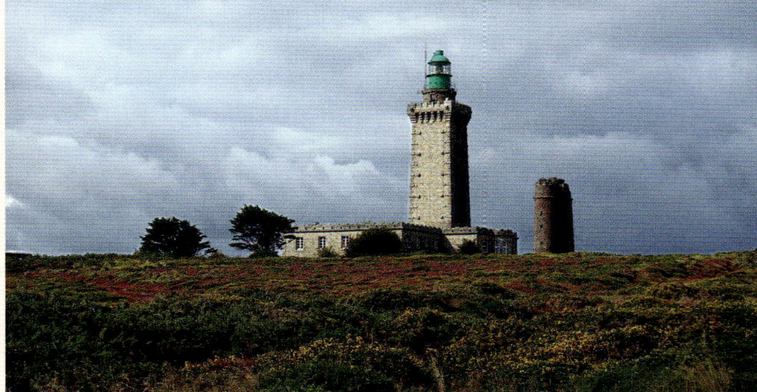

Phare du Cap Fréhel

kehrsschild Ende 70 km/h, nach halb rechts die Hauptstraße zu verlassen. Wir ignorieren den nächsten rechten Abzweiger und gehen geradeaus weiter in die Sackgasse, um bei der darauffolgenden Weggabelung halb rechts zu gehen. Am Ende der Straße gehen wir links an dem schwarzen Gartentor vorbei. Bei der nachfolgenden Weggabelung, bei dem Haus mit den weißen Fensterläden, gehen wir dann halb rechts. Hinter dem gelben Haus auf der rechten Seite und den Betonlichtmasten biegen wir links in die Straße und gehen bei der nächsten Möglichkeit rechts. Den nachfolgenden linken Pfad, mit dem Wegweiser GR 34, ignorieren wir und gehen bis zum Ende der Straße. Dort halten wir uns links und biegen bei der nächsten Gelegenheit rechts in die Schotterpiste, folgen dieser durch die Linkskehre und erreichen einen Parkplatz vor einer Steinmauer. An dieser Stelle gehen wir rechts auf einem Grasweg bis in ein Waldstück, wo scharf links der Fernwanderweg GR 34 abzweigt. Geht man an dieser Stelle noch 50 m weiter geradeaus, so führt ein sehr

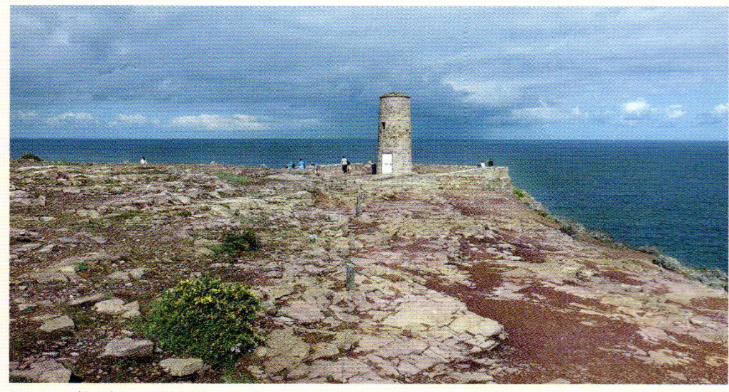

Cap Fréhel

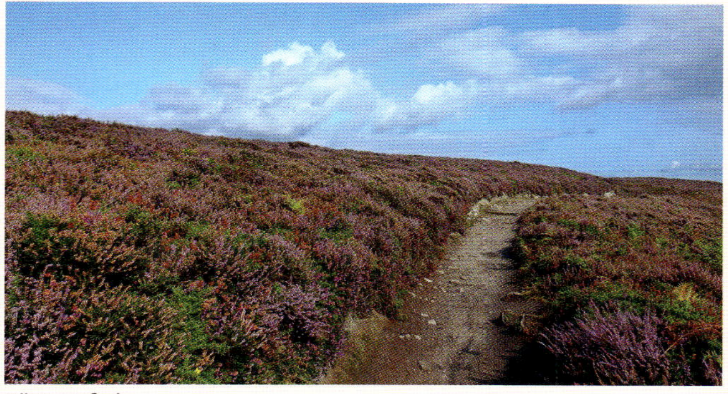

Küstenpfad

steiler, teilweise durch Treppen gesicherter Trampelpfad (in den Fels geschlagene Steinstufen) zu dem wunderschön gelegenen **Plage du Vaugamont** 05 (6 m). Nach dieser kleinen Exkursion gehen wir ein kurzes Stück auf dem Hinweg zurück und an der Weggabelung halb rechts, nun immer entlang der Küste, bis vor uns das **Fort la Latte** 01 auftaucht. Wir gehen auf dem bekannten Hinweg zurück.

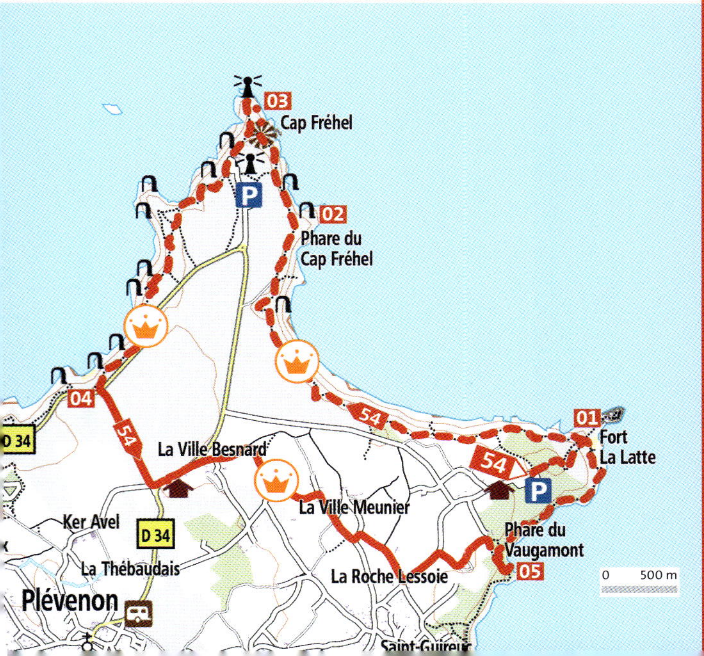

03 Cap Fréhel
02 Phare du Cap Fréhel
04
D 34
54
La Ville Besnard
La Ville Meunier
01 Fort La Latte
Ker Avel
La Thébaudais
Plévenon
La Roche Lessoie
Phare du Vaugamont
05
0 500 m
Saint-Guireuc

LA PRESQU'ÎLE SAINT-CAST-LE-GUILDO

Entlang der großen Buchten Arguenon und Fresnaye

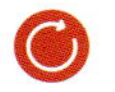 11 km 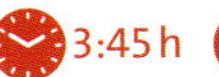 3:45 h 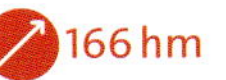 166 hm 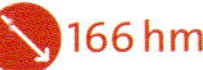 166 hm

START | Busanbindung: Die Busgesellschaft Tibus (Buslinie 31), von St Pôtan und Lamballe sowie die Buslinie 14 von Saint Cast und Saint Malo fahren bis zum Start an der Kirche St Cast Eglise (Saint-Cast-le-Guildo). Die aktuellen Fahrzeiten erfährt man auf Webseite: http://www.breizhgo.com/en/. Pkw-Anfahrt: Die Wanderung befindet sich im Département Côtes-d'Armor, 29 km westlich von Saint-Malo. Von dort fährt man auf der D168, D768, D786 und D19 Richtung Saint-Cast-le-Guildo und folgt der Rue ville Pichet, Rue de la Cour, Rue de la Bassière und Rue du Moulin d'Anne bis zum Place Beaucorps, wo sich gegenüber der Kirche Parkplätze befinden. Die geografischen Koordinaten zum Start: [GPS: N48° 37,423140 O2° 15,687000].
CHARAKTER | Mittlerer Schwierigkeitsgrad aufgrund der Streckenlänge. Sonst ist sie technisch einfach und es werden keine hohen Anforderungen an die Orientierung gestellt.

Die von den beiden großen Buchten Baie de l'Arguenon – im Osten – und Baie de la Fresnaye – im Westen – umgebene Halbinsel Saint-Cast-le-Guildo, präsentiert sieben ausgedehnte Strände, allesamt mit feinem Sand. Einige kleine versteckte Buchten sind auch da-

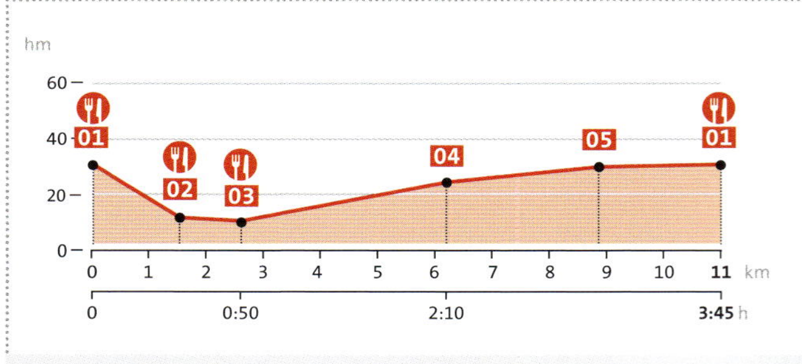

01 Église de Saint-Cast-le-Guildo 47 m; 02 Plage des Mielles 10 m; 03 Saint-Cast Port d'Armor 8 m; 04 Plage de la Pissotte 21 m; 05 Plage de la Fosse 19 m

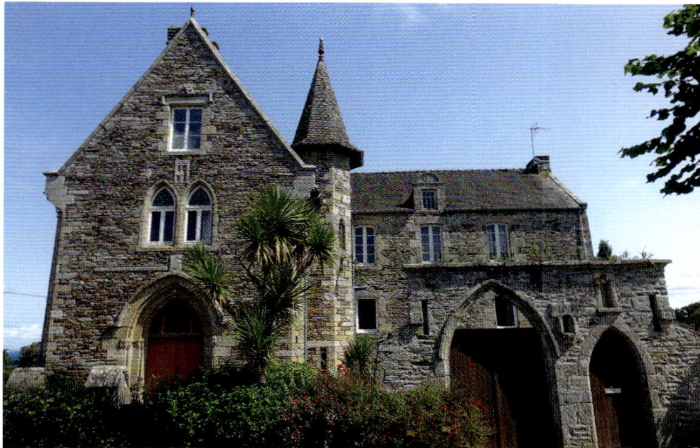

Église de Saint-Cast-le-Guildo

runter. Nach einem Streifzug entlang der Promenade des Badeortes Saint-Cast-le-Guildo, deren ältere Häuser stark an die Bäderarchitektur der deutschen Küsten erinnert, kommen wir an fünf dieser wunderschönen Strände vorbei. Eine Wanderung, die Zeit für Gefühle offenlässt.

Vom Parkplatz vor der im 19. Jahrhundert erbauten **Église de Saint-Cast-le-Guildo** 01 (47 m) gehen wir auf dem Fußgängerweg auf der Rue du Chêne Vert leicht bergab Richtung Meer. Prachtvolle Villen und Platanen säumen die Straße. Hinter dem Fußballstadion verlassen wir die zweite Ausfahrt im Kreisverkehr, also gehen geradeaus bis zur Promenade am 1,7 km langen Plage Grande oder auch **Plage des Mielles** 02 (10 m). Wir gehen links an der Strandpromenade des hübschen Badeorts entlang. Als 1851 die Bahnstrecke von Paris nach Rennes fertiggestellt wurde, kamen die ersten wohlhabenden Urlauber. Man installierte Zelte und Hütten, um die Gäste vor Sonne und Wind zu schützen. Das hat sich bis heute nicht geändert. Nachdem 1936 in Frankreich das Gesetz für bezahlten Urlaub eingeführt wurde, konnte auch die breite Masse an die Küste fahren. In den fünfziger Jahren verschwanden die Luxushotels und die Kultur der Campingplätze war geboren. Die alten Gebäude erinnern ein bisschen an die Bäderarchitektur an den deutschen Küsten. Am nördlichen Ende des Strandes gehen wir nun direkt vor der Résidence de la Mer auf der weiterführenden Promenade du Soleil Levant bis zum 2009 eröffneten Tiefwasserhafen **Saint-Cast Port d'Armor** 03 (8 m). Um die 180 Liegeplätze kulinarisch zu versorgen, befinden sich gleich mehrere Restaurants an der Kaimauer. Hinter dem Hafengelände gehen wir auf dem Fußweg parallel zur Straße bis zu einer 2300 kg schweren Kanone aus dem Jahr 1686. Beachtliche 2 km konnte sie 11 kg schwere Kugeln schießen. Wir gehen auf dem Küstenwanderweg Richtung des Fort la Lat-

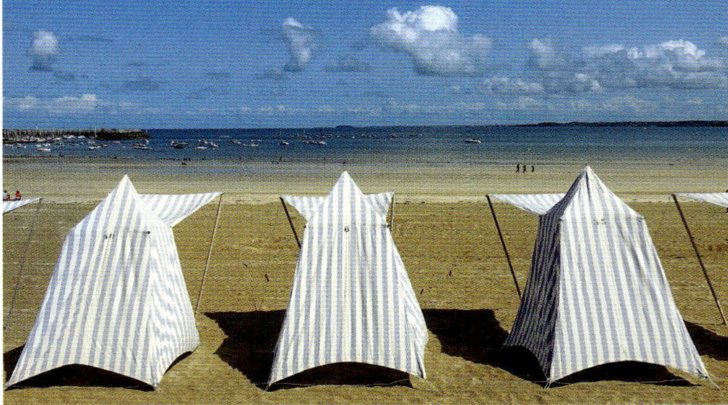
Plage des Mielles

te, welches man auf der anderen Seite der Bucht ausmachen kann. Wir kommen an dem Gedenkstein für die in der vorgelagerten Bucht von Fresnaye gesunkene Frégate Laplace vorbei. Sie kollidierte am 16. September 1950 mit einer Mine, 51 Seeleute kamen ums Leben. Den nachfolgenden Plage de la Mare müssen wir weiträumig umlaufen. Zunächst geht es auf einer Schotterpiste landeinwärts und dann gehen wir scharf rechts, auf der Straße bergab. Vor Metallabsperrketten gehen wir links bergauf, ignorieren den rechten Abzweiger und gehen dort, wo die Straße endet, rechts. Dieser Weg führt Richtung Meer und über den darauffolgenden Küstenpfad erreichen wir den **Plage de la Pissotte 04** (21 m). Um auf den weiterführenden GR 34 zu gelangen muss man erst rechts ein bisschen Richtung Strand gehen, um dann auf den weiterführenden Pfad zu gelangen. Es folgt der besonders schöne Aussichtspunkt Pointe du Châtelet, man schaut quer über die Baie de la Fresnaye. Kurz

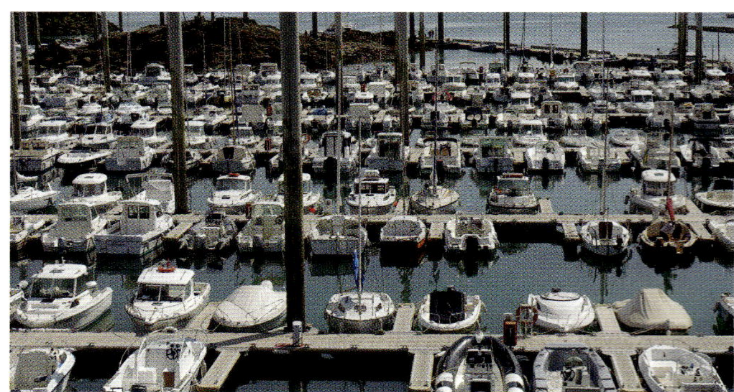
Saint-Cast Port d'Armor

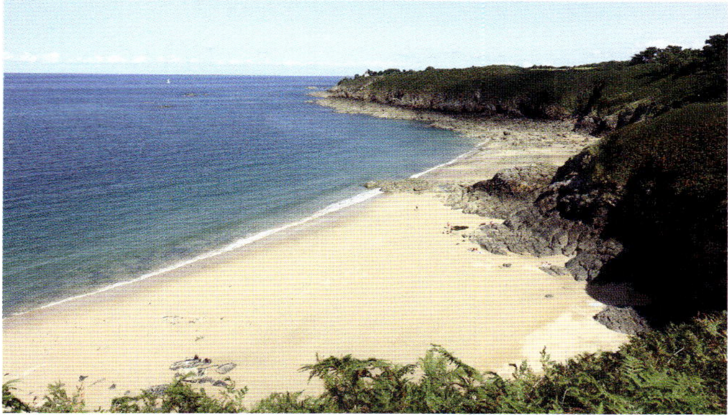

Plage de la Pissotte

später erreichen wir den Plage Fresnaye. Dort wo der Pfad in die Slipanlage mündet, gehen wir ein Stückchen bergab, um dann sofort links auf dem weiterführenden Pfad zu gelangen. Hinter einem Parkplatz erreichen wir einen weiteren Aussichtspunkt, von dort schauen wir direkt auf die Austernbänke in der Bucht. Danach gelangen wir zum **Plage de la Fosse** 05 (19 m). An seiner Zufahrt verlassen wir die Bucht auf einem Pfad, der kurz später in eine landeinwärtsführende Straße mündet. Im Weiteren laufen wir durch eine Streusiedlung und folgen nun sehr lange Zeit dem Verlauf der wenig befahrenen Straße, bis wir eine Hauptstraße queren und bereits die Kirchturmspitze am Ausgangspunkt sehen können.

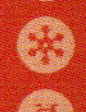

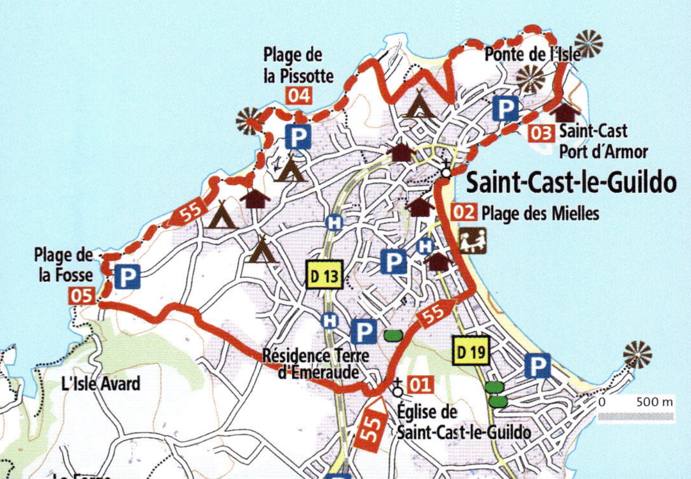

Les jardins de Ker Louis – die Gärten vom Cap Fréhel | An der Nordküste der Bretagne sind die Gärten von Ker Louis eine besondere Sehenswürdigkeit. Das gemäßigte ozeanische Klima, durch den Golfstrom geprägt, begünstigt das Wachstum einer Vielzahl von Pflanzen. Das macht sich Ker Louis zunutze, aufgrund von Reiseerfahrungen, Lesen einschlägiger Literatur und Besuchen anderer Gärten entsteht sein persönliches Produkt der Fantasie. Der Garten wurde in drei Phasen gestaltet: 1981: Pflanzung des ersten Teils, auf dem das Wohnhaus gebaut wird. 1990: Die Anlage wird mit einem Grundstück von 2000 m² ergänzt. 1995: Die zunächst letzte Fläche mit 9000 m² wird bepflanzt. Weiterhin gehören zu der Anlage ein See und ein Zengarten. Der Rundgang führt über englischen Rasen. | 4 Malavenir, **22240 Plévenon** | http://www.lesjardinsdekerlouis.venez.fr | +33296414320 | Das ganze Jahr geöffnet. | GPS-Pkw 48.643423 -2.324763

3 km entfernt von der Wanderung Le Château Fort de la Hunaudaye, im Herzen des Dorfes Saint Esprit des Bois in Plédéliac, liegt das **Ecomusée de la Ferme D'antan.** In dem einzigen Wohnraum, in dem drei Generationen gelebt haben, befinden sich zugleich die Schmiede, der Lagerraum, der Brotbackofen und Stall für die Tiere. Im Museum wird die ländliche Lebensweise demonstriert. | Die aktuellen Öffnungszeiten findet man unter der Webseite: http://www.ferme-dantan22.com. | association-ferme-dantan@wanadoo.fr | +33296348077 | Le Saint Esprit des Bois, **22270 Plédéliac** | GPS-Pkw 48.456734 -2.356467

Das Musée de la Mer de Paimpol ist seit 1990 in einem ehemaligen Kabeljautrockenhaus untergebracht, das um 1880 erbaut wurde, zum Höhepunkt der Fischerei auf Neufundland und Island. Das Museum des Meeres widmet sich vor allem dem Schicksal der Islandfischer und ihrem entbehrungsreichen Leben zwischen 1852 und 1935. | 11 Rue de Labenne, 22500 Paimpol | http://museemerpaimpol.fr/ | musee-mer@ville-paimpol.fr | +33296220219 | Öffnungszeiten täglich von Mitte April bis Anfang November 14:00–18:00 | GPS-PKW 48.778716 -3.041910

Wie ging die digitale Revolution vor sich? Wie lauten die digitalen Grundsätze? Wie interagiert der Nutzer mit diesen Geräten? Welche sind die Gegenstände und die Geräte, die dies

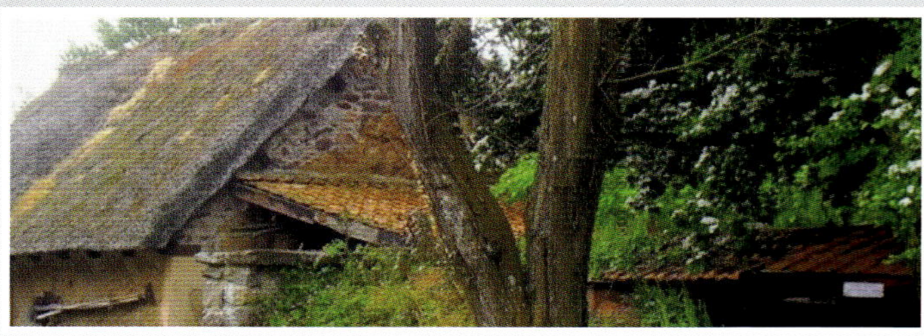

Ecomusée de la Ferme D'antan

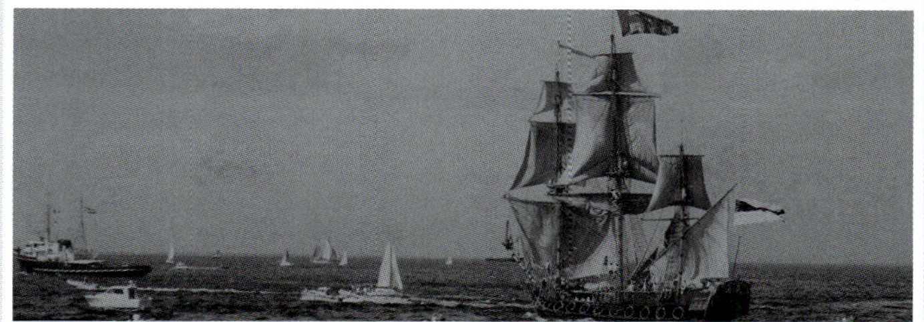

Port-musée de Douarnenez

ermöglichen? Die Ausstellung **„Die Kulissen der digitalen Welt"** präsentiert die digitale Welt mit Schwerpunkt auf ihrer Integration in die Netze. Hier geht es darum, dem Besucher Zugang zu all den Dingen zu ermöglichen, die er nicht sehen kann, wenn er, ohne es zu wissen, digitale Technologien nutzt. Die Ausstellung stillt so auf lebendige Weise die Neugierde des Besuchers und gibt ihm all die Informationen an die Hand, die er braucht, um die Bereiche Mobilität und Digitales Leben vollumfänglich zu verstehen. | Parc Du Radôme, **22560 Pleumeur-Bodou** | http://www.cite-telecoms.com | +33296466380 | Öffnungszeiten Juli–August 10:00–19:00, weitere Zeiten finden Sie auf der Webseite | GPS-Pkw 48.786542 -3.524783

Aquariums et spectacle d'oiseaux à Audierne | Entdecken Sie mit der Familie die ganze Unterwasserwelt der Bretagne im Aquarium und besuchen Sie eine einzigartige Vogelshow in der Bretagne. | Rue du Goyen, **29770 Audierne** | https://www.aquarium.fr | +33298700303 | Öffnungszeiten von 30. März – 30. September täglich 10:00–19:00 | GPS-Pkw 48.028447 -4.535861

Wenn Sie authentische Boote und Segelschiffe aus der ganzen Welt entdecken möchten, sind Sie im Museumshafen 48.101798 -4.337486 **Port-musée de Douarnenez** genau richtig. 9 Bootstypen sind für Besucher zu besichtigen: ein Langustenfischerboot, ein Sardinenboot, ein Sandlastkahn,

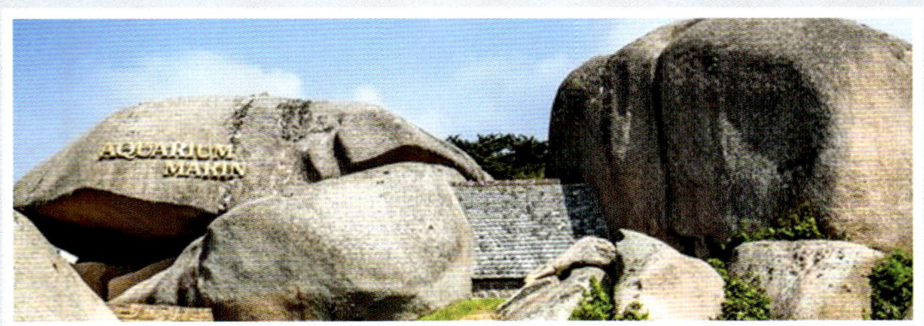

Das Aquarium Marin de Trégastel

ein britischer Dampfschlepper, ein Binnenschiff, eine omanische Dhau, ein Flaggschiff, ein norwegischer Küstendampfer und ein Schiff zur Instandhaltung von Leuchttürmen und Leuchtfeuern. Mehrere Boote sind vom Laderaum bis zur Brücke begehbar. Um erhalten zu bleiben, werden sie regelmäßig von den Schreinern des Hafenmuseums restauriert, die unter den Augen der Besucher arbeiten. | http://www.port-musee.org | Le Port-musée, Place de l'Enfer, **29100 Douarnenez** | +332989265209 | Öffnungszeiten 10:00–12:00, 14:00–18:00 | GPS-Pkw 48.092426 -4.332688

Das **Aquarium Marin de Trégastel** befindet sich in einer außergewöhnlichen und einzigartigen Höhle aus dem für den Küstenabschnitt typischen rosa Granit. Das Granitdach der ersten Höhle wiegt etwa 5500 Tonnen. In der Vergangenheit diente die Anlage bereits als Kapelle, Munitionslager, Wohnraum und historisches Museum. Was gibt es zu entdecken? Mithilfe einer interaktiven Konsole können Sie den Rhythmus der Gezeiten mitverfolgen. Es wird die einheimische vielseitige Flora und Fauna, wie zum Beispiel der Bretonische Hummer, in naturgetreuen nachempfundenen Aquarien präsentiert. | Boulevard du Coz Pors, **22730 Tregastel** | +330296234858 | http://www.aquarium-tregastel.com | contact@aquarium-tregastel.com | GPS-Pkw 48.832770 -3.513615 | Öffnungszeiten Juli–August 10:00–19:00 jeden Tag | Die übrigen Zeiten entnehmen Sie bitte der Webseite.

Musée de Pont-Aven – in Paul Gauguins Künstlerdorf | Das Musée Pont-Aven widmet sich dem künstlerischen Leben in Pont-Aven seit den 1860er Jahren sowie der Schule von Pont-Aven in den Jahren 1886 bis 1894 – die sich um Paul Gauguin entwickelte. Das Museum zeigt ca. 4.500 Kunstwerke in Dauer- und verschiedenen Wechselausstellungen, unter anderem 15 weitere Gemälde von Paul Gauguin, Emile Bernard und Armand Seguin. | Place Julia, **29930 Pont-Aven** | http://www.museepontaven.fr | Öffnungszeiten: März, Juni und September 10:00–18:00, Juli und August 10:00–19:00, Oktober bis Dezember 14:00–17.30 | GPS-Pkw 47.856369 -3.745506

Le Grand Aquarium de Saint-Malo | Südlich gelegenen von Saint-Malo erwartet den Besucher eine außerge-

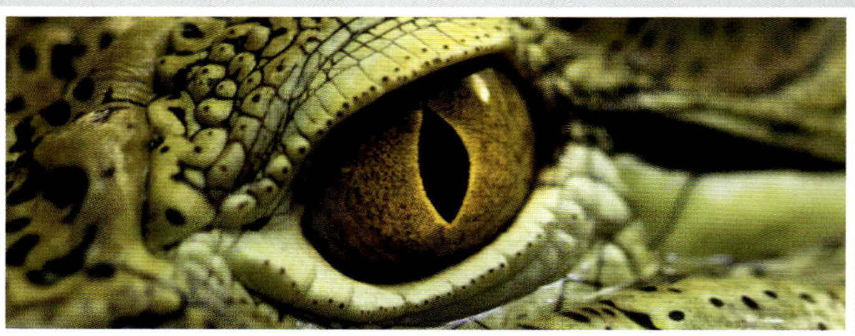

Aquarium océanographique - Meeresaquarium

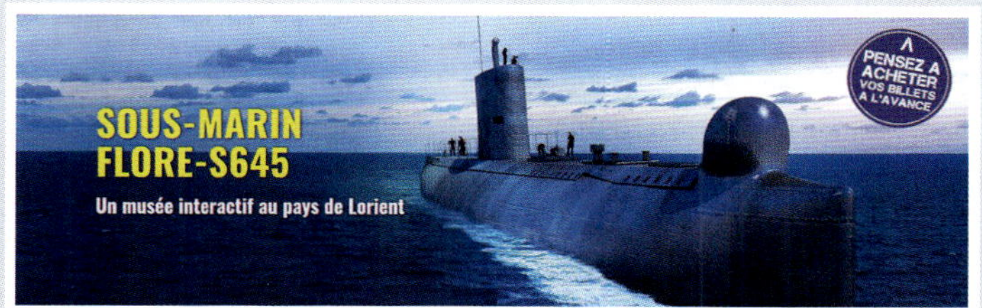

Le Sous-Marin Flore-S645 – U-Boot-Bunker in Lorient

wöhnliche Tiefseereise. Wenn man genügend Zeit mitgebracht hat, kann man im großen Aquarium mehr als 6000 verschiedene Meereslebewesen entdecken: Von japanischen Riesenkrabben bis zu Piranhas, Quallen, Seepferdchen und Barrakudas. | Rue du Général Patton, **35400 Saint-Malo** | http://www.aquarium-st-malo.com | contact@aquarium-st-malo.com | +33299211900 | Öffnungszeiten: in der Hauptsaison von 9:30–20:00 | Eintrittspreis: stolze 12–16,50 € | GPS-Pkw 48.619559 -1.994638

Aquarium océanographique – Meeresaquarium | In drei Räumen präsentiert das wissenschaftliche Team des Aquariums Arten aus dem Golf von Morbihan, dem Atlantik, dem Pazifik, den Amazonas und großen afrikanischen Seen. Lassen Sie sich von Seepferdchen verzaubern, entdecken Sie die Geheimnisse des Oktopus oder des europäischen Hummers, bewundern Sie Tintenfische. Lassen Sie sich von der Vielfalt der Farben überwältigen: Clownfische, Doktorfische, Haie, Meeresschildkröten und andere tropische Arten. | 21, Rue Daniel Gilard, **56000 Vannes** | +33297406740 | http://aquariumdevannes.fr | Öffnungszeiten in der Hauptreisezeit von Juli bis September täglich 9:30–19:00, die anderen Öffnungszeiten bitte auf der Webseite einsehen | GPS-Pkw 47.637861 -2.763388

Jardin des Papillons – Schmetterlingsgarten | Umgeben von der schwülen Feuchtigkeit des tropischen Klimas, berauscht vom Duft exotischer Blumen, fasziniert von dem Anblick der Schmetterlinge – die direkt vor Ihren Augen fliegen – erleben Sie Faszination pur. Hier werden wöchentlich mehr als 400 Puppen – Insektenlarven – gezüchtet. Der Besucher hat die Möglichkeit, das Leben dieser prächtigen Schmetterlinge zu beobachten, in einem Dschungel aus Tausenden von Pflanzen. | Le Jardin aux Papillons | 15 rue Daniel Gilard, Le Parc du Golfe, **56000 Vannes** | http://jardinauxpapillons.com | +33297406740 | GPS-Pkw 47.637905 -2.765581

Le Sous-Marin Flore-S645 – U-Boot-Bunker in Lorient | Die Bunkeranlagen in der französischen Stadt Lorient am Fluss Blavet wurden während des Zweiten Weltkriegs im Auftrag der Wehrmacht gebaut und von 1940–1944 zum größten Stützpunkt der Deutschen Wehrmacht. Die größte Militärfestung in Europa ist eine einzigartige und atemberaubende Anlage. Bis 1997 wurde sie von der Französischen Marine als Stützpunkt ihrer atlantischen U-Boot-Staffel genutzt. Weitere Hintergrundinformationen findet man bei Wikipedia https://de.wikipedia.org/wiki/U-Boot-Bunker_in_Lorient. Seit fast 30 Jahren hat das U-Boot Flore-S645 auf dem ehemaligen U-Boot-Stützpunkt von Lorient festgemacht, so besteht auch die Möglichkeit, an Bord eines U-Bootes zu gehen. | In der Ferienzeit der Franzosen sind die Besuchszeiten von 10:00–20:00 | Weitere Besuchszeiten entnehmen Sie bitte der Webseite | Es empfiehlt sich eine Reservierung über das Onlineportal, da der Besuch des U-Boots auf 35 Personen beschränkt ist und die Besuchszeit 1 Std. 15 Min. dauert | Lorient La Base | Rue Roland Morillot, **56100 Lorient** | https://www.la-flore.fr | GPS-Pkw 47.728531 -3.368464

Musée de Préhistoire Carnac – die Frühgeschichte der Bretagne | Das Museum der Vorgeschichte zeigt eine der größten prähistorischen Sammlungen der Welt, es spannt den Bogen von der Altsteinzeit, 4500 Jahre vor Christi, bis zum Mittelalter, 750 Jahre nach Christi. Wie kann es auch anders sein, einer der Schwerpunkte ist die Jungsteinzeit mit ihrer Megalithkultur. Sagenhafte 6600 Exponate werden präsentiert - ein Muss, wer die Frühgeschichte der Bretagne verstehen möchte. | 10, Place de la Chapelle, **56240 Carnac** | www.museedecarnac.com | +33297522204 | Öffnungszeiten: jeden Tag während der Ferienzeiten im Juli und August von 10:00-13:30 | Öffnungszeiten außerhalb der Ferienzeit findet man auf der Webseite | GPS-Pkw 47.584133 -3.078587

Musée de la Compagnie des Indes de Lorient | Das Museum der Indienkompanie gibt dem Besucher einen Einblick in die außergewöhnliche Geschichte der großen Handelsgesellschaft aus dem 17. und 18. Jahrhunderts. Schiffsmodelle, Stiche, alte Karten, indoeuropäische Möbel, chinesisches Porzellan, indische Baumwollstoffe sind Zeitzeugen dieses unglaublichen maritimen Epos. Citadelle, avenue du Fort de l'Aigle, **56290 Port-Louis** | http://musee.lorient.fr/ | +33297821913 | Öffnungszeiten: Mai- Ende September 10:00-18:30 | GPS-Pkw 47.710404 -3.363934

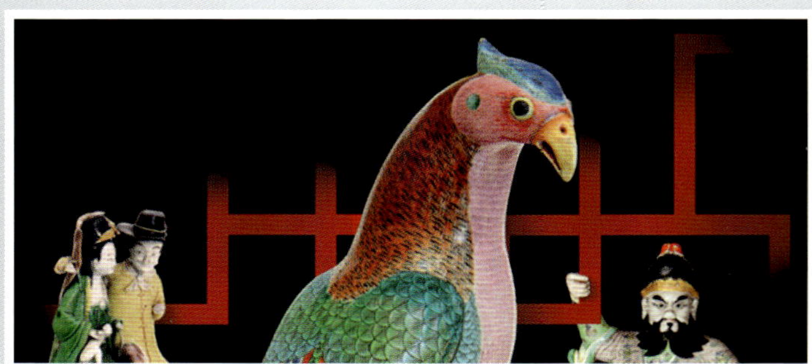

Musée de la Compagnie des Indes de Lorient

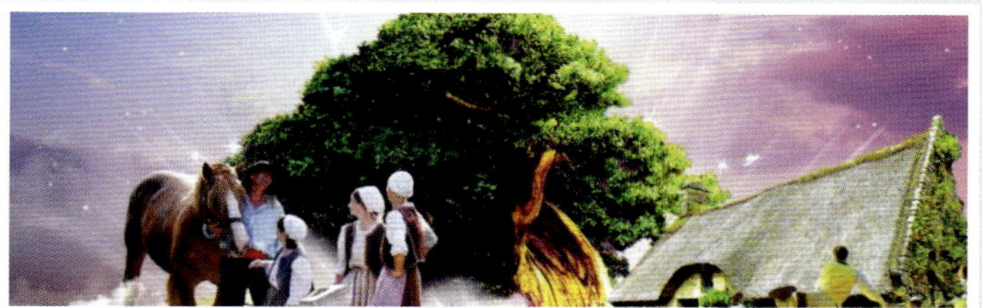

Poul-Fetan – Ein Bauernhofmuseum

Poul-Fetan – Ein Bauernhofmuseum zeigt das Dorfleben aus vergangenen Zeiten | Poul-Fetan liegt im Départment Morbihan zwischen Pontivy und Lorient und ist ein bretonisches Dorf aus dem 16. Jahrhundert, das über das Alltagsleben der Bretonen im 18. und 19. Jh berichtet. Entdecken Sie die verschiedenen Viertel dieses Dorfes voller strohgedeckter Häuschen am schattigen Ufer des Blavet. Im Rahmen eines 4- bis 5-stündigen Besuchs können Sie die täglichen Arbeiten der Landbevölkerung im letzten Jahrhundert erleben: Wollspinnerei, Beschaffung von Nahrungsmitteln, Wäscherinnen, Melken der Kühe, Landarbeiten mit dem Pferd und vieles mehr. Die vielen Aktionen locken Groß und Klein und erwecken vergangene Zeiten sehr anschaulich zum Leben. | Village de Poul-Fetan, **56310 Quistinic** | http://www.poulfetan.com | +33297395174 | Öffnungszeiten Anfang Juli–Ende August 10:30–19:00 | GPS-Pkw 47.892971 -3.151443

Musée des Thoniers – die Geschichte des Thunfischfangs | In dem Ort Étel befand sich von 1930–1960 der bedeutendste Fischereihafen Frankreichs. In einer außergewöhnlichen Naturkulisse berichtet das Museum über diese besondere Zeit in der 250 Dundées dem weißen Thunfisch in der Biskaya nachgingen. | 3 Impasse Jean Bart, **56410 Éte** | http://museedesthoniers.fr | musee.thoniers@orange.fr | +33297552667 | Öffnungszeiten Juli–August Montag-Freitag: 10:00–12:30 und 14:30–18:30, Samstag–Sonntag: 14:30–18:30 | GPS-Pkw 47.660573 -3.205987

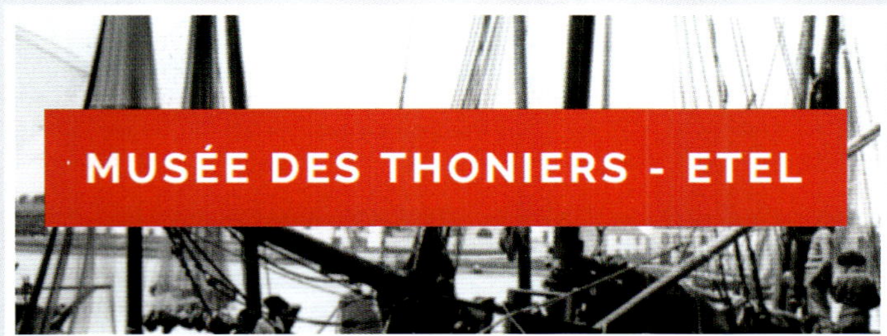

Musée Des Thoniers - die Geschichte des Thunfischfangs

ÜBERNACHTUNGSVERZEICHNIS

UNTERKÜNFTE VERSCHIEDENES

Der wilde Atlantische Ozean, die atemberaubende Küstenlandschaft und die alten Steinhäuser mit ihren typischen Schieferdächern machen das **Camping** in der Bretagne zu einem unvergesslichen Urlaubserlebnis. Camping ist nahezu in der gesamten Bretagne möglich. Der Tourismusverein weist alleine 556 Plätze in der Bretagne aus, damit ist es die Region mit den meisten Campingplätzen in Frankreich. Wie auch bei den Hotels werden bei Campingplätzen Sterne vergeben. So steht ein Stern für einen einfachen Standard, meistens Kaltwasserduschen, und 5 Sterne weisen auf eine luxuriöse Ausstattung hin. Die meisten Plätze befinden sich in Küstennähe und sind in den Sommermonaten Juli und August komplett ausgebucht. Auf der nachfolgenden Webseite befindet sich eine Übersicht: http://www.bretagne-reisen.de/wohnen/campingplaetze.

Eine Besonderheit ist in der Bretagne das sogenannte Camping La Ferme de Croas, das sind Ferien im **Planwagen und auf dem Bauernhof.** Diese Übernachtungsmöglichkeiten stehen ganz im Zeichen von Natur und Tieren. Es sind originelle Unterkünfte mit einem ganztägig zugänglichen Bauernhof. Auch hervorzuheben sind die **Campingplätze der Städte und Gemeinden,** die sogenannten Campings Municipaux. Auf der Webseite http://www.camping-municipal.org/bretagne-camping-municipal.htm sind diese detailliert aufgeführt.

Auf der Suche nach einem **Ferienhaus oder Ferienwohnung** in der Bretagne, am Meer oder in ländlicher Idylle, steht man vor einem riesigen Angebot. Nach genügend langer Recherche wird man aber sehr schnell fündig. Meist findet man ansprechende, komfortable und wohnliche Ferienhäuser, Ferienwohnungen oder Gästezimmer. Neben den klassischen Anbieter von Ferienwohnungen finden Sie nachfolgend eine Liste von Anbietern abseits der touristischen Pfade: http://www.holidayline.lu, http://bretagneferiendomizil.de, http://www.parveau.de, https://de.gites-de-france.com/miet-ferienwohnungen-Bretagne.html, https://www.homelidays.com/results/france/bretagne/region:338, http://de.atlanticabretagne.com, http://www.ma-bretagne.de, https://www.bretagne-tip.de/ferienhaus-bretagne.htm, https://www.bretagne-tip.de/

Bei mehr als 3000 km Küsten in der Bretagne gibt es auch in der Kategorie **Hotels, Herrenhäuser und Privatunterkünften** ein riesiges Angebot. Neben den Platzhirschen von Bookings.com, Airbnb und HRS befinden sich nachfolgend Links zu Webseiten, die von dem klassischen Geschmack der Mehrheit abweichen. Diese Unterkünfte haben meistens eine geringe Bettenzahl, werden wenn möglich von den Eigentümern betrieben, liegen abseits der touristischen Hauptorte und zeichnen sich durch ihre Individualität aus: http://rando.abri.free.fr/rando/balade.php, http://www.bretagne-reisen.de/wohnen/aparthotels/, http://www.iguide-hotels.com/sejour-par-region/bretagne, https://www.tables-auberges.com und https://de.relaisdusilence.com.

UNTERKÜNFTE DÉPARTEMENT CÔTES D'ARMOR

Im Herzen der Bucht von Saint-Brieuc lassen Sie sich von dieser Oase der Ruhe verführen, das **Chateau Bonabry** | Château de Bonabry, **22120 Hillion** | +33296322106 | http://www.bonabry.fr | bonabry@orange.fr | GPS-Pkw 48.519940 -2.652188

Die **Résidence Coatarmor** liegt im Herzen des Dorfes Tonquedec und verfügt über einen Garten, eine Terrasse, über zwei komfortable Zimmer und kostenfreies WLAN. A| 5 rue du 19 mars 1962, **22140 Tonquédec** | http://www.coatarmor22.fr | residence@coatarmor22.fr | +33612357127 | GPS-Pkw 48.671320 -3.395049 |

Das **Manoir de la Villeneuve** befindet sich versteckt in einem Park am Ende einer bewaldeten Zufahrt. | Saint-Aaron, **22400 Lamballe** | +33296508632 | http://www.chambresaumanoir.com/ | contact@chambresaumanoir.com | GPS-Pkw 48.486988 -2.510838

Wenn Sie die ländliche Ruhe und der Charme eines alten Steinhauses anzieht, dann freuen sich Madame et Monsieur Billet in ihre bretonischen Bauernhaus **Le Relais du Cap Fréhel,** aus dem 19. Jahrhundert, im Herzen der Moore am Cap Fréhel zu begrüßen. | Route du Cap, **22240 Plévenon** | http://www.relaiscapfrehel.fr/ | billetpa@wanadoo.fr | +33296414302 | GPS-Pkw 48.665004 -2.319997

Das **Château de Kergouanton** liegt nur zwei Kilometer vom Strand in Trélévern entfernt und bietet einen Garten, eine Sonnenterrasse und kostenfreies WLAN. | Château de Kergouanton, **22660 Trelevern** | http://www.kergouanton-bretagne.com/ | anne.prie@kergouanton-bretagne.com | +33296917590 | GPS-Pkw 48.801496 -3.358955

Entdecken Sie in dem Seebad Tregastel im Finistère Nord dem eleganten Charme eines Hotels aus den frühem 20. Jahrhundert, heute vollständig renoviert in einem zeitgenössischen und modernen und leichten Design, das **Le Château de Sable** | 11, promenade de la Méloine, Plage de Primel Trégastel, **29630 Plougasnou** | http://www.lechateaudesable-primeltregastel.com | contact@chateaudesable.com | GPS-Pkw 48.711842 -3.810025

Diese Unterkunft, **Bot Ponal Lac de Guerlédan,** befindet sich in Saint-Aignan im Département Morbihan und liegt nur 1,5 km vom See Guerlédan und 2 km vom Strand Anse de Sordan entfernt. | Botponal, **56480 Saint-Aignan** | https://www.botponal.com | contact@botponal.fr +33297513490 | GPS-Pkw 48.199192 -3.055997

UNTERKÜNFTE DÉPARTEMENT FINISTÈRE

Hôtel Ty Mad – eines der trendigsten und charmantesten Hotels in der Bretagne | 3, Rue Saint Jean, **29100 Douarnenez** | http://www.hoteltymad.com/en/home/ | info@hoteltymad.com | +33298740053 | GPS-Pkw 48.100285 -4.347099

ÜBERNACHTUNGSVERZEICHNIS

Diese Gästezimmer, **La Ferme de Kerscuntec,** befinden sich im Département Finistére im Südwesten der Bretagne, auf einer alten Farm Kerscuntec – auf der einst Cidre produziert wurde. | Kerscuntec, **29120 Combrit** | https://www.lafermedekerscuntec.fr | contact@lafermedekerscuntec.fr | +33298519090 | GPS-Pkw 47.876915 -4.142481

Das **Manoir de Kerlédan** ist ein besonderes Herrenhaus aus dem 15. Jahrhundert in der Nähe der malerischen und kulturellen Stadt Carhaix im Departement Finistère in der Bretagne. | **29270 Carhaix-Plouguer** | +33298994463 | http://kerledan.com | info@kerledan.com | GPS-Pkw 48.269980 -3.564290

Diese Unterkunft ist 1 Gehminute vom Strand entfernt. Im Naturpark Armorique begrüßt Sie die **Résidence Pierre & Vacances Cap-Morgat** mit einem Außenpool mit Blick auf den Ozean und einen kleinen Felsenstrand (bei Ebbe) direkt unterhalb der Unterkunft. | Rue de Rulianec, **29160 Crozon** | https://www.pierreetvacances.com | GPS-Pkw 48.234409 -4.496321

Das **Hôtel du Large** befindet sich in Plougonvelin, nur 3,6 km vom Leuchtturm Phare de Saint-Mathieu entfernt. | 30 Rue Saint-Mathieu, **29217 Plougonvelin Finistère** | https://www.hoteldularge.com | +33298363636 | GPS-Pkw 48.338982 -4.727479

Nathalie und Frédéric von der Unterkunft **Les Chambres d'Hôtes du Cosquer** erwarten Sie mit einem Garten mit einem beheizten Pool, kostenfreien Privatparkplätzen und Zimmern mit kostenfreiem WLAN in einem bretonischen Weberhaus aus dem 18. Jahrhundert, nur 6 Fahrminuten vom Stadtzentrum von Saint-Thégonnec entfernt. | Cosquer, **29410 Saint-Thégonnec** | http://www.chambres-cosquer.com | contact@chambres-cosquer.com | +330298794367 | GPS-Pkw 48.484979 -3.935834

Das umweltfreundliche **Hôtel De La Mer** befindet sich direkt am Strand und bietet Zimmer mit Meerblick sowie Apartments mit Blick auf die Landschaft. | Plage Des Chardons Bleus, **29890 Brignogan-Plage** | http://www.hoteldelamer.bzh | bienvenue@hoteldelamer.bzh | +33298431847 | GPS-Pkw 48.675914 -4.337684

Das 1926 erbaute **Herrenhaus Dalmore Manor,** mit seinen 10 Zimmern und Suiten mit Blick auf das Meer, empfängt Sie im Süden der Bretagne. | Plage de Port Manec'h, 7 Corniche de Pouldon, **29920 Névez** | http://www.manoirdalmore.com | contact@manoirdalmore.com | +33298068243 | GPS-Pkw 47.805814 -3.741114

Das **Hôtel de Rosmadec** und das **Restaurant Le Moulin de Rosmadec** im Zentrum von Pont-Aven in der Bretagne begrüßt Sie in einer ehemaligen Mühle aus dem 15. Jahrhundert. | Venelle De Rosmadec, **29930 Pont-Aven** | GPS-Pkw 47.855285 -3.748040

Im Herzen von Ploemeur erwartet Sie dieses ruhige und komfortable **Design Hotel und Restaurant Les Astéries** mit 36 individuell gestalteten Zimmern. | 1, Place Des Forces Françaises Libres, **56270 Ploemeur** | http://www.hotel-lesasteries.com | contact@hotel-lesasteries.com | +33297862197 | GPS-Pkw 47.735680 -3.428443

UNTERKÜNFTE DÉPARTEMENT ILLE-ET-VILAINE

Das charmante **Château de Mont-Dol** aus dem 19. Jahrhundert liegt in der Bucht bei Mont-Saint-Michel in der Bretagne, Frankreich. | 1 Rue de la Mairie, **35120 Mont-Dol** | http://www.chateaumontdol.com/ | GPS-Pkw 48.570401 -1.770510

Das **Château Du Bois Guy** aus dem 16. Jahrhundert wurde komplett renoviert und liegt auf einem 78 ha großen Anwesen, auf denen Pferde, Enten und Gemüse im Miteinander leben. | Route De Melle, **35133 Parigné** | +33299973460 | info@bois-guy.fr | http://www.bois-guy.fr | GPS-Pkw 48.438551 -1.208854 | 35 km entfernt von der Wanderung Nr. ?? Pontorson - Le Mont-Saint-Michel

Résidence La Pommeraie – Inmitten eines prachtvollen Parks vereint dieses Herrenhaus aus dem 12. Jahrhundert Komfort und authentisches Ambiente. | Manoir de la Pommeraie, **35170 Bruz** | http://residence-lapommeraie.com | manoirdelapommeraie@orange.fr | +33299526051 | GPS-Pkw 48.012353 -1.750355

Das **Hotel Citôtel Le Petit Billot** befindet sich nur 2 Gehminuten von der wunderschönen mittelalterlichen Burg und der Altstadt aus dem 15.–16. Jahrhundert entfernt. | 5 Place Du Général Leclerc, **35500 Vitré** | http://www.hotel-vitre.com | lepetit-billot@wanadoo.fr | +33299750210 | GPS-Pkw 48.123057 -1.210086

UNTERKÜNFTE DÉPARTEMENT MORBIHAN

Ideal gelegen zwischen Nantes und La Baule, 30 Minuten entfernt von den Stränden, angrenzend am Park Grande Brière, liegt das charmante Schloss **Château du Deffay** aus dem 14. Jahrhundert, in einer romantischen Landschaft mit Wäldern und Teichen. | Le Deffay, **44160 Sainte-Reine-de-Bretagne** | https://www.chateaududeffay.com | +33615780190 | GPS-Pkw 47.442159 -2.157341

Am Ende der Tagesetappe der Wanderung 15, oder am nördlichen Ende der Insel, befinden sich die Gästezimmer **Chambres d'Hôtes aux Poulains** | Route des Poulains, Lot. Sarah Bernhardt, **56360 Sauzon** | http://auxpoulains.fr | auxpoulains-vl@orange.fr | +33297316648 | GPS-Pkw 47.380409 -3.243806

Von der **Villa Pen Prad** überblickt man den kleinen Hafen von Sauzon. Das Gästehaus hat nur 5 Gästezimmer, 3 Schlafzimmer und 2 Suiten – alle haben Meerblick. | Rue du Chemin Neuf, **56360 Sauzon** | http://villapenprad.com | contact@villapenprad.com | +33649417143 | GPS-Pkw 47.369715 -3.221196

Im Zentrum von Sarzeau in der Bretagne, nur 3 km vom Meer und 25 Fahrminuten von Vannes entfernt, haben Isabelle und Guy Mariel – Ihre Gastgeber – 2009 die alte bretonische Villa mit ihren geschichtsträchtigen Mauern in das kleine Hotel Lesage Hotel saniert. | 3 Place De La Duchesse Anne, **56370 Sarzeau** | http://www.hotelrestaurantlesage.com | +33297417729 | GPS-Pkw 47.527083 -2.768393

In der südlichen Bretagne, im Herzen der Halbinsel Quiberon, befindet sich das entzückende **Hôtel des Deux Mers** aus den 30er Jahren, nur wenige Schritte vom Strand entfernt. | 8 avenue Surcouf, Penthièvre-Plage, **56510 Saint-Pierre-Quiberon** | http://www.hotel-des-deux-mers.com/ | infos@hotel-des-deux-mers.com | +33297523375 | GPS-Pkw 47.559338 -3.136324

TOP 10: SCHLEMMEN IN DER BRETAGNE
Das Sprichwort – Essen wie Gott in Frankreich – prägt die französische Küche, es steht für Qualität und marktfrische Zutaten. Damit sind in Frankreich aber nicht nur die Nouvelle Cuisine oder Haute Cuisine gemeint, sondern genau so die Cuisine bourgeoise – die bürgerliche Küche – mit herzhaften Vorspeisen und deftigen Nationalgerichten. Die regionale bretonische Küche präsentiert sich unglaublich abwechslungsreich, bodenständig und mal raffiniert. Eine besondere Rolle spielen dabei Delikatessen wie Wurstspezialitäten und Meeresprodukte. Wir wünschen unvergessliche kulinarische Augenblicke in der Bretagne.

RESTAURANTEMPFEHLUNGEN – PRAKTISCHE UMSETZUNG SCHLEMMEN | Nachfolgend befindet sich eine Zusammenfassung der besonderen und nicht immer preisgünstigen Restaurants, nach Postleitzahl sortiert. Sie befinden sich direkt an der Route der Wanderung, oder sind nach einer kurzen Fahrt mit dem Pkw erreichbar. Bekannterweise geben die Franzosen mehr Geld als die Deutschen für ein Gourmetessen in einem guten Restaurant aus, frei nach der Lebensart – L'art de vivre. Die € geben einen Anhaltswert für ein Essen ohne Wein: € = 10–15 €, €€ = 15–25 € und €€€ 25–60 €. Bei der Preisangabe keine günstigeren Mittagsmenüs mit einbezogen.

Das **Restaurant L'Abri** des Barges befindet sich im ehemaligen Stall einer Gezeitenmühle aus dem späten 16. Jahrhundert. Der Küchenchef – früher Food-Fotograf! – bietet eine kleine Speisekarte mit bewusst einfach zubereitetem Fisch und Gemüse aus der Region. | €€€ | Le Moulin Du Carpont, **22220 Trédarzec** | +33296400404 | http://www.abridesbarges.com | abridesbarges@free.fr | GPS-Pkw 48.803799 -3.213112

Das traditionelle geführte **Restaurant Le Victorine** serviert üppige Gerichte, Wachtelpastete mit Foie gras, einen Pollack nach Art von Nantes oder Kaninchen mit Trockenpflaumen an. | €€ | 3 Pl. Chambly, **22240 Fréhel** | http://www.levictorine.net | +33296415555 | GPS-Pkw 48.628340 -2.365351

Im Herzen von Trégor findet man das **Restaurant La Ville Blanche.** Dieses mit einem Michelin-Stern ausgezeichnete Gourmetrestaurant ist ein lohnenswerter gastronomischer Zwischenstopp an der Côtes d'Armor. Es erwartet Sie eine gastronomische Reise zwischen Land und Meer. | €€€ | RD 786 – Lieu-dit Ville Blanche, **22300 Rospez** | http://www.la-ville-blanche.com | +33296370428 | GPS-Pkw 48.744241 -3.400137

Das Hotel und **Restaurant Relais Saint-Aubin** mit dem Chefkoch Franck Letertre serviert traditionell und klassische französische Küche mit lokalen frischen Produkten. Empfehlenswert: Risotto mit Jakobsmuscheln und Seetang Tartare, Lammkoteletts mit gegrillten Kräutern oder Magret Ente gehackt mit grüner Pfeffersauce und Gemüse der Saison. | €€€ | Saint-Aubin Route d68 , **22430 Erquy** | http://www.relais-saint-aubin.fr | +33296721322 | Öffnungszeiten: 12:00–13:30, 19:00–21:30, Montag und Dienstag geschlossen | GPS-Pkw 48.605681 -2.446393

Die **Crêperie des Falaises** befindet sich am Strand in Plouha, mit einem wunderschönen Blick auf das Meer. Es gibt eine große Auswahl an Crepes. Die Spezialität ist Jakobsmuschelkuchen mit Speck und Sherry-Saft. | €€ | Le Palus-Plage, **22580 Plouha** | restofalaises@gmail.com | +33296704138 | GPS-Pkw 48.677332 -2.884315

Das **Restaurant des Rochers** in Perros-Guirec ist ein Restaurant mit großen Fensterfronten und einem atemberaubenden Blick auf den malerischen Hafen von Ploumanac'h. Der Küchenchef Paul Gandillon, sowie das gesamte Team präsentieren moderne Küche mit dem Schwerpunkt auf Meeresspezialitäten, die mit einigen kreativen Details verfeinert werden. | €€€ | 70 Chemin De La Pointe, **22700 Perros-Guirec** | http://www.hotel-desrochers-perros.com | restaurantdesrochers@orange.fr | +33296465008 | GPS-Pkw 48.830054 -3.488315 | Ruhetag Montag

Der aus der Region stammende Chefkoch des **Auberge du Trieux** serviert traditionelle Küche, besondere Erwähnung verdient die Meeresfrüchteplatte. | €€ | 1, Impasse du Four Neuf, **22740 Lézardrieux** | http://www.auberge-du-trieux.com | maudez.le-corre@orange.fr | +33296201070 | GPS-Pkw 48.784743 -3.106329

In der **Auberge de Meneham** wird die berühmte regionale Spezialität Kig ha Farz serviert. | €€ | **29890 Meneham Kerlouan** | http://www.aubergedemeneham.com | contact@aubergedemeneham.fr | +33298839026 | GPS-Pkw 48.667640 -4.371149

Der Chefkoch der **Hostellerie de la Mer** serviert dem Zeitgeist entsprechende fangfrische Fischgerichte der Region. | €€€ | 11 Quai Le Fret, **29160 Crozon** | http://www.hostelleriedelamer.com | contact@hostelleriedelamer.com | +332982761 | GPS-Pkw 48.285558, -4.507815

Das trendige Restaurant **Saveurs et Marée** im Herzen des Badeortes Morgat serviert Köstlichkeiten aus dem Meer. | €€€ | 52 bd de La Plage, **29160 Morgat** | http://saveurs-et-maree.com | denis@saveurs-et-maree.com | +33298262318 | GPS-Pkw 48.225766 -4.504456

Das **Restaurant Le Moulin de Rosmadec** im Zentrum von Pont-Aven mit Aussicht auf den Fluss ist im Guide Michelin erwähnt und serviert Gerichte der regionalen Küche. | €€ | Venelle De Rosmadec, **29930 Pont-Aven** | GPS-Pkw 47.855285 -3.748040

Huitrières du Chateau de Bélon – Austern mit Haselnussaromen | Unter Bäumen Austern schlürfen, das erlebt man nicht über all – einfach preiswert und gut. | €€ | Port de Bélon (rive droite), **29340 Riec sur Bélon** | https://belon.bzh/huitrieres | GPS-Pkw 47.813934 -3.705422

RESTAURANTEMPFEHLUNGEN

Ein Insidertipp ist die **Crêperie Au Raz De Sein.** Anne Kerloch verwendet nur lokale Produkte vom Cape Sizun: Austern der Brüder Le Berre, Gemüse vom Biobauernhof Plogoff und geräucherter Fisch von Jean-Paul Ganne bis Plogoff. Besonders zu empfehlen sind: Phare avec du saumon – Lachs, Salat und Zitronensauce oder Kerham – Ziegenkäse vom Cap Sizun und geräucherter Schinken. | €€ | 58 Impasse Roz Kerveur, **29770 Plogoff** | GPS-Pkw 48.039453 -4.693322

Das **Bistro Léon Le Cochon** liegt etwas südlich vom Altstadtkern in Rennes. Es erwartet Sie eine moderne Inneneinrichtung und es wird serviert Fisch, Spezialitäten vom Schwein und Innereien mit marktfrischen Zutaten. | €€ | 6, Rue du Pré Botté, **35000 Rennes** | http://www.leonlecochon.fr | restaurantleonlecochon@gmail.com | +33299793754 | keinen Ruhetag | Öffnungszeiten 12:00–14:00, 19:00–22:00 | GPS-Pkw 48.109265 -1.679670

Crêperie Breton Breizh Café | Crêpe einmal ganz anders. Bertrand Larcher serviert diese bretonische Spezialität in mehreren Lokalen in Japan. Diese erstklassige Crêperie hat er in seinem Heimatland eröffnet. | €€ | 7 Quai Thomas, **35260 Cancale** | https://breizhcafe.com | Reservierungen unter +332998961 | Öffnungszeiten täglich von 12:00-22:00 | GPS-Pkw 48.670881 -1.851846

Das ruhig gelegene und romantische Restaurant **Le Petit Pressoir** serviert eine traditionelle Küche. Die Spezialitäten vom Chefkoch Thierry Lebrun sind Gänseleberpastete mit Feigenkompott, heiße Austern mit Haselnusscreme oder Pâté der Hirschkuh mit Kastanien und Aprikosen. | 20 Rue de Paris, **35500 Vitre** | Öffnungszeiten 12:00–14:00 und 19:30–21:30, Sonntagabend, Dienstagabend und Mittwoch den ganzen Tag geschlossen| http://restaurant-vitre-lepetitpressoir.com | +33299747979 | GPS-Pkw 48.124517 -1.207241

La Maison Du Port – Crêperie und französische Küche | € | 39, rue du Port, **44260 Lavau-sur-Loire** | GPS-Pkw 47.305463 -1.964397

La Tête de l'Art | €€€ | 11 rue de Porte Calon, **44350 Guérande** | http://www.restaurantlatetedelart.fr | latetedelart@sfr.fr | +330240885340 | Ruhetag Sonntag Montag | Öffnungszeiten Dienstag 12:15–14:00, Mittwoch, Donnerstag, Freitag, Samstag 12:15–14:00, 19:15–22:00, - 22h | GPS-Pkw 47.323071 -2.419573

Die **Auberge du Terroir** | Le Bourg, **50170 Servon** | Reservierung empfohlen: +33233601792 | aubergeduterroir@wanadoo.fr | €€ | GPS-Pkw 48.600754 -1.419675

In einer Seitenstraße des Fischerdorfs Sauzon befindet sich das **Restaurant Roz Avel.** Vorzüglich sind der Lammbraten und die Fischgerichte. | Rue du Lieutenant Riou, **56360 Sauzon** | €€ | http://restaurant.roz-avel.pagesperso-orange.fr/ | rozavel.sauzon@gmail.com | +33297316148 | GPS-Pkw 47.371390 -3.222493 | Ruhetag Mittwoch | Öffnungszeiten | 12:15–13:15 und 19:15–21:00

Das Terrassenrestaurant **Le Goéland** befindet sich am Hafenanleger von Le Palais. Dieses nostalgische Bistro bietet eine leckere, deftige Küche mit viel Fisch, gegrillt in Salzkruste und Biogemüse von einem Erzeuger auf der Insel. Zu den Spezialitäten gehören marinierte Sardinen und Fischteller. | €€€ | 3 Quai Vauban, **56360 Le Palais** | +33297318126 | GPS-zu Fuß 47.347607 -3.154584

ANREISE

Anreise mit dem Auto - Autobahngebühren – Maut - in Frankreich
Einige Brücken, Tunnel und Schnellstraßen sowie die meisten Autobahnen in Frankreich sind gebührenpflichtig. Die Mautstellen – Péage – kassieren eine Nutzungsgebühr. Nachfolgend ein paar Hinweise für Mautstationen: automatische Schalter für Pkw und Gespanne (mit einer Gesamthöhe bis 2 m) sind durch die Abkürzung – cb - gekennzeichnet. Vielfahrern, die eine elektronische Gebührenerfassung mittels Chip nutzen, ist die Fahrspur mit der Kennzeichnung – t - vorbehalten. In französischer und englischer Sprache findet man auf der folgenden Webseite einen Maut Onlinerechner: http://www.autoroutes.fr/index.htm?lang=en.

Anreise mit dem Auto – Spritpreise
Wer in Frankreich an die Zapfsäule fährt, sollte die Bezeichnungen für die einzelnen Kraftstoffsorten kennen. Autofahrer, die Diesel tanken, wählen Gazole oder Gasoil. Mehr als 12000 Tankstellen bieten neben Diesel auch SP95 (Bleifrei Super), SP95-E10 (Bleifrei Super E10) und SP98 (Bleifrei Super Plus) parat. Dabei ist zu beachten: Die Tankstellen der großen Supermärkte sind dabei bis zu 10 Cent günstiger als Tankstellen bekannter Marken. Seit 2007 sind alle Tankstellen dazu verpflichtet, ihre aktuellen Tankstellenpreise zu veröffentlichen. Auf der Webseite des französischen Wirtschaftsministeriums gibt es die Möglichkeit, die aktuellen Benzinpreise für die jeweiligen Orte und die dortigen Tankstellen zu erfahren – allerdings nur in französischer Sprache: www.prix-carburants.gouv.fr.

DIE WICHTIGSTEN FLUGHÄFEN
Der **Aéroport Brest-Bretagne** liegt in der Gemeinde Guipavas im Département Finistère rund zwölf Kilometer nordöstlich von Brest. Es gibt keine Direktflüge nach Deutschland, Österreich oder in die Schweiz. Dafür werden aber alle größeren französischen Städte angeflogen. Nach Paris Charles de Gaulle und Paris Orly gibt es drei bis 6 tägliche Verbindungen. | Aéroport Brest Bretagne, **29490 Guipavas** | https://www.brest.aeroport.bzh | GPS-Pkw 48.442960 -4.419913 |

Der Flughafen **Lorient Bretagne Sud** ist der Flughafen der westfranzösischen Stadt Lorient und liegt in der französischen Kommune Ploemeur im Département Morbihan, rund zwölf Kilometer westlich von Lorient entfernt. Nach Paris Charles de Gaulle gibt es keine Verbindungen und Paris Orly wird täglich mehrmals angeflogen. Möchte man in andere europäische Hauptstädte weiterfliegen, so muss man in Paris mit dem Bus 45 bis 60 Minuten Transfer in Kauf nehmen. Eine risikoreiches Unternehmen, bei dem nicht zu berechnenden Verkehr. | Aéroport de Lorient-Bretagne-Sud, **56270 Ploemeur** | https://www.lorient.aeroport.fr | GPS-Pkw 47.754028 -3.437525 |

Der Flughafen **Rennes** liegt in der Gemeinde Saint-Jacques-de-la-Lande im französischen Département Ille-et-Vilaine, rund acht Kilometer südwestlich von Rennes. Von hier aus gibt es Direktflüge nach Amsterdam, Paris Charles de Gaulle und Paris Orly. | Avenue Joseph le Brix, **35136 Saint-Jacques-de-la-Lande** | https://www.rennes.aeroport.fr | GPS-Pkw 48.068028 -1.726259 |

Der Flughafen **Nantes Atlantique** liegt nicht in der Bretagne, sondern bei der Kleinstadt Bouguenais im französischen Département Loire-Atlantique, rund zehn Kilometer südwestlich der Stadt Nantes. Bietet aber sehr viele Direktflüge in europäische Hauptstädte und ist das ideale Eingangstor für jeden Urlaub in der Bretagne. Die nachfolgende Webseite gibt einen guten Überblick: https://www.nantes.aeroport.fr/fr/inspirations-destinations/carte-des-destinations. | 44346 Bouguenais | GPS-Pkw 47.157829 -1.601298 | https://www.nantes.aeroport.fr |

BAHNVERBINDUNGEN

Die Bahn ist ein preiswertes und komfortables Verkehrsmittel, um in alle Ecken der Bretagne vorzustoßen. Die großen Städte der Départements werden vom Hochgeschwindigkeitszug TGV und von Regionalzügen (TER) bedient. Die Regionalzüge der Bretagne bieten vielfältige Möglichkeiten, entlang des 1.000 Kilometer langen Schienennetzes, das die Region durchzieht, zu reisen. Die aktuellen Fahrzeiten erfährt man auf der Webseite der Webseite https://www.sncf.com/fr.

TAXI

Fahrten mit dem Taxi sind eine gute Alternative zu den öffentlichen Verkehrsmitteln, um einen individuellen Zielort zu erreichen. Die Fahrpreise betragen etwa 50 Cent pro Kilometer und sind somit günstiger als in Deutschland. Die Departements in der Bretagne definieren den gültigen Taxitarif in einer Verordnung. Die lizenzierten Taxiunternehmer sind an diese Beförderungsentgelte gebunden. Das im Fahrzeug installierte Taxameter stellt sicher, dass der offizielle Taxipreis weder über- noch unterschritten wird. Zu erkennen ist ein freies Taxi an dem auf dem Autodach installierten weiß erleuchteten Taxischild. Bei einem besetzten Taxi ist dieses Schild ausgeschaltet oder leuchtet rot. Es gibt keine festgelegte Farbe für Taxis. Taxistände sind mit einem 4-eckigen Schild mit der Aufschrift Taxi markiert. Alternativ kann man die Taxis per Handsignal zum Anhalten bitten, allerdings ist der Taxifahrer nicht zum Anhalten verpflichtet. Der Taxifahrer muss Bargeld annehmen. Wenn er keine anderen Zahlungsmittel annimmt, muss dies an der Fensterscheibe am Taxi erkennbar sein. Ab 25 € muss der Taxifahrer dem Kunden einen Beleg aushändigen. Ein Trinkgeld ist nur freiwillig, der Fahrer darf nicht darauf bestehen. Taxiunternehmen – nach Départment geordnet – finden Sie online auf www.taxis-de-france.com. Dort finden Sie auch die aktuellen und in den jeweiligen Departments gültigen Tarife.

Oft haben die Fremdenverkehrsämter Listen von Taxiunternehmen der Region online auf ihrer Webseite verzeichnet.

WOHNMOBIL

Die Bretagne ist eines der Lieblingsziele der Wohnmobilgemeinde mit über 600 Campingplätzen. Neben den zahlreichen gut ausgerüsteten Campingplätzen gibt es auch immer wieder einfache Wohnmobilstellplätze, einige davon kostenfrei, auf denen gegen eine geringe Gebühr auch Strom bezogen werden kann. Nicht nur die Vielzahl, sondern auch die Ausstattung der Campingplätze macht die Bretagne zum angenehmen Urlaubsziel. Bei der Wahl des Campingplatzes liefert die Webseite http://www.bretagne-reisen.de/wohnen/campingplaetze nützliche Informationen. Wetterbedingt gilt das für das Zelt genauso wie für das Vorzelt oder die Markise: Sturmheringe nicht vergessen und die Behausung gut abspannen, denn es kann sehr windig werden.

Als Urlaubszeit sollte man die Ferienzeit der Franzosen meiden. Das ist im August und die 1. Wochen im September. Dann sind die Campingplätze restlos überfüllt und die individuelle Freiheit beim Campen wird zum Einzelkampf. Es ist zu beachten: Aufgrund der stark ansteigenden Urlauberzahlen mit Wohnmobilen wird teilweise die Zufahrt in die kleineren Dörfer untersagt.

Wildes Campen ist in Frankreich verboten und wird an Stränden und in touristischen Ballungszentren konsequent umgesetzt. Es drohen saftige Strafen bei Nichteinhaltung! In abgelegenen Regionen des Landes wird wildes Campen geduldet und die Wahrscheinlichkeit entdeckt zu werden ist weitaus geringer.

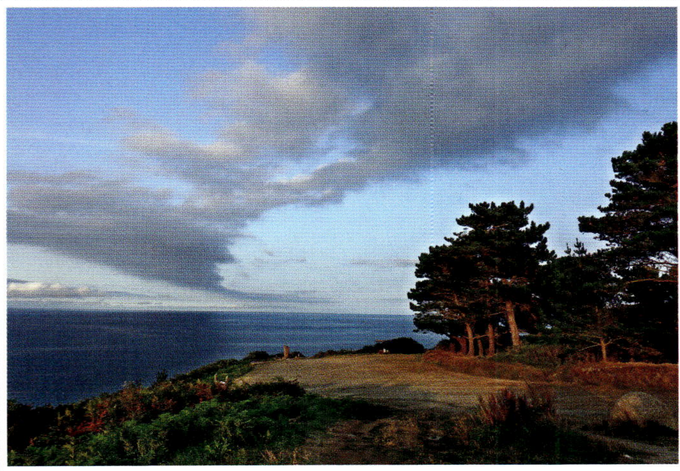

La Pointe de Plouha

NOTRUFE

Für die Sicherheit in den Städten, auf kommunaler Ebene, ist die **Police municipale** – deutsch Gemeindepolizei – zuständig, ein teilweise bewaffneter Beamter in Uniform, der dem jeweiligen Bürgermeister untersteht. Sie erfüllt eine wichtige Funktion, denn sie ist sehr nahe am Bürger, dürfen aber nur Ortsrecht und die Einhaltung von Verkehrsvorschriften überwachen. In den Großstädten wurde die Ortspolizei abgeschafft und somit das letzte Bindeglied zu den vergessenen Kindern der Vorstädte. Sie kannten Bürger persönlich und konnten persönlich und schlichtend auf Streitigkeiten reagieren.

Auf der nationalen Ebene agiert die **Police nationale** – Nationalpolizei – die dem Innenministerium untersteht. Daneben gibt es die militärisch organisierte **Gendarmerie nationale**, für die sowohl das Verteidigungs- als auch das Innenministerium verantwortlich sind. Die Gendarmerie übernimmt polizeiliche Aufgaben im ländlichen Raum, während die Police nationale für die Städte zuständig ist. Beide Wachkörper sind voneinander unabhängig. Dann gibt es noch die französische Küstenwache – **Gendarmerie maritime** – die dem Oberbefehlshaber der französischen Marine untersteht.

Allgemein übliche Verhaltensregeln: Führen Sie stets Autopapiere, Mietwagenvertrag und Führerschein mit sich und achten Sie auf das Tempolimit. Angesichts der Urlaubsstimmung, bei der viel Alkohol konsumiert wird, fragt man sich unweigerlich, wie hoch die Promillegrenze in Frankreich ist. So ist nach der französischen Gesetzgebung das Führen eines Kraftfahrzeuges bis zu einer Promillegrenze von 0,5 nicht mit einer Strafe verbunden. Die Promillegrenze in Frankreich liegt beim Gebrauch des Fahrrads ebenfalls bei 0,5 und nicht wie in Deutschland bei 1,6 Promille. Im Umgang mit den Beamten empfiehlt es sich stets nett, freundlich und zuvorkommend zu sein. Etwaige Geldstrafen sollten nach Möglichkeit bar bezahlt werden, da sich diese Zahlungsmethode oftmals als die Günstigere herausstellt.

Die französischen Notrufnummern sowie auch die europäische Notrufnummer 112 sind kostenlos und miteinander vernetzt, um eine bessere Organisation der Rettungsdienste zu gewährleisten.

Die Nummer 115 alarmiert den Hilfsdienst für Notrufnummern.

Rettungsdienst (SAMU): 15
Polizeinotruf: 17
Feuerwehrnotruf: 18
Europäischer Notruf: 112
Wer vom Festland aus einen Schiffbruch auf dem Meer beobachtet: 1616
Feuerwehr (Pompiers): 18
SOS Médecins (Ärzte rund um die Uhr) 0147077777
Notruf vom Handy: 112

SICHERHEIT

Nach den **Terroranschlägen** der vergangenen Jahre ist die Sicherheitslage in Frankreich, insbesondere in Paris und anderen Großstädten, sehr angespannt. Am 1. November 2017 ist in Frankreich ein neues Antiterrorgesetz in Kraft getreten, das den französischen Sicherheitsbehörden erlaubt in bestimmten Gebieten, z. B. an U-Bahnstationen und Bahnhöfen sowie in Grenznähe, verstärkte Personen- und Gepäckkontrollen durchzuführen. Reisenden wird zur erhöhter Vorsicht geraten. Weiterhin wird empfohlen, sich über die Gratis-App der französischen Regierung informiert zu halten. Die App heißt: SAIP – Système d`alerte et d'information des populations und ist in französischer und englischer Sprache. Bei Flugreisen von und nach Frankreich sollte der Internetauftritt der gebuchten Fluggesellschaft auf kurzfristige Hinweise zu Verzögerungen oder Annullierungen geprüft werden.
Anders als in Paris oder im restlichen Frankreich hat die Bretagne eine geringe Kriminalitätsrate. Am westlichsten Zipfel Frankreichs liegt sie fernab von Paris, ohne große Industriekomplexe und hat nur 3 Städte. Die Bretagne ist ein Land der Fischer und Bauern abseits des Weltgeschehens. Bei Verbrechensdelikten handelt es sich oftmals um Beschaffungskriminalität von Drogensüchtigen und den daraus resultierten Straftaten wie Autoeinbrüche und Einbrüche in abgelegene Ferienhäuser. Daher sollte man die üblichen Vorsichtsmaßnahmen beherzigen: Beim Verlassen der Unterkunft Türen und Fenster schließen, keine Wertsachen im Fahrzeug zurücklassen, größere Bargeldsummen, Schmuck und andere Wertgegenstände möglichst im Hotelsafe deponieren. Auch wenn die Chance gering ist, gestohlene Gegenstände wiederzubekommen, sollte man bei der Gendarmerie Anzeige erstatten, sich an die Reiseleitung oder an die Rezeption wenden, um die nötigen Schritte zu veranlassen. Empfehlenswert ist die Erstellung und Mitnahme von Kopien der wichtigsten Dokumente wie Personalausweis, Reisepass und Führerschein und Telefonnummer zum Sperren der Kreditkarten. Ansonsten überwiegt in der Bretagne eine ruhige und sichere Atmosphäre.

MÄRKTE

Markttage in der Bretagne sind für Einheimische als auch Urlauber äußerst interessant. Der Markttag beginnt etwa um 8:00 Uhr morgens und dauert bis in die Mittagsstunden. Wegen der empfindlichen Produkte sind vor allem Fischhändler spätestens um 13:00 Uhr nicht mehr vorzufinden – Ausnahmen sind hier die klimatisierten Markthallen. Fast in jedem größeren Ort gibt es 1- bis 2-mal pro Woche einen Wochenmarkt – Marché. Sie werden begeistert sein, da es viel mehr Auswahl gibt als in Deutschland. Das ernome Angebot an Fisch, Fleisch, Käse und das Gemüse ist einmalig. Auf diesem Wege erlangt man den perfekten Einblick in die kulinarischen Besonderheiten der Bretagne.

DIE SPRACHE

Das Bretonische ist die letzte keltische Sprache in Europa und wurde bis zum 7. Jahrhundert auf der gesamten bretonischen Halbinsel gesprochen. Bretonisch ist eine eigene Sprache, kein Dialekt, dem Kornischen und Walisischen verwandt und wurde im 5.–6. Jahrhundert durch Einwanderer aus England verbreitet. Zum Ende des 19. Jahrhunderts, mit der Einführung der allgemeinen Schulpflicht in Frankreich, wurde die bretonische Sprache systematisch unterdrückt. Aber ab 1951 erkannte der französische Staat die Regionalsprachen als eigenständige Sprachen an. Wenn die augenscheinlichsten Symptome lange Zeit ein fast völliges Erlöschen des Bretonischen innerhalb von zwei oder drei Generationen befürchten ließen, erlauben gewisse Indizien aus jüngster Zeit auf eine Rückbesinnung. Seit 1970 kann man als Schüler Bretonisch als zweite Fremdsprache wählen. Noch ca. 150.000–250.000 Menschen sprechen „brezhoneg", dabei finden immer mehr Jugendliche Interesse am Erhalt des alten Kulturguts – obwohl größtenteils die über 60-Jährigen dieser Sprache noch mächtig sind. Für den Bretagne-Urlauber hat die bretonische Sprache nur einem Berührungspunkt bei den Ortsnamenschildern, die sind zweisprachig, Französisch und Bretonisch. Die Amtssprache in der Bretagne ist weiterhin Französisch und man kommt mit Französisch mühelos überall zurecht.

Sprache – minimal benötigter Wortschatz

0	zéro
1	un
2	deux
3	trois
4	quatre
5	cinq
6	six
7	sept
8	huit
9	neuf
10	dix
11	onze
12	douze
13	treize
14	quatorze
15	quinze
16	seize
17	dix-sept
18	dix-huit
19	dix-neuf
20	vingt
Montag	lundi
Dienstag	mardi
Mittwoch	mercredi
Donnerstag	jeudi
Freitag	vendredi

Samstag	samedi
Sonntag	dimanche
Guten Tag / Guten Abend	Bonjour / Bonsoir
ja	oui
nein	non
vielleicht	peut-être
bitte	s'il te plaît / s'il vous plaît
danke	merci
entschuldigung	pardon
alles klar	d'accord
Ich verstehe (nicht)	Je (ne) comprends (pas)
Sprechen Sie Deutsch?	Vous parlez allemand?
Ich spreche kein Französisch	Je ne parle pas français
Hilfe!	Au secours!
Ein bisschen langsamer bitte	Un peu plus lentement s'il vous plaît
Gesundheit!	À vos souhaits!
Prost!	Santé!
wo	où
wann	quand
wer	qui
warum	pourquoi

Sprache – Unterwegs – Restaurant

einen Tisch für zwei / vier Personen bitte	une table pour deux / quatre personnes s'il vous plaît
ich bin Raucher / Nichtraucher	je suis fumeur / non-fumeur
die Speisekarte, bitte	la carte, s'il vous plaît
haben Sie gewählt?	vous avez choisi?
ich nehme/ wir nehmen...	je prends/ nous prenons...
als Vorspeise nehme ich Suppe	je prends la soupe comme entrée
die Rechnung bitte	l'addition s'il vous plaît
können Sie die Rechnung durch 2 teilen?	pourriez-vous diviser l'addition par deux?
vielen Dank und auf Wiedersehen	merci beaucoup, au revoir

Sprache – Unterwegs – Hotel

ich habe eine Reservierung	j'ai une réservation
das Hotelzimmer	chambre d'hôtel
wir sind 2 Wochen hier	nous sommes là pour deux semaines
wir brauchen 3 Schlüssel	nous avons besoin de trois clés
haben Sie Zimmer-Service?	offrez-vous un service en chambre?

ich bin Gast	je suis un client de l'hôtel
hat das Zimmer ein Doppelbett?	y a-t-il un lit à deux places dans la chambre?
hat es ein privates Bad?	y a-t-il une salle de bains privée dans la chambre?
wir hätten gerne ein Zimmer mit Meerblick	nous aimerions avoir vue sur l'océan
hat es 2 Betten?	y a-t-il deux lits?
sind die Mahlzeiten inklusive	est-ce que les repas sont compris?

Sprache – Essen

ein stilles Wasser	de l'eau plate
ein Sprudelwasser	de l'eau gazeuse
der Aperitif	l'apéritif
die Vorspeise	l'entrée
die Hauptspeise	le plat principal
die Nachspeise	le dessert
Käse	le fromage
Fleisch und Fisch	viande et poisson
die Ente	le canard
das Filet	le filet
der Fisch	le poisson
das Fleisch	la viande
das Geflügel	la volaille
das Hackfleisch	la viande hachée
der Hering	le hareng
das Huhn	le poulet
das Kalbfleisch	le veau
der Lachs	le saumon
das Lamm	l'agneau
die Meeresfrüchte	les fruits de mer
die Pute	la dinde
das Rindfleisch	la viande de bœuf
die Salami	le salami
der Schinken	le jambon
das Schweinefleisch	la viande de porc
der Speck	le lard
das Steak	le steak
der Thunfisch	le thon
die Wurst	la saucisse

Sprache – Geografische Begriffe und Gebäude

Ausguck und Wachtturm	Le mirador

kleine Bucht	la crique
Wanderwege	sentier de promenade
Wanderwege	sentier de randonnée
Wanderwege	chemin touristique
Weiler	le hameau
Burganlage	château fort
Höhle	la grotte
Steinschlag	chute de pierres
Kirche	l'église
Leuchtturm	le phare
Landgut	le domaine
Herrenhaus	le manoir
Einsattelung oder Pass	le col
Insel	l'île
Ebene	plateau
Bergrücken	crête de montagne
Aussichtspunkt	point de vue
der Berg	la montagne, le mont
Bergkuppe oder Felskopf	le mamelon
Strand	la plage
Gipfel	le sommet
Landzunge	langue de terre
Felsen, Klippe oder Grat	le rocher

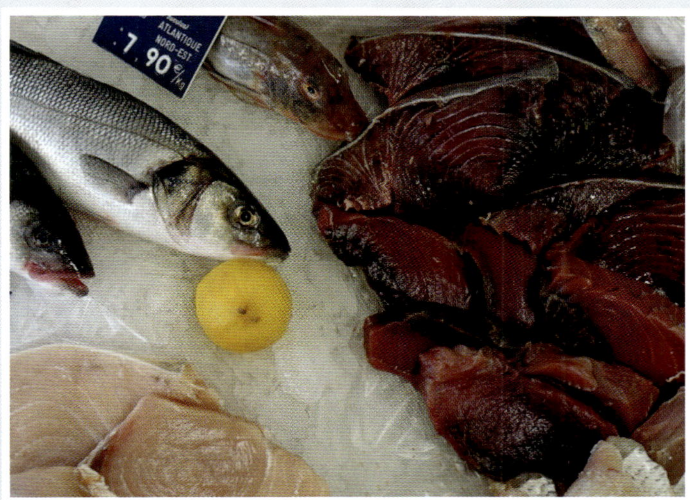

Leckere Meersfrüchte auf einem Markt

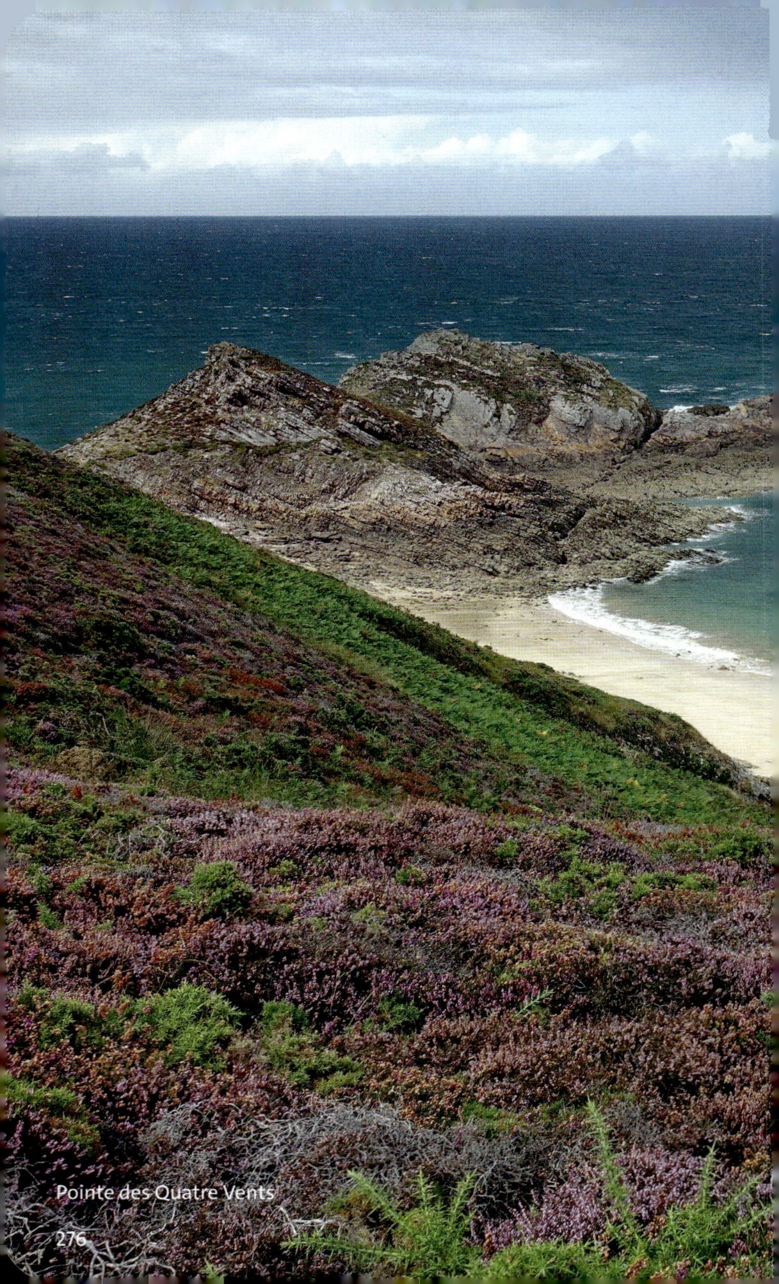
Pointe des Quatre Vents

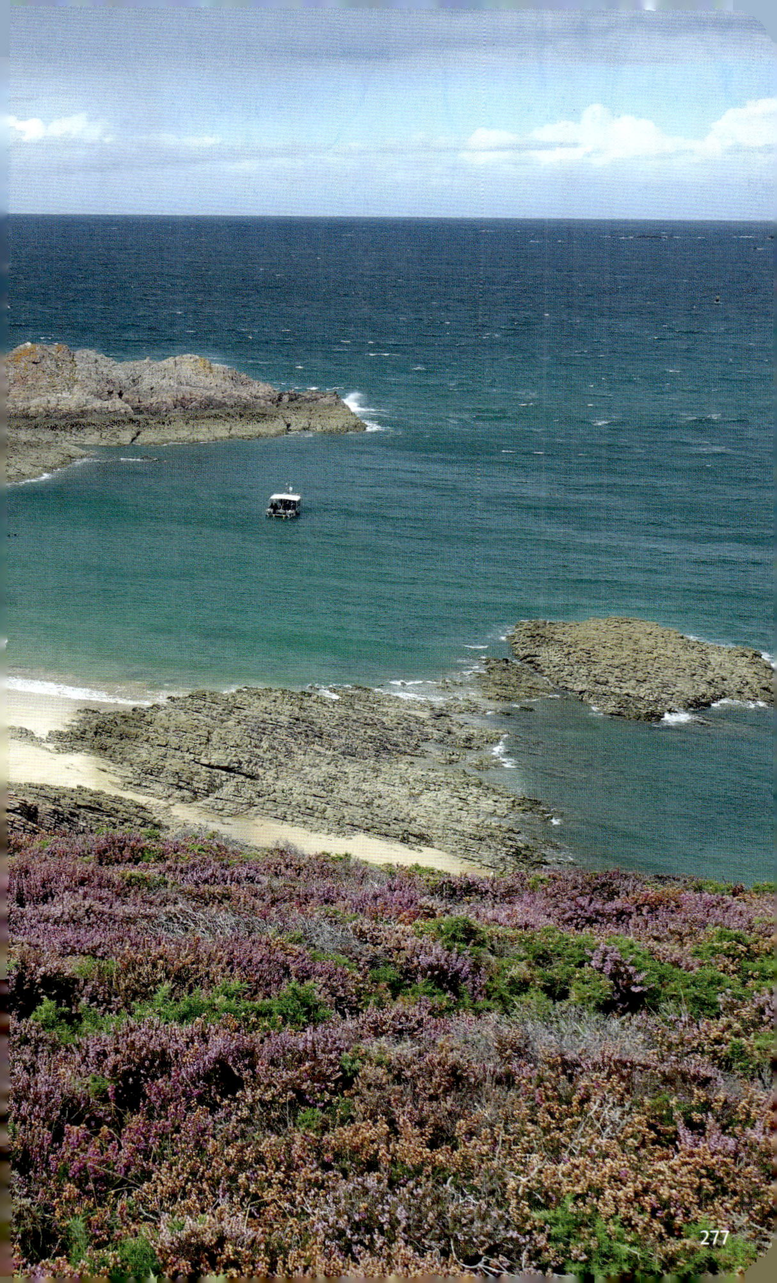

REGISTER

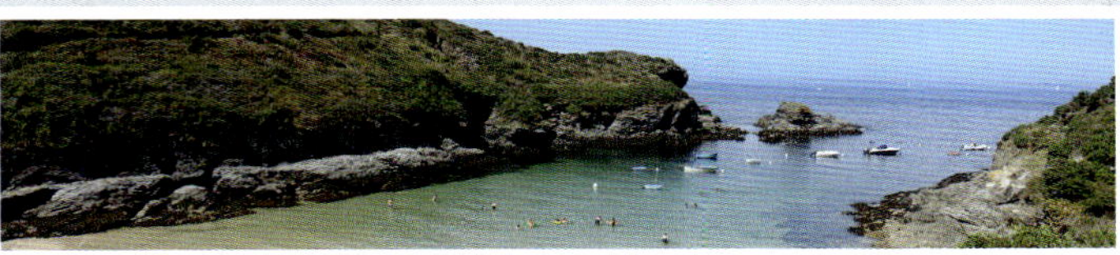

Port Juan

IMPRESSUM

© Hallwag Kümmerly+Frey AG, Grubenstrasse 109, CH-3322 Schönbühl, www.swisstravelcenter.ch
ISBN 978-3-259-03757-7
1. Auflage 2020

Umschlaggestaltung: Hallwag Kümmerly+Frey AG

Text und Fotos: Michael Will

OpenStreetMap Contributors (www.openstreetmap.org)
Kartengrundlage für Gebietsübersichtskarte S. 12-13, U4:
© MairDumont, D-73751 Ostfildern 4

Die Karten-Nr. im Inhaltsverzeichnis und bei den einzelnen Touren verweisen auf die Kompass-Karten.

Alle Angaben und Routenbeschreibungen wurden nach bestem Wissen gemäss unserer derzeitigen Informationslage gemacht. Die Wanderungen wurden sehr sorgfältig ausgewählt und beschrieben, Schwierigkeiten werden im Text kurz angegeben. Es können jedoch Änderungen an Wegen und im aktuellen Naturzustand eintreten. Wanderer und alle Kartenbenützer müssen darauf achten, dass aufgrund ständiger Veränderungen die Wegzustände bezüglich Begehbarkeit sich nicht mit den Angaben in der Karte decken müssen. Bei der grossen Fülle des bearbeiteten Materials sind daher vereinzelte Fehler und Unstimmigkeiten nicht vermeidbar. Die Verwendung dieses Führers erfolgt ausschliesslich auf eigenes Risiko und auf eigene Gefahr, somit eigenverantwortlich. Eine Haftung für etwaige Unfälle oder Schäden jeder Art wird daher nicht übernommen. Für Berichtigungen und Verbesserungsvorschläge ist die Redaktion stets dankbar.